话说西安十三朝

学术顾问

武复兴 王学理 黄留珠 杜文玉 徐良高

编　著

秦中朝

陕西新华出版传媒集团

三　秦　出　版　社

图书在版编目（CIP）数据

话说西安十三朝 / 秦中朝编著.—西安：三秦出版社，2012.12

ISBN 978-7-5518-0389-2

Ⅰ.①话… Ⅱ.①秦… Ⅲ.①城市史－研究－西安市－古代 Ⅳ.①K294.11

中国版本图书馆CIP数据核字（2012）第314376号

话说西安十三朝

秦中朝　编著

出版发行	陕西新华出版传媒集团　三秦出版社
社　址	西安市北大街147号
电　话	（029）87205121
邮政编码	710003
印　刷	陕西博文印务有限责任公司
开　本	787mm×1092mm　1/16
印　张	20.25
字　数	240 千字
插　图	125 幅
版　次	2014年1月第1版 2018年6月第2次印刷
标准书号	ISBN 978-7-5518-0389-2
定　价	68.00元
网　址	WWW.sqcbs.com

序　言

西安，古代长时期称之为长安，取其长治久安之意。长安是强盛王朝周、秦、汉、唐的首都，也是魏晋之际主要变革王朝的都城，因而其历史影响波及古代中国和整个世界，是中华文明最具代表性的文化符号，是中华文明最主要的发祥地。因此，以长安为中心的陕西历史，在很大程度上是代表了那个时代的中华文明史。宋以前西安的历史，不仅是陕西的历史，而且是中华文明史的代表。

“以镜为鉴，可以正衣冠；以人为鉴，可以明得失；以史为鉴，可以知兴替。”《话说西安十三朝》的编写目的是要为读者提供与西安密不可分的历史文化知识，总结政治、经济、军事、文化、外交、地理等方面尤其是城市建设和管理的经验教训，为广大读者提供可资借鉴的知识财富和精神动力。

在人类文明的早期阶段，大约是公元前40世纪至公元前10世纪内，伴随着奴隶制社会阶段的到来，城市作为文明的聚集点出现，在世界各地由于地理环境与功能性质的不同而先后分别出现过城堡、城邦、港口、商业、中心等侧重点不同的城市类型。其中最著名的是世界上所谓的五大人类文明发祥地两河流域、尼罗河流域、印度河流域、爱琴海以及黄河流域的极具特性的辉煌的著名城市。如巴比伦城(Babylon)，古埃及的底比斯（Thebes，今埃及开罗南700公里的卢克索镇）和亚历山大（Alexander）城，古印度摩揭陀国的首都王舍城、孔雀王朝华氏城、犍陀罗国的都城呾叉始罗，古希腊的著名城市雅典城、罗马城。它们分别创造了各自的辉煌，也曾震撼了世界。但是，这些文明在日后的发展过程中由于各种原因却被中断。唯一没有中断的就是起源于黄河流域的中华文明。那么，中华文明又是如何开端的，远古的城市是如何产生出现的？

在几千年以前，原始部落的一个个居民点——氏族公社的聚落，随着中心邑聚的形成，不再是单纯地为了防御。如果拥有了专供住在聚邑内的统治者享有的手工业，有市场和商贸活动，再加之有统治和管理机构，它就可能成为一座城市。西安半坡、临潼姜寨等仰韶文化的村落遗址都有宽、深各5～6米的土沟围绕着。作为一种防御性的设施，出现在距今6700年之前的东方大地之上，我们无妨把它视作是城墙的早期形态。当然，随着夯筑技术的采用，由地下之“沟”升为地上之“墙”，就宣告了“城”诞生的信息。

根据古代的文字记载，关于我国历史上何时出现城垣，至少可以追溯到距今4000年左右的夏代。《淮南子·原道训》：“鲧筑城以卫君，造郭以居人，此城郭之始也。”鲧是禹的父亲，到禹时，不再禅让，而把王位传给了他的儿子启，成为夏代的开始。启建立了我国历史上第一个奴隶制王朝。以夏王为首的奴隶主贵族已经按照他们的需要，建立有“堂”、“室”、“门堂”（见《考工记》）等组成的宫殿，构筑了“城郭沟池”。根据这些传说，可以认为，早在夏代，中国已经出现了都市城垣这种建筑形式。

由于私有制的出现，氏族部落逐渐解体，随着国家的形成，自然也就有了国都的选定。夏、商、周三代的都邑之制，已从“传说时代”都邑基础上臻于完备。西周几经迁徙，定都丰、镐，分封诸侯200余国，又各自有都。公元前770年，平王东迁，定都洛邑。

国都是一国的政治中枢，因此，每一个国家对“择天下之中而定国”（《吕氏春秋·慎势》）以便统治四方是极为重视的。

我国最早出现的城市，大概周围只有筑起高墙，挖掘壕沟作为防卫工事而已。随着战争的频繁和斗争的日益尖锐，城市作为统治集团的中心，就显得更加重要。他们都对城垣寄予很大期望。巨大的城垣不仅能够保护他们不受侵犯，还能够保障他们的生活无忧。我国在春秋、战国时期，城垣建筑已达到了成熟阶段，建筑规模越来越大，城墙越来越高越厚越坚固，设备也越来越完整。所谓“城非不高也，池非不深也”，“三里之城，七里之郭”，都成了当时人们惯用的语言。当时的城市分别建有城郭[①]、隍池[②]、雉堞[③]、城阙[④]、城楼、闸门、吊桥等，应有尽有；城门的数

①内城曰城，外城曰郭。见《管子·度地》。

②隍、池，均指城河。一般说无水叫隍，有水叫池。见《周易·泰》：“城复于隍”。

③雉堞，又名女墙、城垛、睥睨，是城墙上的小墙，设有瞭望缺口和射孔，借以监视敌人和射击。《左传》襄公二十七年：“崔氏堞其宫而守之”。

④城门两边的楼观。《诗经·郑风·子衿》：“挑兮达兮，在城阙兮。”

目，城垣的大小，也都有了明确的规定[1]。事实上成为一座座坚固的堡垒。

秦汉以后，封建统治者对于城垣就更加重视，凡具有军事、经济价值的地方，无不建立有高大的城堡。汉唐长安城都是周围数十里，除了外郭城，还有皇城、宫城包围其中，城垣有多至五道的，真是密封绝缘，达到了登峰造极的地步。

对于西安历史的研究，自从上世纪80年代史念海先生倡导开展长安史迹研究以来，已经出版的著作有汉·王褒等撰《关中佚志辑注》（陈晓捷辑注），汉·赵岐等撰、清·张澍辑《三辅决录·三辅故事·三辅旧事》（陈晓捷注），汉魏·佚名撰《三辅黄图校注》（何清谷校注），刘庆柱辑注《三秦记辑注·关中记辑注》，晋·葛洪撰《两京新记》（周天游校注），唐·韦述、杜宝撰《两京新记辑校·大业杂记辑校》（辛德勇辑校），宋·张礼撰《游城南记校注》（史念海、曹尔琴校注），元·骆天骧撰《类编长安志》（黄永年点校），清·毕沅撰《关中胜迹图志》（张沛校点），清·徐松撰、张穆校补《唐两京城坊考》（李健超校注），辛德勇著《隋唐两京丛考》，清·毛凤枝撰《南山谷口考校注》（李之勤校注）；此外，还有《雍录》《长安志》《长安志图》《咸宁县志》以及《史记》《汉书》《新唐书》《旧唐书》《资治通鉴》等等。这些著作在记录史实、保存史料、考证名物等方面都是很有贡献的，对我们今天研究西安的历史，是必不可缺的参考资料。

特别要提的是在长安历史研究方面，老一辈的学者如史念海、武伯纶先生可以说是两位巨星，他们一个在历史地理研究和古籍整理方面，一个在西安历史文化研究和考古方面，都取得了难以跨越的巨大成就。史念海先生主持并倡导的长安史迹研究为长安历史地理研究提供了第一手资料，武伯纶先生终生都在研究西安历史，他所最早研究出版的《西安历史述略》、《古城集》等著作成为后学研究西安历史必不可少的参考。近些年来，随着社会的稳定、经济的繁荣，也出现了学术的稳定繁荣，在长安历史、考古、文化、城市建置史等方面涌现出许多学者，其中最具代表性的是武复兴先生、王学理先生、黄留珠先生、胡戟先生、刘庆柱先生、李建超先生、张永禄先生、王双怀先生、杜文玉先生和徐良高先生。《话说西安十三朝》就是在王学理先生、黄留珠先生、胡戟先生的大力支持和鼓励之下编写起来的。本书

①《周礼·考工记》："匠人营国，方九里，旁三门，国中九经九纬，径途九轨，左祖右社，面朝后市。"

最初是要力邀这几位先生亲自撰写各段专史，但由于本书的定位是“在学术研究成果的基础上，力求通俗流畅地叙说古都西安的辉煌历史和时代变迁”，因而，根据各位先生的提议，选择秦中朝主笔，根据各位先生的专著择取其可用之篇什，加工改造，用统一的体例和基本通俗的文笔撰成此书，从而保证本书的学术基础是一流的，能够成为一家之言。当然，在编写的过程中，也时或加入秦中朝本人的观点。本书参考的作品主要有《西安历史述略》(武伯纶著)、《西安史话》(武伯纶　武复兴著)、《秦都咸阳》(王学理著)、《咸阳帝都记》(王学理著)、《汉都长安城建史》(王学理著)、《陕西建都王朝简史》(原稿)(黄留珠　杜文玉著)和中国社会科学院考古所、陕西省考古研究院丰镐考古队的“丰镐遗址范围及地下遗存分布状况勘察报告”的有关材料，另外参考了张永禄先生的《唐都长安》和李建超先生的《唐西京城坊考》等专著以及翦伯赞先生的《中国史纲要》等书。所以本书严格地讲是以上诸位先生的合作作品，任何一个人都无可争辩地拥有本书之中他的那些成果的著作权。本书的整体成果只是用来宣传古都西安的历史风貌，如要追寻学术研究的轨迹就必须去研究以上各位先生的有关原著。

我国历史上有所谓的八大古都——西安、洛阳、郑州、开封、南京、杭州、北京、安阳。西安是中国建都朝代最多、时间最长的地方。汉唐的首都长安，更是国际交往频繁、名闻世界的城市。西安一直被认为是中国历史上最著名的古都，与意大利罗马、希腊雅典、埃及开罗并称世界四大文明古都。

最后，我要特别说明的是，本书中的历史地图主要来自于史念海先生主编的《西安历史地图集》，本书的考古发掘示意图来自武伯纶先生和王学理先生，本书的文物图片主要来自陕西历史博物馆和王学理先生。就在本书即将结稿的时候，意外地发现了原陕西历史博物馆研究员、我国著名的博物馆学泰斗何正璜先生的一篇文章《假若这些宫殿今天还存在》，非常精彩美丽，于是便以此为跋，希望读者能够从这篇文章开始阅读，再从头阅读整本书，然后再读这一篇跋文，你将会发现这是一部真正集合了当代研究西安历史的著名专家学者杰作的作品。

2012年12月后学弟子秦中朝谨识于西安

概 述

中国是世界四大文明古国（分别是巴比伦、古埃及、古印度和古代中国）之一，中华文明又称作华夏文明，是世界上最古老的文明之一。所谓上下五千年就是指中国历史自黄帝时代算起大约有5000年的文明史。中国的历史，按照时间的顺序，分为传说时代、上古三代、春秋战国、秦汉、三国魏晋南北朝、隋唐、辽金宋、元明清、中华民国和中华人民共和国。传说时代是华夏文明的启蒙阶段。华夏文明形成于黄河流域。早期先民的历史，通过口口相传，延续至今。人们常说“自从盘古开天地，三皇五帝到于今”。盘古就是盘古开天辟地故事的主人公，他开创了人类生存的大空间——天地；三皇是传说中被神化了的三个英明的帝王。中国先民早期的英明领袖有盘古氏、有巢氏、燧人氏、华胥氏、伏羲氏、女娲氏、神农氏和轩辕氏。关于三皇的说法不一致：有说天皇、地皇、人皇为三皇；有说燧人、伏羲、神农为三皇；有说伏羲、女娲、神农为三皇。燧人氏、伏羲氏、女娲氏、神农氏、轩辕氏等人，由于在远古文明中的重大影响，有着不可或缺的历史地位。分别代表着最早的刀耕火种时代、群婚时代、母系氏族、父系氏族和农耕时代的伟大代表。三皇时代的时间跨度较大，估计有几千年的历史。

五帝是上古时期的五个帝王。根据《史记》等史书记载，五帝一般指黄帝、颛顼、帝喾、尧、舜。据现今整理出来的传说，黄帝和炎帝分别是活动在黄河流域的大部落首领。而后黄帝却与炎帝发生冲突，在阪泉之战中将炎帝大败，从此炎帝部落归顺黄帝部落，形成炎黄联盟。接着打败了活动在东部的蚩尤部落并在涿鹿之战中彻底击败蚩尤，黄帝便确立了自己的霸主地位，这就形成了华夏族的主干。华夏文明、华夏族的族群开始从此诞生。后来黄帝的孙子颛顼和玄孙帝喾继续担任部落联盟的首领。帝喾的儿子尧继位，他创立了禅让制，传位给了舜。在舜时期，洪水泛滥，舜便传位给治水有功的大禹。大禹时代晚期，由于财富已经开始有了积累，人类的生活质量有了提高，私有制和享乐的观念慢慢形成，所以在大禹死后，他的儿子启就破坏了禅让制，自立为王，建立了第一个世袭的私有制王朝——夏朝。

夏朝约在公元前 2070 年—公元前 1600 年之间存在，共传了十七王，延续约 471 年，最后为商朝所灭。夏朝作为中国历史上的第一个王朝，拥有崇高的历史地位。截至目前这段历史还没有发现文字性的考古文物作印证，所以并未作为信史的开端。但是根据文字记载，夏朝已经有了中国最早的历法——夏小正。

取而代之的商朝是目前所发现的最早有文字记载和文物可考的历史时期，存在于约前 1600 年到约前 1046 年。商代时文明已经十分发达，有历法、青铜器以及成熟的文字——甲骨文等。商王朝时已经建立起完整的国家组织，以农业为主，但手工业相当发达，特别是青铜器的冶铸水平已经十分高超，甚至已经出现了原始的瓷器。商朝自盘庚之后，定都于殷（今河南安阳），因此也称为殷商。就在这个时期，黄河上游的另一个部落周正在逐步兴起，到了大约前 1046 年，周武王起兵讨伐商纣王，牧野之战，商朝灭亡，周朝正式建立。周朝有许多贵族被封为诸侯建国，其势力很大。周朝时确立的宗法制度和礼乐文明是中国传统文化的核心内容，影响了中华文明几千年。

西安坐落在关中大平原的腹部。中国历史上的周、秦、汉、隋、唐，以及新莽、西晋、前赵、前秦、后秦、西魏、北周等大小王朝，都曾在这里建都。

公元前 1134 至公元 907 年以西安为都城地的王朝有：西周（前 1134 左右周文王都丰，前 1046 年周武王灭商建国—前 771），秦（秦孝公 18 年即前 350 年都咸阳—前 221 年秦帝国建立—前 207 年），西汉（前 206 年封汉王，前 202 年称帝—8 年），新莽（9 年—23 年），东汉献帝（189 年—220 年在位，190 年—196 年，在长安），西晋愍帝（313 年—316 年），前赵（319 年—329 年），前秦（351 年—394 年立国，351 年—385 年都长安），后秦（384 年称王，386 年都长安—417 年），西魏（535 年—556 年），北周（557 年—581 年），隋（581 年—618 年），唐（618 年—907 年）。这便是现在通行的 13 朝故都，建都时间约 1170 多年，时间最长，（下附列表和总结文字）。

西安十三朝建都脉络表

朝代及标志年代	都城	立都时间	年数
西周	丰、镐	前1134年，前1046年—前771年	363，275
秦国	咸阳	前350年，前221年—前207年	143，14
西汉	长安	前202年—公元8年	210
新莽	常安	9年—23年	14
东汉献帝	长安	189年—220年在位，190年—196年，都长安	6
西晋愍帝	长安	313年—316年	4
前赵	长安	319年—329年	10
前秦	长安	351年—394年立国，351年—385年都长安	34
后秦	长安	384年—417年，386年—417年都长安	31
西魏	长安	535年—556年	21
北周	长安	557年—581年	24
隋	大兴	581年—618年	37
唐	长安	618年—907年	289

冠以西安都城的名义，包括西周丰镐、秦都咸阳在内，如从公元前1134年周文王都丰算起以迄于今，古都西安的城建史应该有3140多年的时间了。长安建都的朝代中具有特别文化遗产的有：

西周是青铜文化的盛期，其所建立的礼乐文明等影响了中国以致东亚、东南亚儒家文化圈的主流文化直到今天；秦是封建时代的第一个王朝，他所建立的统治体制和制度文明一直影响到现在的世界很多国家；汉是我国农业发展的第一个高峰，汉朝的统一思想、行政体制、文化定位和外交模式等等成为此后历代大统一王朝的楷模，至今依然有借鉴意义；隋唐是封建文化的繁盛时期，他所创立和实践的开放和包容的国家发展模式为历代史家所称道，为历代文人所向往。这五个王朝也是中国古代国家统一，规模宏大，农业、手工业、交通业都发展较高，科学技术先进，经济、文化繁荣昌盛的时期。

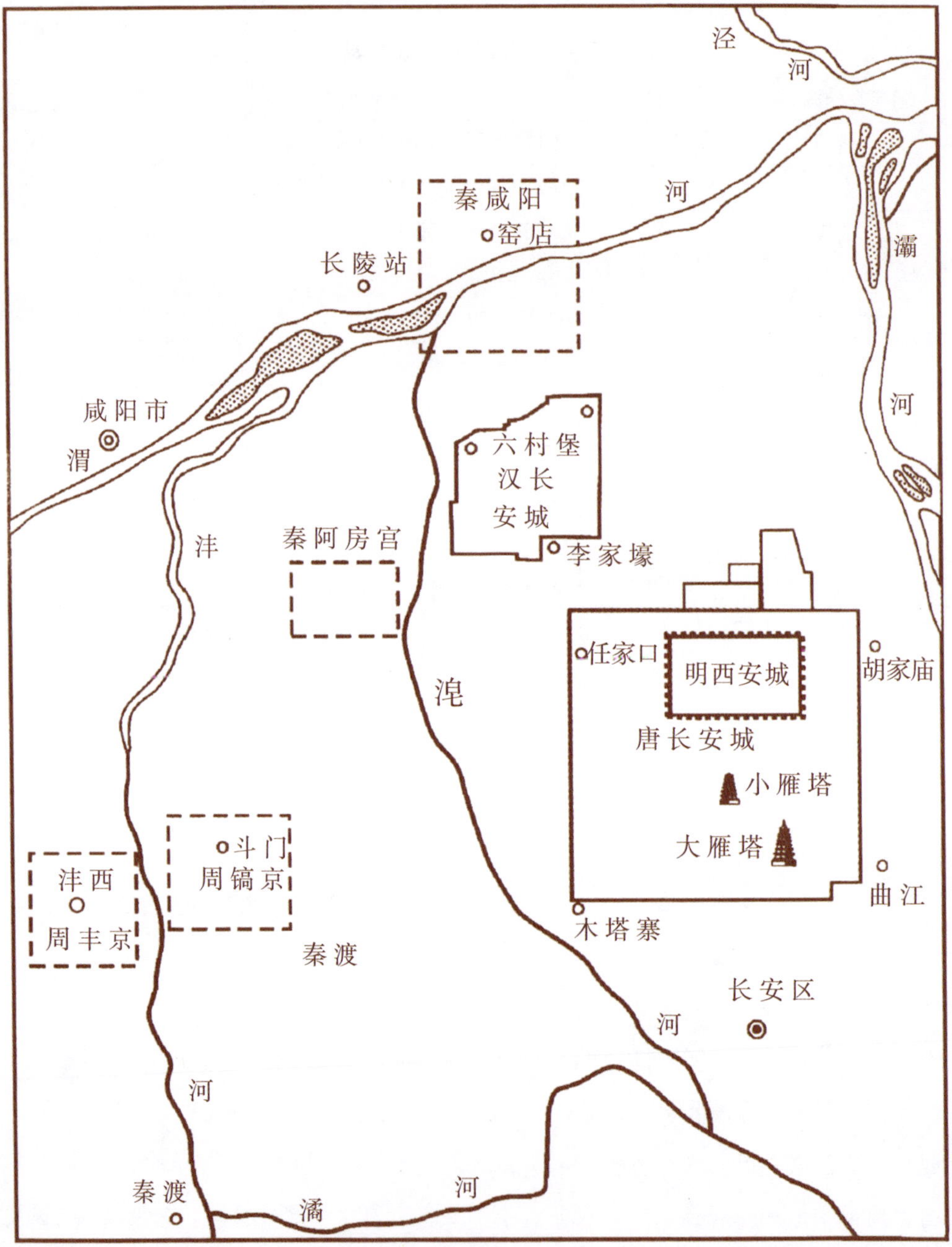

泾
河
河
秦咸阳
窑店
长陵站
灞
河
咸阳市
渭
六村堡
汉长
安城
李家壕
沣
秦阿房宫
任家口
明西安城
胡家庙
滜
唐长安城
小雁塔
大雁塔
沣西
周丰京
斗门
周镐京
曲江
木塔寨
秦渡
长安区
河
河
秦渡
潏
河

周秦汉唐都城变迁示意图

目　录

第四章　秦朝时期

第五章　西汉帝国和新莽时期

第六章　东汉末至北周时期

第七章　隋唐时期

第一章　西安建都的自然环境

长安之所以能够成为古代中国最著名的都城，其优越的自然条件是其重要的原因：

长安地处秦岭之北，渭水之南，位于关中平原的中部，这里是著名的“八百里秦川”的中心地带，平原辽阔，气候温和，雨量适宜，是人类最早的发祥地，是人类良好的生活繁衍区和植物生长区。

长安被山带河，“名山甲于天下”，三面环山，南秦岭，北高原，西连陇山山脉，黄河东流，渭河贯通，具备“建邦设都，皆凭险阻”(《通志·都邑序》)的天然有利条件。

同时，长安地区水源丰富，河流纵横，南有潏河、滈水、北有泾、渭，东有浐、灞，西有沣、涝，正是所谓“八水绕长安”的天然资源，为其繁荣奠定了基础。

长安周边坡原起伏，沃野千里，水源充足，是最适宜人类生存和发展的区域。优越的自然环境在古长安的历史上发挥着非常重要的作用。所以历代王朝都非常重视这一区域的保护、开发、利用。

一、位置与气候

西安位于东经 108 度 55 分、北纬 34 度 15 分的地区，海拔 400 米左右。地势大体为东南高，西北与西南低，呈簸箕形状。年降雨量充沛，日照充分，无霜期平均 207 天。可以说是气候温和，雨量适宜，是良好的居住区和植物生长区。

西安的位置位于渭河平原的中部稍南。渭河流域地势较低而平坦，号称八百里秦川。渭河是一条古老的河流，支流河道很多，经过长期泛滥和冲积，逐渐堆集成了平原。渭河平原土壤肥沃，农业发展较早，物产比较丰富。西汉司马迁也说“关中自汧雍以东至河华，膏壤沃野千里，自虞夏之贡以为上田”（《史记·货殖列传》）。东方朔则更称之为“天府”、“陆海”（《汉书·东方朔传》）。

渭河平原又称之为关中盆地，关中盆地的雍（凤翔）、栎阳、咸阳、长安等城市，在两千多年以前，已经和西南的巴蜀（四川）、西边的羌中（青海）、北边的戎翟，在商业上有着繁密的联系。它是我国和南亚、西亚，乃至欧洲、非洲交通往来最早的地方，汉唐时代的“丝绸之路”即以古代西安为起点。这个盆地曾是古代中国最富庶的地区。司马迁在《史记·货殖列传》中评论说：“故关中之地，于天下三分之一，而人众不过什三，然量其富则什居其六。”

“关中”的由来，古代曾经有人说因为它处于函谷关、大震关（陇县境）之间，故称为关中；但更多的人认为说是这个盆地东有函谷关（今河南境内与陕西接近

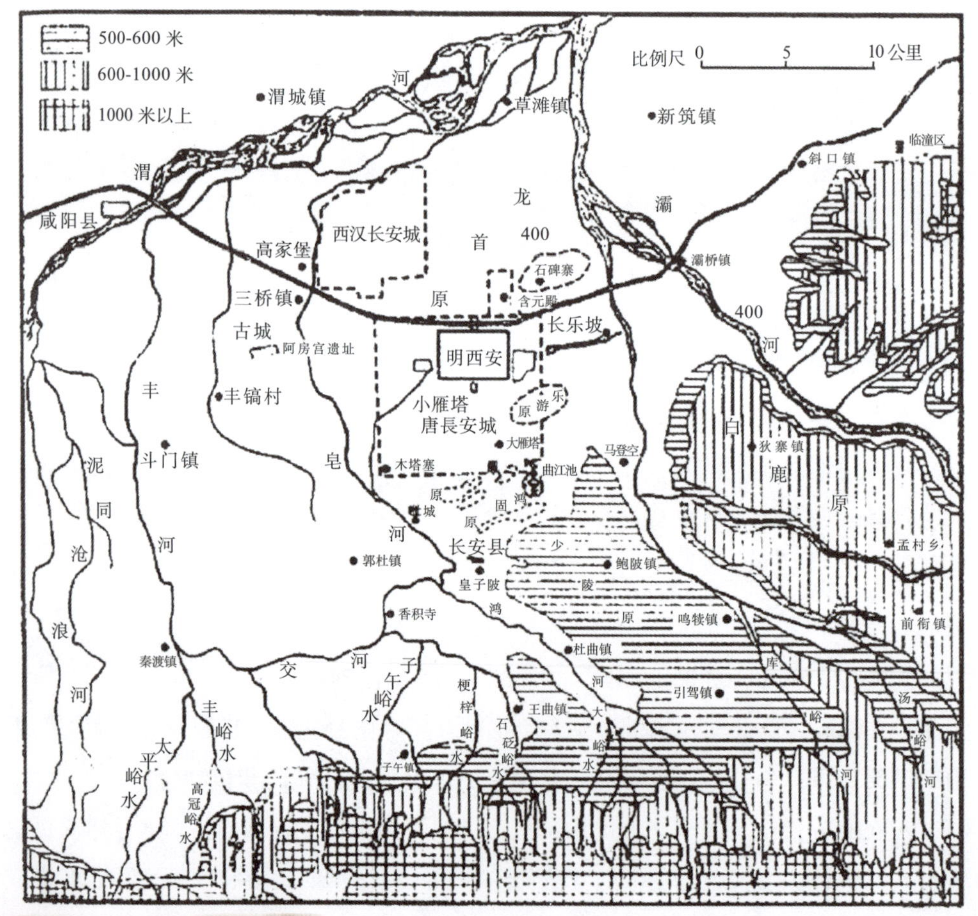

西安地区周围地形图

处，潼关以东），南有武关（丹凤县境），北有萧关（宁夏固原县东南），西有散关（宝鸡市境），故称关中。处在群山环绕之中，四面都有关塞，进可以攻，退可以守。因而在古代交通不便、武器落后的情况下，这个地区就显得格外险要。以上这些有利条件，都是中国古代长期在这里建都的主要因素。

二、山 脉

终南山　终南山又名中南山、太乙山、地肺山、南山、秦山，是秦岭自武功以东至蓝田以西一段的总称，也是西安附近各山的主脉。它横亘在渭河以南，怀抱西安，从而使西安具有负山面水的形势。终南山，重峦迭嶂，苍翠无际，唐太宗李世民《望终南山》的诗句赞美它“重峦俯渭水，碧嶂插遥天”。

终南山中，自古物产丰饶。《汉书·东方朔传》说：“其山出玉石、金、银、铜、铁、豫、樟、柘异类之物，不可胜原。此百工所取给，万民所仰足也。”汉唐时代，长安居民、手工业者所用的薪炭、木材、漆竹、石材、药材等大都取之于南山。

终南山中有两条古道在历史上非常有名，地位非常重要。一名子午路，是西安通往汉中、四川的要道。秦末刘邦去南郑作汉王，走的就是这条路。唐代，四川涪州（今涪陵县）进贡杨贵妃的荔枝，取道西乡驿，不三日即到长安，因此这条路也名荔枝路。现在的西万公路仍循此线。一名武关路，是西安经商洛通楚、豫的大道。秦始皇二十八年“自南郡由武关归”，走的即此路。汉刘邦率领农民起义军灭秦，东晋桓温伐前秦，刘裕灭后秦，都由此路攻到长安城下。西安南面地势高，因此军队一出这几条路口，对西安即有居高临下的威胁。

终南山风景秀丽，自古便是修行避暑胜地，著名的有南五台，号称“南山神秀之区，惟南五台为最”（《关中胜迹图志》）。翠华山，山口有汉武帝元封二年（前109）修的太乙宫，故亦称太乙山。圭峰山，山下有著名的草堂寺，“草堂烟雾”为关中八景之一。寺中有后秦时在长安翻译佛经的印度僧人鸠摩罗什的舍利塔，和唐书法家裴休写的《圭峰禅师碑》。

骊山　骊山系秦岭由蓝田县向西北伸出的一个支脉，东西绵亘 20 余公里，最高处海拔 1256 米，距离西安东 20 余公里。骊山不仅是一座风景名胜，更是一座历史名山。女娲的神话、骊山老母的传说、周幽王的烽火台、秦始皇陵墓、唐朝华清宫等等，无不展示着骊山的魅力。骊山分为东绣岭、西绣岭二岭，均满披林木，每当夕阳西下，山色特别优美，自古便有奇丽的景致“骊山晚照”，为关中八景之一。

骊山山麓的温泉，非常著名。因而，骊山一带自古又是疗养胜地，建有著名的离宫别墅。

三、河 流

八水绕长安　水是城市的命脉，是大城市繁荣的必要条件和保障。古代西安附近的地面水源很丰富，素有“八水绕长安”之说。古代的西安周围，北有泾、渭，东有浐、灞，南有滈、潏，西有沣、涝，八条河流，号称长安八水。西汉司马相如《上林赋》说：“终始灞、浐，出入泾、渭，酆（沣）、镐（滈）、潦（涝）、潏，纡余委蛇，经营乎其内，荡荡乎八川，分流相背而异态。”

渭河　渭河源出甘肃省渭源县鸟鼠山，东南流入陕西境内，横贯关中平原。由北向南流的金陵河、汧河、漆河、泾河、石川河、洛河等，以及由南向北流的黑河、涝河、沣河、浐河、灞河、潼河、戏河、潏河、赤水河等，均先后流入渭河，

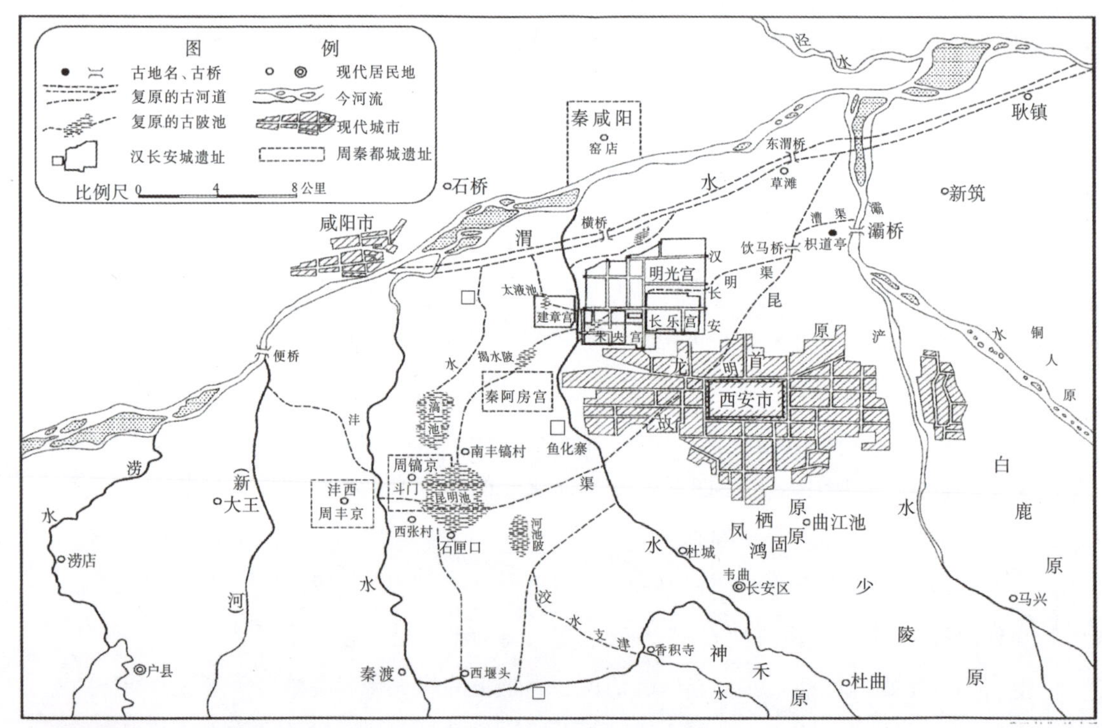

汉代长安八水示意图

使渭河成一羽状河流，东到潼关，汇入黄河。渭河北岸河流多自陇东和陕北黄土高原流下，挟有大量泥沙，致使渭河水流特别混浊。南岸河流源近流短，大河不多，但皆从秦岭北麓沟峪流出，水势变化较大。

渭河是关中的母亲河，是中华民族的重要发祥地，是中华民族文化发育成长的主要地区之一。渭河沿岸遍布的许许多多古代文化遗址，蕴藏着大量的考古研究的重要资料。现在的西安附近，是周、秦、汉、隋、唐等 13 个王朝的首都所在，是和渭河的滋养密切相关。

秦汉以来，渭河上便架设有桥梁。渭河桥梁便利了渭河南北交通，对长安的经济、军事有重要价值。

链接：中渭桥　秦、汉、唐三代都曾在渭河上架设桥梁，以便利交通。秦始皇二十七年（前 220）修建横桥，跨渭河南北，汉代改名石柱桥，亦名中渭桥，宽两丈，长三百八十步，位置约在今咸阳市东窑店附近。

东渭桥　在高陵县渭桥镇附近，建于汉高祖或汉景帝时期，主要用以便利长安和栎阳的往来。

西渭桥　汉武帝建元三年（前 138），主要为便利长安和茂陵的交通，又在石柱桥以西另修一桥，因为位置接近长安的便门，故名便门桥，亦名西渭桥。

及至唐代，此三桥仍旧存在。据历史记载，唐肃宗至德二年（757），郭子仪收复长安，自西渭桥进屯潏西；唐代宗广德初（763），吐蕃兵犯长安，命筑城于户县及中渭桥，屯兵以备之；唐文宗开成五年（840），日本僧人圆仁到长安，经过东渭桥，在他的《入唐求法巡礼行记》中说："到高陵县渭桥，渭河宽一里许，桥阔亦尔。镇临渭水，在北岸上。"

泾河　泾河，是渭河第一大支流，发源于宁夏六盘山东麓，全长 455 公里，流域面积 4.5421 万平方公里。在西安以北流入渭河。泾河下游是中国水利开发最早的地区。秦王政元年（前 246）凿泾水，兴建著名的郑国渠。《汉书·沟洫志》上说："举臿为云，决渠为雨，泾水一石，其泥数斗，且溉且粪，长我禾黍，衣食京师，亿万之口。"泾河虽距长安较远，但从"衣食京师，亿万之口"两句，可以想见泾河在经济上和长安关系的密切。

链接：**郑国渠** 郑国渠的修建，是古代关中第一次大兴水利事业。《汉书·沟洫志》说：“韩闻秦之好兴事，欲罢（音疲）之，无令东伐。乃使水工郑国间说秦，令凿泾水……中作而觉，秦欲杀郑国。郑国曰：‘始臣为间，然渠成亦秦之利也。臣为韩延数岁之命，而为秦建万世之功。’秦以为然，卒使就渠。渠成而用……之地四万余顷，收皆亩一钟。于是关中为沃野，无凶年。秦以富强，卒并诸侯。因名曰郑国渠。”

沣河 沣水在远古的时候，就是一条著名的河流。《诗经·文王有声》上说“丰水东注，维禹之绩”。沣河出自终南山的丰谷，融汇高冠谷、太平谷二水，又接纳了承接了潏水而来的滈水，至咸阳境内入于渭河。

西周的丰京在沣水西，镐京在沣水东，秦咸阳、汉长安也都在沣、渭交汇处附近。汉唐时有名的昆明池，也主要是依靠沣水形成维护的。

浐河 浐河在西安东郊，源出蓝田县西南的秦岭山中，先后会合了库峪、石门峪、荆峪诸水，流至西安十里铺以北，与灞水会合流入渭河。

浐河水流在白鹿原与少陵原之间，河谷宽阔，形成平畴沃野，与樊川、御宿川号称长安三大川。浐河和古长安的关系最为密切。唐代长安城内的曲江池、兴庆池、太液池的水，均是通过黄渠、龙首渠引自浐河。

灞河 灞河原名滋水，位于浐河之东，与浐河并行，距西安城10公里。春秋时秦穆公称霸西戎，欲显耀其武功，改名灞水。其源亦出自蓝田县东南的秦岭山中，先后会合刘峪、蓝峪、辋川诸水，循白鹿原之东北，在光泰庙附近合浐水后入于渭河。

灞河横陈在西安之东，东西往来者必渡此水，因而宋程大昌《雍录》说：“此地最为长安冲要，凡自西东两方面而出入峣、潼两关者，路必由之。”加之这一带居高临下，形势极为重要。秦朝末年，秦军在函谷关内尚有数十万人，但刘邦率农民军由武关经蓝田至灞上时，秦王子婴便不得不“衔璧迎降于轵道旁”。轵道是汉长安东门外之大道，道旁有亭，在今灞桥之北。秦汉时期在灞桥（位置在今桥北）都专设亭以稽查行人。

灞河自白鹿原以下，河身开阔，成一平原低地。两岸河渠纵横，稻田藕池不断，为近郊稻麦蔬菜重要产地。

潏河 潏河在西安以南15公里，源出秦岭大义谷，先后会合白道谷、小义谷、太乙谷诸水，北流10余公里，至江坡折而西北流。潏河在韦曲附近的碌碡堰分为

二支，一北流易名皂河（漕河），一西流入滈，再会于沣。

潏河水道在历史上对长安城的影响很大。流经汉长安城内外的水主要由潏河引来，唐代流入长安城内的清明渠水，也是引自潏河。

滈水　滈水在西安西南约20公里，自秦岭石鳖谷流出，合竹谷、豹林谷、子午谷诸水西北流，至香积寺与潏水合，谓之交水，又称福水。唐朝流入长安城内的永安渠水，即由交水导来。由香积寺南向西流，在秦杜附近入沣河。

现在所谓的滈水，似与古滈水并非一水。宋敏求《长安志》说："滈水出县之西北十八里滈池。"《水经注》曰："滈水上承滈池于昆明池北，周武王之所都也。"滈水流域名御宿川，亦是稻麦重要产地。

涝河　古称潦水，源头有两条，东涝河发源于静峪垴，西涝河发源于秦岭梁，两河交汇后北流，最后北经咸阳流入渭河。涝河绕西安之西。涝河在历史上的知名度，虽然比不上甘河，可她的历史之久远，特别是地质考古发现还超过了甘河。

总之，西安附近河流多，水源丰富，自然条件非常优越。

四、原 野

我国北方把高而平的地叫原。西安附近有许多此种地形，地质学者认为都是古渭河带来的泥砂冲积而成。特别在西安东、南两面，坡原与河流川地交错，园林与田野互映，令人感觉魅力无穷。汉唐长安城内的水，多利用坡原地引进城内。此种地形和山脉、河流，是构成西安自然环境的良好因素，历史上著名的有影响、有文化承载的原有以下几种。

少陵原　少陵原即潏、浐两河间的高地，汉名鸿固原。因为汉宣帝陵园在杜城南原上，名杜陵，故原亦名杜陵原。汉宣帝许皇后葬杜陵之南，坟较宣帝陵小，故又名少陵原。李白有《杜陵绝句》诗曰："南登杜陵原，北望五陵间，秋水明落日，流光灭远山。"此原南起司马村，北至何家营（原名何将军山林）而尽，凡20余公里。唐代大诗人杜甫家在少陵原下，故自称"少陵野老"、"杜陵布衣"。唐玄宗开元年间为增加曲江池水量开凿了黄渠，由少陵原引来浐水注入。

白鹿原　白鹿原在灞、浐二水之间，东西宽约六、七公里，南连秦岭，北达灞岸，长约20余公里。汉文帝葬此原上，坟名霸陵，故亦称霸陵原。西安东面地方以霸为名的很多，如霸城、霸上、霸头、霸西、霸北等都是，均与此有关。

铜人原　灞桥东北的高地正是铜人原。《关中记》："秦为金人十二，董卓坏以为钱。余二枚，魏明帝欲徙诣洛阳，到霸城重不可致，今在霸城大道南。”（转引自《关中胜迹图志》）金人即铜人。铜人原是因为这两个铜人立于原上而得名。铜人原正好位于汉长安城东门以外，是西汉的重要墓葬区，西汉成帝曾在这里营造昌陵，后因为劳费太大，经过刘向等人谏阻而中止，其遗址至今还在，农民称之为八角琉璃井。1957 年，在此原发见一座汉墓，发掘出半两钱、铜剑、铜镜、铜洗、铁灯、弩机、陶俑、布片、纸片等，考古者断定是西汉初年遗物，现存陕西历史博物馆。纸和布是垫铜镜用的，纸质兼麻丝，经专家鉴定是世界上最早的纸张实物标本，已定名为“灞桥纸”，比东汉蔡伦造纸更早，将中国造纸技术提早了好多年。

神禾原　神禾原在西安南约 15 公里处，是樊川、御宿川之间的高地。相传古代原上曾产过 6 斤重的谷穗，故以“神禾”为名。此原南接南五台，北至碌碡堰附近，为潏水界断。

细柳原　细柳原在西安西南约 15 公里处的长安县细柳一带。细柳之名不知因何而起。汉文帝初期，由于遭受匈奴侵犯，曾设立细柳营。军纪严明，汉文帝曾亲自去慰问，也被拒绝入内，被史学界定位为屯兵驻军的楷模，称之为“柳营兵壮”、“汉文劳军”。这个成为此后历代强国练兵爰用的典故，细柳原亦因此而有名。

凤栖原　亦作栖凤原，是韦曲附近的高地。东接少陵原，西到勋阴坡而尽。因为地近唐长安城南，是主要墓葬区。

咸阳原　咸阳原亦名洪渎原，在渭河北岸，是渭河、泾河的分水岭，也是西汉到唐代的重要墓葬区。西汉 11 个皇帝，除文帝葬霸陵原，宣帝葬少陵原外，其余都埋葬咸阳原上。高祖长陵、惠帝安陵、景帝阳陵、武帝茂陵、昭帝平陵、号称五陵，古代诗词中所谓“五陵少年”、“五陵公子”，就指的生长在此处的富豪子弟。原上还有很多陪葬墓，以及无数陵园建筑和松柏树木。

毕原　毕原在西安市西南约 15 公里处。周文王、武王、周公皆葬此原上。《史记·正义》引《括地志》说：“武王墓在雍州万年县西南二十八里毕原上。”唐武则天因他父亲武士彟死后封周国公，为提高其身价，故意把咸阳原上的秦文王、秦武王墓说成是周文王、周武王墓。实际西周时期，都是有墓而不坟，还没有埋大坟堆的习俗。

此外，唐长安城内，禁苑中有龙首原，大明宫含元殿即建立其上。乐游原在东南面升平坊，即今大雁塔东北之高地，是游览区，每年正月晦日，三月三日，九月九日，京城的官宦子弟、书生秀才、悠闲之人、名流士女皆来此处登高游览。唐代

诗人李商隐《登乐游原》诗："向晚意不适，驱车登古原。夕阳无限好，只是近黄昏。"

五、陂 池

自然汇集成的水塘叫陂，人工开凿的水塘叫池。古代长安城内外有很多陂池，如昆明池（今长安斗门镇一带）、渼陂（今户县西）、皇子陂（韦曲附近）、周氏陂（咸阳东）、曲江池（长安城东南角）、龙池（兴庆宫内）、龙首池、鱼藻池（均在大明宫内）、海池（太极宫有数个）等等都是。此等陂池有如天上的明星，点缀在长安城内外地面上；范围都相当大，是休闲游乐的好去处、是营造环境的好风光，既可以行船，又能够钓鱼捕虾。这是一座大城市优越自然环境的重要条件和重点标志。

第二章　西安建都的历史文化基础

西安作为一个有着悠久历史传统的古都，大量的历史遗存形成其独具特色的文化特征。尤其是在浐河、灞河、沣河两岸，以及邻近的临潼、渭南等地发现了数十处新石器时代文化遗存。这些遗址都坐落在土地肥美、利于种植、离河流近，而又可以免除水患的河谷阶地上。经过考古发掘著名的有西安半坡、临潼姜寨、渭南史家、长安客省庄和马王村等处。他们分别属于母系氏族公社时期的仰韶文化遗址和父系氏族公社时期的龙山文化遗址。这些丰厚的历史遗存，从半坡氏族开始延续到商周文明，连绵不断，越来越辉煌，随着秦汉两代的不断建设，至汉代，这一地区以其重要的地理位置，在经济、政治上占有不可或缺的重要地位。至唐，随着我国古代文明进入巅峰时期，这个地区也进入其发展的最高阶段。

一、蓝田猿人及其文化遗存

1963 年 9 月，在蓝天县泄湖镇陈家窝子，发现了一个老年女性的下颌骨。1964 年 5 月，又在蓝田县东 20 公里的公王岭发现一个不完整的中年女性头骨。经过专家研究考证确认她们是一种脱离猿类不久的古人类，比北京猿人较为原始。人们把它称为蓝田猿人。

蓝田人复原头像

蓝田人生存的年代距今约 115 万年，是迄今已知亚洲北部最早的直立人。

蓝田猿人生活在距今约五、六十万年前的旧石器时代早期，他们的文化遗存主要是打制的粗石器。这些石器多发现在与猿人骸骨出土地相近的红土层中，共 50 多件，其种类有刮削器、砍砸器、尖状器和有使用痕迹的石片、石球等。

蓝田猿人用这些简单的工具与自然界进行斗争是十分艰苦的，现在已知与他们同时存在的动物有 30 多种，既有大熊猫、水鹿、大角鹿、斑鹿、猕猴和鼠类这些可供猎食的森林草原动物，也有豺、虎、猎豹、野猪、剑齿虎等猛兽。其中很多都是属于热带地区的动物。蓝田猿人就是在这种艰苦环境中，披荆斩棘，开辟出了较早的一块原始人类生存的园地。

二、原始氏族公社时期的文化遗存

1. 仰韶文化遗存

西安仰韶文化遗存以西安半坡遗址、临潼姜寨遗址和咸阳武功史家遗址为代表。

半坡遗址从 1954 年到 1957 年发掘面积 1 万平方米；姜寨遗址面积 5 万多平方米，从 1971 年到 1974 年已大体全部揭露出来；史家遗址仅发掘了墓葬区。三个遗址共出土房基 100 多座，窑穴（储藏坑）近 200 个，墓葬 300 多座，界沟 4 条，大防卫沟 1 条，用石、骨、角、陶等制作的工具和用具近 2 万件。这批丰富的实物史料，反映了当时生产技术发展的水平和人们社会经济生活的状况。

西安半坡遗址，包括居住区、制陶工场和公共墓葬区三部分。居住区周围设置了一条宽深各五、六米的防御大沟。沟北是墓地，东边是烧陶窑址。在住房附近，挖筑了储藏物品的窑穴和饲养家畜的圈栏。已发现的 40 余座房基紧密地排列一起，在中心区有一所大房子，是氏族成员集体活动的场所。

人面鱼纹盆

人面鱼纹盆是半坡遗址出土的彩陶的代表作之一，画上的人面和鱼纹巧妙地结合在一起。

姜寨遗址，坐落在骊山北麓，潼河北岸，距西安城东 25 多公里。整个聚落作环状排列，分成四个居住区。每个居住区有十四、五座小房子，在小房子前面，建筑一座公共使用的大房子，中间是一个广场。各居住区房屋的门都朝向中心。储藏物品的窑穴交错地分布在各居住区房屋之间，墓葬区在居住区南面。整个聚落的外面，有一道小沟围着。

房屋　仰韶人住的房屋有方形和圆形两种，最常见的是半窖穴式的方形房屋。无论方形或圆形，房屋的中间都有一个火塘供取暖、煮饭和照明之用。靠近门的地方有两道短墙，可能是屏风一类设置。居住面平整光滑，有的房子里分高低不同的两部分，可能是分别用作睡觉和放置东西之用的。由屋内通向屋外的门道作台阶或斜坡状。

就房屋的规模说，有大、中、小三种类型。大房子的面积 90 至 150 平方米，中等房子 30 至 40 平方米，小房子 12 至 20 平方米。居住面和隔壁都用草泥土内加木筋作成，表面光滑平整，有的加火烘烤，更加坚固。屋顶是用木椽排架起来，上面覆盖一层厚草泥土，也经过了烘烤，能抵御风雨的侵蚀。屋内用 2 到 6 根柱子支撑屋顶。为了加固柱基，在木柱周围加有夯打过的泥圈，柱基下还垫有陶片、烧渣等物，以防下陷。

窖穴　和房屋交错分布在一起的是储藏物品的窖穴。在半坡的一个窖穴中，还保存有已经腐朽的粟米达数斗之多。半坡发现窖穴 200 多个，姜寨 65 个，大都是口小底大的圆形袋状坑，口径 1 米，底径 1.5 米至 2 米，深 2 米左右。姜寨的窖穴中三分之一以上还设有台阶，这种台阶或三级或四级，大都是顺时针方向旋转而下。

劳动工具、生活用具　在半坡和姜寨遗址发现了数千件用石、骨、角、陶等原料制成的劳动工具。这些工具按制作方法可以分为两类，即用打制方法作成的有砍伐器、切割器、刮削器、敲砸器，和用磨制方法作成的有斧、锛（音奔）、刀、凿、锄、铲、箭头、矛头、鱼钩、鱼叉等。这些工具反映了当时人们从事生产活动的状况和性质。

当时的生产以农业为主，同时从事家畜饲养、捕鱼打猎和采集等活动。已发现的农业劳动工具有各种类型的石斧、石刀、石铲、骨铲、石锄等。采用将野草砍倒烧光的办法开辟土地，然后用挖土棒或骨铲等点播种植。当时种植的唯一谷物是粟，前述在半坡遗址一个窖穴中发现的粟米，以及墓区随葬品中发现的粟米，都说明了人们对它的重视。

仰韶人是我国最早的农人，也是最早的蔬菜种植者。他们已发明了种植白菜、芥菜等蔬菜的方法。

已发现的渔猎工具有三角形、长条状、圆柱状、扁平状等各式各样的箭头，精致的骨制鱼钩，以及单刺、双刺等不同结构的鱼叉。工具制作精巧而又规则。捕鱼在人们生活中占重要地位，反映在艺术上，彩陶器表面的装饰图案很多是非常生动逼真的鱼网和鱼纹。

红陶尖底瓶

尖底瓶是半坡人最常用的汲水器，当尖底接触到水面时瓶身便自然倒下，当水注满时则又自动立起，汲水非常方便。体现出半坡人所具有的智慧和创造力。

采集经济在当时也占有一定的地位。河滩和水塘中大量的螺蛳和淡水蚌类，是经常性的采集对象。人们又把植物块根、昆虫和松子、榛子、栗子等果实用来充饥。

当时已有了社会性的性别、年龄分工，农业和采集多由妇女、儿童承担，而渔猎生产则主要是男子的事。

陶器是日常生活中的主要用具，按用途分，有炊煮用的灶、罐、鼎；汲水用的尖底瓶、葫芦瓶和小口壶；饮食用的钵、盆、碗、盘、皿、杯；储藏东西用的罐、瓮等。总计五、六十种之多。其中除少量灰色、灰黑色的以外，大部分是红色和红褐色的陶器。

饮食器和水器多用细泥陶制成，炊器和储藏器多用粗砂陶制成。器物表面大多装饰有绳纹、线纹、剔刺纹等。最具代表性的则是彩陶，即在细质陶器上绘制各种绚丽的花纹，这是我们祖先在氏族公社时期所创造的优秀艺术品，也是研究古代历史的珍贵实物资料。

彩陶纹饰中以奔驰的鹿，展翅飞翔的鸟，正在吞食的鱼，爬伏的蛙和悠游水中的小虫等动物花纹最为生动。其他描绘事物的花纹，有起伏的水波、绳索、鱼网、编织物等。彩陶的图案花纹，一类是由圆点、弧线和三角组成的曲枝纹；一类是由直线、三角、圆点组成的几何图形纹。这些图案大都是红底黑花，也有橙黄色底描黑花或紫花的。

一些陶器的盖、肩、把纽被捏制成人头、鸟头、壁虎、蛇等动物的形状，形象古朴生动，这是我国最早的陶塑艺术。

这些彩陶器上以劳动对象和大自然为题材的艺术形象，生动地证明了文化艺术

刻符陶钵

起源于劳动和生活实践这个真理。

另外值得注意的，是在彩陶钵口沿外宽带纹中，常有一些带有明显刻画符号的四、五十种彩陶器。这些符号或竖线或十字，重复地出现在同类器物的特定部位上，应该是原始人对某种事物的标记，考古工作者认为这是我国文字发展的渊源之一。

当时人穿的衣服，夏天用麻布，冬天用兽皮制成。根据已发现的文物资料看，上身类似背心，下身为短裙，衣裳是分开的。

仰韶人的装饰品种类繁多，就类别说有头饰、颈饰、腰饰和手臂饰；就形状说有环饰、坠饰、璜饰和珠饰；就质料说有石、玉、骨、陶、蚌和兽牙等。在姜寨墓地发现一个十四、五岁的女孩，佩带骨珠达 8000 颗之多，这些珠子多联结成环络串饰，佩挂在颈项和胸前。

工艺制作技术 仰韶人的制石、制骨、制陶等方面的工艺制造技术，也达到了一定的水平。

制陶业是当时主要的工艺部门，专门由妇女操作。她们选择黏性适宜而又细软的黄土，挑去其中的杂质，再和成泥条。用泥条盘筑而成陶器的雏形，经过一系列的刮磨整修，就成为各种器物。然后用各种工具刻画或挑剔成丰富多彩的花纹，并以铁矿石、氧化锰等天然矿石为颜料，用类似毛笔一类的工具，在陶器上画出各式各样的图案来。经窑烧后，就变成了坚实美观的彩陶器。

石器制造有一系列比较复杂的工艺过程，既用进步的磨制法，也用原始的打制法，在修整和加工时又多用琢制法。制造各种砍砸器、刮削器、切割器如刀子等，用打制法；制造凿、锛、锥、针和装饰品，多用磨制；制造大型工具如石斧等，则两种方法并用，一般是先打成雏形，然后磨光。磨制石器要经过切锯、琢磨、钻孔等工序。

蚌器、骨器的制作多用锉和磨的办法。当时制成的骨器如鱼钩和针等，工艺之精巧，可以与现代的金属制品相媲美。

编织工艺是将苎麻一类植物纤维用纺锤捻结成线，然后编织成布。陶器底部印记的布纹，每平方厘米经纬各 10 条，类似现代的粗帆布。古代传说："伯余之初作衣也，綊（音甜）麻索缕，手经指挂，其成犹网罗。"《淮南子·氾论训》）大约就

是这种原始编制工艺的写照。

埋葬制度及其所反映的迷信意识　从半坡、姜寨和史家墓地及居址中，共发现了 300 多座成人墓葬和 100 多座小孩墓（大多是瓮棺葬）。其中半坡的 100 多座成人墓，大多数是单人仰卧直肢葬，只有两墓分别是两个男性和四个女性的同性合葬墓。儿童的瓮棺葬 50 多座，分两群，一群 13 个，一群 30 多个。史家发现的均为多人二次合葬墓，一般 20 人左右，多的达 51 人，共埋葬 700 多人，除一座为男性合葬墓，其余的男女老幼均有。这些墓葬中的尸骨分数层，排列得非常整齐，头部都向西或西北方向。

随葬品以陶器为主，都是日常生活用品。也有一些石制骨制的生产工具或装饰品，以及粟米等。

从上述埋葬办法推测，二次埋葬法应是在明确信念支配下所奉行的一种仪式。这种葬法是先将尸体放在一个特定的处所，待肌肉腐烂后，再把骨头收集起来第二次正式埋葬，后人又称其为“洗骨葬”。流行这种葬习的部落，他们大约有一种信念，认为肉体是人世间的，因而要等待尸体腐烂后，才能最后正式埋葬。

小孩的尸体一般盛在粗陶罐或瓮内，上面盖一个细陶钵或盆，在钵、盆底部凿一个小洞，洞上再盖一个小圆陶片。留这个小洞，大约是古人迷信死者的“魂灵”可以通过这里出入。把小孩埋在房子旁边，我们推测是保护孩子不让野兽伤害，并能经常出入与家人“团聚”的意思。

原始人对死者的头向处理很重视，从民族学资料得知，头向反映两种信念：一种认为人死后要回到本氏族原来的老家去，所以就把死者的头安置在传说中老家所在的方向；另一种是相信还有另一个“鬼魂”的世界，人死后要到那里去生活，一般认为这个世界在日落的西方。仰韶人死后头朝向西方的一致性，也许就是这种信念在支配他们。

社会经济形态　聚落布局是氏族生活画面的一部分。在母系氏族公社中，全氏族可分为若干母系家庭，全体成员生活在一起，他们过着族外的对偶婚姻生活。男女双方分别住在自己的氏族中，每个氏族或家庭都要为成年妇女准备房屋，以接待外族来的伴侣，而少年和老人则住在公共聚会的大房中。姜寨和半坡遗址中那些大型房屋和周围的小房子，就是这种生活的反映。

母系氏族公社是以女性来计算世系的，因为在当时原始的经济条件下，妇女担负着生产和生活的主要任务，他们为社会付出了最多而有价值的劳动，因而受到普遍的尊敬。

低下的生产力水平决定了当时社会上没有剩余产品，因而也就没有剥削、压迫和奴役。氏族酋长由全体成员选举产生，他负责组织生产和管理日常事务。酋长与氏族成员一律平等，他们一般都是勤劳勇敢、全力以赴地为全氏族办事的人，因而受到大家的爱戴。

氏族民主是当时社会形态的特点之一。对公共事务如选举酋长、解决与邻族的关系等问题，都通过全体成员参加的集会，民主讨论解决。每个氏族或家庭所建的大型房屋，就是供公共集会的场所。

在实行以对偶的族外婚制度下，本氏族男女不能结婚，各自在自己的氏族内生活，因此，死后夫妻双方各自埋在自己氏族的公共墓地里，而且兄弟姊妹是分开埋葬的。半坡墓地男女分葬和同性合葬的情况，正好是这种婚姻制度的说明。

由于这种婚姻制度缺乏稳固的经济基础，所以两性关系比较松散，结合的时间也短，子女随母，因而“民知其母而不知其父”就是自然的事了。

仰韶文化时期的氏族社会，无疑已有胞族、部落的组织。我们推测，一条河流区域的若干聚落，形成一个胞族，再由若干胞族形成一个部落，西安附近几条河流两岸可能就是一个部落的领地。每个氏族，在整个部落中是紧密相连的一个有机体的构成部分。

链接：仰韶文化，由于是1924年首先在河南省渑池县仰韶村首先发现这种文化的遗址，因而定名“仰韶文化”。它是发达的新石器时代的文化遗址。这种文化的特点是：（一）代表精品是在磨光的红色陶器之上又加各种彩绘纹饰，所以有人又称它为彩陶文化；（二）陶器都是手制；（三）日常使用的器物以大口浅腹钵和尖底深腹小口罐较突出；（四）炊器以粗陶缶为主，并有鼎的存在；（五）工具为磨制长方形石斧和小型石锛以及打制的长方形两端缺口的刀子最普遍。

2. 龙山文化遗存

龙山文化是继仰韶文化之后，在黄河中下游普遍发展起来的氏族部落文化。在陕西关中地区称其为“客省庄第二期文化”，因为它是由长安客省庄发现并晚于第一期的仰韶文化而得名的。

1955至1957年，中国科学院考古研究所在客省庄遗址区共发掘出房屋10座，

窖穴 43 个，烧陶的窑址 3 个，各种工具 261 件，并有大量的日常生活用的陶器和碎片。1973 年，半坡博物馆在临潼姜寨遗址也发现了同类型的窖穴 9 个，小孩墓 1 座，石、骨制的生产工具和陶器一批。实物资料明显地表明，龙山文化时期的文化比仰韶文化时期有了新的发展和变化。

房屋及窖穴建筑　客省庄二期文化的房屋有些有内外两室组成，均作半窖穴式建筑，中间有一个通道，平面像“吕”字。房子外形是方形的，内室有方形圆形两种。方形房屋中都立有一根圆形柱子，以支撑屋脊的大梁。圆形房间内多无立柱，大概是靠周围立斜柱来撑持屋顶的。内外室各有圆凹形的小灶坑，在外室的出口处有一个瓮形的“壁炉”，壁炉底部有一条土梁，用以支架炊具。壁炉附近有的还设有小储藏坑。

圆形的房屋有两种，一种是圆形的单室，另一种是一圆一方组成的双间房子。窖穴多是圆形袋状坑，其特点首先是坑口小，最上一节是直的，像瓶子的颈部；其次，颈下腹部骤然增大；第三，接近底部的一段又是直的。一般口径 1 米，底径 4 米，深 2.5 米左右。坑口有一个盘状陶盖盖着，这种盖子直径 1 米左右，盖中心部分还有一个圆孔。

生产工具和生活用具　这一时期的经济活动以农业为主，由于工艺技术的进步，新的生产工具不断被创造出来。已发现的斧、锛、刀、凿、镰等劳动工具，与仰韶文化时期相比，有了很大的改进。如石斧大都体形圆扁，磨制得非常光滑；石铲大而薄，刃部锋利；用于收割的长方形或半月形的刀子，精巧适用，镰刀也是这一时期发明的。上述工具除石制的外，还大量采用坚硬的蚌壳制作，这些都极大地提高了生产效率。

四足鬲

鬲是一种常见的炊煮器，类似于现在煮饭烧水的锅。

随着农业的发展，畜牧业也繁盛起来。仰韶文化时期只有猪、狗两种，这时又有了马、水牛、黄牛和鸡。渔猎和采集经济也很发达。打猎以鹿类和其他小动物为主要对象，所用的武器有弓箭和石、骨、角等材料制成的矛头。渔具有用骨、蚌制成的鱼钩，以及系有石坠的鱼网。

客省庄第二期文化人们使用的陶器别具风格，从器形上说主要是三足器（多为空足平底器）。按器物的用途分类，有饮器，如单把手鬲（音利）、斝（音甲）、大口绳纹罐、鬶（音规）、盉（音和）等；食器，如罐（分单耳、双耳和三耳）、盆、盘、碗和豆等；储藏物品的如瓮、壶等。其中大瓮的盖子，是将盖和瓮体一块制好后割开形成的，因而盖上十分严密。盖顶附有葫芦形把扭，并穿有气孔。这些器物以灰色为主，其次是红色的，黑色的较少。器物表面的纹饰以蓝纹和绳纹为主，并附有条状或钉铆状的凸体。只有极少数器物上有红色彩绘，而且大多是在器物烧好后画上去的，因而颜色容易脱落。另外，有些器物估计是用于礼教的。

这些陶器大多是手工捏制而成，只有鬲和斝的裆部是磨制的，轮制陶器只用于制造小型器物。

由于生产门类的增多，工具的改进和技术的进步，以及出于体力的考虑，就提出了新的社会分工的问题。必须由某些人固定地从事某些工作，以熟悉劳动技术和提高劳动效率。从西安附近其他一些龙山文化遗址墓葬区出土的随葬品，就反映了死者生前分工的不同：男子的随葬品大多是劳动工具和工艺工具，而妇女则大多是纺轮、锥、针一类物品。这说明男子主要从事农业、畜牧业和工具制造，而妇女则着重从事编织、缝纫一类活动。由于男子从事主要的生产活动，掌握了经济大权，因而他们在家庭和社会中逐渐取得了统治地位，形成了父系氏族公社。

意识形态　反映意识形态方面的遗存有卜骨。卜骨为牛羊的肩胛骨，保存天然形状，用火在骨面上烧灼后，根据裂纹占卜。灼痕排列没有一定规律，数目由两个到 10 个不等，比西周时的卜骨原始得多。

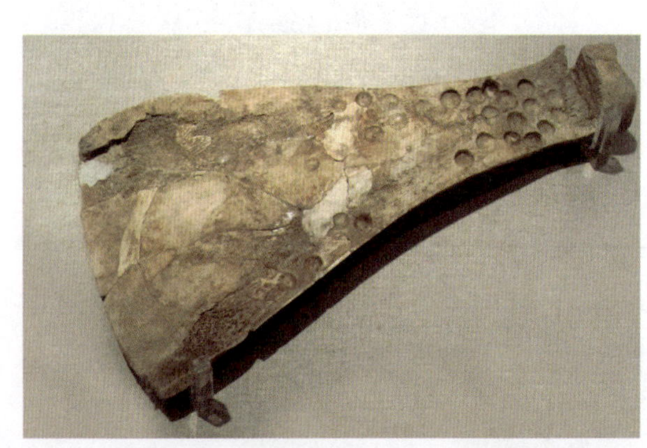

卜骨

卜骨是人们用来占卜的工具。这是一块牛的肩胛骨，是专门用来占卜的骨头。

反映迷信意识的墓葬在客省庄发现较少，仅有小孩墓一座，没有随葬物。在华阴横陈遗址的同类文化墓葬中发现有男女合葬

的情况，同一社会形态的齐家文化中也有这种情况。此外，在客省庄还发现了象征男性崇拜的陶“且”。

客省庄第二期文化与齐家文化和河南龙山文化的时代相当，距今约4000年左右。当时已进入典型的父系氏族公社时期，它的主要特征是：（1）占卜之风兴起；（2）祖先崇拜的萌芽；（3）礼教器物的出现；（4）工艺技术的进步，导致了农业生产的发展和畜牧业的繁盛。这些条件历史地构成了它是西安地区西周奴隶社会的前驱。

链接：龙山文化，由于是1928年首先在山东省历城县龙山镇城子崖发现的文化，故定名龙山文化。它是继仰韶文化而发展起来的比较晚的新石器时代文化，其特点：（一）代表作品为黑色亮光而薄的陶器（薄如蛋壳），因此有人称龙山文化为黑陶文化，带手把的三足鬶（音规）为其典型代表；（二）陶器为轮制；（三）器形的主要特征是器盖、三足、圈足和把手的大量使用，炊器以鬲为主；（四）石器以磨制为主，有扁平带孔石斧和双孔刀；（五）开始使用蚌器。

3. 传说时代文化遗存

华胥氏 在中华民族发展的历史长河中，传说最早的始祖就是华胥氏——她是伏羲氏和女娲氏的“母亲”。华胥氏生下伏羲和女娲，开辟了中华民族的发展史。司马贞《补史记·三皇本纪》：“太昊庖牺氏，……母曰华胥，履大人迹于雷泽，而生庖牺于成纪。蛇身人首，有圣德。”庖牺即伏羲。清人梁玉绳在《汉书·人表考》卷二引《春秋世谱》云：“华胥氏生男名伏羲，生女名女娲。”因此，华胥氏是中华民族传说中最早的始祖了。据《太平寰宇记》的记载，“蓝田为三皇旧居，境内有华胥陵。”根据这些记载，华胥氏所在地域应在今陕西西安蓝田境内。

伏羲氏 伏羲又称宓羲、庖牺、包牺、牺皇、皇羲、太昊等，为华胥氏之子，被尊为华夏太古三皇之一，与女娲同被尊为人类始祖，在中国神话传说中，与女娲一样，龙身人首或蛇身人首。他发明了用兽皮缝制衣服，结网打鱼，投矛狩猎，还发明了瑟，传说伏羲坐于方坛之上，听八风之气，乃做八卦。八卦衍生易经，开华夏文明。他的活动标志着中华文明的起始。

女娲氏 是传说中的中华上古之神，人首蛇身，是华胥氏的女儿，为伏羲之妹。传说她抟土造人，是人类的创世神，而且建立了婚姻制度；而后世间天塌地陷，于是炼石补天，斩巨大的鳌足以撑天，又是人类的救世主。

华胥氏母子三人的传说故事自古到今在陕西蓝田和临潼一带广为流传，蓝田有华胥陵，每年的二月二龙抬头节都要举行盛大的祭祀活动。临潼有老母殿、人祖庙等历史遗迹。其时代先后和活动范围与浐河半坡人、临潼姜寨人活动的历史有可以联想之处。

炎帝 传说中的上古帝王，又称神农氏 。因崇尚火德，故称为炎帝，又称赤帝、烈山氏。是继女娲氏之后的天下领袖。相传其母名女登，一日游华阳，被神龙绕身，感应而孕，生下炎帝。传说中的炎帝人身牛首，头上有角。炎帝少而聪颖，三天能说话，五天能走路，三年知稼穑之事。他一生为百姓办了许多好事：教百姓耕作；尝遍了各种药材；发现茶叶；制作乐器；等等。其族人最初的活动在今陕西的西部宝鸡一带，后来沿渭河、黄河向东发展，与黄帝发生冲突，在阪泉之战中，被黄帝战败，炎帝部落与黄帝部落合并，组成华夏族的主干。

链接：《史记·五帝本纪》说：“轩辕之时，神农氏世衰。诸侯相侵伐，暴虐百姓，而神农氏弗能征。于是轩辕乃习用干戈，以征不享，诸侯咸来宾从。而蚩尤最为暴，莫能伐。炎帝欲侵陵诸侯，诸侯咸归轩辕。轩辕乃修德振兵……，教熊罴貔貅虎，以与炎帝战于阪泉之野。三战，然后得其志。蚩尤作乱，不用帝命。于是黄帝乃征师诸侯，与蚩尤战于涿鹿之野，遂擒杀蚩尤。而诸侯咸尊轩辕为天子。”

阪泉之战 炎帝部落由西方进入中原之时，与居住在东方的以蚩尤为首的九黎族因部落发展而发生长期冲突，炎帝便长期生活在今河北省一带，但与长期活动在中原一代的大小部族不断冲突。据说当时“炎帝欲侵凌诸侯”，与轩辕氏族黄帝部落的冲突更为激烈。双方在阪泉（在今天河北境内）进行了三次激烈的战役。黄帝统领着熊、罴、貔、貅、貙、虎为图腾的部落，终于战胜了强大对手炎帝，炎帝最终与黄帝结盟并归顺他，这就形成了炎黄联盟。史称为阪泉之战。

涿鹿之战 炎黄联盟形成以后，前来归顺的周边部落越来越多，他们的势力范围不断扩展，势必对蚩尤部落形成威胁。但蚩尤不服，就带领着九黎部落，与炎黄联盟大军战于涿鹿（今河北省涿鹿村），最后蚩尤被打败。从此炎黄部落在中原稳定下来了。这便是涿鹿之战。中华民族的后代子孙为了纪念中华文明的始祖炎帝和黄帝而自称“炎黄子孙”。

炎帝的功绩

一是制造耒耜，播种五谷。耒耜的使用和五谷种植，促进了农业生产的发展，是人类由原始游牧生活向农耕文明转化的重要标志。

二是尝百草，发明中医。据说，神农为尝百草，曾经一日之间而中毒 70 次。炎帝在与疾病作斗争的亲身实践中，为后世中医药事业的发展奠定了基础。

三是倡导交易市场，制定交易规则。据《周易·系辞下》载“神农日中为市，致天下之民，聚天下之货，交易而退，各得其所”。神农发明的以日中为市、以物易物的市场规则是商品市场发展的起源。

四是以麻为布，制作衣裳。原始人本无衣裳，仅以树叶、兽皮遮身，神农教民以麻为布，制作衣裳，这是人类由朦昧社会向文明社会迈出的重大一步。

五是发明五弦琴。据《世本·下篇》载，神农发明了乐器，他削桐为琴，结丝为弦，这种琴后来叫神农琴。神农琴“长三尺六寸六分，上有五弦，曰宫、商、角、徵、羽”。

六是制作弓箭。神农始创了弓箭，提高了战斗力。

七是制作陶器。陶器的使用，改善了人类的日常生活条件，人类可以储藏、蒸煮食物，提高了生活质量。

炎帝陵　在中国著名的炎帝陵有两处。一处位于湖南省株洲市炎陵县城西 17 公里的鹿原镇境内；一处位于陕西省宝鸡市渭滨区神农乡境内常羊山上。《国语·晋语》中记载：“黄帝以姬水成，炎帝以姜水成。”姜水在宝鸡地区，这在 1500 多年前的北魏时代，中国古地理学家郦道元就明确地写入《水经注》中。宝鸡市区渭河南有浴圣九龙泉，泉上有唐建神农祠，祠南蒙峪口有常羊山，常羊山有炎帝陵，都是众民百姓祭祀先祖炎帝的场所。宝鸡民间春节正月十一日集会九龙泉祭祀炎帝诞辰；每年七月七

贴塑蛇纹罐

新石器时代（约公元前 5000 年−前 3000 年）西安市灞桥区南殿出土

日集会天台山祭奠炎帝死葬。

链接： 北首岭遗址，是我国著名的史前文化遗址。位于宝鸡市金台区金陵河西岸的台地之上，是一处保存较好、内涵丰富的仰韶文化村落遗址。遗址南北长 300 米，东西宽 200 米，面积约 6 万平方米，分为早、中、晚三期，年代为公元前 5150 年—前 3790 年。距今约 7100 年—5600 年。出土的彩陶钵、鹅蛋形三足罐和双联鼎等陶器富有特征。仰韶文化遗存有房子、墓葬与陶器、石器等。其中墓葬 451 座，包括长方形土坑墓与瓮棺葬，一般都有陶器等随葬品。一件器表绘黑彩水鸟啄鱼纹的船形壶，是难得的彩陶艺术珍品。北首岭遗址发现的北首岭类型文化遗存，为研究华夏文明演进的过程提供了不可取代的重要资料。

船形壶

宝鸡现已查明的新石器时代文化遗址约有 740 多处。北首岭遗址作为其中最重要的一处，展示了宝鸡璀璨的史前文明，提示人们可以联想宝鸡作为“炎帝故里”的历史文化依据。

黄帝（前 2717~前 2599）是中国远古时期部落联盟首领，被尊为人文初祖。史籍记载，黄帝是少典之子，本姓公孙，长居姬水，故改姓姬，居轩辕之丘，故号轩辕氏，出生、创业和建都于有熊，故亦称有熊氏，因有土德之瑞，故号黄帝。黄帝和炎帝并称华夏民族始祖，他播种五谷，创造文字，始制衣冠，建造舟车，发明指南车，核定算数，制作音律，发展中医学等，是承前启后的中华文明的先祖。

《易·系辞下》：“神农氏没，黄帝、尧、舜氏作，通其变，使民不倦。”孔颖达疏：“黄帝，有熊氏少典之子，姬姓也。”《史记·五帝本纪》：“黄帝者，少典之子，姓公孙，名曰轩辕。生而神灵，弱而能言，幼而徇齐，长而敦敏，成而聪明。”裴骃集解：“号有熊。”司马贞索隐：“有土德之瑞，土色黄，故称黄帝，犹神农火德王而称炎帝然也。”黄帝即位据说是在公元前 2697 年，即位时 20 岁，据此推算黄帝出生于公元前 2717 年，其生卒年份传说为公元前 2717 年—公元前 2599 年。

黄帝生有 25 个儿子，被赐姓者 14 人。黄帝逝世后葬于桥山。其孙高阳立，即

颛顼帝。颛顼死后，黄帝曾孙高辛立，即帝喾。喾死，子放勋立，即尧。尧死，舜立，舜是颛顼的6世孙。黄帝、颛顼、帝喾、尧、舜即是五帝。黄帝是五帝之首。夏禹和商族、周族的祖先都是黄帝的后裔。周族的后代周武王姬发建立了周朝；在西周初年周武王大封诸侯时，其中姬姓国就有53个。

黄帝与炎帝是华夏民族的始祖。《国语·晋语》载："黄帝以姬水成，炎帝以姜水成。成而异德，故黄帝为姬，炎帝为姜。二帝用师以相济也，异德之故也。"炎黄二帝都是起源于陕西省中部渭河流域。后来，两个部落向东发展中为争夺领地，发生大的冲突，展开三次阪泉之战，黄帝打败了炎帝，两个部落渐渐融合成华夏族。华夏族是中华民族的主干，中华民族的后裔自称为华人、炎黄子孙，便是由此而来。她繁衍生息，分布世界各地。

黄帝重要的臣属有炎帝、应龙、风伯、雨师、天女、仓颉、风后、伶伦、力牧、常先、大鸿神皇、女魃等。

一般公认黄帝即位于公元前2697年。道家把这一年作为道历元年。

黄帝功绩

黄帝部落在从姬水向渭河流域、黄河流域发展的过程中，吸收了炎帝部落及其

黄帝手植柏树

农耕等方面的经验，使本部落迅速发展壮大。

一是统一各部　阪泉之战，合并炎帝；涿鹿之战，吞并蚩尤。形成相对统一的联盟部落。

二是种植五谷　据《史记·五帝本纪》，轩辕黄帝的功绩之一是“艺五种”。根据古史传说，神农氏时能种植黍、稷，而黄帝则能种植五种粮食作物。“五种”是指“黍、稷、菽、麦、稻”五谷。黄帝非常重视发展农业，他率领百姓“时播百谷草木……节用水火材物”（《大戴礼记·五帝德》引孔子语）。

三是推行教化　始治阵法，推算历法，仓颉造字，作干支以计时，制作乐器，创制医学；他重用风后衍化握奇图，始制排兵阵法；制造指南车，以辨明方向；用伶伦取谷之竹以作箫管，定五音十二律。他的元妃嫘祖娘娘始养蚕以丝制作衣服，称为“蚕神”。史官仓颉始制文字，具六书之法。他与岐伯讨论病理，作《黄帝内经》，这便是称中医为岐黄之学的来历。荆山铸鼎：在荆山（位于陕西富平荆山原）铸鼎，分华夏为九州。此外还发明了舟车、弓矢、房屋、历数、天文、阴阳五行、十二生肖、甲子纪年、文字、图画、著书、祠庙、占卜等。

四是建立古国体制　划野分疆，设官司职，管理国家，倡导“修德振兵”，以德治国。黄帝的治国思想成为汉代黄老之学的主要内容。

五是实行农业、手工制作综合发展　黄帝之时，发明杵臼，开辟园圃，种植果木蔬菜，种桑养蚕，饲养兽禽，穿土凿井，及时播种百谷，进行放牧等；同时发明机杼，进行纺织，制作衣冠，提高制陶工艺烧造陶器，发明冶炼，制造铜鼎、刀箭；建造宫室、屋舍，制造舟车等。

黄帝陵　是华夏民族始祖黄帝轩辕氏的陵墓，相传黄帝得道升天，惟留衣冠，当时的人们便将衣冠收集葬于此地，故此陵墓为衣冠冢。位于陕西黄陵县城北桥山。1961 年，国务院公布为第一批全国重点文物保护单位，编为“古墓葬第一号”，号称“天下第一陵”。黄帝陵古称“桥陵”，为中国历代帝王和著名人士祭祀黄帝的场所。

据记载，最早举行祭祀黄帝始于公元前 442 年，汉武帝大祭更是将之推向了历史的第一个高潮，《史记·封禅书》载：“汉武帝北巡朔方，勒兵十余万还祭黄帝冢桥山。”自唐大历五年（770 年）建庙祀典以来，一直是历代王朝举行国家大典的场所。近代民主革命的先驱孙中山先生曾亲自书写祭文，以示振兴中华的决心和意志；第二次国共合作时期毛泽东曾亲自撰写祭文，蒋中正亲自题写“黄帝陵”碑

名，国共两党的代表共同祭祀黄帝，宣示着中华民族齐心协力抗击日本侵略者的坚强信念。

黄帝诞生于陕西姬水（在今陕西武功县附近注入渭水）流域。诞辰日是农历三月初三，即上巳节，是上古时人们在水边饮宴、郊外游春的节日。一说出生于农历二月二日，驾崩于公元前 26 世纪。葬地在陕西省延安黄陵县桥山。黄帝陵的祭祀每年有两次，一次是九月九日重阳节，一次是每年的清明节。既有民祭，又有公祭。祭祀黄帝公祭大典已经成为“中华第一大典”，黄帝陵成为海内外炎黄子孙的共同瞻仰和祭祀黄帝的场所。

第三章　西周王朝时期

西周（前 1046 年—前 771 年）

西周是由周武王姬发所建立，定都于镐京（今陕西省西安市西部）。西周共传 12 王，历时 275 年。

公元前 771 年周幽王被申侯和犬戎所杀，公元前 770 年，周平王将京都迁至洛邑（今河南省洛阳市），历史上称东迁以后的周王朝为东周。

西周建都地：丰、镐两京

西周君主一览：

武王　前 1046 年—前 1043 年　计 4 年
成王　前 1042 年—前 1021 年　计 22 年
康王　前 1020 年—前 996 年　计 25 年
昭王　前 995 年—前 977 年　计 19 年
穆王　前 976 年—前 922 年　计 55 年
共王　前 922 年—前 900 年　计 23 年
懿王　前 899 年—前 892 年　计 8 年
孝王　前 891 年—前 886 年　计 6 年
夷王　前 885 年—前 878 年　计 8 年
厉王　前 877 年—前 841 年　计 37 年
共和　前 841 年—前 828 年　计 14 年
宣王　前 827 年—前 782 年　计 46 年
幽王　前 781 年—前 771 年　计 11 年

历史概述

周人是原来活动在关中西部的一个古老的部族。关于它的历史可以追溯到原始社会时代母系氏族公社时期。《史记·周本纪》记载说：周人的祖先后稷名弃，“其母有邰氏女，曰姜原。姜原为帝喾元妃。姜原出野，见巨人迹，心忻然悦，欲践之。践之，而身动如孕者……及为成人，遂好耕农。相地之宜，宜谷者，稼穑焉。民皆法则之。帝尧闻之，举弃为农师，天下得其利，有功。帝舜曰：‘弃，黎民始饥，而后稷，播时百谷’。封弃于邰，号曰后稷，别姓姬氏”。

这是一个带有浓厚神话色彩的故事，它告诉人们，弃是传说中的五帝之一帝喾的儿子，是黄帝的四世子孙，姬姓，和传说中的尧、舜是同时代人；而且在弃的时代，周人的农耕技术是先进的，他曾经因为自己的农耕经验而被尧舜重用封赏。《诗经·大雅·生民》中说，后稷种植的作物有大豆、小麦、糜子、麻、瓜等，至今渭河流域，仍盛产这些作物。

邰，据《史记》的相关注解，就是在陕西省的武功县一代，武功县自古就有姜原庙、后稷祠、教稼台等有关周人最初活动的传说遗迹。今天的杨凌农科城也是在这一代发展起来的。

周人以渭河平原为基地，不断地发展壮大。活动范围在渭河南北包括关中西部和今甘肃陇东一带地方。泾河流域的彬县、旬邑一带也是周人早期活动的一个中心。根据《史记·周本纪》的记叙，周人在泾河流域是“奔戎狄之间”，“务耕种，行地宜”，并且“自漆沮渡渭，取材用”。到公刘领导的时候，周应该已经是一个大国了。“公刘卒，子庆节立，国于豳。” 豳，同邠，《元和郡县志·三水县》：“古豳城在县西三十里，公刘始都之处。”大概是在今咸阳市的彬县周围某地。

《史记·周本纪》记载，周人在以豳为活动中心的时候，似乎已经相当富庶，达到“行者有资，居者有蓄积”的程度。但当时泾河流域是戎狄杂居之处，特别是不断受到北方强悍的游牧民族薰育（匈奴）南下的侵扰破坏，到文王的祖父古公亶父时，就又把活动中心由泾河流域迁到了渭河流域的岐山之南的周原一带。

《诗经·大雅·绵》说周人在豳的时候，过的还是“陶复陶穴，未有家室”的生活。北方黄土高原地区适宜挖窑洞居住，“未有家室”似即指当时尚无土木结构的住房。周人迁到周原以后便开始以土打墙，建筑城邑家室（见《诗经·绵》)。《史记·周本纪》记载说：“古公乃贬戎狄之俗，而营筑城郭室屋而邑别居之，作五官

鼎是青铜器中最常见的器物，早期为炊器，类似我们现在煮肉的锅。后来随着礼乐制度的不断发展，鼎逐渐演变为一种礼器，成为身份等级的象征。

有司。”根据《诗经·大明·皇矣》等篇知道，周人在周原修的一个有皋门、应门的宫城名字叫做“京”。大概周人在周原初次分封时，建立了很多城邑，只有这个城最大，所以叫京。周的国名也是到周原以后才有的。

数十年来，文物工作者在周原一带调查发掘，发现大量的文物遗迹和甲骨文、青铜器。西周青铜器，也以这一带出土的为最多，如毛公鼎、散氏盘、虢季子白盘、大小宇鼎等都是。岐山县的凤雏村发现的早期周的房屋建筑遗址南北长 46 米，东西宽 32.6 米，占地约 1500 平方米。“房屋坐北朝南，整体布局很像后代在我国北方地区广泛流行的四合院。北屋、东屋、西屋、南屋都朝向里边的院子，形成一个封闭的空间。南边正中有影壁，绕过影壁是大门，进门即是前院，前院北边是大厅，大厅往北是后院，后院中间有过廊，过廊往北通后室，前后院周围有回廊，东西两边是厢房。整个建筑以大门和过廊中线为中轴线，东西两边严格对称。这样完整的成组建筑，在我国商周考古历史上还是第一次发现。”（见 1977 年《周原考古》第九期）

目前的考古发掘发现的原始瓷器、玉器、排水道、甲骨文字等说明周人在迁居周原前后，科技文化已经有了比较大的提高。

殷商王朝时期，周是殷商王朝的属国。殷商后期，周人的经济文化发展很快，尤其是在周文王时期，殷纣王残虐无道，引起天下诸侯的反感，纷纷投靠周文王，周的势力范围达到了“天下三分其二归周”（《史记·齐太公世家》）状况，周便进一步向东发展，准备灭殷。因此文王修了丰京，武王修了镐京。《诗经·大雅·文王有声》有两段诗是关于丰镐最早的文献记录，特录于下：

“文王受命，有此武功，既伐于崇，作邑于丰，文王烝哉。”

“考卜维王，宅是镐京，维龟正之，武王成之，武王烝哉。”

崇国在今西安市西郊沣河沿岸。这里说文王灭崇国后修了丰京，《史记·周本纪》说文王死于迁都丰京的明年。推算起来，丰京当作于公元前 1136 年左右或公元前 1134 年。“考卜维王，宅是镐京”，是说武王称王后，修了镐京。武王继文王称王在公元前 1133 年，镐京当亦作于是年。这是古代西安附近第一次出现全国性的大城市，也是西安发展史上的大事。

饕餮纹方柱斝

这件斝造型古朴，腹饰变形饕餮（tāo tèi）纹，商代晚期器物。

西周简史

一、周人兴起

1. 姜嫄与后稷

姜嫄本是有邰氏女，姓姜。据说她在野外践巨人足迹，有孕生子。曾三次遗弃孩子未遂，于是为之起名“弃”。弃儿时便长得如同巨人，酷爱以种植庄稼为游戏。长大后传授姬姓播种百谷，成为周人的始祖与“农师”，被尊为“后稷”，意为农神。

2. 周族开国英雄——公刘和古公亶父

后稷之子不窋时代，周人被迫迁到西北游牧民族之间（今甘肃庆阳一带）。不窋之孙公刘立志恢复祖业，率周人迁至豳（今陕西彬县），重新垦荒种植，“周道之兴自此始”。其后九传到古公亶父，率族人迁至岐山脚下的周原，正式建国，定号为“周”。古公亶父也被尊为“太王”。

3. 季历亲商与文王翦商

古公亶父之子季历在位期间，周的国力有所发展，遂自尊为王，被称作“王季”。他采取种种亲商政策，努力吸收先进的商文化。随着周的日渐坐大，商王采取抑制措施，借故杀掉季历。其子姬昌继立，是为周文王。初始，文王仍与商友

史墙盘

铭文前半部分颂扬西周文、武、成、康、昭、穆诸王的重要政绩，后半部分记述墙所属的微氏家族的家史，与文献记载可相印证，是研究西周历史的重要史料。

好，被商封为西伯。但文王有志图商，得到能人姜太公的辅佐。商纣时期，商周关系开始恶化，以致“囚西伯于羑里”。周以美女珍宝营救文王回归后，虽然表面上“以服事殷”，但暗中却加紧翦商，并终于形成了“三分天下有其二”的局面。

4. 周原考古发掘

周原包括岐山、扶风两县的一部分，为周人早期都邑所在地。考古工作者在这里不仅发掘了相当数量的西周墓葬，而且还出土了一批又一批的西周铜器窖藏。特别是 1976—1977 年间，在岐山京当凤雏村发现的大型西周建筑基址，在扶风法门召陈村发现的大型西周建筑基址群，在庄白村发现的包括史墙盘在内的 103 件铜器窖藏，在凤雏建筑基址窖穴中出土的西周卜骨（计 17 000 多片，有字者近 200 片）等，是周原考古的重大收获，为研究西周历史提供了极其宝贵的第一手资料。近几年来发现的青铜器数量也很大，其中著名的有宝鸡眉县杨家村出土的窖藏青铜器。

二、从武王灭商到成康之治

1. 古代羌族的传奇英雄——姜太公

姜太公，姓姜，名尚，字子牙，又叫姜子牙。在古文字里，“姜”与“羌”声同形似义近，因此姜姓是与周族共处关中的古羌族。姜尚祖先曾辅佐大禹治水有功被封于吕，故又名吕尚。他曾卖肉售酒，大半生怀才不遇，到老年整日坐在岐山西南兹泉的源头钓鱼。恰好被周文王发现，拜为太师，尊称太公望。他积极佐周，发展国力。武王即位后，更尊为师尚父。在伐纣之役中，担任全军前锋，以 4 万多甲士击败 17 万商军，功居第一。后受封于泰山渤海间的薄姑氏故地，建立齐国。由于他非凡的经历和辉煌的业绩，成为传奇英雄，故战国时有人依托其名，写出《六韬》这部兵书；民间有关他的传说极多，尤其明代章回小说《封神演义》更把他描绘成无所不能的众神之首。

2. 伐纣之役

周武王姬发，继承父亲文王事业，以岳父姜尚为师，弟周公旦为辅，迁都于镐，图谋东进。即位第二年，便观兵盟津（即孟津，今河南孟县），作了一次伐纣的试探性阅兵演习。两年后，殷商统治集团彻底分崩离析，武王不失时机率兵伐商。双方在牧野（今河南汲县北）决战，商兵阵前倒戈，纣王见大势已去，在鹿台自焚而死。武王灭商后，一方面采取封纣子武庚于殷等一系列笼络安抚殷民的措施，另一方面则设立三监，监视武庚。

利簋

利簋是目前所知最早的西周青铜器，簋内底铸32字，大意为记述周武王伐纣之事。证实了古代文献对武王伐商一事的记载，也为西周铜器断代提供了重要标准。

3. 周初杰出的思想家、政治家——周公旦

周公旦为武王之弟。他辅佐武王伐纣，功绩卓著。灭商后一年武王病死，年幼的成王继位，由他称王摄政。管叔、蔡叔对此不满，联合武庚，发动东方17国俱反。周公坚决兴师东征，历时三载终于平定叛乱。为了巩固统治，周公在洛邑（今河南洛阳）营建东都成周，作为控制东方的中心，并将参加叛乱的殷顽民迁到成周附近，直接监控起来。同时又“制礼作乐”，实行改制。其核心思想是以“礼”治国，政治内容一是大规模“封藩建卫”，推行分封制，二是实施以嫡长子继承制为主体的宗法制。如此把政权与族权紧密结合起来，使周天子成为金字塔式政权和族权的顶峰。因宗法分封而形成的一套完整、严密区分君臣、上下、父子、兄弟、亲疏、尊卑、贵贱等级的周制，以及相应的礼治思想和宗法意识，影响中华民族三千年。后来，周公还政于成王，最终病死于宗周。成王为褒周公之德，特命他的封国鲁国得享天子礼乐。

4. 成康之治

西周成王（前1042年—前1021年）、康王（前1020年—前996年）时期，注

意发展农业生产，统治者生活比较节俭，社会出现了繁荣景象，史称“天下安宁，刑措四十年不用”。是为成康之治。

三、西周的王权与政治制度

1. 王权的强化

中国古代王权的产生，一般都追溯到氏族社会末期的军事酋长。西周时期，王权得到空前的强化。周王称为“天子”，意即天帝之子，地位至高无上，其秉承天意君临天下。这种观念的确立，是王权强化的重要标志。周的国家格局虽与商颇为相似，但周王对诸侯却拥有更为广泛的权力，如巡视、监督、废立、灭国及处死国君、任命诸侯之卿、征召诸侯担任王室卿士等等，这同样显示了王权的强化。另，周王位继承采用嫡长子继承制，也从一个侧面反映了王权强化的趋势。

2. 分封制与宗法制

分封制就是古人讲的“封建”，即封邦建国，是西周重要的政治制度。周灭商后，为有效地统治被征服的广大地区，派遣王室子弟或其他贵族（主要是功臣）到各地去建立诸侯国，代表周天子行使对地方的统治权，以拱卫王室。除天子分封诸侯外，诸侯在其国内也进行分封，封其子孙或其他贵族为卿大夫，给予一定的土地；卿大夫在其封地内也实行分封，封其后代为士，分给采邑；士以下不再分封。宗法制即宗族法规，是一种权力继承制度，与分封制密切相关，其核心内容是嫡长子继承制。简言之，就是嫡长子继承父亲的宗主地位，庶子分封。在宗法制下，有大宗小宗之别。具体而言，周天子为大宗，诸侯相对为小宗；诸侯对卿大夫为大宗，卿大夫相对为小宗；卿大夫对士又为大宗。如此一种划分和区别，明确了下级贵族臣服上级贵族、全体贵族服从天子的政治隶属关系。

3. 政权机构和官制

西周是典型的宗族政权。其通过“天子建国，诸侯立家，卿置侧室”的分级立宗的分封制建立起来，结构呈现出多层次的特点，表现为宗族形态。无论在周王室还是在诸侯国，掌握政权的均为占统治地位的各级宗族的宗主。周的政权机构分为两大系统。一是卿事寮（卿士寮），主管“三事”（指王畿以内的三大政务）和“四方”（指王畿以外的四方诸侯的政务），长官为太师或太保，属官主要是“三有司”即司徒、司马、司空，另还有主管刑狱的司寇。二是太史寮，掌管册命、制禄、图籍、祭祀、占卜、礼制、时令、天文、历法等，长官为太史，属官有史、内史、作册内史、作命内史、右史、御史、中史、省史、书史、大祝、祝、司卜等。两大系统外，还设有掌管周王衣食住行的宫廷内官，如宰、膳夫、寺人、小臣、小子等。

它盘

盘底内铸有做器者的名字“它”，因而称为它盘。盘底铸有四个受过刖刑的男子形象，男子双手放在膝上，裸身、跪坐、肩上扛盘。受过刖刑的奴隶只能从事一些托盘或守门一类的轻活。

4. 军制和刑罚

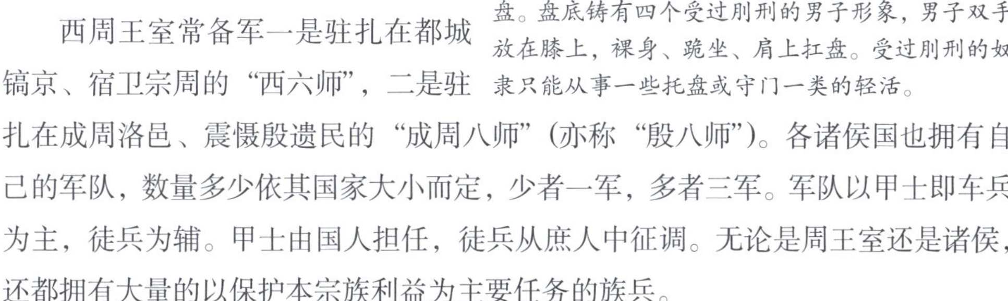

西周王室常备军一是驻扎在都城镐京、宿卫宗周的“西六师”，二是驻扎在成周洛邑、震慑殷遗民的“成周八师”（亦称“殷八师”）。各诸侯国也拥有自己的军队，数量多少依其国家大小而定，少者一军，多者三军。军队以甲士即车兵为主，徒兵为辅。甲士由国人担任，徒兵从庶人中征调。无论是周王室还是诸侯，还都拥有大量的以保护本宗族利益为主要任务的族兵。

礼刑并用是西周时期法律制度的重要特征。周时的五大刑法分别是墨、劓、刖、宫和大辟。墨刑是在犯人脸上刺字、劓刑是割鼻、刖刑是砍断犯人的一足或双足、宫刑是破坏生殖、大辟是杀头。刑罚主要用来惩治奴隶和平民，贵族犯法，交纳一定数量的罚金就可以免刑。形成了所谓“礼不下庶人，刑不上大夫”的等级制度。礼制的实行是调节统治阶级内部的矛盾，刑罚则是用来调节统治者和被统治者之间的矛盾。这件文物直观地反映了西周的刑法。

四、西周的社会经济

1. 农业和井田制

周人本以善于经营农业而著称。建国后，这一传统得到进一步的发扬光大，农业成为社会经济生活中占主导地位的产业。当时青铜农具普遍使用，农田垦耕普遍采用“耦耕”法，在疆理农田、选种、灌溉、施肥、除草中耕、治虫等方面的技术明显有所进步。农业之外，周的畜牧业及渔猎经济也都有新的发展。井田制是西周时期普遍实行的土地制度，因其土地区划形同井字，故名。最早的记载见于《孟子·滕文公上》。以后多种文献亦有著录，其中除国家按一方里为一井区划土地并由

五祀卫鼎

国宝级文物。鼎造型简单大方，内壁铸有铭文 19 行共 207 个字，讲述了西周中期一件土地交易事件。这篇铭文中有确切纪年，因此五祀卫鼎是判断西周中期青铜器的标准器，非常珍贵。

国家统一分配土地予农夫耕种，同于《孟子》外，别的内容则各有变异。究竟何说为历史真实，自汉至今，聚讼纷纭，迄无定论。不过多数研究者肯定，其为商周田制，而且确实付诸实施。根据五祀卫鼎铭文的记载，西周共王五年的正月，一个叫裘卫的人想与他的邻居邦君厉交换土地，于是他把这件事报告给刑伯、伯邑父、定伯等大臣。经过询问，邦君厉表示同意并立下誓言，大臣便命令三有司（司徒、司马、司空）以及内史实地勘察、划定地界并办理了手续。这篇铭文反映出西周中期部分土地实际已属私有，但土地的转让、交换和买卖，仍需通过王朝重臣确认实施。

2. 手工业和“工商食官”制度

西周手工业中，青铜制造业是最重要的部门，制陶业和纺织业则是另两个重要门类。其他如骨器、玉器、漆木器、车马器具的制作等，也占有一定的位置，不容忽视。总的来看，周的手工业都程度不同地继承和吸收了商代手工业的工艺技术，但却有较大发展和创新。另，周时商业活动相当频繁，货币使用普遍。值得注意的是，当时不论是手工业或是商业，基本上由官府控制，工商业者的生产和经营活动需在官府作坊和指定的范围内进行，其产品和经营主要为贵族统治者服务。这就是所谓的“工商食官”制度。“工商食官”语出《国语·晋语四》，属商周旧制。

3. 社会阶级阶层构成

按照西周奴隶社会论的观点，当时社会由贵族、平民和奴隶三大阶级构成。而在各阶级内部又有较细的等级划分，这就形成了阶层。贵族包括周王、诸侯和卿大夫等。平民称国人，是自由民，享有一定的政治权利，也承担相应的义务。庶人是当时社会中一个人数众多的阶层，地位在国人之下，但却不是奴隶。他们使用一份土地从事农业劳动，私田上劳动的收获归已所有，不仅有家庭，而且可以保存自己的家族、宗族组织。周的奴隶名称繁多，如皂、舆、隶、僚、仆、台、牧、圉等等，并有等级之分。

五、西周社会生活

1. 城市

西周都邑建置相对统一，制度化色彩明显。其除了发挥传统的政治中心和军事据点的作用之外，经济功能则明显增强。周原考古发现的多处大型建筑基址，显现了周贵族聚居地的面貌和早期都邑的基本模式。后来陆续营建的丰邑、镐京以及洛邑，无疑是西周城市的代表作。西周城市的另一主体为各诸侯国的都城。目前考古已发现的齐、鲁、燕、蔡、宋等国的城址，则向世人展示了这类城市的规模与布局，并由此使我们能够对其功能作出更符合实际的评估。

2. 婚姻形态

西周时，一夫一妻制与贵族多妻制并存。时人对婚姻的社会功能及重要性有了更加理性的认识，尤其是已认识到近亲婚姻的危害性，实行“同姓不婚”的禁忌。一般情况下，贵族婚姻都具有政治联姻的性质。由于婚姻在礼制规范下运作，故而形成了一系列法定或约定俗成的礼仪。当时婚礼有六项程序，即纳采、问名、纳吉、纳征、请期、亲迎，称为“六礼”。与此同时，原始婚俗的某些遗风依然存在，并继续得到社会认可。

3. 衣食住行

西周是中国古代服饰制度化的时期，依礼着服，等级有序，贵贱有别，是当时服饰制度的显著特点。冕服为贵族礼服，具体包括冠、上衣、下裳、腰带、佩饰、履等。弁服是次于冕服的一种首服，有爵弁、皮弁、韦弁之分。元端和深衣是用途最广的服饰。前者自天子至于士皆可服之；后者自天子达于庶人皆服之。周人将“食”列为“八政”之首，把食官视为最重要的官职，把食礼作为周礼的核心内容之一。当时饮食已相当丰盛，以天子为例来看，“饮馔”分饭、饮、膳、馐、珍、酱六大类，其“食”用稻、黍、粱、稷、麦、苽六谷，“膳”用马、牛、羊、豕、犬、鸡六牲，“饮”用水、浆、醴、琼、醫、酏六清，“馐”共百二十品，“珍”用八物，“酱”则百二十瓮。这虽属特例，但由此亦不难推知一般的情形。特别是周代已有了较成熟的调味理论，确立了常用的调味品种。饮酒方面周人较有节制，且多严格的礼仪规定。周时居民聚居点叫“邑”，等级化和聚族而居是居住形式的基本特点。宗周、洛邑一类大都会都有一系列的建筑群，如庙、宫、室、榭等。凤雏村考古发现的大型建筑基址表明，西周的宫殿建筑大体上是按照“前朝后寝”或“前堂后室”的格局建造的。当时的建筑技术有了很大进步，标志之一即瓦的使用。至于农夫、工奴等社会下层劳动者的住处，主要是半地穴式的居屋。面积最大不过10平方米，简陋而狭小。西周时从国家中心地区通向各地的道路称作“周行”“周道”，其上可容四匹马拉的大车行走，路两旁种有“表道”的树木。干道上设有专供食宿的馆舍，其设备已相当完备，并形成了一定的制度。时人的交通方式主要是徒步出行，主要交通工具陆路用车、水路用舟。

六、西周的宗教思想

1. 周人的天命转移思想

西周统治者尽管以历史的发展由“天命”决定为前提，但却意识到“天命靡常”，天命是可以转移的。夏命移商，夏亡商兴；商命移周，殷亡周兴。上天不会把人世间的统治权永远赋予一姓王朝；上天时刻都在寻求适合作百姓君主的人；上天只辅助有德之人。基于人事决定天命的认识，周统治者提出了“明德”“慎行”“保民”的治国思想。这是以周公为代表的西周统治者对远古以来的天命神学观创造性的人文主义转换，它直接启迪了后世的人本主义思想。

2.《洪范》与《周易》

《洪范》是《尚书》中的一篇，内容概称为“洪范九畴”，即治理天下的九类大法。其包括治理天下的几十个要点，涉及自然、政治、伦理、哲学诸方面，而将所有方面全部纳入天命神学的宗教思想体系中，成为包含着丰富现实内容的宗教思想文献。《周易》源于数占，是周人的创造。它由文字和符号两部分组成。文字部分包括卦名、爻名、卦辞、爻辞、用辞，符号部分由六十四卦的符号和包含于六十四卦中的384爻的符号构成。《周易》是占筮之书，但在其形式中也蕴含有丰富的思想内容。作为占筮书，它是宗教神学范畴的东西，究其内容却有人事影响天命、人事影响吉凶的思想。这一点与《洪范》是一致的，共同反映出西周思想文化的特点。

3. 西周末宗教思想的动摇

西周末年，国无宁日，民无宁居，人们祈求上天保佑，祭祀用尽了牺牲和圭玉，上天却对人们的祷告充耳不闻，这势必引起人们的强烈不满，于是出现了大量怨天、骂天、恨天的诗歌，人们诅咒天的不均、不平、不惠、残暴、邪辟、缺德。这些，生动而具体地反映了原有宗教思想的被动摇，意味着对上天神圣地位的否定。

七、自然知识与文化艺术

1. 天文、历法、数学与医学

西周时人们对月亮盈亏变化的规律性有了一定的认识，并使用专门用语加以描述；已用十二地支来计时，把一天分为十二时辰；已有了漏壶这种计时工具，还用圭表测影，确定冬至和夏至等节气；已出现最早的"朔日"记载和日食记录。西周的记数法遵循十进位制，已有奇数、偶数、倍数一类概念，已掌握了初步的运算技巧。当时医和巫已初步分开，医又分为食医（相当于营养师）、疾医（相当于内科医生）、疡医（相当于外科医生和伤科医生）、兽医（专门治疗牲畜疾病），并设医师总管医药行政；已相当重视病历和报告；已初步了解某些疾病与季节变化的规律；已总结出一定的医学理论，开启了中医学理论的先河。

2. 甲骨文与金文

甲骨文为刻在龟甲、兽骨上的文字。除殷代甲骨文外，还发现了西周甲骨文，具体情况详见"周原考古发掘"条。金文即铸造或刻凿在青铜器上的铭文，又称钟鼎文。西周时，金文进入鼎盛期，各种形式和内容的长篇铭文纷纷出现。《毛公鼎》铭文多达497字，是现存金文中最长者。

3. 散文与诗歌——《尚书》《诗经》

夏商西周是我国散文形成的时代，其代表作品是《尚书》。今本《尚书》中的《周书》，基本是西周文献，反映了当时的散文水平。西周诗歌的精华主要见于我国第一部诗歌总集《诗经》。其中《周颂》、《大雅》、《小雅》的大部以及《国风》的少量为西周时作品，反映了当时诗歌所达到的水平。

4. 音乐、舞蹈、雕塑

周公制礼作乐，乐舞是其中重要内容之一。经过周公整理，西周乐舞形式上更规范，使用上等级森严。当时的宫廷雅乐以齐奏为主，曲调简单，节拍缓慢；宫廷雅舞主要有大舞与小舞。乐器分为金、石、土、革、丝、木、匏、竹，称为八音。20 世纪 70 年代在陕西宝鸡茹家庄西周墓葬中出土的一男一女两舞蹈铜人，应是当时乐舞艺人的写照。字体细小如粟，笔细如发的西周甲骨文，充分体现了当时微雕技术的精湛。富于装饰技巧且表现了强烈理性因素的西周玉雕，令人叹许的西周青铜器造型与纹饰，则反映了当时雕塑艺术的新进展。

八、西周衰微及平王东迁

1. 昭王以来国势衰落

康王之子昭王时，西周开始“微缺”。昭王本人南巡狩不返，死于江上。其子穆王征犬戎无功，自是“荒服者不至”。周贵族开国之初那种汲汲求治的精神渐渐淡化，而日益懈怠骄纵，内部争斗激烈。穆王之子共王更加任性，密康公陪同他出游，在泾水边上得到三个美女而没有献给他，他便灭了密国。懿王、孝王、夷王之王位继承打破了世袭制的传子原则，更引起争乱，大大削弱了王室权威。各国诸侯来朝时，夷王甚至不敢坐受朝拜，反需要“下堂而见诸侯”。

链接 《穆天子传》是晋太康二年（81）河南汲县人不准从魏襄王墓中掘出的竹简。据此记载，周穆王（约前 1001—前 947）曾到过焉居、禺知、昆仑丘。“焉居”即今新疆焉耆；“禺知”即月氏。传说周穆王和西王母曾在昆仑丘见面。周穆王赠送西王母很多珍贵礼品，西王母请周穆王再来。周穆王回答说，他回去后把国家治理好，三年后再来。周穆王是个爱好游历的人。《春秋左氏传》说“穆王欲肆其心，周行于天下”；《史记·秦本纪》说周穆王“西巡狩乐而忘归，徐偃王作乱”，秦人“造父为穆王御，长驱归周以救乱”。

2.“国人暴动”与共和行政

周厉王好利，任荣夷公“专利”。国人不满，发怨言。厉王任用卫巫“监谤”，发现有怨言者则杀之。于是“国人莫敢言，道路以目”。厉王自以为得计，声称“吾

能弭谤矣”。三年后，民众不堪忍受压制而暴动，厉王逃到彘(今山西霍县)。召公、周公二相共同辅佐行政，号曰“共和”(或曰“共伯和干王位”)。这一年为公元前 841 年，为我国历史上有确切纪年的开始。

多友鼎

这件多有鼎就是反映战争的国宝级文物，共 279 个字。铭文记载了周厉王时期与猃狁之间一场鲜为人知的战争。

3. 昙花一现式的宣王中兴

共和十四年，周厉王死，宣王即位，“修政，法文、武、成、康之遗风，诸侯复宗周”。然而好景不长。公元前 789 年，宣王与姜氏之戎战于千亩(在今山西介休)，遭到失败，后南征的“南国之师”亦“亡”，复兴的希望破灭。七年后宣王死去。

4. 幽王烽火戏诸侯

周幽王时，社会矛盾空前激化，自然灾害频仍，王朝统治岌岌可危。幽王废申后及太子宜臼，立宠妃褒姒为后，并以其子伯般为太子。申后父申侯闻讯大怒，联合缯国及犬戎进攻镐京。幽王命人点燃报警的骊山烽火，但诸侯们都不勤王救驾。原来幽王宠幸的褒姒是个冷美人，为博其一笑，幽王竟数举烽火，戏弄诸侯，使报警系统失灵。结果京都失陷，幽王被杀，褒姒被虏，西周灭亡。此正所谓“幽王烽火戏诸侯，褒姒一笑失天下”。

5. 平王东迁

周幽王死后，申侯与诸侯们立宜臼为平王于申。虢公翰立另一王子余臣为携王于携。平王无力驱逐占据京师的犬戎，于公元前 770 年在晋文侯与郑武公护卫下东迁雒（洛）邑。后来晋文侯杀携王，结束了二王并立局面，平王的天子地位得到诸侯的一致承认。但平王已无实力驾驭诸侯，凡事惟“晋郑是依”，地位只相当一个次等的诸侯国罢了。

西周丰京和镐京

丰京在沣河以西，镐京在沣河以东，相去12.5公里。

沣河发源于秦岭北麓，自南向北流入渭河，丰镐两京分别位于沣河两岸。丰镐作为西周时期的都城遗址，是开西安十三朝建都的先声。历代受到学者的普遍关注。

东汉郑玄注解《诗经·大雅·文王有声》说："丰邑在丰水之西，镐京在丰水之东。"南朝刘宋裴骃《史记·周本纪》集解说："徐广曰：丰在京兆户县东，有灵台，镐在上林昆明北，有镐池，去丰二十五里，皆在长安南数十里。"关于丰京，宋代程大昌《雍录》说：《长安志》曰："其宫今在户县，灵台、灵沼、灵囿皆其属地也。台、沼、囿，诗人皆尝颂其美矣，而不载其制，今无可考，独灵台遗址至贞观（唐太宗李世民年号，627—649）尚在，故魏王泰《括地志》曰：'辟雍灵沼今悉无复处，惟灵台孤立，高二丈，周围一百二十步也'。"

链接：考古工作者在沣河西岸一带调查，发现南至秦杜镇，北至客省庄、张家坡、马王村，南北十余华里，东西四、五华里的范围内，田间灰红色的绳纹陶片，随处可见，其中以鬲、豆、罐、盆之类为多，这些都是周代遗物的特征。1957年在张家坡附近的一个周代遗址中，发现了三个完整的车马坑，其中两车各套二马，一车套四马，马头上用贝或铜作的装饰，异常华丽。1972年又在这里发现四个车马坑。这一带的高地，俗名郿坞岭。

关于镐京，宋敏求《长安志》说："郦道元《水经注》曰：自汉武穿昆明池于此，镐京基构沦陷，今无可究。"这是说汉武帝穿昆明池破坏了镐京。关于镐京位置，顾炎武《历代宅京记》说："武王宅镐。"《括地志》则曰："镐京在雍州西南二十五里。"颜师古亦曰："今昆明池北镐陂是。"是镐京在昆明池北。

链接：今斗门镇东北有丰镐村，村附近旧有镐京观。丰镐村西南之普渡村不断发现埋有青铜器的周代墓葬。1954年普渡村发现一周穆王时代的墓葬，出土除大批青铜器外，还清理出骨器、玉器、蚌器、陶器及其他各种饰物。普渡村亦位于俗名郿坞岭的高地上，是一个重要的西周墓葬区。

20世纪以来，考古工作者在传说中的丰镐遗址地带做了大量的长期的发掘钻探，出土了大量的珍贵文物，发现了大批重要遗迹。根据2012年最新的考古成果，初步确认丰镐遗址的四至范围。

一、丰京遗址

丰京遗址地处沣河以西，在今天的西咸新区沣西新城区域内，东界不会超过沣河滩地，北界往北不会超过郿坞岭北边，西部以灵沼河为界，南部可能在新旺村和冯村之间俗称的“官梁”高地以南一带。范围大致包括客省庄、马王村、张家坡、大原村、冯村、新旺村、曹家寨几个自然村。

二、镐京遗址

镐京遗址地处沣河以东，在今天的西咸新区沣东新城区域内，从目前的考古调查情况来看，镐京遗址主要分布在沣河以东、滈河以南、太平河以西的广大区域内，说明西周镐京的选址和布局完全与自然环境相结合，体现了城市与自然、人与自然相和谐的法则。镐京遗址的西界为斗门镇西辛庄村向北至张旺渠村一线，北至张旺渠村以东，经官庄、下泉、落水村北至丰镐村一线；镐京遗址的东界、南界范围，因为汉唐时期修浚昆明池而遭到毁灭性破坏，现在只能够以昆明池的西界线来确定现存镐京遗址的东界、南界，应在普度村东、白家庄东、马家营北一线。

丰镐遗址南依秦岭，北望渭河，东临太平河，西临灵沼河，滈河从遗址北部流过，沣河从南到北从丰镐中间穿过，将丰镐分开。地势总体南高北低，东北有高阳原，西南为细柳原。郿坞岭是在这个区域地势较高的黄土原地，呈东北西南方向从遗址北部横亘而过。其他地区地貌总起起伏不大，地势较为平坦、开阔。三面环水、一面环山。从地理位置看，丰京、镐京共同位于郿坞岭的高地上，而且共同享有沣河的资源，同属于西周的王京。根据大量的文献记载显示，丰京并未因为镐京的建立而废弃，而是同时使用，互补共存，实际上是“一都双城”的局面。

关于丰镐遗址的文化遗存。先周时期的遗存主要分布在郿坞岭上，目前发现的还比较少。进入西周以后，遗存的数量和范围大为增加，在丰京遗址内从郿坞岭向南扩展，并越过沣河向东扩展至镐京。

根据目前的考古资料表明，主要遗存有（一）居址：既有贵族居址，又有平民居址。（二）墓葬：既有贵族墓葬，又有平民墓葬。（三）车马坑：从属于贵族墓葬。（四）铜器窖藏。它与贵族居所的范围有一定的联系。

关于丰镐遗址的文化遗存，宋代学者宋敏求《长安志》上还有关于文王、武王的坟墓所在有如下一段叙述：

“《孟子》曰：文王生于岐周，卒于毕郢。注曰：太子发上祭于毕，下至于盟津。毕，文王墓，近镐也。《汉书·刘向传》曰：文武周公葬于毕。师古曰：毕陌在长安西四十里。《皇览》曰：文武周公冢皆在京兆长安镐聚东杜中。颜师古所谓的毕陌，当即毕原。”

毕原在长安城西，近年来出土的唐代墓志亦有证明。文王的坟墓不在渭河以北的咸阳原上，而在长安以西，已为学者所公认。但是到目前为止在这一带还没有发现这样的王陵墓葬。

关于丰镐的大小及建置情况，据《诗经》、《孟子》描述，有灵台、灵沼、灵囿等供奴隶主玩赏游乐的场所。《孟子》说：文王的灵囿“方七十里”，其中养有麋鹿、白鹤等动物。灵沼内有鱼、飞鸟等。又《周礼·考工记》有这样一段话：“匠人营国，方九里，旁三门。国中九经九纬，经涂九轨。左祖右社，面朝后市。”古代所谓国，即指首都。其形制方九里，每边各有三个门，内边纵横各有九条街道，王宫所在的左边是祖庙，右边是社坛，前边是朝堂，后边是街市，已很整齐。又武王灭殷后，为控制东方新占领的地区，命周公在今河南洛阳附近，修筑了王城雒邑。

史书记载，武王居镐，诸侯宗之，故镐亦称宗周。但丰京并未放弃，国家每有大事，周王皆步自宗周而往，以其事告于丰庙，是丰京在传统地位上也很重要。丰与镐互相配合发挥着国家都城的作用。

司马迁在《史记·周本纪》末尾说：“太史公曰：学者皆称周伐纣，居洛邑，综其实不然。武王营之，成王使召公卜居，居九鼎焉，而周复都丰镐。至犬戎败幽王，周乃东徙于洛邑。”武王营建洛邑，并修有一条大道与丰镐交通。在西周 275 年中，丰镐起的作用很大，西周始终以丰镐为都，洛阳并非正式的政治中心。

周人早期在关中西部活动，在正式建立西周王朝后，首都仍然在关中，一些贵族虽然分封到关外各地，但仍以关中为老家，死后仍要归葬老家。如姜太公封于齐营丘（今山东临淄），但“比及五世，皆反葬于周”（《史记·齐太公世家》注引《周礼》）。古代重厚葬，用最好的东西作陪葬，这是关中出土西周青铜器最多的主要原因。

丰镐遗址出土文物所表现的手工业：主要有铜铸业、制骨业和制陶业等类。铜铸业以青铜器物铸造为主，既有祭器，又有兵器，还有大量的实用器物；制骨业是以动物骨头为原料的手工制造业，主要制作兵器如箭簇和日常用品骨针、骨刀等；制陶业主要制作日用器物和冥器。

关中出土青铜器最多的地方有两处，一是岐山、扶风、宝鸡市和眉县一带；一是西安市、长安、蓝田和临潼一带。这是由于西安市为西周首都丰镐所在，岐山、扶风等处则是迁都丰镐前周人的都城所在，是第一次分封时贵族所建城邑集中之处，是他们的老家所在地的原因。大量青铜器都是从这些地方的古墓葬、古遗址中出土的。

西周青铜器计有盘、釜、斝、觥、尊、卣、瓠、觯、斗、爵、方彝、壶、鬲、豆、编钟、铃、鼎等器物。这些大量的青铜器从西周早期到晚期各代的几乎都有，各种青铜器以及各个青铜器的花纹、器型、形状等都是研究古代美术、器物造型的重要资料。尤其重要的是铭文。西周青铜器特有的大段铭文，是研究古代历史无可比拟的重要资料。这些铭文没有经过后来人的篡改、歪曲；也避免了传抄，印刷带来的错误；其中大部分资料还是文献记录所没有的，可以用来纠正文献的错误，补充文献的不足。如西安临潼零口镇出土的青铜利簋（音轨），铭文记录了武王灭商的事，是目前所知最早的一件西周青铜器；又如宝鸡扶风县庄白村出土的青铜墙盘，铭文共 270 余字，记录有文王、武王、成王、康王、召王、穆王的名字，并对每个王都作了简短赞语；又如宝鸡岐山县董家村出土青铜卫鼎和卫盉的铭文，记载了周共王时期奴隶主贵族之间出租和转让土地的事实，说明在西周中期，土地在贵族之间变为私有，所谓“普天之下，莫非王土”的状况开始发生变化，

日己觥（gōng）

觥是商周之际众多酒器中造型独特的一种盛酒兼饮酒器。日己觥器、盖铭文 18 字，大意是天氏为亡父日己铸造祭器，庇护子孙万代。

四十二年逑鼎

已逐渐向封建社会的土地关系转变了。

截止目前,青铜器的出土已经非常普遍,除了陕西关中各地,陕北、陕南、甘肃、河南、山东、河北、内蒙、辽宁、江苏、四川、湖北、广东、广西等省区也有发现。但不论是何地出土,考古工作者很容易从风格上断定其是否西周的产物。这说明我国在西周时期,文化的影响力非常广泛,不仅在行政上,而且在文化上已经是一个统一的大国。

第四章 秦朝时期

秦(秦国,前770年—前221年,秦帝国,前221年—前206年)

秦国建都地:汧渭之会(今宝鸡市东)

平阳(今宝鸡县东阳平村)

雍(今凤翔)

栎阳(今咸铜铁路阎良东站附近)

咸阳(今咸阳)

秦帝国建都地:咸阳(今咸阳)

秦国君主一览:

襄　公　前777年[1]—前766年　计12年

文　公　前765年—前716年　计50年

静　公　不享国

宪　公[2]　前715年—前704年　计12年

出　公(出子)　前703年—前698年　计6年

武　公　前697年—前678年　计20年

德　公　前677年—前676年　计2年

宣　公　前675年—前664年　计12年

成　公　前663年—前660年　计4年

穆　公　前659年—前621年　计39年

康　公　前620年—前609年　计12年

---

1 襄公即位于公元前777年,始封为诸侯在前770年,一般认为秦自此始国。

2 宪公又作宁公,清人梁玉绳有“宁字以形近致讹”之说,1978年陕西宝鸡杨家沟公社太公庙大队出土的秦公钟、镈铭文均作“宪公”,证实“宪公”说是可信的。

共　公　前 608 年—前 604 年　计 5 年
桓　公　前 603 年—前 577 年　计 27 年
景　公　前 576 年—前 537 年　计 40 年
哀　公　前 536 年—前 501 年　计 36 年
夷　公　不享国
惠　公　前 500 年—前 491 年　计 10 年
悼　公　前 490 年—前 477 年　计 14 年
厉共公　前 476 年—前 443 年　计 34 年
躁　公　前 442 年—前 429 年　计 14 年
怀　公　前 428 年—前 425 年　计 4 年
昭　子　不享国
灵　公　前 424 年—前 415 年　计 10 年
简　公　前 414 年—前 400 年　计 15 年
惠　公　前 399 年—前 387 年　计 13 年
出　子　前 386 年—前 385 年　计 2 年
献　公　前 384 年—前 362 年　计 23 年
孝　公　前 361 年—前 338 年　计 24 年
惠文王　前 337 年—前 311 年　计 27 年
武　王　前 310 年—前 307 年　计 4 年
昭　王　前 306 年—前 251 年　计 56 年
孝文王　前 250 年　计 1 年（仅 3 月）
庄襄王　前 249 年—前 247 年　计 3 年
秦王政　前 246 年—前 221 年　计 26 年

秦帝国帝王一览

始皇帝　前 221 年—前 210 年　计 10 年
二　世　前 209 年—前 207 年　计 3 年
子　婴　前 206 年　计 1 年（仅 3 月）

历史概述

秦人和周人一样，最初都活动在关中西部，并且都是逐渐向东发展。大约在商末、周初和周中期，秦人先后进入今甘肃省的东部。根据《史记·秦本纪》记载，秦人的祖先大费曾“与禹平水土”；费昌曾为汤驭车“败桀于鸣条”；蜚廉、恶来“父子具以材力事殷纣”；造父“以善御幸于周穆王”；非子曾为周孝王养马“于汧渭之间，马大蕃息”，周孝王高兴，就把秦邑特别赐给他，让他继承嬴姓，号称秦嬴；秦嬴之孙秦仲为周厉王讨伐西戎而死，其子秦庄公受周宣王之命，率领兄弟五人讨伐西戎，大获全胜，便授予他“西垂大夫”，把他祖先的领地大骆和犬丘一块封赏给他。于是秦人同当地戎、狄、周文化融合，在不断地发展壮大着自己。

链接：不其簋 秦仲的长子不其（庄公）（在位时间为前821—前778）居西犬丘，为“西垂大夫”。在传世的铜不其簋盖上有长达151字的对铭，它呈现了不其的一段经历。有铭文记载伯氏、不其奉王命征伐猃狁的事实。不其随伯父“伯氏”战胜猃狁。伯氏回京献俘，不其留下继续追击戎人，多有斩获。不其簋作为秦人最早的青铜器，是1980年出土于山东滕县后荆沟。

公元前770年，秦襄公兵送周平王东迁有功，被立为诸侯之后，周平王对秦襄公许诺：“戎无道，侵夺我岐、丰之地。秦能攻逐戎，即有其地。”（《史记·秦本纪》）嬴秦终于得到了发展自己的大好机会，开始名正言顺地越过陇山，重返关中，开疆拓土。首先展开了艰苦的伐戎之战，逐步据有关中西部，并以此为根据地，向东发展。据《史记·秦本纪》载，秦人开拓国土的对戎战争主要有：

秦襄公十二年（前766），“伐戎西至岐”；

秦文公三年（前763），“以兵七百人东猎。四年，至汧、渭之会……即营邑之。”十六年（前750），“以兵伐戎，戎败走。于是文公遂收周余民有之，地至岐，岐以东献之周”；

秦宪公二年（前714），“遣兵伐荡社。三年，与亳战，亳王奔戎，遂灭荡社。……十二年（前704），伐荡氏取之”；

秦武公元年（前697），“伐彭戏氏，至华山下。”十年（前687）“伐邽、冀戎，初县之。”十一年“初县杜、郑。灭小虢。”

经过四世80年对关中丰、亳、彭戏氏三戎和陇东之戎的扫荡，不但夺回被犬戎侵占的岐以西之地，控制了关中西部地区，并且秦的势力已东及华山一带。至此，秦人取得了关内被戎人占据的原有周朝族地祖地的大部分。

与此同时，为了配合国家整体发展的需要，秦人也多次搬迁过自己的政治中心。

秦国自襄公（前777年—前766年）开始，离开陇东高原、越过陇阪进入今陕西境内，便沿着汧水、渭水向关中平原的腹地运动。国君所居的中心城邑的形成及多处都城的建立，明显地勾勒出它多次播迁的轨迹。咸阳是秦国最后选定的一个都址，在此之前依次就有六个居留城市，即：

第一次：秦襄公二年（前776）“徙都汧”。故城在今陕西陇县东南汧水右岸的磨儿塬上，就在汧河与川口河的交汇处。立都14年（前776—前762）；

第二次：秦文公四年（前762）卜居“汧渭之会”，地当今宝鸡市东卧龙寺西北的陈仓故城。立都48年（前762—前714）；

第三次：秦宪公二年（前714）徙居平阳，故城在今宝鸡县杨家沟乡太公庙村一带。立都37年（前714—前677）；

第四次：秦德公元年（前677）“卜居雍”。即著名的雍城故都。遗址在今凤翔县城南，其城市、王陵、国人墓地、宫殿及礼制建筑等遗址均有发现。雍都历时294年（前677—前383）；

第五次：秦灵公元年（前424）“居泾阳”，地当今泾阳县境；

第六次：秦献公二年（前383）“城栎阳”（《史记·秦本纪》），十一年（前374）“县栎阳”（《六国年表》）。即栎阳城。经勘探，栎阳故城在今临潼县东北阎良镇东南武屯乡关庄、玉宝屯一带。居留了33年（前383—前350）。

从上述秦都迁徙的史实中可以看出，春秋时期（公元前770年—前476年）秦人越过陇阪后，这个擅长游牧、驭马、驾车的武装集团，在驱逐戎人的胜利战争中，由关中腹地不停地移动着自己的指挥中心。不过，自秦襄公“始国”，历文公、宪公三世所建的都邑均设在汧、渭河谷的台地之上，虽然易于持守，却难于进一步发展。从德公“卜居”雍都之后，在这地势开阔、土壤肥沃、交通便利、文化积淀深厚的周畿故地，军事、经济、文化得到突飞猛进的发展，自此国力强盛，遂有称霸西戎、子孙

秦战国时代豹纹瓦当

车辕

西安附近出土车马器

饮马于河之举，也博得周天子的致贺。

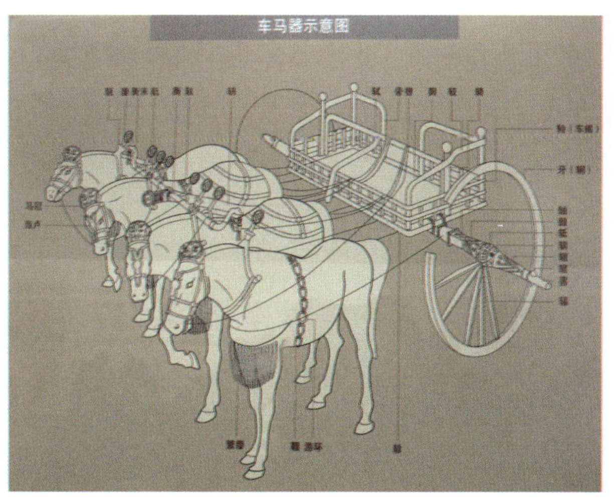

车马图

雍城在秦穆公时代（前 659 年—前 621 年）是西北最有名的城市。这时秦穆公霸西戎，是春秋时期的五霸之一，当为秦国奴隶制社会的盛期。

战国（前 475 年—前 221 年）初年，由于秦国封建主义因素出现，加之它在并灭诸戎之后，有了安定的大后方，便要实现其南下荆楚、问鼎中原的战略目标。如此一来，处于关中西部的雍都就难以胜任指挥中心的历史使命。于是先迁都于泾阳，作短暂的停留之后，继而搬到栎阳这“北却戎翟，东通三晋”的伐魏前线，最后才定都“四方辐辏并至而会”的咸阳（《史记·货殖列传》）。定都咸阳是同当时政治形势和秦国的处境及其对策有关，当然也是在社会变革时期秦国都市发生变化的结果。商鞅变法取得成功，推行耕战政策，使国家从小变大、由弱转强，咸阳从此也奠定了统一天下指挥台的基础。

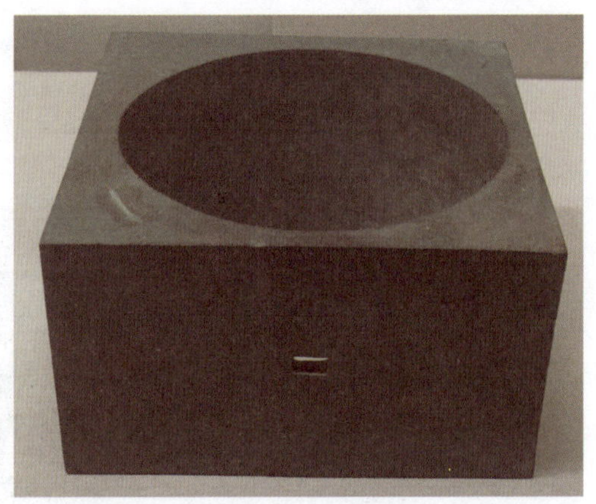
方形圆孔铜建筑构件

雍城

雍城遗址在今凤翔县城南，后世称南古城，是秦人在关中的第一个都城。《史记·秦本纪》记载："德公元年（前677）初居雍城大郑宫。"从此直到秦朝灭亡（前207）近500年间，雍城始终居重要地位，秦人凡有大事都要到雍城告知祖庙。如秦孝公十二年（前350）商鞅修成咸阳宫，这时秦已迁都栎阳，但《史记·商君列传》却说是"秦自雍徙都之"，而不说是自栎阳徙都之；秦始皇九年（前238）年满20岁，举行加冠典礼，也要去雍城举行。

雍城在地理上占重要地位，适当汧河流入渭河的交会点，称为"汧渭之会"，是关中与巴蜀和秦陇的连接点。中隔秦岭，故亦称"雍隙"。隙，意为孔道，即雍城扼秦岭交通孔道之意。在秦代以前很早就和陇南、汉中、四川、云南等地有交通往来，周武王伐纣的八百诸侯中的庸、蜀、羌、髦、微等八诸侯即来自江汉流域。秦人在秦始皇以前，早已修了栈道，以便利西南各种货物向关中运输。

雍城一带地方开发较早，土壤肥沃，生产发达，因此秦德公迁居雍城，为要全部占有关中奠定了基础。

石鼓

石鼓在唐初时出土，共有10件，被历朝历代皇帝奉为国宝。每件石鼓上都刻有四言诗一篇，共约700字左右，现仅存272字，内容主要记述秦王室的狩猎活动。

雍城文化也很高，在唐代所发现的有名的历史文物《石鼓文》经过长期讨论，现已肯定是秦人所制。发现地点，据唐李吉甫撰《元和郡县志》说：即在今凤翔县南二十里许，当即秦的礼神中心三畤原所在。鼓共十个，字体为秦籀（大篆），文体为诗，内容为狩猎。这是存世最早的文字刻石。发明用石材刻字记事，借垂久远，是在甲骨和青铜两种材料以外的一大贡献，一直广泛应用到现在，这

种办法应该说是由秦开始的。

雍城在秦穆公时代（前 659 年—前 621 年）是西北最有名的城市。这时秦穆公霸西戎，是春秋时期的五霸之一。过去相传凤翔城内大冢即秦穆公冢，冢前并有清毕沅的题碑。但经过考古发掘得知并非秦穆公冢墓，而是秦景公墓。

链接：秦公一号大墓位于陕西宝鸡凤翔，是中国发掘的最大古墓，椁室的柏木“黄肠题凑”椁具，是中国迄今发掘周、秦时代最高等级的葬具；椁室两壁外侧的木碑是中国墓葬史上最早的墓碑实物。出土的石磬是中国发现最早刻有铭文 180 多个文字的石磬，字体为籀文，酷似“石鼓文”，依据其上文字推断墓主人为秦景公。

秦公一号大墓呈倒金字塔状，迄今中国发掘的最大墓葬。全长 300 米，也是西周以来殉人最多的墓葬，达 186 人。秦公一号大墓距今已有 2500 多年。

栎　阳

秦栎阳遗址在今临潼县栎阳镇东 12.5 公里的武家屯附近。司马迁在《史记·货殖列传》中说：“栎阳北郤戎翟，东通三晋，亦多大贾。”1962 年，武家屯管庄村农民平整土地时发现铜釜一件，内装金饼八枚，经考古者研究，认为是战国晚期秦栎阳的器物。金饼上有字，名镒金，是战国时期的通货。

《史记·秦本纪》说，栎阳城修于秦献公二年（前 383），至秦孝公十二年（前 350）徙都咸阳，栎阳为秦都共 33 年。秦亡，项羽在鸿门宴后大封王侯，其中封章邯为雍王，都废丘（今兴平县东南）；董翳为翟王，都高奴（今延安）；司马欣为塞王，都栎阳，是为三秦。刘邦初年亦都栎阳，至七年（前 200）未央宫修成，才迁都长安。刘邦之父死后葬栎阳北原，名太上皇陵。为守陵，在栎阳城内特置一县名万年。因此，栎阳在西汉 200 年中仍是一个有名城市。汉修东渭桥亦是为便利长安和栎阳交通。

秦孝公元年（前 361）发愤图强，宣布“宾客群臣，有能出奇计强秦者，吾且尊官与之分土”（《史记·秦本纪》）。于是商鞅到了栎阳。孝公采纳了商鞅“变法修刑，内务耕稼，外劝战死之赏罚”（《史记·商君列传》）的意见，从此秦国日益强大。

咸阳

公元前350年，即秦孝公十二年，当时中国社会正处于战国中期偏晚的时间，秦的新都咸阳便诞生了。从这时起，经过秦国七代国君长达144年(前350—前206)的惨淡经营和扩展充实，特别是在公元前221年秦始皇建立起中央集权的统一的封建国家之后，咸阳由秦国的都城一跃而成为秦王朝的首府，便又掀起了一波更大规模的扩建和繁荣。于是，这座秦帝国的都城，作为“天下辐辏”的中心，达到了它自己繁荣发达的顶点，成为当时世界东方的一颗明珠。

咸阳作为都城的存在有一个半世纪，它经历了从秦国到秦帝国两个重要时期。咸阳的都城史经历了从“兴”到“废”的四个阶段。即：

一、初创期：从秦孝公十二年到二十四年的12年期间（前350—前338），秦孝公重用商鞅对内忙于变法强国，对外强行以军事进攻手段向魏国收回河西地。当时的都城栎阳距离前线较近，不能长期滞留，但也不能返回旧都雍城，就择地咸阳，辟以为都，只能先建造冀阙宫廷及宫垣而无暇他顾，为以后这座城市的发展奠定了基础。

二、发展期：从秦惠文王元年起，终庄襄王之世，历经五王90年的时间（前337—前247），秦国已发展成为一个“带甲百余万，车千乘，骑万匹，虎贲之士…至不可胜计”的军事大国（《史记·张仪列传》），凭借着“沃野千里，蓄积饶多，地势形便”的有利条件（《史记·苏秦列传》），咸阳也同步地发展成当时中国的一大都会。在这一阶段，咸阳的建设呈现了三大特点，即：第一，咸阳的城市建设把宫殿建筑、手工业作坊、商业市肆及居民区、王陵及市民墓区等构成城市的主要因素，都被纳入统一的总体规划之中，组织在一个合理的布局中来；第二，都城的范围急骤扩大，完全突破了局促于渭北一隅的狭小范围，跨过渭河向周都丰镐之侧的广阔地域发展；第三，政治重心也随之有了向渭河南岸主要宫殿转移的趋势。

三、鼎盛期：嬴政在位的37年间（前246—前210。13岁为秦王，39岁统一中国自称为“始皇帝”，50岁病死在出巡途中。）“奋六世之余烈，振长策而御宇内，吞二周而亡诸侯，履至尊而制六合，执棰拊以鞭笞天下，威振四海。”（贾谊：《新书·过秦论》）其胆识和功业正如自诩的那样：“自上古以来未尝有，五帝所不及。”（《史记·秦始皇本纪》）

秦始皇统一六国后的帝国版图奠定了中华帝国的基本框架。同时，秦始皇对首

都咸阳的建设也取得了极其光辉的成就。一是在统一战争期间曾“徙天下豪富于咸阳十二万户。……秦每破诸侯，写放其宫室，作之咸阳北阪上，南临渭”，给予实际的充实；二是调整规划，向南向东扩大发展，使“诸庙及章台、上林，皆在渭南”、“作信宫渭南，已更命信宫为极庙，象天极”。“营作朝宫渭南上林苑中”，还驱使“隐官徒刑七十余万人，乃分作阿房宫，或作丽山”，从而形成“自雍门以东，至泾渭，殿屋复道周阁相属”、“令咸阳之旁二百里内宫观二百七十，复道、甬道相连”的宏大局面。(《史记·秦始皇本纪》) 此时的咸阳作为秦帝国的首府，已有了市中区、近郊和远郊的划分，达到了它繁荣昌盛的顶点。

四、衰败期：秦始皇死后，赵高、秦二世（前 209—前 206）倒行逆施，首都咸阳处在腥风血雨之中，在市政建设上没有什么建树。公元前 206 年，秦朝灭亡，反秦起义军领袖项羽领兵进入咸阳，一把火竟把这座都城烧成瓦砾遍地、焦土垒垒的废墟。

咸阳的都城历史，起自秦孝公“筑冀阙，徙都之”(《史记·秦本纪》)，在秦始皇时期达到极盛，“渭水贯都以象天汉，横桥南渡以法牵牛”(《三辅黄图》)，应该说它是战国时期列国都城中的后起之秀，又集中地展示了诸都建筑的精华。咸阳已经是地域广阔的大都市，地跨渭河两岸。其地域范围约为今咸阳市渭城区、秦都区一部分，以及西安市的西郊、北郊和东郊。因此，提到秦都咸阳绝不可狭隘地理解为今咸阳市东那一块地方，因为“咸阳”的得名固然原是秦孝公时专指渭河以北那“山水俱阳”的狭小地域，而在秦惠文王以后它就不能涵盖首都的实际地理界限了。司马迁早就认识到这一点，所有关于咸阳的描述并不局限于汉朝的咸阳地界。所以，我们只能把“咸阳”二字看作是历史的符号而已。从地缘意义上讲，秦都咸阳是周都丰镐的后继，又是汉都长安的前身。

咸阳是我国历史上著名的古城。秦以后的历朝历代不乏英明的人才和文人雅士总是以咸阳为题材说事作文，吊古论今。唐代大诗人杜甫有诗说“快活八九年，西归到咸阳”，即是以咸阳代指长安的例子。然而由于历史的变迁，主要是由于渭河的冲刷，咸阳古城遗址已很难究寻。

秦朝简史

一、秦人祖先之谜

1. 秦人东来说

认为秦人远祖来自东方滨海地区东夷族的一种学术观点。最早提出此说的是卫聚贤先生，徐旭生、黄文弼、郭沫若、范文澜、顾颉刚、马非百等亦认同此说。

2. 秦人西来说

认为秦人属于西北甘青地区少数民族西戎一支的学术观点。王国维、蒙文通、周谷城、俞伟超等学者均力主此说。

二、早期秦人的传说

1. 女修吞卵

很古的时候，东夷首领颛顼帝后裔中一名叫女修的姑娘，纺织时忽然飞来一只玄鸟（燕子）生下一枚蛋。她吞吃这枚蛋后即怀有身孕，生子取名大业，由此繁衍成为以后的秦人。

2. 大费赞禹

大费是大业的儿子，又名柏翳、伯益、益等。当时正值洪水泛滥，大费帮助禹治理水患，获得成功。首领舜赐给禹黑色的玉圭。禹说："非予能成，亦大费为辅。"舜听后高兴地告诉大费："咨尔费，赞禹功。其赐尔皂游。尔后嗣将大出。"于是将姚姓之女嫁给他，并赐姓嬴氏。

3. 助纣为虐

殷商末年，秦人首领蜚廉（飞廉）、恶来父子，一个善走，一个有力，"俱以材力事殷纣"。然此二人却以"妒贤""善毁谗"而著名，《荀子·成相》："事之灾，妒贤能，飞廉知政任恶来。"在周人眼里，他们都是助纣为虐的奸臣。在周灭商的战争中，恶来与纣王一起被杀。当时蜚廉为商纣出使北方，"还无所报"，于是在霍太山筑坛报命，却得到石棺，所刻铭文曰："帝令处父，不与殷乱，赐尔石棺以华氏。"遂死。不过按《孟子》的记载，飞廉是被驱杀于海滨的。

4. 非子邑秦

周孝王时，秦人首领非子居于犬丘（今陕西兴平境）。孝王从当地人口中得知非子善于养马，便让他到汧河与渭河汇合处一带专门为王室养马。结果马群繁殖很快，周孝王极为赏识非子的才能，打算让他代替其兄成做大骆一系秦族的继承人。后来此事被成的外祖父申侯劝阻，于是孝王改变主意，仿效当年伯翳为舜主畜而被赐土赐姓的故事，把今甘肃天水地区清水县一个叫秦亭的地方分给非子，建立秦邑，作为周室附庸，“使复续嬴氏祀，号曰秦嬴”。同时也不废成作为大骆嫡嗣，让他在西垂“以和西戎”。

三、襄公始国的前前后后

1. 毛家坪秦文化

20 世纪 80 年代中期，考古工作者在甘肃天水地区甘谷县发现了两处秦文化遗存。其中董家坪遗址收获较少，而毛家坪遗址提供的材料比较丰富。其所反映的建国前秦文化的发展特点主要如下：1. 农业种植在秦人经济生活中占有重要地位；2. 大量融合西戎文化，成为秦文化的构成因素之一；3. 吸收周文化，使秦文化发展到一个较高的层次和阶段。

2. 礼县的考古发现

20 世纪 90 年代初，甘肃礼县大堡子山墓地惨遭盗掘，大量珍贵文物流失海外。1994 年 3 — 11 月，甘肃省文物考古研究所与礼县博物馆做了抢救性清理发掘，取得很大收获。考古工作表明，礼县一带正是史籍中所说的西垂地区，是秦最早的都邑所在地；大堡子山即所谓的西山；这里是嬴秦成长、壮大的摇篮。鉴于礼县地区对研究秦历史文化的重大意义，2004 年春，甘肃、陕西两省考古研究所与中国国家博物馆、北京大学、西北大学，组成五家联合考古队，在礼县至天水的西汉水流域进行系统的考古调查与发掘。截止 2006 年年底，联合考古队的工作已取得重要的阶段性成果，所发现的大型建筑基址、祭坛遗址以及数量可观的墓葬与随葬品，特别是青铜器，进一步表明这一地区考古工作对于研究秦历史文化的重大价值。目前，联合考古队的工作仍在继续进行之中。

3. 秦仲、庄公时期与西戎的斗争

非子曾孙秦仲时，周厉王无道，西戎反王室，灭掉大骆一系秦人。周宣王即位后，拜秦仲为大夫，讨伐西戎，不料却被西戎所杀。秦仲有五个儿子，老大叫庄公。宣王召庄公昆弟五人，率兵七千人，再次讨伐西戎，大破之。于是周室让庄公合并了已被西戎灭掉的大骆一系秦人的地盘，并拜他为西垂大夫。庄公住在原居地西犬丘，有三个儿子，老大叫世父。他宣称说：“戎杀我大父仲，我非杀戎王则不敢入邑。”遂率兵出击西戎，而把太子之位让给了弟弟襄公。庄公立四十四年，卒，太子襄公代立。不久，他将妹妹嫁给丰王为妻，可能是为了寻求与国。襄公二年

(前776)，西戎包围了犬丘，世父迎战，为戎所掳。过了一年多，世父又被放归回来。整个秦仲、庄公当政的60多年里，秦戎双方就这样不间断地进行着拉锯式的战争。这种长期的战争对秦社会的发展——特别是政治制度的形成，影响至深。

4. 襄公被封为诸侯

秦襄公七年（前771）春，周幽王用褒姒废太子，数欺诸侯，招来祸患。西戎一支犬戎与申侯伐周，杀幽王骊山下。而秦襄公将兵救周，战甚力，有功。周室避犬戎难，东徙雒邑，襄公率兵送周平王。平王封襄公为诸侯，赐之岐以西土地，并毫不掩饰地说："戎无道，侵夺我岐、丰之地，秦能攻逐戎，即有其地。"与誓，封爵之。襄公于是始国，与诸侯通使聘享之礼。

5. 文公时期的发展

秦文公是秦襄公的儿子，在位长达50年（前765—前716），此间秦国获得长足的发展。首先大大扩展了领地。文公即位不久，即率兵东进（东猎），将势力发展到汧渭之会。他大发感慨道："昔周邑我先秦嬴于此，后卒获为诸侯。"经过占卜，获吉兆，"即营邑之"。13年后，文公"以兵伐戎，戎败走"，于是将领地扩展至岐，而把"岐以东献之周"。其次，"以周余民有之"。当秦的领地扩大到岐的时候，同时也把说他的"周余民"——即没有跟随平王东迁的西周民众，全部接收过来。这不仅为秦国增添了一批文化素质较高的劳动力，而且也便于更直接地吸收周文化，提高整个国人的文明程度。第三，文化建设、法制建设卓有成效。文公十年，"初为鄜畤，用三牢"；十三年，"初有史以纪事，民多化者"；十九年，"得陈宝"，"以一牢祠之"；二十年，"法初有三族之罪"。第四，征伐胜利。文公二十七年，"伐南山大梓，丰大特"。日本学者释"大梓""大特"为戎名，甚是。第五，妥善解决接班人问题。就在文公在世前二年，太子突然先他而死。面对变故，文公毅然立死去太子的长子为嗣，使君位得以平衡过渡，保证了国家的持续发展。

四、穆公霸西戎

1. "五羖大夫"百里奚

百里奚初因家贫流落虞国，曾官拜虞之大夫。公元前655年，晋灭虞时为晋所俘。后为晋献公女媵臣陪嫁至秦，从秦逃楚，又为楚人所执。秦穆公闻其贤，用五张羊皮将他赎回，授以国政，故有"五羖大夫"之称。他举荐好友，与足智多谋的

蹇叔，共同参与国事决策，辅佐穆公成就霸业。

2. 泛舟之役

公元前 647 年，晋国因连年灾荒，向秦国乞粮。秦穆公许之。秦于是沿水路将粮从秦都雍（今陕西凤翔南）运抵晋都绛（今山西翼城东），粮船络绎不绝，史称“泛舟之役”。

3. 由余的故事

由余亦作繇余。其先祖本晋人，后逃亡入戎，成为戎人。因能言晋语，戎王遣入秦。秦穆公以宫室、积聚相夸示，他以为太奢，指出如此劳民伤财，国必危。穆公善其言而爱其才，乃离间他与戎王的关系，使人召之至秦，以客礼厚待。后为秦谋划伐戎，灭国十二（或说二十），开地千里，穆公遂称霸西戎。

4. 穆公的罪己诏——《秦誓》

秦穆公不听蹇叔、百里奚的劝阻，轻信一个郑国人卖郑的诺言，发兵偷袭郑国。百里奚、蹇叔哭师，预言秦军必在殽地战败。果然，秦军在途中被郑国商人弦高的“犒军”计所蒙骗，劳师而返，顺便灭了晋之边邑滑，惹怒了晋国，遂在殽地伏击，使秦全军覆没，惟孟明视等三员秦将被晋释放生还。三年后，穆公复派孟明视等再次伐晋。秦军渡河沉舟，大败晋军，占领王官与鄗（今陕西澄城一带），一雪殽地战败之耻。穆公自茅津渡河，封埋了殽战中为国捐躯的将士，讣告全国举哀三日，并誓戒军队说：古人有事都向老人请教，故无所过，只因我当初不采纳蹇叔、百里奚的谋议，才有今日的警誓，希望后世之人记住我的教训。这就是著名的《尚书·秦誓》，实际即秦穆公的罪己诏。

5. 黄鸟之歌

秦穆公去世，埋葬于雍。从死者 177 人，其中有秦之良臣子舆氏三人，即奄息、仲行、针虎。秦人哀之，为作歌《黄鸟》，收入《诗经·秦风》之中。

链接：《秦风·黄鸟》：交交黄鸟，止于棘。谁从穆公？子车奄息。维此奄息，百夫之特。临其穴，惴惴其栗。彼苍者天，歼我良人。如可赎兮，人百其身！交交黄鸟，止于桑。谁从穆公？子车仲行。维此仲行，百夫之防。临其穴，惴惴其栗。彼苍者天，歼我良人。如可赎兮，人百其身！交交黄鸟，止于楚。谁从穆公？子车针虎。维此针虎，百夫之御。

临其穴，惴惴其栗。彼苍者天，歼我良人。如可赎兮，人百其身！

交交：鸟的叫声。穆公：秦穆公，名任好。卒于周襄公三十一年（前621年），死时以177人殉葬。子车奄息：人名。子车为姓，奄息为名。惴惴：恐惧的样子。针虎：人名。《黄鸟》描写秦穆公死时，以大量的活人殉葬，其中就有能征善战的子车氏的三兄弟。该诗描写了三兄弟殉葬时的情景，表现了对三壮士的留恋和惋惜，流露出愿意以百人为之赎身的强烈愿望，也表现了诗人对殉葬制度的强烈抗议。诗的写实性很强，《左传》文公六年曾这样记载"秦伯任好卒，以子车氏三奄息、仲行、针虎为殉，皆秦之良也，国人哀之，为之赋《黄鸟》。"

五、春秋末至战国初的秦国

1. 被动挨打的局面

自公元前621年秦穆公去世，到公元前384年秦献公即位前，换言之，即春秋末至战国初，是秦国新旧制度渐变的一个漫长阶段。秦吸收继承周文化所建立的一套礼乐法度，在时代大潮冲击下，难以继续维持。人们矛头指向，首先对准了残酷的人殉制度。在对外战争方面，秦的军事实力每况愈下，由优势而变为劣势，在下坡路上越走越远。进入战国后，在东方一些重要诸侯国，新兴阶级纷纷登上政治舞台，并先后不同程度地进行改革，建立新制度。与此相适应，思想文化领域出现了"百家争鸣"的局面。

在战国初年，秦国在军事上一直处于劣势。然而对秦国的直接威胁，却是来自东邻的魏国。秦灵公六年（前419），魏在河西筑起少梁城（今陕西韩城市南少梁村），秦简公二年（前413）起，魏国先后攻占秦国的洛河以东、南至临晋（在今陕西大荔东）、华阴以东的广大地区，并设立了河西郡，治临晋。

秦国失去了"河西地"和黄河的天然屏障防线，被迫退守洛河一线。秦简公七年（前408），秦在河西岸作"堑洛"的军事防卫工程，并筑重泉城（今陕西蒲城县东南钤铒镇），屯驻重兵，防御魏国（《史记·秦本纪》、《六国年表》）。从"堑洛"遗迹知，它是利用洛河右岸的地形，上边夯筑城墙下边堑削外侧的洛河岸，相对地加大城的高度，从而形成一条秦长城。防魏的秦长城，起自华阴县西南，濒长涧河西岸，向北过渭河，傍洛河右岸西北行，经蒲城，绕过洛河大弯，折而向东北，再直北，过白水、宜君，直达黄陵。在今华阴、蒲城、白水、黄陵县有大量的长城遗址和秦墓群，正是秦军戍守长城的见证。

这条边城是秦国丧失河西地之后自划的东界，其国力之衰竭可见一斑。

2. “初租禾”与“令吏初带剑”

秦简公时期（前 414—前 400），秦国社会出现了明显的变化。简公六年，秦“令吏初带剑”，史书或记作“百姓初带剑”。剑在古代不仅是防身武器，而且是身份的标志。春秋以来，东方各国官吏早已各得带剑，秦直到战国之后才颁布了这类法令，尽管时间上晚了许多，但毕竟是破旧立新的进步。翌年，秦开始按土地亩数征税，史书写作“初租禾”。“租”即土地税。这里用作动词，意为征收土地税。“禾”原指粮食，此外引申指地亩。“初租禾”与 186 年前鲁国的“初税亩”名异实同。二者都反映了私田发展已为统治者所承认的客观事实，说明依据地亩数而征收土地税的新制度的诞生。

3. 秦献公改革

秦献公（前 384 年—前 362 年）是秦国最早的改革家。早在公元前 384 年，他一上台，就颁布了“止从死”的法令，废除了自武公以来实行长达 294 年的人殉制

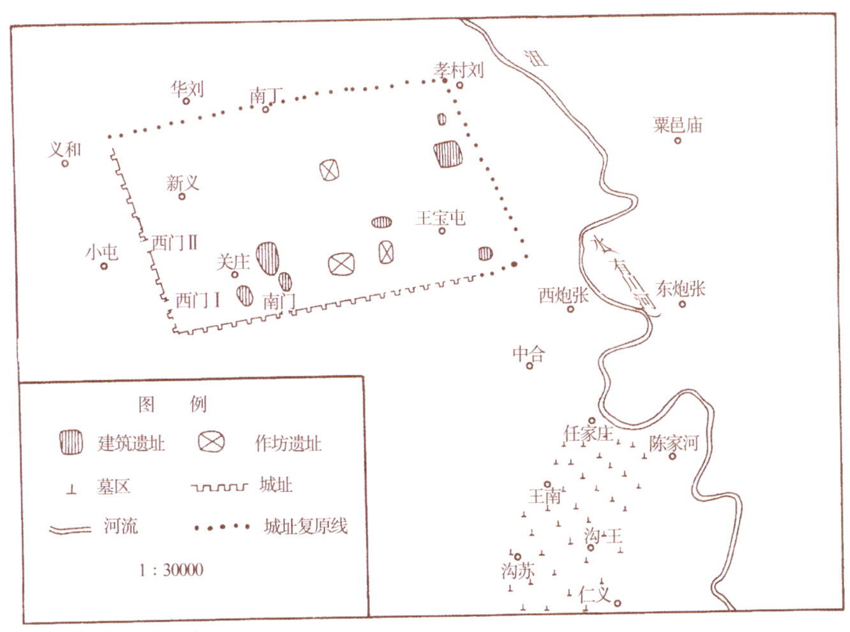

栎阳城平面示意图

度。次年，迁都到泾渭中心、交通便利、经济发达的军事前沿地带的栎阳。还实施了有利于手工业、商业发展的“初行为市”（设立市场，允许商品出售）、“为户籍相伍”（按五家为“伍”的军事单位编制户口，使军政合一）的法令。又推广县制，集权于国君。

秦献公的初步改革收到了显著的效果，国力很快增强。公元前366年起，为收复河西地，曾主动出击，于洛阴、合阳初战告捷。隔了一年之后，秦过黄河，在魏地又取得石门（今山西运城西南）大捷，“斩首”六万，使关东诸侯震惊，连那徒具“天子”虚名的周显王也给予祝贺，并赐以“伯”的称号。魏惠王为了摆脱秦的军事威胁，于公元前364年徙都到大梁（今河南开封市）。公元前362年，秦与魏战少梁（今陕西韩城县南），俘虏了魏将公叔痤。于是逼迫魏国在洛河东岸筑起一条防秦的西长城，而且在固阳（今合阳地）设立深沟壁垒的要塞，进行防守。

正当秦国数挫魏师之际，秦献公死去，即位的是年仅21岁的太子渠梁。这位血气方刚的青年国君，就是历史上有名的秦孝公（前361年—前338年）。

4. 求贤令与商鞅入秦

尽管秦献公生前的政治改革曾收到一定成效，但秦国还没有从根本上摆脱困难的处境。秦孝公是一位极富进取精神的国君，在其父献公改革基础上，进一步下令求贤，希望得到贤者智能的帮助，彻底甩掉秦国落后的帽子。于是，秦孝公登基的头一年（前361年）就下了“求贤令”，说：“宾客群臣有能出奇计强秦者，吾且尊官，与之分土”（《史记·秦本纪》）。“少好刑名之学”的商鞅（原名卫鞅，又名公孙鞅，约生于前390年左右，死于前338年），当时29岁，听说秦孝公礼贤下士，就带着李悝的《法经》，从魏国来到秦国。

六、商鞅变法

1. 两次变法

商鞅入秦后，通过宠臣景监三次面见秦孝公，获得对推行变法的支持。又经过与反对派的辩论，使孝公最终下定变法的决心。为取信于民，他采用“徙木赏金”的做法，树立了威信。然后，大刀阔斧地开始变法活动。总的指导思想是“变法修刑，内务耕稼，外劝战死之赏罚”（《史记·商君列传》），驱民于农、战二途。其相对集中者主要有两次：第一次变法开始于孝公三年（前 359），主要内容为颁布垦草令；“令民为什伍”，定连坐之法；推行小家庭政策；重农抑商；奖励军功，严惩私斗；制定爵制，规定各级爵位占有田宅、臣妾奴婢的数量和衣服的等次。第二次变法始于孝公十二年（前 350），主要内容为改革陋习，禁止父子兄弟同室居住；普遍实行县制；“为田开阡陌封疆”；统一度量衡；“初为赋”；迁都咸阳。经过变法，秦实现了由落后变强盛的巨大飞跃。

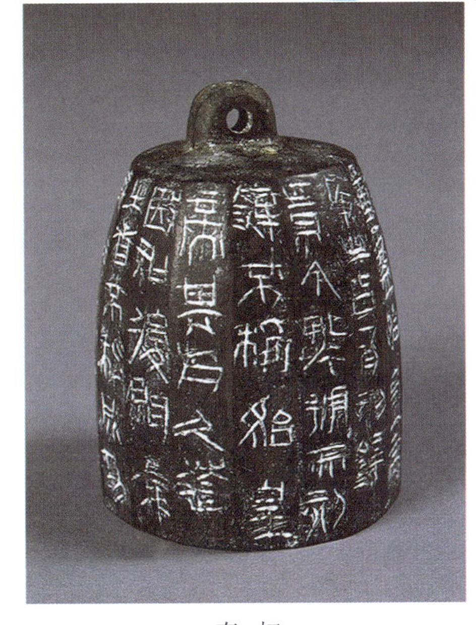

秦 权

权，是古代一种衡器，用途相当于天平上的砝码，有铜质、铁质和石质等。

商鞅深受到秦孝公的信任和支持，打破了僵化的思想状态，同时打击了旧贵族集团的习惯势力，使秦国萎靡不振的社会面貌为之一新。《史记·商君列传》说商鞅新法在秦国“行之十年，秦民大悦。道不拾遗，山无盗贼，家给人足，民勇于公战，怯于私斗”。看来，这一段话是纪实，并非夸张。新法基本上是符合战国时期社会经济发展要求的。公元前 352 年，商鞅由左庶长（秦爵第十级，相当国卿）升任大良造（秦爵第十六级，相当相国）。他率军东渡黄河，围降了魏的别都安邑。次年又攻下魏的西长城要塞固阳，从而缓和了东境的军事压力。

2. 商君虽死，其法未废

商鞅在秦国取得巨大的成功，权势亦达到无以复加的程度。可是当秦孝公一死，太子驷（即惠文王）即位后，情况立即发生了 180 度的变化。原来商鞅与太子及其党羽是死对头。变法过程中，太子犯法，商鞅毫不客气地对其师傅施加刑罚，以示惩处。所以新君刚一上台，立即便以“谋反”罪名下令逮捕商鞅。商鞅逃跑无路，只好回封地商邑，组织私兵顽抗。惠文王发兵很快便消灭了商鞅的武力，把他杀死后又车裂以徇，并族灭其家。然而，惠文王不失为一位有政治眼光的君主，他没有出于个人恩怨而废除商鞅所推行的新法。这就使秦继续沿着变法所开辟的道路前进，直至统一天下。

大约在秦迁都咸阳后的80年左右，即在公元前267年到前252年之间，当时著名的大学者荀卿曾到过秦国。在咸阳，秦相应侯范雎问荀卿到秦国的观感时，他说：

其固塞险，形势便，山林川谷美，天材之利多，是形胜也。

入境，观其风俗，其百姓朴，其声乐不流污（流污，犹淫放也），其服不挑（挑，偷也，不为奇异之服也），甚畏有司而顺，古之民也。

及都邑官府，其百吏肃然，莫不恭俭、敦敬、忠信而不楛（楛，滥恶也），古之吏也。

入其国，观其士大夫，出于其门，入于公门；出于公门，归于其家，无有私事也。不比周，不朋党，倜然莫不明通而公也，古之士大夫也。

观其朝廷，其朝闲，听决百事不留，恬然如无治者，古之朝也。故四世有胜，非幸也，数也。是所见也。

这是说秦国的自然条件好，环境优越，而且民风淳朴，服从管理；官府的办事人员，勤俭而严肃认真；咸阳城内所看见的士大夫们工作勤勤恳恳，每天由自己家出来，就到机关去；由机关出来，就回到家中去，不办私事，不厚此薄彼，不结党营私；朝廷之上闲静严肃，没有公事积压，安然像国家无事。因此秦国一连四世打胜仗，这不是侥幸，是势所必然。

四世有胜，指的是秦孝公、秦惠王、秦武王、秦昭王，他们都是相继称王，中无间隔。秦昭王后即秦庄襄王，再经过三年，秦始皇就即位了。就是说这四世已经奠定了秦国胜利的基础。

七、秦王扫六合

1. 昭王时期秦的发展

秦昭王（昭襄王）在位56年（前306—前251），是秦历史上统治时间最长的国君。此间，人才大量汇集于秦国，对于秦的持续强大，起到了至关重要的作用。许多商鞅变法时未能建立和未能充分发展的制度，在这一时期建立和完善起来。特别是军事胜利和领土扩展，更令人瞩目。

《史记·张仪传》说：“秦带甲百余万，车千乘，骑万匹。虎贲之士，跿跔科头，贯颐奋戟者，至不可胜计。秦马之良，戎兵之众，探前趹（音决）后，蹄间三寻，腾者不可胜数。山东之士被甲蒙胄以会战，秦人捐甲徒裼以趋敌，左挈人头，右挟生虏。”

杜虎符

“符”是我国古代调兵遣将的一种信物，一般分为左右两半，两半相合之后才可调兵遣将。“杜”是秦的杜县，在今西安长安区。这件虎符仅发现左半边。虎符分为左右两半，右半掌握在国君手里，左半由大将掌管，凡调配50人以上的兵力，必须有国君的命令，将兵符对合后，才能够调兵遣将。但如果遇到紧急的军事情况，不必再会符，点烽火即可，虎符的应用充分说明了秦国军权的高度集中。

这里说的是秦国步兵、车兵、骑兵三军人数众多。步兵英勇顽强，头不带盔，愤怒而持戟入阵；战马跑起来，前蹄探向前，后蹄趹于后，一跳而超过三寻（八尺为一寻）；会战的时候，六国兵是身蒙甲胄，沉重不便；秦兵是丢掉甲胄，左提人头，右挟俘虏，赤身入阵。

张仪是秦惠文王时期的相国，他在出使楚国时对楚王说的这一番话，当然意在夸大吓人。但是从近年来考古工作者在临潼秦始皇陵前发掘出的大批武士陶俑看，都是头不戴盔（即科头），身不披甲，臂上仅著短胄，表现勇猛而轻便灵活。大批战马陶俑，都腰肥体壮，鞍紧缚马背，上有钉痕，似为革制，颇为讲究。证明张仪说的不全是吓人的空话。

到了秦昭王时期，战力更加强盛，他以司马错、白起等人为将，伐三晋，攻齐、楚，取魏之河东、南阳，楚之巫郡、黔中，北定太原，尽有上党，南定蜀。公元前260年，大败赵军于长平（今山西高平西北），坑杀赵降卒40万。此后六国俱弱，秦独强，为统一六国奠定了基础。

2. 吕不韦和《吕氏春秋》

吕不韦，卫国濮阳人。本阳翟（今河南禹州）大贾，于赵邯郸见秦质子异人（后改名子楚），认为奇货可居，决定搞一场政治投机生意。乃西入秦，劝秦昭王太子安国君的爱姬华阳夫人收异人立为子嗣；又取邯郸善歌舞者赵姬与之居，知有身孕，献异人以为夫人，生子政（即秦始皇）。昭王死，安国君即位，是为秦孝文王，立异人为太子。孝文王立一年死，异人继立，即秦庄襄王。吕不韦被任为相，封文信侯，食蓝田十二县，继又加封，食河南洛阳十万户。庄襄王死后，子政年幼继位，吕不韦被尊为相国，号称仲父。其政治投机取得成功。执政时攻取周、韩、赵、魏之地，置太原、三川、东郡。门下有食客三千，家僮万人。又招致宾客著其所闻，融先秦各派学说，成《吕氏春秋》一书。吕不韦和《吕氏春秋》是秦国文化走向全国的重要标志性产品。

最初的时候，咸阳的文化比关东各国落后些，文化氛围也不行。当时六国盛行养士之风，齐有孟尝君，赵有平原君，魏有信陵君，楚有春申君，都以养士名震天下，秦国却没有。但随着国势的增强和经济的发展，情况就发生了变化，咸阳的文化活动也逐渐活跃起来。战国时期百家争鸣的各个学派的代表人物，都曾纷纷到咸阳活动，著名的有如荀子、韩非子等人，养士风气也逐渐兴盛，秦国也实行开放的人才政策，招揽天下英才。一些在其他诸侯国穷愁潦倒、怀才不遇的能人，如张仪、范雎、李斯等，一到咸阳都得到重用。相国吕不韦的食客多至三千人。吕不韦为了提升秦国和自己的文化影响力，使其门客，“人人著所闻，集论以为八览、六论、十二纪，二十余万言，以为备天地万物古今之事，号曰《吕氏春秋》。”（《史记·吕不韦传》）《吕氏春秋》是一部“人人著所闻”的集体著作，是在咸阳浓厚的学术空气下，百家争鸣的撷英，反映出当时政治上虽还没有统一，但咸阳已经成了全国的文化中心。吕不韦为了宣传并印证这部书的质量，曾悬赏改一字而奖赏千金，这便是“一字千金”的典故。

《吕氏春秋》是我国最早的，按预定计划写成的完整的书，不是像《论语》、《孟子》仅具篇章，也不像《墨子》、《庄子》等反映一家之言的单纯的文集。它博采九流，网罗百氏，不但为当时集中了各家学说，在文化上表现了包容和统一，并且给后世保存了很多先秦的亡书遗说，如《本味》篇所载伊尹以至味说汤的故事，鲁迅即指出这是《汉书·艺文志》小说家中的伊尹说，是中国最早的一篇小说；而《上农》、《任地》、《辩土》、《审时》等篇，又有人指出是《汉书·艺文志》中的农家野老之言，是中国最早的农书。

《吕氏春秋》又称《吕览》。共160篇。内容兼存儒、道、墨、名、法、兵、农诸家之言，被称作杂家。其价值与意义在于：1. 显示了百家合流的思想学术走势，而这种企图综合百家以求思想的一统天下，与政治上由分裂向统一的大方向一致。2. 开始建构天人合一的理论体系，开启了秦汉以来思想家组建一个囊括自然、人事、政治乃至一切的宇宙图式的努力之先河。3. 汇合各派学说为统一天下、治理国家提供思想武器。4. 保存了许多古史旧闻，以及有关天文、历教、音律、农学方面的资料。5. 本身即出色的散文作品，特别是所运用的一些生动寓言，极具文

学价值。

3. 郑国与郑国渠

郑国是韩国的著名水工，即水利专家。昏庸无能的韩桓惠王愚蠢地使出所谓的“疲秦”之计，让水工郑国入秦，劝说秦兴建引泾入洛的大型水利工程，以消耗其国力，使之无力东伐。不料郑国在秦主持工程进行之际，阴谋被秦发觉。秦宗室大臣乘机向秦王政建议“一切逐客”，被采纳，遂下逐客之令。一位名叫李斯的被逐宾客上书秦王，要求改变成命，此即著名的《谏逐客书》。秦政见到这篇情词恳切的上书后，立即撤销了逐客令，继续推行客卿制度。同时也听从了水工郑国的辩解之词，赦免其死罪，让他继续完成预定的工程，即后来以郑国名字命名的从今陕西泾阳县界内起经三原、富平、蒲城等县进入洛水全长150公里的灌溉渠。史载，郑国渠建成后，“关中为沃野，无凶年”。

（取自《郑国渠》）

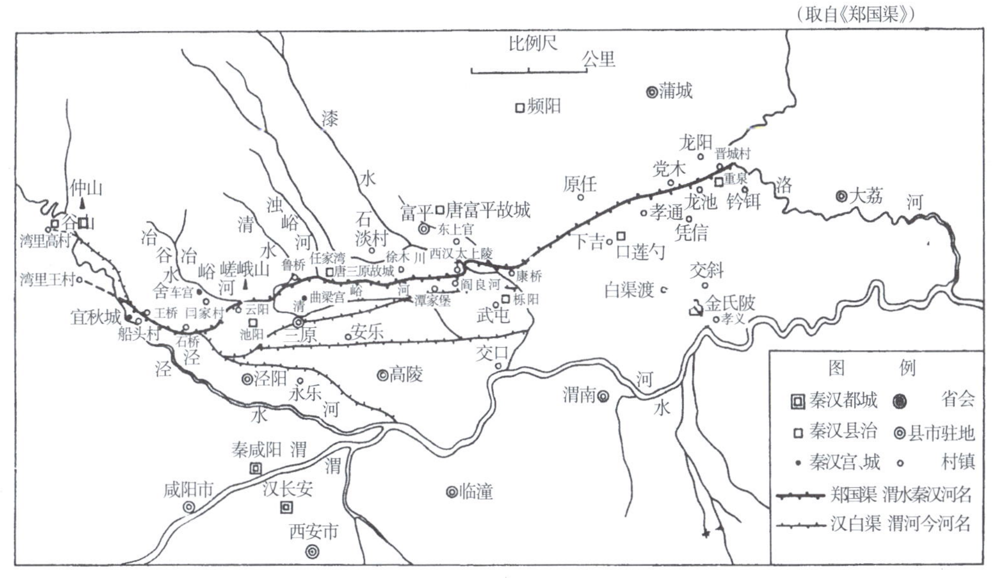

郑国渠示意图

秦国对于郑国和郑国渠的处理态度显示了秦国统治者的高度智慧和价值评估能力，秦国的政治家们以其务实的作风深受历史学家的高度赞扬。

4. 尉缭眼里的秦王政

大梁（今河南开封西北）人尉缭，于公元前237年入秦说秦王政，建议以万金重赂诸侯，以破其合纵之谋。秦王从其计，任为国尉，因称尉缭。他曾评论秦政道：

"秦王为人，蜂準，长目，挚鸟膺，豺声，少恩而虎狼心，居约易出人下，得志亦轻食人。我布衣，然见我常身自下我。诚使秦王得志于天下，天下皆为虏矣。不可与久游。"《汉书·艺文志》杂家类著录《尉缭子》二十九篇，或即其所作，已佚。

5. 荆轲刺秦

卫人荆轲，好读书击剑，游说至燕，与处士田光等友善。田光荐之于燕太子丹。丹尊之为上卿，住在上等的房舍里。与丹共谋劫刺秦王政。公元前227年，他携带秦逃亡将军樊於期首级，以献燕国督亢（今河北易县、汤县、固安一带）地图为名，往刺秦王。既见秦政，献图，"图穷而匕首见"。他以焠毒匕首击秦王不中，反为所杀。其事被司马迁写入《史记·刺客列传》。

6. 韩非的悲剧

韩非（前280—前233）出身韩国贵族，师事荀子。曾数次上书韩王安修明法度，不见用。著作传入秦国，得秦王政赏识。后出使秦国，得见秦王。不久遭李斯、姚贾谗害，自杀于狱中，成为令人惋惜的悲剧人物。著有《韩非子》。

7. 王翦父子与秦灭六国

王翦是频阳东乡（今陕西富平美原）人，"少好军事，事秦王政。秦政十一年（前236），翦率兵攻赵，取九城。十八年，复攻赵。次年，亡赵。二十年，攻燕，燕王喜逃至辽东，拔蓟城（今北京西南）。二十三年，率倾国之兵60万攻楚，大破之，杀楚将项燕，乘胜略定楚地城邑。岁余，虏楚王负刍，楚亡。又南征百越之君。其子王贲，破定燕、齐地，亦名将。"（《史记·始皇本纪》）

司马迁说，秦尽灭六国，王氏"功为多，名施于后世"。又发感慨道："王翦为秦将，夷六国，当是时，翦为宿将，始皇师之，然不能辅秦建德，固其根本，偷合取容，以至无刎身。及孙王离为项羽所虏，不亦宜乎!"

王翦是讲求实效而不务表像的大将。《史记·王翦列传》详细记载了王翦灭楚的故事。秦始皇决定要伐楚，问将军李信得用多少人，李信说"不过二十万"，又问王翦，王翦说"非六十万人不可"。始皇对王翦说："王将军老了，为何如此胆怯呀！"于是用李信为将。王翦因而称病回到老家频阳。不料李信与楚兵接战，先胜后大败，始皇大怒，亲自去频阳向王翦道歉。王翦说："大王必不得已用臣，非六十万人不可。"秦始皇不但答应，还送王翦到灞上。临别时，王翦又请求赐他好田宅池园多处，始皇也都答应。可笑的是王翦还未出武关，竟五次差人向始皇催请给他拨地。王翦部属中有人认为他过分贪利。王翦解释说，他率领的是秦国全国的军队，容易引起秦王的疑心，这样做可以坚定秦王对他的信任，表示自己只是为了图谋安排好子孙的生活，没有更大的野心。秦始皇、王翦都是雄才大略的英雄人物，为了实现他们宏大的战略目的，秦始皇不惜屈尊就教，亲自去频阳向王翦赔礼道歉；王翦既要保持禄位，曲意顺从，又能坚持自己正确的意见，终于实现了灭楚的目的。

八、短命王朝

1. 自称皇帝

秦统一后，令臣下议帝号。群臣建言称“泰皇”，嬴政裁定：“去‘泰’，著‘皇’，采上古‘帝位’号，号曰‘皇帝’”。从此产生了皇帝制度。

2. 三公九卿

秦朝廷官丞相、太尉、御史大夫，习称为三公，奉常、郎中令、卫尉、太仆、廷尉、典客、宗正、治粟内史、少府，习称为九卿。

3. “封建”与“郡县”之议

秦统一后，丞相王绾等建议实行封藩建卫的封建制。群臣皆以为便，惟廷尉李斯反对，认为郡县制才是“安宁之术”。始皇肯定李的意见，维持郡县制不变。

4. 五德终始论下的水德制度

五德终始论是战国末出现的一种学说。它认为：人间天子一定要得到五行（德）中的一德，并由上天显示符应；当他的德衰了，有在五行（德）中得到足以胜过前一德的另一德者，就起而代之；如此按照土、木、金、火、水的五行相胜次序运转下去，便形成了历史上的改朝换代。按五德推演，周为火德，火后是水，故秦便认定自己是以水德而得天下，并称说 500 年前秦文公出猎时所获之黑龙，即水德的符应。依五德说理论，秦制定了一整套的水德制度：年始、朝贺，十月朔（以十月为正月，建寅）；衣服旄旌节旗，上黑；数，以六为纪；符、法冠、六寸；舆，六尺；步，六尺。

5. 巩固统一的措施

传统的观点认为秦巩固统一的措施，主要是统一文字、统一货币、统一度量衡，即所谓的三大统一。著名秦汉史专家陈直补以郡县统一、律令统一、官制统一，共为六大统一。今之论者又补以祭祀制度统一、礼制统一，成为八大统一。还有研究者将“令黔首自实田”、焚书坑儒亦列入，则为十大统一措施。

6. 巡游与封禅

为宣扬皇威，加强对各地的控制，同时也是仿效古帝王巡狩，当然亦含有游乐之目的，秦始皇先后五次到全国各地巡游。第一次，公元前 220 年出发，巡行至陇西北地；第二次，前 219 年出发，先至今山东境，后转至今湖南北部；第三次，前 218 年出发，巡行至琅琊、上党；第四次，前 215 年出发，巡行目的地是碣石（今河北乐亭附近）及北方边塞；第五次，前 210 年出发，先至今浙江北部，后北上今山东境而返，死于途中。就在第二次巡游中，始皇登上泰山，举行了封禅——古代一种特殊的天地祭祀礼典。原来古人心目中，泰山是天下最高的山。帝王到哪里去举行封禅大典，向上天报告成功，表示受命于天，实为头等大事。文献记载，不少古帝王都曾封禅，但难以据为信史。而秦始皇才是中国历史上第一个把这种礼典付诸实践的皇帝。

7. 不死药与徐福东渡

秦始皇十分怕死，千方百计要寻求长生不老之术。就在他第二次巡游至东方齐国故地时，齐人徐福（市）等上书，说东海中有仙山，山上有仙人。始皇按其要求，派数千童男、童女随他入海求仙找不死药。不料徐等一去杳无音讯。这就是徐福东渡一事的原生态记录。西汉时，已经有了徐福在海外“止王不来”的说法；至东汉，则开始把徐“止王”处与日本相联系；大约宋以后，徐福东渡日本的传说在中日两国流布开来，日本甚至有关于登陆地在纪伊熊野浦的具体考订，以及所谓徐福墓与徐福祠的发现。近年来，江苏、山东等地关于徐福东渡事吵得沸沸扬扬。其开发本地旅游资源的愿望是可以理解的，但所炒作的内容，实难视为信史。

8. 北击匈奴，南开五岭

公元前 215 年，秦始皇派出求不死药的燕人卢生从海上归来，因奏录图书曰“亡秦者胡也”。始皇乃使将军蒙恬发兵 30 万北击胡（匈奴），掠取河南地。此即北击匈奴。而南开五岭则指秦王朝对岭南越人的战争。其于统一后不久即开始，是场名副其实的持久战，全过程分四个阶段：1. 始皇派尉屠睢以五军戍五方，做了长达三年的准备，其中包括修建灵渠以解决后勤供应。2. 秦军进攻越人，获斩杀西瓯首领译吁宋的重大胜利；然而越人利用夜战，大破秦军，杀尉屠睢，反败为胜。3. 秦被迫“发适戍以备之”，即“使尉佗（即赵佗）将卒以戍越”。4. 公元前 214 年，秦以任嚣为主将，以赵佗（tuó）为副，再次进击越人，战争以秦设置桂林、象、南海三郡的胜利而告结束。

9. 直道与五尺道

二者皆道路名。直道是由秦朝大将蒙恬主持修建。自云阳（今陕西淳化西北）至九原（今内蒙古包头西北）。秦始皇三十五年（前 212），“始皇欲游天下，道九原，直抵甘泉，乃使蒙恬通道，堑山湮谷，千八百里。”是沟通关中平原与河套地区的主要通道，军事意义似更为主要，以致被喻为军事高速公路。今遗迹犹存。五尺道为秦统一后用兵西南时，由常頞（è）主持修筑。因地势险恶，路面狭窄，故名“五尺”。汉时因秦旧迹增修，为四川盆地通往云贵高原的主要交通线。

10. 修长城，筑阿房，造陵墓

《史记·蒙恬列传》载，就在蒙恬将 30 万众北逐匈奴、收河南后，“筑长城，因地形，用制险塞，起临洮，至辽东，延袤万余里。”造阿房宫事见《史记·秦始皇本纪》三十五年条：“始皇以为咸阳人多，先王之宫廷小”，“乃营作朝宫渭南上林苑中。先作前殿阿房，东西五百步，南北五十丈，上可坐万人，下可以建五丈旗。周驰为阁道，自殿下直抵南山。表南山之巅以为阙。为复道，自阿房渡渭，属之咸阳，以象天极阁道绝汉抵营室也。阿房宫未成；成，欲更择令名名之。作宫阿房，故天下谓之阿房宫。”陵墓事亦见同《纪》：“始皇初即位，穿治骊山，及并天下，天下徒送诣七十余万人，穿三泉，下铜而致椁，宫观百官奇器珍怪徙臧满之。令匠作机弩矢，有所穿近者辄射之。以水银为百川江河大海，机相灌输，上具天文，下具地理。以人鱼膏为烛，度不灭者久之。”

咸阳的急剧扩大和繁荣是和秦帝国的规模相适应的，也是在秦国势力发展壮大中逐步形成的。但是伴随着秦国的繁荣和强大的是日益尖锐的矛盾，这种矛盾，在秦朝施行的暴政之下，在秦帝国后期更进一步激化了。秦始皇修建驰道，南戍五岭，北修长城，固然有便利交通，巩固国防的积极性一面。而由于残酷的压榨剥削和严重妨碍生产，农民是极端反对的，秦王朝不得不强迫执行，西汉贾谊在《过秦论》中说其结果是“赭衣塞途，囹圄城市”，“男子力耕不足粮饷，女子纺织不足衣裳”的严重局面（《汉书·贾谊传》）。秦始皇征发数十万人长期修的阿房宫和始皇陵，则是专供个人生前和死后享用的。修阿房宫用的名贵木材取之江南，从唐杜牧在《阿房宫赋》中说的“六王毕，四海一，蜀山兀，阿房出”，可以想见枉费了多少劳动人民的血汗。陵园范围数十里，墓堆像山一样高大的始皇陵，石材取之北山。当时即有民谣说：“运石甘泉口，渭水为不流。千人歌，万人吼，运石堆积如山阜。”可以想见工程的浩大和被强迫搬运那些笨重石材的劳动人民所受的痛苦。于是，秦朝在突飞猛进的发展中和咸阳的急剧扩展膨胀中已经埋下了覆灭的祸根。

11. 焚书坑儒

始皇三十四年（前213），博士淳于越再次奏请推行分封制，丞相李斯驳其议，提出禁私学与焚书建议，为始皇认可。所焚之书包括各国史记和民间所藏的《诗》、《书》、百家语；秦史记、博士官收藏的图书和民间医、卜、种树之书则不烧。令下三十日不烧者黥为城旦，有敢偶语《诗》、《书》者弃市，以古非今者族，吏见知不举者与同罪。次年又发生坑儒事件。为始皇求仙药的方士侯生、卢生，以始皇贪于权势，专用刑罚为由，相约逃亡。始皇闻讯下令穷究，受到株连的儒士400多人皆被活埋于咸阳。长子扶苏谏劝，亦被遣至上郡监军。坑儒还有另一种说法：始皇下令焚书之后，恐天下人不服，遂招诸生700人拜为郎。他暗地里派人在骊山陵谷温暖处用温泉水浇灌种瓜，待瓜结出后令诸生讨论瓜生长的原因。众人议论纷纷，始皇便令到种瓜现场察看，暗中却伏下弓箭手。当诸生到达正在争论不休之际，全遭乱箭射杀，并被埋在谷中。此谷相传即临潼温汤西南三里的马谷。

12. 沙丘之谋与秦之败亡

公元前210年，始皇最后一次出巡，少子胡亥与丞相李斯、中车府令兼行符玺事赵高随行。返抵沙丘（今河北广宗县西北）时，始皇病危，令赵高作书，命在上郡监军的长子扶苏至咸阳会丧。始皇死后，赵高扣压玺书，唆使胡亥篡夺帝位。遂胁迫李斯矫始皇遗诏，立胡亥为太子，迫令扶苏自杀。胡亥至咸阳发丧，即位称二世皇帝。是为沙丘之谋。二世元年（前209）七月，戍卒陈胜、吴广揭竿而起反秦，天下响应。后形成以项羽、刘邦为首的两支反秦主力军。项羽在河北巨鹿消灭了秦军主力，刘邦则先入关中接受了秦王子婴的投降。威显一时的秦帝国就这样退出了历史舞台。

九、考古资料反映的秦帝国面貌

1. 云梦秦简所见秦的法律制度

1975 年在湖北云梦县睡虎地十一号秦墓出土的秦简，是秦简牍资料的首次面世，意义特别重大。尤其简的内容，大部分属于法律文书，所见秦律计有田律、厩苑律、仓律、金布律、关市律、工律、工人程、均工、徭律、司空律、军爵律、置吏律、效律、传食律、行书律、内史杂、尉杂、属邦、除吏律、游士律、除弟子律、中劳律、藏律、公车司马猎律、牛羊课、傅律、敦表律、捕盗律、戍律等 29 种。这些虽远非秦律的全貌，但却使我们对秦法律制度的一些具体内容有了实实在在的了解。

2. 秦始皇陵

清代学者顾炎武在《日知录·厚葬》中引晋索琳的话说，古代帝王使“天下贡赋三分之，一贡宗庙，一供宾客，一充山陵”。山陵就是陵墓。秦始皇他有“千古一帝”的赫赫功业，也有骄纵穷奢的极欲。他极尽奢侈，大修宫殿，“关中计宫三百，关外四百余”。同时为了他的死后摆威风，继续享受，就在临潼的骊山脚下大修陵墓。秦始皇因为“丽戎之山，一名蓝田，其阴多金，其阳多玉。始皇贪其美名，因而葬焉”（郦道元《水经注·渭水》）。

关于秦始皇陵的修建情况，《史记·秦始皇本纪》说：“始皇初即位，穿治骊山，及并天下，天下徒送诣七十余万人，穿三泉，下铜而致椁，宫观百官，奇器珍

秦始皇陵

青铜水禽

出土于秦始皇陵园七号陪葬坑。当时其中出土了15件姿态奇异的陶俑和46件青铜水禽等罕见文物。青铜水禽包括青铜天鹅20件、青铜鸿雁20件和青铜仙鹤6件。如此众多青铜水禽的出土，尤其是青铜天鹅的出土，使我们得知这个陪葬坑营造出了某种“水环境”。

怪，徙臧满之。令匠作机弩矢，有所穿近者辄射之。以水银为百川江河、大海，机相灌输。上具天文，下具地理，以人鱼膏为烛，度不灭者久之。”《三辅故事》说，“始皇以明珠为日月，鱼膏为烛脂，金银为凫雁，金蚕三十箔，四门施徼”。都是说它的奢靡之状的。当时修陵，用的是四川的木材，北山的石头，70余万人从秦始皇即位的那年起直到他死的三十七年，还未修成。根据这些记载看，秦始皇陵的修建，历时甚久，用工甚巨，规模宏大，建筑华丽，雄伟壮观。

秦始皇陵修建了将近40年，因秦末农民起义而收场。以后的两千年中，累遭人为破坏。“项籍燔其宫室营宇，往者咸见发掘。其后牧儿亡羊，羊入其凿，牧者持火照求羊，失火烧其臧椁。”（《汉书·楚元王传》）唐末黄巢起义时，也曾掘发。所以清朝诗人袁枚在《始皇陵咏》一诗中说秦始皇“生则张良椎之荆轲刀，死则黄巢掘之项羽烧，居然一抔尚在临潼郊，隆然黄土浮而高”。

20世纪70年代以来，先后发现了多处秦代建筑遗迹和秦始皇兵马俑坑，规模相当宏大。考古工作者多次调查探测，测得秦陵范围为225平方华里。陵冢周围有内、外两城，均呈长方形。内城周长3.87公里，外城周长6.21公里。墓冢位于内城南半部，呈覆斗形，高76米。墓基近似正方形，周长1.39公里。内外城四面有门，各门上及内外城四角，有阙楼及角楼。秦陵的原来地面建筑虽早经破坏，但在秦陵附近经常发现石柱础、陶水道、石水道、瓦当、脊瓦、空心砖、高大的陶俑及建筑遗迹等。1980年12月又在秦陵西侧发现了铜人、铜车、铜马，大小约为真人、

铜车马：2号车（安车）

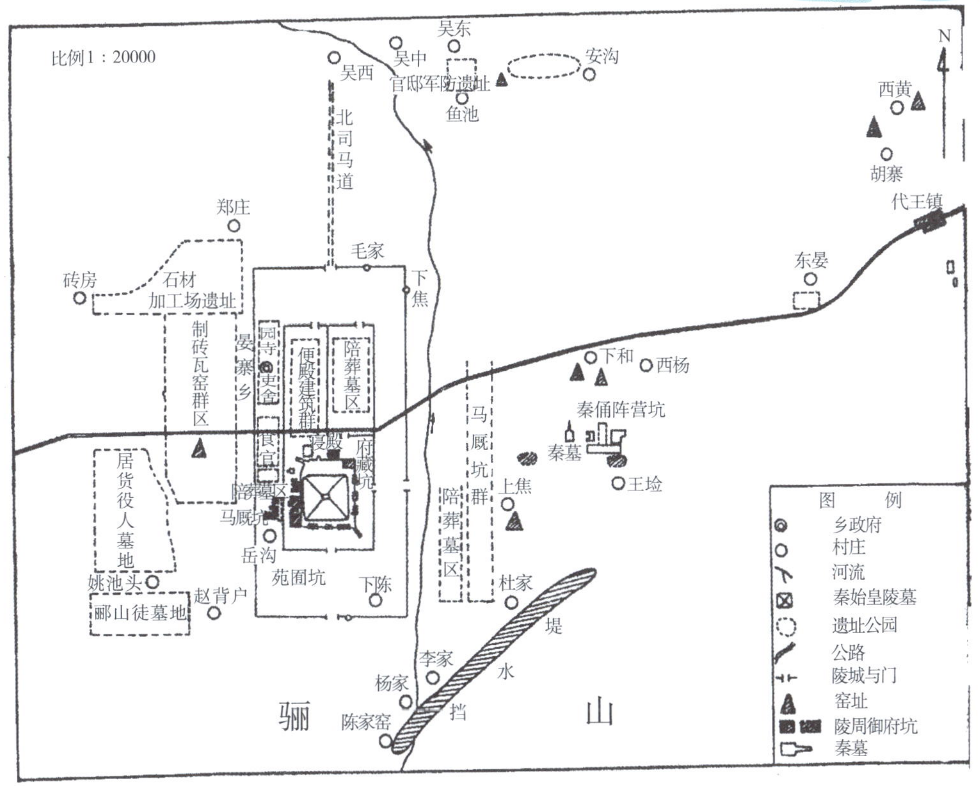

秦始皇陵园分区示意图

真车、真马的一半。驾具齐全，装饰华丽，是继兵马俑坑后的又一重大发现。

铜车马制作工艺也十分精湛。车马俑均为铸造成形，再经锉磨、錾刻、冲凿等细部加工。金银细作的工艺更为精致。络头和缰索是由许多金银管用子母扣扣接，至今活动自如。这些都反映了 2000 年前我国金属制造工艺的高超水平，反映了我国古代劳动人民的聪明才智。

这些考古发现，证明古代文献关于秦陵情况的记载大体是不错的。可以看出在两千多年前，我国科学文化达到的高度，它对填补秦史研究的空白，提供了极其珍贵的实物资料。

3. 秦陵兵马俑——再现的帝国威容

1974 年临潼县晏寨公社西杨大队的农民在村北打井时发现秦代的兵马俑坑，考古工作者定名为秦始皇陵兵马俑一号坑。此处距秦始皇陵 3 华里，距临潼 15 华里。以后经过探测，又发现了二号、三号兵马俑坑，及一个废弃坑，一个秦代大墓。国

秦兵马俑

战袍武士俑属于秦代轻装步兵形象，出土于秦兵马俑一号坑。这种俑身高均 1.8 米左右，个个气宇轩昂、勇猛威武。根据他们手臂的不同姿势和身边出土的实用兵器推断，他们手中原来都执有不同的武器。

车士俑秦俑坑中的战车上一般都有三名身着铠甲的武士，中间的人是专门驾车的御手俑，车士俑分在左右两侧，左侧叫车左俑，右侧叫车右俑。车士俑身披铠甲，手持兵器，其职责是与敌人格斗，同时保护御手的安全。

跪射俑高 1.2 米左右，略高于真人蹲曲时的高度。这件俑双手放在身体的右侧作持弓状，发髻偏于左侧。脸部刻画细腻，缕缕发丝盘曲纠结，且根根可数，就连战袍的扎带、纽扣以及鞋底的针线，都刻画的十分逼真，栩栩如生。

御手俑负责驾驶车马。这件御手俑身穿的甲衣比较特殊，双臂的护甲长及手腕，手上还罩有护手甲，颈部也围有护甲，充分保护了御手的安全。这种甲衣迄今为止仅见于秦俑的发掘中。

家在这里建立了“秦始皇陵兵马俑博物院”。

秦始皇陵兵马俑是备受世人赞誉的秦考古重大发现。数以千计的体形高大、形象逼真的军俑，给人的震撼，异常强大。它向我们展示的，正是秦帝国的威容。同时也从一个侧面透露了这个庞大帝国的诸多信息。

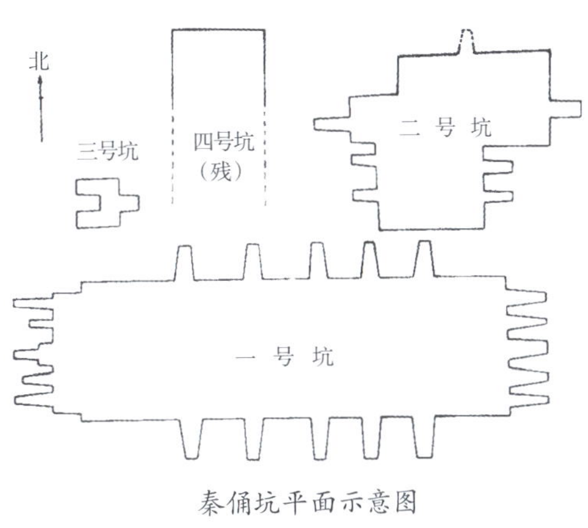

秦俑坑平面示意图

4. 从里耶秦简看秦的行政制度

湖南湘西地区发现的里耶秦简，目前虽然尚在整理之中，但从已经透露出的有限内容来看，令人不能不强烈地感到，秦史的确是需要重写的。特别对秦的地方行政制度史来说，像里耶简中出现的诸如“洞庭郡”一类的新玩意儿，我们未知者，恐怕为数并不少。

十、秦王的统一大业

1. 秦王政亲政

公元前 247 年夏，秦庄襄王死，即王位的是他儿子、年仅 13 岁的嬴政（也名赵政，即前 221 年以后所改称的“秦始皇”）。因为“王年少，初即位，委国事太后及大臣”（《史记·秦始皇本纪》、《汉书·五行志》），实际大权操纵在号称“仲父”的相邦、文信侯吕不韦的手里。吕不韦曾为秦国的统一做了很大努力，也为统一后的政治路线等问题描绘出蓝图。

吕不韦在秦王政时的任相期内，对外的主攻目标仍是三晋，取得连年的胜利。与此同时，吕不韦把商人的投机本领用在政治上，居然权倾朝野，富到“家僮万人”。和他同时的另一位大阴人（宦者）嫪毐也很得势，而且却近于荒唐。嫪毐利用太后赵姬的宠爱，封为长信侯，成为秦王的“假父”。他不但占有山阳地（今河南修武西北、太行山东南），还以太原郡为“毐国”，有“家僮数千人，请客求宦为舍人四千余人”。“宫室、车马、衣服、苑囿、驰猎”的阔绰自不消说，而权势竟大到事无大小皆决于嫪毐的地步（《史记·秦始皇本纪》、《吕不韦列传》）。吕不韦和嫪毐各树山头，形成两大势力集团，争权夺利，勾心斗角，以致搅动了秦国的政治界。大小官员面对“仲父”和“假父”、“与嫪氏乎与吕氏乎”的艰难选择（《战国策·魏策四》）。吕、嫪两大集团的争斗，实际上反映以吕不韦为代表的大臣同嫪毐为代表的太后派之间的斗争。从根本上着眼，它关系着秦国的前途。

秦王政九年（前 238），正当他年纪 22 岁。按秦国的习惯到了“王冠，带剑”亲政的时候。4 月，秦王嬴政由咸阳到祖庙所在的旧都雍城行过加冕礼后，留宿蕲年宫。这时，荒唐淫乱的嫪毐盗用王的御玺和太后的玺印，征发了近县和首都的警卫部队以及亲信党羽，向雍进发，准备围攻蕲年宫，加害秦王政。秦王政得到情报，即命令昌平君、昌文君率军堵截。两军激战于咸阳，王军取胜，斩首数百。接着，又捕获嫪毐，处以车裂的重刑，并灭其宗族，把嫪毐集团彻底消灭。然而到了第二年，吕不韦因被指控放纵嫪毐而获罪，免除相位；十一年，出居河南食邑；十二年又被迁往蜀郡，途中饮鸩自杀。至此，秦王嬴政就完全消灭了吕不韦和嫪毐两大集团，集中了秦国的全部权力。

2. 秦国的人才强国战略

公元前 238 年，即秦王政九年，当秦王（后来的秦始皇）解决了吕不韦、嫪毐两大势力集团之后，又出现了韩国籍水利专家郑国修渠的“疲秦之计”，还涉及到曾是吕不韦舍人的李斯。恰在这时，秦宗室大臣纷纷借机进言，异口同声地说：来自各诸侯国的人，表面上看是在为秦国做事，实际上是各为其主的。秦王政出于激愤，就下了个“非秦者去，为客者逐”的“逐客令”。当时出身楚国的上蔡人李斯当然也在被逐之列，他无可奈何地上了一个《谏逐客书》，就离开咸阳，悻悻地东去。这是一篇千古名作。

臣闻吏议逐客，窃以为过矣。昔穆公求士，西取由余于戎，东得百里奚于宛，迎蹇叔于宋，求丕豹、公孙支于晋。此五人者，不产于秦，而穆公用之，并国二十，遂霸西戎。孝公用商鞅之法，移风易俗，民以殷盛，国以富强。百姓乐用，诸侯亲服。获楚、魏之师，举地千里，至今治强。惠王用张仪之计，拔三川之地；西并巴蜀；北收上郡；南取汉中，包九夷，制鄢郢；东据成皋之险，割膏腴之壤。遂散六国之从，使之西面事秦，功施到今。昭王得范雎，废穰侯，逐华阳，强公室，杜私门，蚕食诸侯，使秦成帝业。此四君者，皆以客之功。由此观之，客何负于秦哉？向使四君却客而不内，疏士

而不用，是使国无富利之实，而秦无强大之名也。

今陛下致昆山之玉，有随和之宝，垂明月之珠，服太阿之剑，乘纤离之马，建翠凤之旗，树灵鼍之鼓。此数宝者，秦不生一焉，而陛下说之，何也？必秦国之所然后可，则是夜光之璧不饰朝廷，犀象之器不为玩好，郑魏之女不充后宫，而骏马駃騠不实外厩，江南金锡不为用，西蜀丹青不为采。所以饰后宫、充下陈、娱心意、说耳目者，必出于秦然后可，则是宛珠之簪、傅玑之珥、阿缟之衣、锦绣之饰不进于前，而随俗雅化、佳冶窈窕赵女不立于侧也。夫击瓮叩缶、弹筝搏髀而歌呼呜呜快耳目者，真秦之声也。郑卫桑间、韶虞武象者，异国之乐也。今弃击瓮而就郑卫，退弹筝而取韶虞，若是者何也？快意当前适观而已矣。

今取人则不然，不问可否，不论曲直，非秦者去，为客者逐，然则是所重者在乎色乐珠玉，而所轻者在乎人民也，此非所以跨海内制诸侯之术也。臣闻地广者粟多，国大者人众，兵强则士勇。是以泰山不让土壤，故能成其大；河海不择细流，故能就其深；王者不却众庶，故能明其德。是以地无四方，民无异国，四时充美，鬼神降福，此五帝三王之所以无敌也。今乃弃黔首以资敌国，却宾客以业诸侯，使天下之士，退而不敢西向，裹足不入秦，此所谓藉寇兵而赍盗粮者也。夫物不产于秦可宝者多，士不产于秦而愿忠者众。今逐客以资敌国，损民以益仇，内自虚而外树怨于诸侯，求国之无危，不可得也。（选自中华书局排印本《史记·李斯列传》）

译文：臣听说官吏在议论赶走客卿，私下认为错了。从前穆公求取士子，西面在西戎那里得到由余，东面在宛地得到百里奚，从宋国迎接蹇叔，从晋国求得丕豹、公孙支。这五个人不生在秦国，穆公任用他们，并吞了20个部落，得以在西戎称霸。孝公用商鞅变法，移风易俗，百姓富裕兴盛，国家因此富强。百姓乐于听命，诸侯国亲近服从。俘虏了楚魏的军队，开拓千里疆土，直到现在国家治理强盛。惠王用张仪的计划，攻取了三川的地方，向西并吞巴蜀；向北取得上郡；向南占有汉中，包举众多夷族，控制楚国国都鄢郢；向东占据成皋的险要地区，割据富腴的田地。于是解散了六国的合纵，使他们向西服属秦国，功效一直延续到今天。昭王得到范雎，废去了穰侯，赶走了华阳君，加强了王朝，杜塞了私家的弄权，侵占了诸侯国，使秦国建成了帝王大业。这四位君主，都依靠客卿的功劳。从此看来，客卿有什么对不起秦国啊？假使四位君主辞退客卿不接纳，疏远士子不任用，这是使得国家没有富裕的实际，秦国没有强大的声望。

现在大王得到昆冈的宝玉，有宝贵的随珠和璧，挂着明月珠，佩着太阿剑，驾着纤离马，竖立着翠凤旗，架起了鼍皮鼓。这几样宝物，秦国一样都不生产，王上却喜欢它们，为什么？一定要秦国生产的然后可用，那么夜光璧不能装饰朝廷，犀牛角、象牙制的器物不能成为玩好，郑魏的美女不能充实后宫，駃騠好马不能充实宫外的马棚，江南的金锡不能用，西蜀的丹青不作为采色。用来装饰后宫、充实后列、娱乐心意满足耳目的，一定要秦国生产的然后可用，那么嵌着宛珠的簪子、配上珠玑的耳饰、东阿丝织的衣服、锦绣的修饰品都不能进用，而化俗为雅、艳丽美好的赵女也不立在旁边。敲着瓦甕瓦器、弹着筝、拍着大腿呜呜以唱满足视听的，是真正秦国的音乐。郑卫桑间的民间音乐、韶虞武象的朝廷乐舞，都是别国的音乐。现在抛弃击甕接近郑卫的音乐，不用弹筝而用韶虞的雅乐，这是为什么？要使情意酣畅于眼前以适合观赏罢了。

现在录用人才却不这样，不问可不可用，不论是非，不是秦国人就去掉，是客卿就赶走，那么所看重的在于女色音乐珠宝玉器，所看轻的在于人民，这不是跨越海内、制服诸侯的方法。臣听说土地广大的粮多，国家大的人多，军队强盛的战士勇敢。因此泰山不推掉泥土，所以能够成就它的大；黄河和大海不摈弃细流，所以能够成就它的深广；王者不拒绝众民，所以能够宣扬他的德教。因此，土地不论四方，百姓不分国别，四季充实美好，鬼神来降福，这是五帝三王之所以无敌的原因。现在却抛弃人民来帮助敌国，辞退宾客去为诸侯建功立业，使得天下的士子后退而不敢向西，停步不进秦国，这就是所谓帮助寇盗兵器并且给与粮食啊。东西不产在秦国而可以被宝爱的多，士子不生在秦国而愿意效忠的多。现在赶走客卿来帮助敌国，减少百姓来加多敌国的力量，对内使自己虚弱，对外在诸侯国建立怨仇，要想国家没有危险，是不能得到的。

正是这一份《谏逐客书》，精辟地分析了秦国之所以强大的根本原因就在于引进大量的非秦国人才。也使我们深刻地体会到秦国的人才强国战略。

秦国为了达到富国强兵的目的，在全诸侯国范围内多方网罗、搜集人才，为秦国服务。坚持贯彻“任人唯贤”的人才路线，具备“礼贤下士”的诚恳态度，实行释疑信任的作风，使关东的宾客士子在一种强大的诱惑力驱动下看到施展抱负的希望，或只身闯荡、或互相延荐，自愿投奔到秦国来建功立业。

秦国引进的第一类人才：既有纵横的“游说之士”，也有“通古达今”的博士、学子、宾客、客卿等“诸侯国人”。秦国在春秋时期接纳的外来人士如由余、蹇叔、百里奚等；战国时期则有商鞅、张仪、公孙衍、司马错、吕不韦、蒙骜、尉缭、李斯、蒙恬等，他们中有很多是出身微贱的“布衣”，但却能通过实绩而封侯拜相。招贤纳士的结果，也使秦国由弱转强，由小变大，一步一步走向胜利。

链接：商鞅是秦国引进的最关键的人物。他的封邑在今陕西丹凤县（龙驹寨），原为楚邑。秦孝公二十二年（前347）封卫鞅于“商于十五邑”，“为列侯，号商君”。《史记·商君列传集解》引徐广曰：“弘农商县也。”《清一统志》：“故城在今商州东八十五里。”商州曾称商县，今改商州市，“其东八十五里”，正是今丹凤县西。经调查知，商鞅邑城位丹凤县西2公里的西河乡古城村，坐落丹江北岸的二级台地上，北依蟒岭，西临老君河，东靠山梁。

秦国引进的第二类人才：即身怀技艺的工匠、工程专家和术士。

商鞅变法，发布《垦草令》，招徕三晋之人。秦始皇陵墓工程就有来自郧阳（今湖北郧县）、高阳（今河北高阳县）、宜阳（今河南宜阳县）、新城（今河南商丘市境内）等地的工匠。两乘精美绝伦的彩绘铜车马，固然是秦中央官府手工业的产品，其复杂的工艺作风从“失蜡法”铸件、焊接到机械加工，同中山王墓、蔡侯墓、曾侯乙墓的铜器相比，具有异曲同工之妙，应该有关东能工巧匠的参与。秦始皇起云明台，就曾“穷四方之珍木，搜天下之巧工”。（见《太平御览》卷178引《拾遗记》）还有水利专家郑国，终于修成“郑国渠”，使秦获益。“以医名闻天下”的郑人扁鹊，在秦武王时也来到咸阳。

李斯的这一份《谏逐客书》言辞恳切，说理透彻、例举浅近，的确很快打动了秦王政。好在秦王政是个知错就改的明君，他立即派人赶到丽邑（今陕西临潼县东），追回李斯，官复原位，还免杀了水利学家郑国，收回逐客令。这不仅挽救了在秦的客卿，而且重要的是为以后秦国的统一事业提供了人才保障。

3. 秦王政的统一之战

秦王政亲理政务之后，从十一年（前236）至二十六年（前221），前后经过15

年，接连对外用兵。

秦王政十一年（前236），派两路大军东进，王翦一路攻取了赵的阏与（今山西和顺县）、橑阳（山西左权县），桓齮、杨端和一路攻取了赵的河间六城及邺（今河北磁县东）。然后，两路军合并，挑选十分之二的精锐，由王翦、桓齮率领攻下赵的安阳（今河南安阳）。此后连续三年与赵军大战，多有胜绩，最后遭遇赵国名将李牧抵抗未能消灭赵国，却给赵军以重创。

秦王政十六年（前231），接纳了韩国献出的南阳地，于次年就派内史腾率大军攻韩，俘获韩王安，迁之于南郡岐山。秦消灭韩国，建立颍川郡（事见《史记·秦始皇本纪》）。

秦王政十八年（前229），秦军兵分两路攻赵，大将王翦率上党郡兵，直捣井陉（今河北井陉县西）；杨端和将河内兵与羌瘣围邯郸。由于赵将李牧和司马尚抗秦，所以邯郸久攻不下。次年（前228），当赵王迁听信了庞臣郭开（接受秦人贿赂）的谗言，处死李牧、司马尚之后，经三月，邯郸就失守，自己也当了俘虏，落得流放房陵的可悲下场。秦建邯郸郡。只有赵公子嘉率族人数百人逃到代郡，自立代王，负隅顽抗（事见《史记》之《秦始皇本纪》、《赵世家》、《李牧列传》）。

铜錞于

铜钲和錞于都属于军旅打击乐器。从春秋到汉，鼓和钲都是作战时指挥军队进退的信号，击鼓代表进军，鸣钲代表退兵，成语“鸣金收兵”中的“金”就是指的钲。作战时钲与鼓一起被装在战车上使用。

錞于顶部有一虎形钮用于悬挂，以槌击而鸣，多用于战争时指挥部队进退、变换阵列等。

公元前228年秦灭赵之后，兵屯中山，计划攻燕。次年，燕太子丹派刺客荆轲作为使者，带着勇士秦舞阳作助手，携带秦国逃将樊於（于）期（即桓齮）的头颅，连同燕国督亢（今河北涿洲市、固安县、新城等地）的地图，来到咸阳，在咸阳宫借献图欲行刺秦王。秦王政大怒，于二十一年（前226）派王翦率大军攻燕，攻下燕都蓟城。燕王喜逃到了辽东。二十五年（前222），秦将王贲率军追击辽东，俘虏燕王喜，终于灭了燕国，建立辽东郡（事见《史记》之《秦始皇本纪》、《燕世家》、《刺客列传》）。秦军在回师的路上攻代，俘虏代王嘉，建了代郡，彻底灭赵。

秦王政二十二年（前225），秦派王贲攻魏国大梁城。王贲引黄河水淹大梁，经三月，城坏，魏王假出降，魏亡。秦在魏的东部建立砀郡，并杀魏王假及诸公子（事见《史记》之《秦始皇本纪》、《魏世家》,《水经·睢水注》）。

秦王政二十三年（前 224），年轻的秦将李信率军 20 万攻楚，七都尉被杀，败归。秦始皇又改派大将王翦带 60 万大军伐楚，楚国也倾全国兵力以应。双方激战于蕲（今安徽宿州市东南）南，楚军大败，楚将项燕被杀。接着，秦军又攻取了楚旧都陈（今河南淮阳县）以南到平舆（今河南平舆）。王翦、蒙武乘胜追杀，至二十四年（前 223）攻克楚都寿春（今湖北寿县），俘虏了楚王负刍。次年又平定楚的江南地，设立九江郡和长沙郡。攻入越地，原降服于楚的越君也向秦投降，秦设立会稽郡。至此，楚亡（《史记》之《秦始皇本纪》、《楚世家》、《王翦列传》、秦简《编年记》）。

秦王政二十六年（前 221）秦将王贲率领攻燕的部队攻入齐都临淄，齐亡。在齐地建立齐郡和琅邪郡。(《史记》之《秦始皇本纪》、《田齐世家》)。

至此，秦王政通过十年战争（前 230 年—前 221 年），在秦王政十七年（前 230）灭韩国之后，秦国又以雷霆万钧之力，摧枯拉朽，势如破竹，逐次消灭了赵、魏、燕、楚、齐五国，结束了长期的封建割据、战乱连年、百姓死难的局面，建立起中国历史上第一个中央集权的封建帝国——秦朝。他也成了秦始皇帝。秦都咸阳作为统一之战的司令台，随着秦国有利的政治、军事形势的发展而步入辉煌。

十一、秦的经济

1. 农业

秦国政府重视发展农业生产，把对农业的组织管理纳入到法制化的轨道。《商君书》中多处强调耕战政策同富国强兵的关系，并通过赏刑的办法来推行。云梦《秦律》竹简中的《田律》、《厩苑律》、《仓律》、《徭律》、《效律》、《司空律》等，就是对农业全面管理的多种经济法规。在施行上，要求明确，办法具体，对各级官吏和生产者是有奖有惩的。表现了秦政府对农情的重视。尽量挖掘劳动潜力，创造耕作条件，不违农时，都要管理官吏极力做到。

由于秦统治有着“重农”的思想及其相应的农业政策，从长期实践积累的经验中也能反映出农业生产技术的提高。《吕氏春秋》一书中收有《上农》、《任地》、《辩土》和《审时》四篇论文，是公认的中国较早出现的总结农业的调研成果。

正因为耕战政策的贯彻和一系列先进生产措施的施行，秦国农业得到迅速的发展。农业丰收，产量增加，不仅改善了人民的生活状况，使国家也有了更多的粮食储备。由于农业丰收，在秦国社会上也出现了“民殷富”、“蓄积饶多”（《战国策·秦策》苏秦语）“庶人富者，累巨万”（《汉书·食货志》）的新局面。再加上巴蜀地区的粮食通过秦岭和巴山中的“千里栈道”，源源运入关中，就使得秦国“仓粟多”、“富天下十倍”（《史记·高祖本纪》），为“倾邻国而雄诸侯”（《汉书·食货志》）准备了物质前提。

秦始皇陵出土铜车马

2. 手工业制造

出自耕战对武器装备、生产工具以及统治阶级和一般人民衣食住行的需要，从实用的前提出发，秦国政府异常重视手工业的发展和管理，因而就能做到门类齐全、技术精进，生产品质量也堪称上乘。

青铜铸造固然是门传统的手工业，秦国据有西周故地，收有“周遗民”并掌握了青铜制造技术的工匠。但因辖地小，铜材来源受限而并没能造出西周那种厚重硕大、纹饰繁缛、器形多样而精美的青铜重器。即如有一些礼、乐器，也是数量极少，制作上并未摆脱西周之遗风。所以，他首先把有限的铜材用来制作数量最多、器形最小的戈、矛、镞、削类兵器上。其次才是供少数贵族用的铜容器和生活用器、工具等，如鼎、簋、壶、钫、献、盘、匜、豆、鬲、盆、蒜头壶、带钩等.

至于秦始皇陵西侧出土的两乘驷马铜车，虽则只有原物的二分之一，但制作精细、结合严密，通过铸造成型，再经锉、磨、冲、凿、钻等手法，采用镶嵌、拉拔、焊接、套接、插接、铆接、活铰连接、销钉固定等机械技术，把423种计3700个零部件组合成一体（其中一号车201种1828件，2号车221种1872件），表施彩绘，华丽鲜明，堪称彩绘的铜铸艺术的佳作。秦的青铜制造业服从耕战的需要，而转移生产方向，实际上其制作技术却有着高度的发展。

战国末期，秦国已重视采矿和冶铁业。官府中专门设立了“左采铁”、“右采铁”的官吏（见云梦秦律竹简）。司马迁的四世祖父司马昌曾作过秦的“铁官”。但是，秦国产铁地少而矿床贫，又多呈鸡窝状分布。所以才把有限的铁用来制造农具和手工工具。冶铁铸造主要由国家控制只能在官府手工业作坊进行。也只有到了军事占领魏、赵等国产铁地之后，情况才发生了根本性的变化。

同铜器制造业、冶铁铸造业并称“三大支柱产业”的制陶业，因为同国计民生直接关连，又多是就地取材，就显得特别普遍而活跃。作为中央官营制陶工场，除过生产供皇室生活陶器外，适应城市宫殿和陵墓建筑的需要，大规模的生产内容是建筑用陶。在秦都咸阳和始皇陵园发现大量的砖、瓦、当、下水管道、漏斗、井圈和窑群遗址。秦俑三个坑，使用条砖 230 350 块铺设地面 9 537.65 平方米，可见用量之大。而 7 000 多件陶武士俑和 636 匹陶马的制作，则是一个由雕塑、焙烧和彩绘一套连续工艺组成的特殊的劳作，其烧成温度 950-1050℃，均已烧结，表明了对陶土与砂的配比、焙烧中两次收缩的火侯掌握，都是成功的。

他如金银细工、玉器雕琢、漆器制造、丝麻纺织等手工业门类，都有长足的发展。在冀阙宫廷遗址的一窖穴中出土有一包已经碳化了的衣服，均是平纹的丝绸织品，计有锦、绮、绢等种。单衣、夹衣、丝绵衣和包袱分别由平纹绢、丝绵、绢地锁绣、锦、麻布作成，表现了织、染、绣的技术很高。秦政府专门设有皮革制作工场，专供制铠的原料。

3. 商业活动

春秋时代早期的秦国，随着交换的发生已经有了商业贸易的活动。在秦墓中多次发现以海贝与石贝随葬，显然“用作装饰”是说不通的。它属于早期的货币形态，在社会商品流通过程中充当着价值尺度的支付手段，对死者无疑是一种拥有财富的反映。凤翔雍都秦市遗址的探出，是秦国设市贸易的最好说明。秦穆公曾允许“贾人”贩盐，并向他们征税，于国于民于商都有好处。栎阳“北却戎翟，东通三晋”的地理位置，也多“大贾”。（《史记·货殖列传》）“栎市”陶文的发现，同“初行为市”记载的一致性，正是战国时期秦国商业活跃的表现。

“半两”钱

秦统一六国之后，将方孔圆形的“半两”钱确定为全国流通货币。古人讲天圆地方，秦“半两”钱蕴含的“圆以象天，方以则地”、“以天包地”的理念为以后历代统治者所接受。所以古人也将钱称为“孔方兄”。

商鞅变法时虽推行重农抑商政策，但并非禁绝一切合法的商业活动。他说“农、商、官三者，国之常官（职）也。农辟地，商致物，官法（治）民”（《商君书·弱民》）。这表明他已明确地认识到了商业是国民经济不可缺少的部门，能够起着沟通有无的作用。

秦国经过商鞅变法，农业、手工业毕竟发展起来了，同时也促进了商品经济的发展和商业交换的活跃。

咸阳、栎阳、成都及其他通都大邑，依仗着具有相当规模的商品生产，辟有市场，进行专门的商贸活动。就连小地方也有集市的存在。金属铸币的广泛使用，在商品交换中充分发挥了它作为支付手段的功能。

战国时期，进入交换领域的商品只能是剩余的农、牧产品和手工业制品。它包括着粮食、家畜、家禽、蔬菜及各种陶器、木器、漆器、铁器和纺织品等。

咸阳与咸阳宫殿

王学理先生多年来亲自参加勘探秦都咸阳的考古发掘。他出版有《秦都咸阳》和《咸阳帝都记》等专著。以下主要是根据他的论著所编写。

一、“咸阳”释义

“咸阳”一名最早载于《史记·商君列传》，但取名应早于秦孝公定都（前350年）之前。渭河以南区域正是周的丰镐之地。该区优于渭北区是显而易见的。秦孝公选都地址定的却是渭北的咸阳。这是为什么？其中原因之一就是周王室东迁之后，丰镐残破不堪，几乎成了一片废墟。对孝公说来，完全没有实力也没有兴趣恢复那座废都，而是按照他们的需要建一座理想的新城。

我国古代人把山的南坡、河的北岸称作“阳”，如“阳坡”、“向阳”、“泾阳”、“汧阳”、“洛阳”等。相对者为“阴”，如：“华阴”、“汉阴”、“江阴”等。而秦孝公所选的咸阳这个地方位于山南水北，有着“山水俱阳”的地理特点，故而就将此地取名“咸阳”。实际上原指今陕西咸阳市渭城区的渭河北岸到咸阳原之间的开阔地带。但古人的不同解释，却引发了长期的歧异。

咸阳处于渭水之阳，含义是较为明确的；但说到“山”之阳则说法不同。此间的“山”，向来有三说：一指“北山”（《元和郡县志》）。因为此间没有紧靠山之南

麓，故而所指含混，难以为据；又一说是指“九嵕山”，辛氏《三秦记》：“咸阳秦都也。在九嵕山南，渭水北，山水俱阳，故名咸阳”；再一说是“北阪”，《史记·吕不韦列传索隐》：“咸训皆。其地在渭水之北，北阪之南。水北曰阳，山南亦曰阳，皆在二者之阳也。”后两说究竟孰是孰非，确须辩证。九嵕山（俗称“笔架山”）在今礼泉县北，向东延伸于泾阳、三原一带北部，高峰则有北仲山、嵯峨山等。但这些山都距咸阳较远，最近者距离也在 32 公里以上，既无险可凭，若再说“阳”实则无义。显然属于宋人借唐昭陵盛名有作“附骥”之嫌。退言之，即论“北山”，也有广义和狭义的区别。前者，即是上面说到诸县北部桥山山脉的泛称；后者，显然是指的“咸阳原”了。《尔雅·释地》：“广平曰原。”但这指的是广阔平坦的地方，“原野”、“原隰”都是从这一意义引申出来的，《诗·小雅·常棣》有“脊令在原，兄弟急难。”而咸阳原的“原”应该指的是高平宽敞的地方，属于黄土地带由于水流切割作用而形成独有的一种地质地貌，所以又写作“塬”。如果人们站在原下往上望去，就会看到陵谷起伏的地势，有如山立，其南坡也当然属“阳”了。至此，我们再回头来看唐人司马贞以“渭水之北，北阪之南”（《史记·吕不韦列传索隐》）解释“咸阳”，就觉得是有道理的见解。所以，山南“之阳”，实际是指咸阳原之南坡。

秦都咸阳兴建的历史表明，它曾有过一个由北而南的发展过程。以统一六国前后为例，咸阳市区早已扩展到渭河南岸的广阔地域，不再是“南临渭水”的状态，而成了“渭水贯都”的规模。商鞅变法之后，秦的国力强盛，都城范围也向渭河南岸扩展。如果说秦惠文王在渭南建造的宫室还带有离宫别馆性质的话，而从昭王开始，政治重心则有了向南转移的倾向。那么，在这种情况下，“咸阳”一名就不再局限于渭河北岸那一块狭小的区域了。特别是在秦始皇统一中国之后，渭河南岸作为国都咸阳的“新区”，并开始实施建造“朝宫”于上林苑中的计划。因此，这时的“秦都咸阳”实际上指的就是包括渭河南北两岸的广阔地域。“咸阳”作为秦都的代名词，成了一个符号，人们就不应该再去“循名责实”了。

二、早期的咸阳城

1973 年 11 月至次年 4 月，秦都咸阳考古工作站围绕“冀阙宫廷”作大面积钻探。

探测出的宫城呈长方形，在宫墙之内分布着八处大型的宫殿建筑遗址，其中的“冀阙”位于城北部偏西处，西南有三号宫殿遗址，西北方包括了二号宫殿遗址的

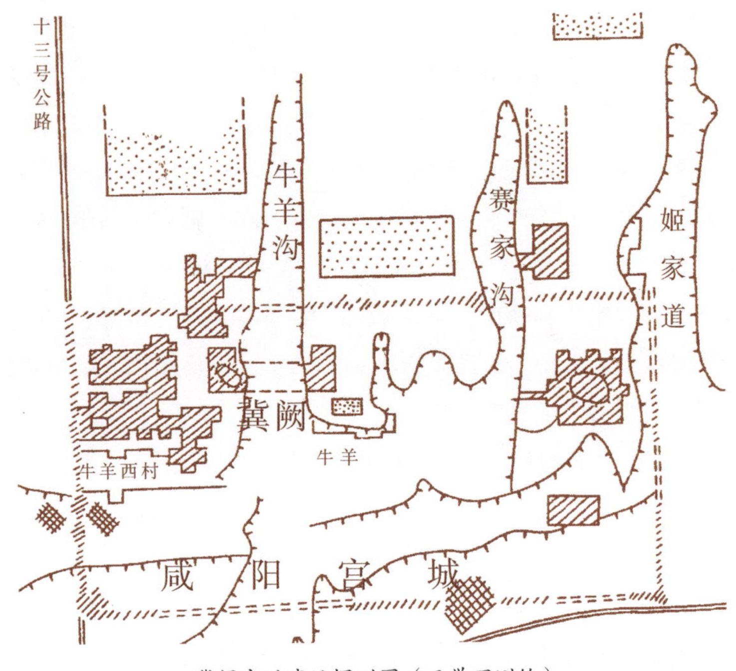

冀阙宫廷城址探测图（王学理测绘）

南中部，城东北部的姬家道西则是高六米的咸阳宫别殿遗址。城南半部在原下，地势较为开阔平坦，发现多处路土和小面积夯土。经试掘知，在墙基中夹杂有战国时期的瓦砾和鬲、釜、盆、罐等生活陶器残片，说明此道夯土墙和“冀阙宫廷”建筑属于同一时代。

《水经注》渭水条：“渭水又东北迳渭城南。文颖以为故咸阳也，秦孝公之所居离宫也。……至孝公作咸阳，筑冀阙，而徙都之，故《西京赋》曰：‘秦里其朔，实为咸阳’。”薛综注：“里，居也；朔，北也。秦地居其北，是曰咸阳。”

由冀阙宫廷的城内布局看，宫廷建筑位于城的北半部，居高临下，当是秦公及诸王处理政务的朝寝区；南半部在原下，是大道和一般性建筑。因为城的范围不太大，作为宫城的作用和性质也较为明显。此城持续时间长，咸阳再无郭城的发现，从这个意义上讲，它作为“故咸阳”的早期之城我以为未尝不可。

1. 冀阙宫廷所反映的咸阳新气象

史书记载，秦孝公先是在修筑了“冀阙宫廷”后，才正式把国都迁到了咸阳。《史记·秦本纪》载：孝公“十二年，作为咸阳，筑冀阙，秦徙都之。”《史记·商君列传》说，商鞅“居三年，作为筑冀阙宫廷于咸阳，秦自雍徙都之”。筑冀阙，

既是定都的标志，又是为这座历史名城行了奠基礼。作为先期工程和国君权威的标识，“冀阙宫廷”的营建，其政治作用和历史意义在秦孝公和商鞅的意识中是绝对地重要。

“阙”，始称“象魏”。出现于先秦时期，是立于城门和宫门外的一对多层建筑物，故而有“城阙”（又称“门阙”）、“宫阙”的称呼。因在此处公布法令、告示于民，便于观瞻，有把阙直呼为“观”或“门观”的（《说文解字》）。晋崔豹《古今注》给阙下的定义是“阙，观也。古者每门树两观于其前，所以标表宫门也。其上可居，登之则可远观，故谓之观。人臣将朝，至此则思其所阙多少，故谓之阙。其上皆丹垩，其下皆画云气仙灵、奇禽怪兽，以昭示四方焉。”由于君主常于此出列教令，臣下也常在这里上朝或待诏，又是出入的必经之道，不但设阙于“门两旁，中央阙然为道”（《释名·释宫室》），而且也高大其建筑体量与形制，以别君臣之尊卑，警示入朝的臣下到达帝王的宫禁之地当毕敬严肃。显然，从位置、形制、作用，阙无不是君权威仪的象征物。至于秦孝公所筑的“冀阙”，又作何解释呢《史记·商君列传索隐》：“冀阙，即魏阙也。冀，仿也。出列教令，当记于此门阙。”看来，这是较为接近孝公原旨的一种说法，因为他迁都咸阳首先是从“筑冀阙”开始的，不仅用这一庄严场所宣布一系列改革法令，而且重要的用意就是向世人宣示他政治改革的决心。栎阳没有阙，雍都不可能有，这从反面就帮助我们明白了咸阳开始筑阙的道理。

冀阙之西阙建筑遗址发掘图

“冀阙”作为一个特殊的建筑，出自其政治作用，是被单独提及的。商鞅自伐其功时就说“大筑冀阙，营如鲁卫”。但又“冀阙宫廷”连称，浑然为一，是什么意思？

考古发掘的回答是：此遗址在今咸阳市渭城区窑店乡牛羊村北的原边上，考古工作者名之曰“秦咸阳第一号宫殿遗址”。它是一个地跨牛羊沟、东西向展开、由夯土筑起两层的高台建筑。西端阔约130米，南北纵深40米。经复原，高可17米左右。由于北部中心内收，在平面上形成“凹”字形。

1974 年，对冀阙遗址的西段（牛羊沟以西）进行了考古发掘。从其建筑结构知，这个曲尺形的夯土台原来由底到顶分两层依台建屋。其底层围绕台基：南侧西段有五个单室坐北朝南地一线排开，北侧中部有两个单室相邻，坐南面北，门前出檐设廊形成甬道；再建回廊一周围绕底层，便利各室往来。上层正中是主体居室（1 室），平面近方形，南北壁各有两门，分别可达“露台”。东壁留一门，通“曲阁”（2 室），可沿“阁道”东向东阙；主室东南另辟卧室（3 室），西侧有卧室（4 室）和盥洗室（5 室）。主室外，西南方有坡道（陛）可登主室之上的楼阁，这当是阙楼的最高层了。各室内地面平整、光滑、坚硬而呈暗红色，大概是《三辅黄图》上所谓的“土被朱紫”。墙壁上多有黑色“壁带”及墨绘几何纹图案，或是彩色壁画。不

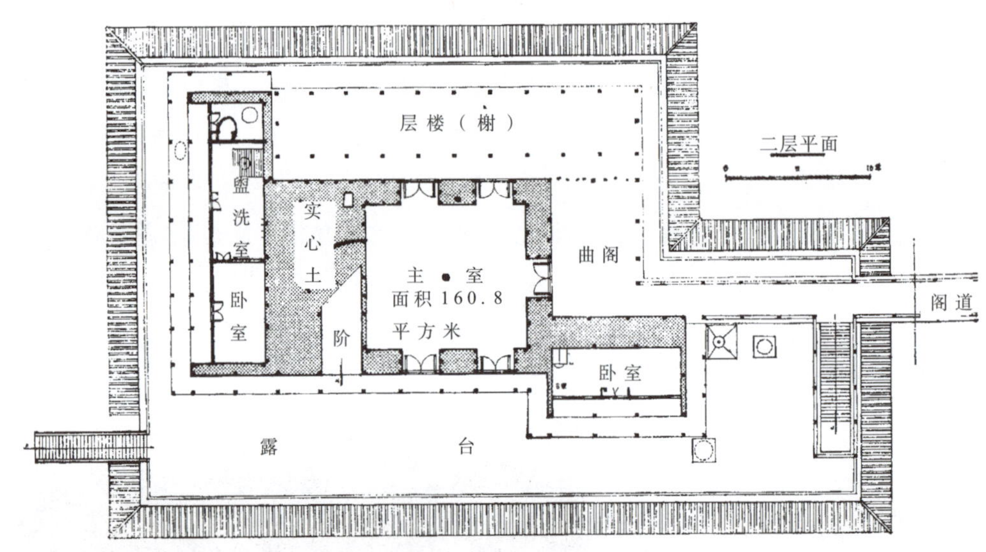

冀阙之西阙遗址上层探测图

但在室内设置有冷藏食品的竖井和取暖的壁炉，而且还有一套由倾水池、引水陶管和渗井组成的供水、排水系统，很符合古代的室内卫生要求。西阙楼整体结构特殊、空间组织多变，而居室、卧室和设有栏干与平座的榭、曲阁及四望的楼阁，其排列灵活，显示着一种生机勃发向上的建筑风格。把不同用途的室、台、榭、廊、道有机地、灵活地安排在一个多层次的高台建筑物内，结合为一个整体，又使通风、采光、供排水等设施得到合理的运用，无论从空间到平面，其布局自由灵活，在中国建筑史上都具有重要意义。经 C14 测定，此建筑的绝对年代是公元前 340

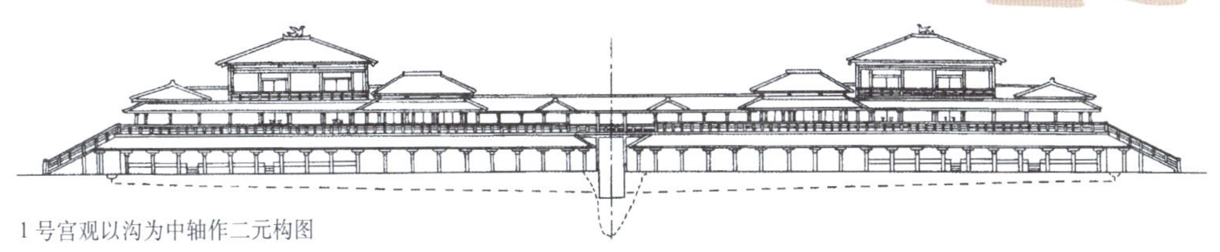

冀阙遗址整体复原南立面图（杨鸿勋图）

年，根据出土的包含物确定了这一组建筑的相对年代是始造于战国中期，沿用于秦统一之后，毁于秦末的大火。但是，在此要对“冀阙”作出合理的解释，确也颇费辞说。商鞅曾自诩“大筑冀阙，营如鲁、卫”，而鲁、卫之阙是什么样式，但史乘无载。史籍记载秦汉宫门虽有“阙”，但至今无一保留。而汉代画像石、画像砖，特别是陵墓石阙则为我们提供了单阙、二出阙的完整形象。已发掘汉阳陵的三出阙，使我们看到了门塾、廊道的底层结构与高中低三级的外部形象。不过，从阙本身的发展历程看，就有一个由阙、观分离再到正副组合的完善过程。那么，“冀阙”既继承了春秋时期墩台上建屋可以登临远观的形制，又不同于后世汉阙的样式。连取名都反映出它既非旧阙式的抄袭，也不纯是象征性的设施，而是出自寓“标识”于实用的考虑，把“冀阙宫廷”当作一个整体建筑来设计的。在东西两观上飞架阁道，下有从原底北上的御道通过。两观高耸，阙然为门，再加之两翼铺陈以大小不同、形式各别的其他建筑物，从而形成为高低错落、参差有致、主次分明、统一合谐的整体。这就是秦人独有的、具有创新意义的“冀阙宫廷”！

在“冀阙宫廷”遗址的后部和东西两翼，分布有八处大型的宫殿遗址。经部分发掘的第二号和第三号建筑基址都是高台建筑，上有主体宫室，下有曲折的廊道或回廊。它们各自是独立的宫殿，彼此又有甬道或复道同冀阙相连，其中出土彩色壁画尤为珍贵。这些建筑遗址中，既有战国的也有秦的文化遗存，显然是多年修葺和新建的宫殿在一处，杂陈错落，已是不易分辨宫名及其建筑年代来的。可见“冀阙宫廷”本身就是一个群体建筑的总称。

2. 国都地域的拓展

咸阳作为秦国的首府，无论在政治、经济、文化、交通上，都是本国最重要的中心。这种情况与中国古代都城的性质相一致。作为首都，绝不能把它看做一座孤立的城，它必须要有一定的地域范围，作为赖以支持的基础。那么，它就很自然地由“里”同“外”两大部分组成，即所谓城与郊（先秦时期称之为“国”和“野”）。

泾水
六国宫
北宫
咸阳
咸阳
滈水
信宫
兰池宫
沆水
兴乐宫
复道
临潼
骊山温泉
灞水
浐水
阿房宫
西安
宜春苑
上林苑
镐
丰
丰水
渭水
涝水
交水
400
500
600
北

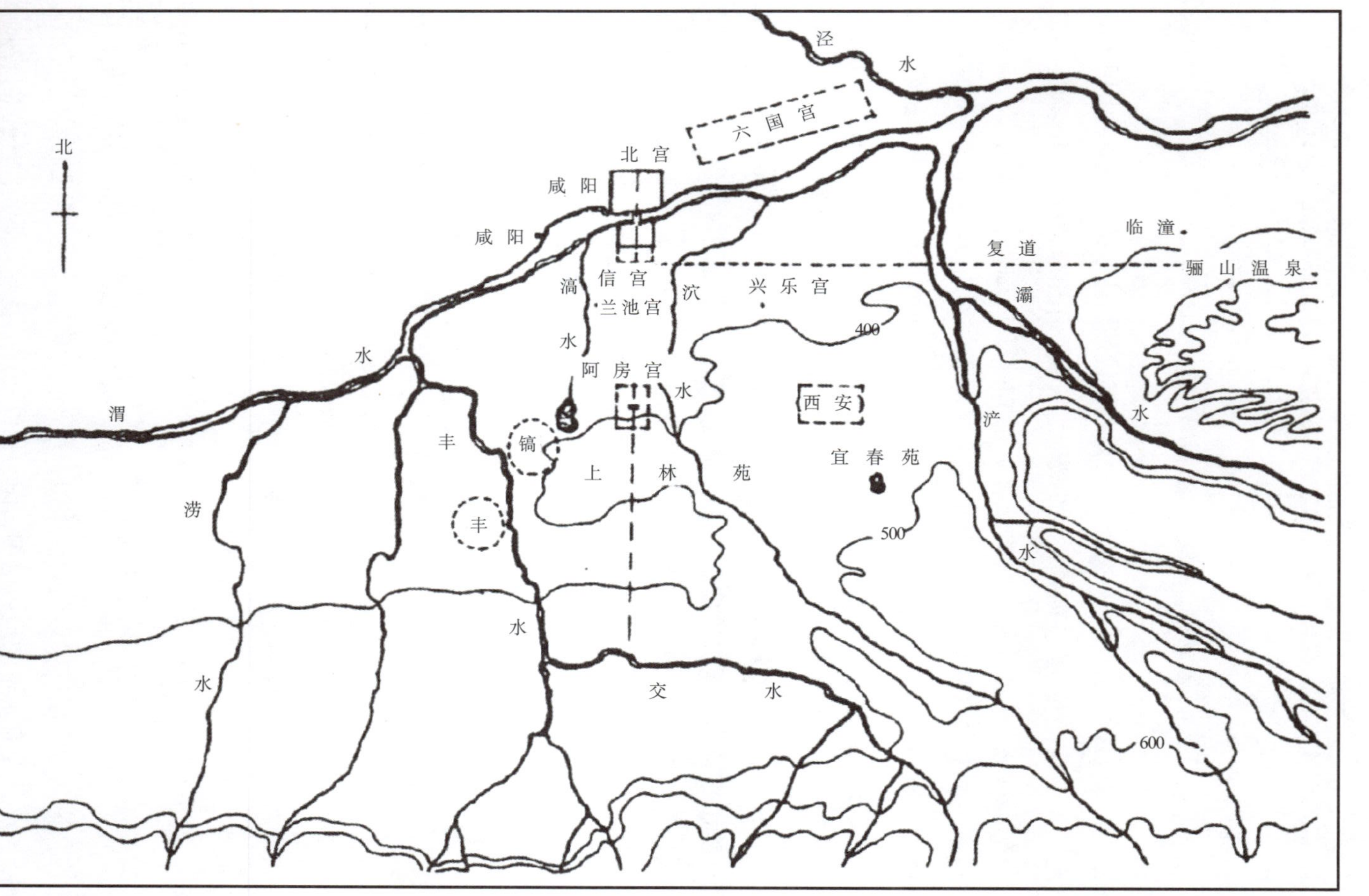

秦咸阳主要宫苑分布图

比例 1：1050000
图例
宫殿
秦都及迁徙序号 无号为邑
今县名
今高速公路
古道
内史北界
内史内界
古渠
甘肃省
北地郡
内史
山西郡省
河南省
汉中郡
黄河
洛水
泾水
渭河
咸阳
长安
阿房宫
兴乐宫
甘泉宫
章台宫
芷阳宫
极庙
望夷宫
曲梁宫
林光宫
频阳宫
貌宫
梁山宫
高泉宫
曲台宫
长杨宫
五柞宫
萯阳宫
宜春宫
步高宫
布寿宫
蕲年宫
大郑宫
封宫
羽阳宫
平阳
雍
凤翔
宝鸡市
汧渭之会
岐山
千阳
麟游
永寿
彬县
长武
旬邑
云阳
铜川市
耀县
富平
频阳
蒲城
白水
澄城
合阳
韩城市
大荔
临晋
渭南
丽邑
临潼
芷阳
华山
潼关
洛南
宜君
黄陵
洛川
泾阳
三原
高陵
美阳
扶风
眉县
太白山
太白
褒斜道
上林苑
户县
周至

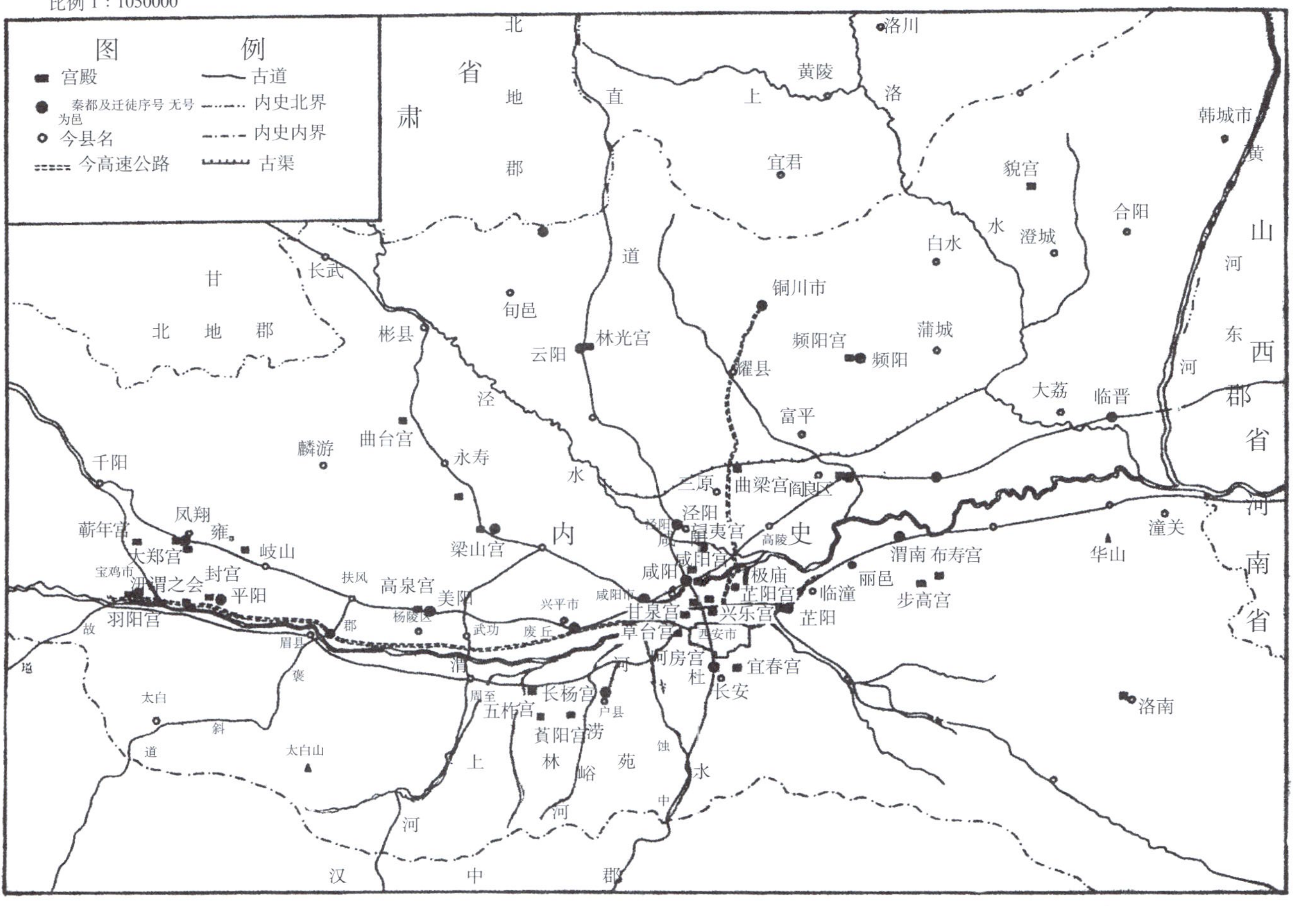

关中秦宫分布示意图

郊，相对地有近郊和远郊的区别。近郊区在行政上归首都直辖。渭河南北的地域都是首都咸阳的直辖区，而远郊区在秦帝国时期却属内史管辖。

《汉书·五行志》："先是文惠王初都咸阳，广大宫室，南临渭，北临泾，……秦遂不改，至于离宫三百，复起阿房，未成而亡。"《三辅黄图序》也有近似的话："惠文王初都咸阳，取岐雍巨材，新作宫室。南临渭，北逾泾，至于离宫三百。复起阿房，未成而亡。"这里我们不难看到咸阳的土木工程建设和地域的扩大，确实是从惠文王开始的，一直到秦亡而不改。咸阳固然是秦孝公定都的，班固未尝不知，传抄也不曾致误，用词"初都"恰切，妙不可言。

秦惠文王"广大宫室"已不仅是"南临渭"，实际已经逾渭而初奠基业了。章台宫、长安宫具有相当规模。上林苑中也有宫殿，正处于初创的阶段。昭襄王时，除过大力充实渭河南岸的宫殿建筑，如兴乐宫、六英宫外，还在渭河上架设了横桥，使之同渭北的咸阳宫连接起来。在渭河南岸的广阔地域，向西延伸，继续修造离宫别馆，如棫阳宫、长杨宫、高泉宫等，向东到芷阳地界选定了"东陵墓区"。秦始皇统一六国之后，"咸阳之旁二百里内，宫观二百七十，复道甬道相连。"(《史记·秦始皇本纪》)关中宫殿三百，"北至九嵕、甘泉，南至长杨、五柞，东至河，西至汧渭之交，东西八百里，离宫别馆相望属也。木衣绨绣，土被朱紫，宫人不徙，穷年忘归，犹不能遍也。"(《史记》正义引《庙记》)

随着咸阳范围的扩大，渭南礼制建筑的兴起，政治重心也发生了偏转。国家庆典、礼宾、朝觐、犒赏、议事等一些大的活动，惠文王之前多在渭北诸宫进行，昭王时则跨有南北，到秦始皇之后则主要在渭河南岸的诸宫了。

三、统一后大咸阳的平面布局

秦始皇统一六国之后，首都范围急骤扩大。据《史记·秦始皇本纪》引《庙记》："咸阳北至九嵕、甘泉，南至鄠、杜，东至河，西至汧渭之交，东西八百里，南北四百里，离宫别馆，相望联属。"《长安志》引文竟说"始皇表河以为秦东门，表汧以为秦西门"。实际上这里所谓的门不是针对首都咸阳说的，而是就统一天下以前的秦国而言，不是实际的所谓门，而是一种象征，强调它有如关梁一般的重要，是秦人气度的一种表现。

《三辅黄图》载："咸阳故城，自秦孝公至始皇帝、胡亥并都此城。始皇兼天下，都咸阳，因北陵营殿，端门四达，以则紫宫象帝居。渭水贯都以象天汉，横桥

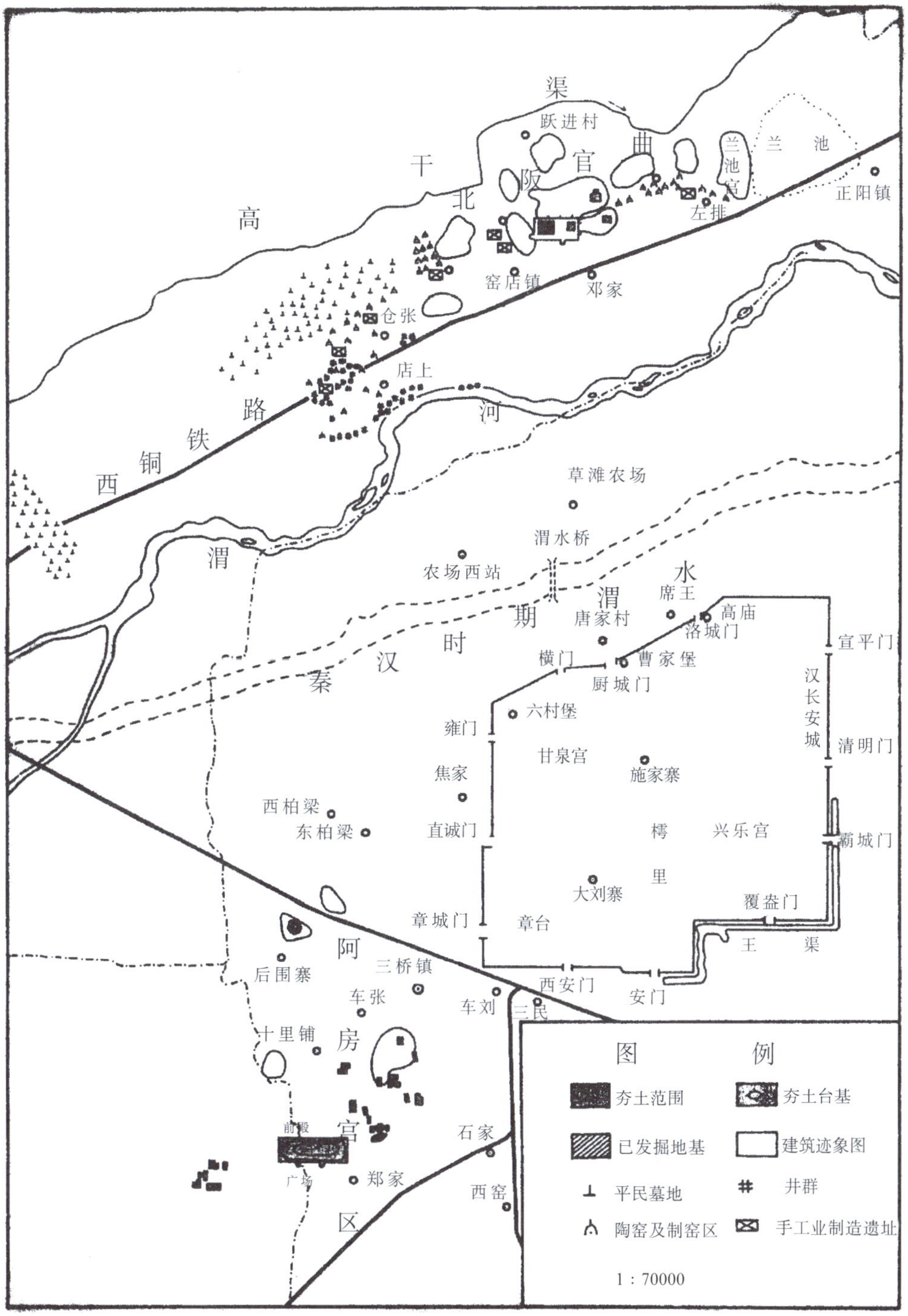

秦都咸阳城区示意图

南渡以法牵牛。”这段文献资料说明秦始皇在统一六国过程中，除继续在先王宫区营造新殿之外，还把首都的建设放在一个总体规划的指导下来实施，从而形成了“渭水贯都”的规模。而且首都咸阳设计的指导方针首先是取法于天象的：沿着咸阳原这高亢的地势（“因北陵”），营造屋宇，殿门向四个方面伸展形成一个中心，正如天帝常居的“紫宫”；滔滔东去的渭水穿过城市，恰似银河亘空，划破无垠的星野；而“横桥”飞架，把南北的阙庙宫观连接起来，正像在满天星斗的苍穹里飞来的“鹊桥”，才使得牛郎织女终以团聚。

首都的范围扩大了，渭水成了市中河。但我们并没有发现一座能把渭河两岸众多宫殿建筑包围起来的咸阳城。所以说，“渭水贯都”之“都”，未必就是指首都的城。王学理先生从文献记载，结合考古资料，作了全面研究，得出的结论最早就在1985年出版的《秦都咸阳》一书中写出来：秦都咸阳是个有范围、有朦胧轴线、有宫城而无郭城更不存在跨渭的大城；在布局上，宫殿、寺府、手工业区、商业区、居民区及墓葬等古都组成要素均呈散点的交错型；政治中枢随时间进程在转移，但中心建筑也处在未确定的状态。

秦都咸阳是从战国都城到汉、唐长安城的过渡类型，既有同时代都城的特点(如宫殿、作坊、市、墓制等有特定的区域)，又有在特定的历史环境中形成的特殊性。从秦孝公时期商鞅“筑冀阙宫廷”到秦始皇建立“帝王之都”，营造“朝宫”，历经七代140多年，是一个漫长而复杂的建设过程。因而当我们考虑到秦都咸阳的形成特点时，必要认识到“秦都咸阳”和“咸阳都城”是两个既有联系、又有区别的不同概念，就不会在渭北一个小而又小的地段上探讨秦咸阳的布局。

咸阳作为秦帝国的首都，范围确实很大。其市中区至少包括了今西安市北郊、西郊和咸阳市东窑店乡之间渭河两岸的广阔地域。渭北区以长兴到三义为东、西区间，北起咸阳原的二道原腹部，往南跨越渭河，至阿房、汉城、灞西一线，构成市中区；郊区延伸颇远，西北到今咸阳市东郊的塔儿坡、市北的“公陵”，东南可达今临潼县西韩峪乡秦芷阳故地。南北长19公里，东西斜跨约63公里。

俯瞰咸阳规划的景观，渭北是冀阙宫城、仿六国宫殿、手工业作坊及商贸的集中地，渭南则系诸庙、苑囿、陵寝的分布区。朝宫阙观地处中北部，离宫别馆则环绕首都中心区由近及远地散布，陵墓划区置于市郊一隅。

1. 七大宫廷建筑中心

这是朝典、祠天、正寝和后宫的所在。

（1）由宫城卫护的“冀阙宫廷”建筑群：

以商鞅建造的“冀阙宫廷”为中心，形成一个群体的宫阙建筑群。今咸阳市窑店镇东北牛羊村的高台建筑，呈规正、对称、两观的形式。突兀、挺拔，雄踞原边，更显宏伟、博大的气魄。其余建筑遗址密布其两侧和后部，形式迥别。从战国到秦末，经过多次扩充、改建，使之完善、持久，并以“宫城”环护，是其构成特点。长期来，为人民称道的“咸阳都城”很可能就是指这座宫城的扩大而言的。

“冀阙宫廷”建筑群居高临下，背依“北陵”，泾水环带，南有泱泱渭水东去，两岸平畴沃野、终南叠嶂，尽收眼底。地势险要、风光独具，奠基自始，秦业兴盛，这不能说不是孝公、商鞅高人一等的选择。

（2）“咸阳宫”建筑群：

受天帝居“紫宫”的法天意识支配，秦始皇增修咸阳宫要“帝居”，因“北陵营殿”，使“端门四达”。咸阳宫位居“冀阙宫廷”之侧，并与之连通，受“宫城”环护，晚于“冀阙宫廷”而后来居上，成为渭北诸宫之首。

（3）仿作之诸侯宫室建筑群：

散布于咸阳原上，同咸阳北区的其他宫殿杂处，一字排开。西起聂家沟，经牛羊村到姬家道的“咸阳宫城”、刘家沟、山家沟、张陈村，到三义村，北至塬巅的怡魏村，多有秦建筑基址的分布，形制各别，原来是“殿屋复道，周阁相属”，组成如网如织的经络体系。

（4）双子星座的章台、兴乐宫群：

位当咸阳南区的中南部，西汉在此基础上建造未央宫和长乐宫。通过横桥，直接同渭北的咸阳宫发生联系。今长安故城有汉宫遗址。

（5）极庙（信宫）建筑群：

规模宏大，甬道四出，连接着渭北诸宫、郦山和甘泉宫。位当兴乐宫之北。

（6）甘泉宫（南宫）建筑群：

甘泉前殿是甘泉宫中诸建筑之首，有甬道直通渭北区咸阳。南宫是相对渭北诸宫而言，成为汉桂宫的基础。

（7）阿房宫区建筑群：

是秦都诸宫中之后出者，地处渭南区的西南部，在上林苑中。“表南山之巅以为阙，络樊川以为池。”（《三辅黄图》）是拟议中的建宫设想。阿房宫前殿基址宏大，文物时有出土，不难想象当年“上可坐万人”的雄姿。

2. 咸阳城到底是一座什么样的城市?

关于咸阳都城的位置、形制、城垣结构、走向等问题，虽没有直接的文献记载。关于城的片言只语应当引起我们的重视。秦昭王信谗负气要把白起迁之阴密，使“不得留咸阳。武安君既行，出咸阳西门十里，至杜邮。”(《史记·白起列传》)秦二世奢想给咸阳城涂上漆，滑稽多智的优旃就风趣地讥讽道：“善！主人虽无言，臣将固请之。漆城虽于百姓愁苦，然佳哉!漆城荡荡，寇来不能上。”(《史记·滑稽列传》

要漆城，说明有城，有城必有门。咸阳城是什么样子

根据多年的勘查与思考，王学理在1985年写出了《秦都咸阳》一书。作为初步的探研成果，在书中首先大胆地提出“咸阳根本不存在郭城”的结论。

> “早期的咸阳城是以孝公时的‘冀阙宫廷’为基点向外展开的。而且仅有宫城，并不曾形成真正的外郭城，充其量也不过是向西南扩展的附郭而已。也许诸多宫城的连属，就是咸阳的大城。”

公元前350年，秦孝公迁都咸阳，筑冀阙宫廷作为变法改革的政治指挥中心。在取得初步胜利的基础上，急切地为收复河西地而转向伐魏的战争中去。当秦控制了关中之后，自惠文王开始，取巴蜀、胜义渠，稳定后方，又有充足的资源支持，便东出函谷关，向诸侯国夺取土地了。几乎是连年不断的战争，又多是节节胜利，于是，秦国君主“表河以为秦东门，表汧以为秦西门。”(《三辅旧事》)竟把黄河和汧河当做国都的东门和西门，不但没有必要而且也无暇顾及在渭北筑咸阳的外郭城了。

当秦始皇统一全国后，“收天下兵，聚之咸阳，销以为钟鐻、金人十二，重各千石，置廷宫中。”表明刀枪入库、马放南山，已是天下太平。帝国疆域“地东至海暨朝鲜，西至临洮、羌中，南至北向户，北据河为塞，并阴山至辽东”，在东海上朐界中立石为秦东门。(《史记·秦始皇本纪》)既然边界划定，国门高耸，又有重兵北筑长城、南戍五岭，一个巍然挺立的统一体内并无对立势力的存在，还有必要去建城防工程吗?

有关咸阳的文献记载，多是详宫而略城的。前有“冀阙宫廷”建筑群的宫城，后有阿房宫的“阿城”，且都得到考古的验证。其他如咸阳宫、兴乐宫、章台宫等，无不是单独叙事的，因此我们不应把它当作一个孤零零的宫殿来看待，它必然是各自由宫城卫护的建筑群。秦王的政治重心、决事地点，早期在渭北的冀阙宫廷、咸阳宫；中期时在咸阳宫，时在渭南的章台宫、兴乐宫或朝宫；而全国统一后，初以咸阳宫为中心规划城建，随后又全力建筑庞大的阿房宫，显然有了政治中枢彻底南

移的趋向。由此可以看出：长期来秦王以宫殿群落处理政务，已经形成了习惯。点式活动，跳动性很大，是其无固定皇宫的特点。秦始皇曾“令咸阳之旁二百里内宫观二百七十，复道、甬道相连，帷帐钟鼓美人充入之。各案署不移徙。”《史记·秦始皇本纪》）在这里要分清宫殿的性质、作用，似乎已是很难的了。宫自为城，长作稳定。阿房后起，取代必然。多设宫城，卫星点点，再加上首都地域辽阔，就未必更筑咸阳大城——外廓城。所以说咸阳是 一座“有宫城无郭城”的大城市。

由连属的宫城构成的咸阳城，只有一个，这就是咸阳原上的“北阪宫城”。

四、咸阳宫殿知多少

秦都咸阳在其鼎盛时期，宫殿楼台究竟有多少。

据《史记·秦始皇本纪》载：“关中计宫三百，关外四百。”《汉书·贾山传》：“秦起咸阳，西至雍，离宫三百。”《三辅黄图》：“南临渭，北逾泾，至于离宫三百。”……这应该说是包括了首都的正宫、离宫别馆，以及京师以外的行宫在内的宫殿总数。《史记正义》引《庙记》：“北至九嵕、甘泉，南至长杨、五柞，东至河，西至

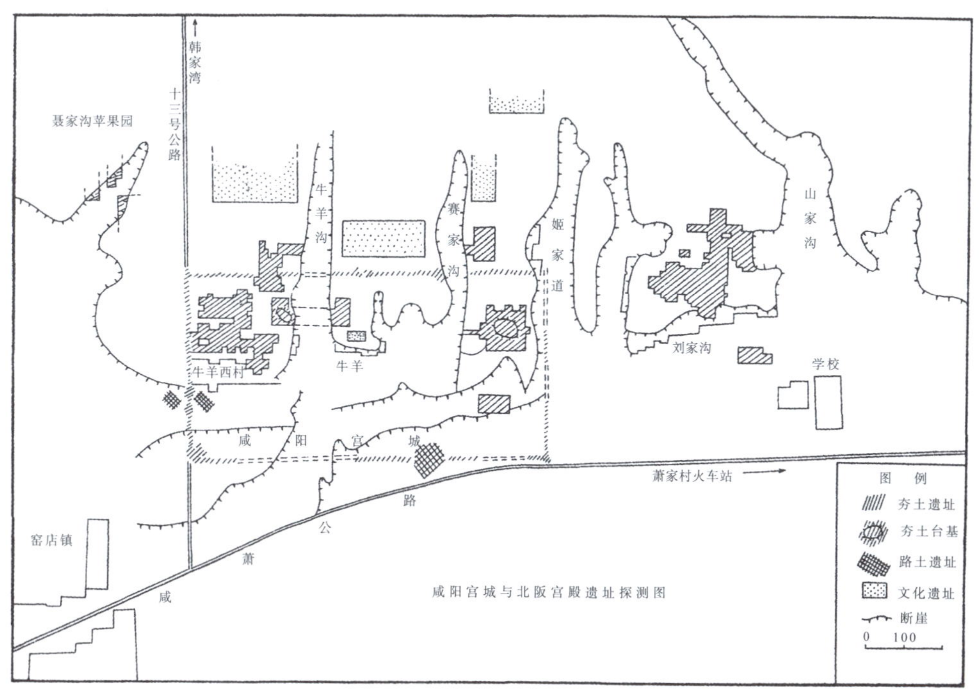

咸阳原上宫殿遗址探测图（王学理测绘）

汧渭之交，东西八百里，离宫别馆相望属也。木衣绨绣，土被朱紫，宫人不徙，穷年忘归，犹不能遍也。”（《三辅黄图》文字同此）显然这说的是关中宫殿建筑的分布范围。

关于咸阳的宫殿分布，《史记·秦始皇本纪》里有一条很重要的记载：“诸庙及章台、上林皆在渭南。秦每破诸侯，写放其宫室，作之咸阳北阪上，南临渭。自雍门以东至泾渭，殿屋复道，周阁相属。”对于这段文字，有三点意思是很值得我们注意，即：

第一，咸阳宫殿区可分为“渭南”、“北阪”和“渭北临水”这三部分；

第二，咸阳的四至及地理分布是：渭水之北，西起雍门，东到泾渭交会处，宫殿连绵不断；渭水之南，有诸庙、章台、上林。虽然地分南北，实属一个整体；

第三，仅仅举出刚统一天下时咸阳宫殿之大数，并未包罗秦都所有的宫殿在内，故有疏漏，需经考古发掘与研究成果来补充。

咸阳宫殿建筑密集，据《史记·秦始皇本纪》载：“咸阳之旁二百里内，宫观二百七十，复道甬道相连，帷帐钟鼓美人充入之，各案署不移徙。”在这里，宫殿数目固然很具体，但所言“二百里”的数字同前面所引“自雍门以东至泾渭”的说法显然不符，若换做南北度量更不合拍。这又是作何道理呢

我们知道，西汉一里合今417.52米，则“咸阳之旁二百里”折合83 504米，即83.5公里。显然大于“雍门—泾渭之交”的距离；反之，以南北较量又不知起讫。在此，我们姑且仍以前者的东西直线距离为计，南北以“北陵—阿房”为限，结果，测得这个范围的周长是80多公里。于此，文献记载同实测数字才两相吻合。可见“二百里内”是“宫观二百七十”的分布范围，“咸阳之旁”就是解开“二百里内”的奥秘所在。这个“二百里内”的范围大致是从今咸阳市塔儿坡（“雍门宫”的所在）起，循咸阳原（北阪）东北行，至泾渭之交，折而向南，过渭河，斜穿西安市的东北郊（闫新宫殿遗址所在）和西北郊（兴乐、章台诸宫遗址），绕过三桥镇南的阿房宫遗址，再转往西北，北越渭河，返抵今咸阳市东郊。

1. 冀阙宫廷

这是秦都咸阳最早的宫廷建筑。

2. 咸阳宫

先有秦孝公筑“冀阙宫廷”，随之惠文王“取岐雍巨材，新作宫室，”（《三辅黄

图》）作了较大规模的扩建。大约在秦昭王时才有了咸阳宫之名称，它是一个多座宫殿组成的建筑群。昭王鉴于咸阳宫的政治地位重要，国事活动频繁、渭南诸宫殿建筑的兴起，于是就在渭河上架起我国古代第一座多跨式长桥——横桥。《三辅故事》："咸阳宫在渭北，兴乐宫在渭南。秦昭王通二宫之间，作渭桥，长三百八十岁。"（《史记·孝文本纪索隐》引）

秦始皇对咸阳宫的建设是全方位的。《三辅黄图》载："始皇穷极奢侈，筑咸阳宫，因北陵营殿，端门四达，以则紫宫，象帝居。"首先，在设计思想上"法天"，仿照天帝居住的"紫宫"，洞开四门；其次，凭借咸阳原高亢平坦的地形，扩大规模，使原来的宫殿建筑又有了新的外延。

从冀阙宫廷到咸阳宫的变化，表明它时间跨度在秦孝公到秦始皇 140 余年时间，为历代秦王处理政务、宴会群臣、接待来使的主要宫室。秦始皇前期的一些重大政治活动，都是发生在这里。秦始皇"听事，群臣受决事，悉于咸阳宫。"（《史记·秦始皇本纪》）

3. 六国宫室

这是仿建六国宫室的一组组群体建筑。《史记·秦始皇本纪》：秦始皇"每破诸侯，写放其宫室，作之咸阳北阪上。南临渭，自雍门以东至泾、渭，殿屋复道，周阁相属。所得诸侯美人、钟鼓以充入之。"可见居住那些群楼下殿、辇来于秦的妃嫔媵嫱，是仿造六国宫室的基本用途。作为诸侯国建筑的精华，以宫馆的形式集中展现于咸阳北阪，不但给"诸侯国之美人"再现故国熟知的环境，不致于心理反差太大，而且也因建筑形体与风格的各异，给咸阳增添了别样的景致。

仿作之六国宫室是散布在西至秦雍门宫，东到泾渭之交、南临渭水的咸阳北阪之上。"阪"同"坂"，属古地理学名词。《说文》："坡者曰阪。"高起的"原"同低洼的"隰"相对，"阪"即是二者之间的过渡地带。所谓"咸阳北阪"就是指渭城湾到杨家湾之间的咸阳原南坡之地。由考古调查知，咸阳原二级阶地上多有秦建筑遗址的分布，近达 30 处。这些就应是秦仿造之六国宫室。同样，它也是同秦的其他宫殿混杂在一起，一定也距咸阳宫不会太远。

4. 北宫

在文献中，没有关于秦北宫的记载，但文物中多见有刻铭。上海博物馆藏有作田字界格的"北私库印"，近年在汉长安故城中出土的秦封泥有"北宫"、"北宫榦

北宫封泥

丞”、“北宫宦丞”、“北宫私丞”、“北宫工丞”、“北宫弋丞”等印文，就是有“北宫”的最好说明。

《周礼·天官·内宰》郑玄注：“北宫，后之六宫。”因北宫系皇后之宫，才有“宦者”、“私府”、“私库”及其“丞”的设立。汉因袭此制，在长安也有专供后妃居住的“北宫”。秦之北宫处在渭北区，因其专为后宫，同帝宫并相重要，所以距咸阳宫也不会太远。

秦都咸阳在渭北有“北宫”，在渭南有秦“南宫”，二者并存，名称相对。

5. 曲台宫

《汉书·邹阳传》有邹阳奏书谏吴王的话：“臣闻秦倚曲台之宫，悬衡天下，画地而不犯，兵加胡越。”应劭解释说：“始皇帝所治处也，若汉家未央宫。”由名称也可说明，曲折变化的高台是这一宫殿建筑的最大特征。秦始皇既居此宫能够“悬衡天下”，有似汉帝所居的未央宫，表明其政治地位重要。大概处在北阪宫区之内。

6. 六英宫

董说《七国考》引《广记》：“主父入秦，直至昭王所居六英之宫而人不觉。”主父就是在中原地区“变服骑射”、组建第一支骑兵部队的赵武灵王。据《史记·赵世家》记载，他在公元前 299 年传位于赵惠文王，自号“主父”。曾身著胡服，诈称使者来到秦都咸阳刺探情况。当秦昭王发觉时，“主父驰已脱关矣。”据说，帝喾时的一种乐曲名叫“六英”，也作“六莹”(《周礼·春官·大司乐疏》引《乐纬》、《列子·周穆王》、《淮南子·原道训》)天帝也曾飨秦穆公“钧天广乐”，说明秦人已接受中原的礼乐教化。那么，秦六英宫的取名，可能同此有关。

7. 章台宫

章台宫曾是秦王在渭河南新区设立的一处朝宫，曾出土有秦“章台”封泥可证其存在。宫中因有章台而得名，在秦惠文王时期就具备有相当大的规模。战国以来涉及秦的国事活动，莫不与之有关。苏秦曾警告楚威王：“今乃欲西面而事秦，则

章台宫封泥

诸侯莫不西面而朝于章台之下。”(《史记·苏秦列传》)公元前299年，秦昭王诈骗楚怀王至武关，遂裹挟“西至咸阳，朝章台，如藩臣，不与亢礼。”(《史记·楚世家》、《六国表》)赵国使臣蔺相如带了“和氏璧”西入秦，秦王坐章台，见相如”(《史记·廉颇蔺相如列传》)演出了一场舌战秦昭王的闹剧，留下了“完璧归赵”的历史典故。

章台宫在何处。《史记·秦始皇本纪》载：“诸庙及章台、上林皆在渭南。”汉未央宫就是在秦章台宫的基础上建造的，汉未央宫前殿即是秦章台的重建与扩大。未央宫前殿遗址位于今汉长安故城内西南部马家寨村西北、大刘寨村西南。原系利用此间的丘陵（即所谓“龙首山”），在四周筑土加夯增高再建殿的。现呈南低北高的三重阶地，南北长4 000米，东西宽200米，高15米。这当然并不是秦章台的原貌。在前殿遗址之下，压有战国晚期与秦代文化层，出土有砖瓦类建筑文物，可以断定这里是秦章台的遗存。

秦章台宫毁于秦末大火是了无问题的，但焚毁到何种程度却不能一概而论。

8. 兴乐宫

《三辅旧事》：“咸阳宫在渭北，兴乐宫在渭南。秦昭王欲通两宫之间，作渭桥。”说明兴乐宫至迟在秦昭王时代即已建成，也许它的创建年代还可早到惠文王“新作宫室”之时。《史记·叔孙通列传集解》引《关中记》：“长乐宫，本秦之兴乐宫也。”汉初，诸侯朝会高帝、刘邦接见大臣都是在长乐宫进行的，知其为当时的政治活动中心。待未央宫建成之后，从汉惠帝起，移居未央宫听政，便取长乐宫的正宫地位而代之。长乐宫于此之后，仅供太后常居，因其在未央宫之东，就称之为“东宫”或“东朝”。

秦兴乐宫及至汉世，不但改了名，连范围规模也较前扩大，《三辅旧事》说长乐宫“周回二十里，前殿东西四十九丈七尺，两序中三十五丈，深十二丈。”据考古探测，宫城位于汉长安故城的东南隅，当今北到雷寨，南至阁老门，西迄讲武殿，东及霸城门遗址之西。平面略呈长方形，东西长2 950米，南北宽2 400米，周长 10 600 米，面积 6 平方公里，约占汉长安城总面积的六分之一强，比秦兴乐宫“周回二十余里”的文献记载扩大了近三分之一。

兴乐宫中有“鸿台”。据《三辅黄图》载：“秦始皇二十七年筑，高四十丈（合 94 米）。上起观宇。帝尝射鸿于台上，故号‘鸿台’。”

《庙记》载：“长乐宫中有鱼池、酒池。池上有肉炙树，秦始皇造。汉武帝行舟于池中。酒池北起台，天子于上，观牛饮者三千人。”汉武帝也泛舟酒池，还制作了重不可举的大铁杯，盛酒其中，并在层台上看三千人围绕酒池作“牛饮”以取乐。

秦“鸿台”毁于汉惠帝四年（前 191）的火灾，出土的飞鸿图象与“延年”文字结合的瓦当当是鸿台建筑的遗物。汉在秦兴乐宫基础上建造的长乐宫，幸免于汉末的战火，长期沿用。可能废弃于唐天宝年（742—755）之后。

“南宫郎丞”封泥

9. 南宫——甘泉宫

秦昭王三十五年（前 272），“宣太后诱杀义渠王于甘泉宫”（《后汉书 · 西羌传》），这是关于秦甘泉宫最早的记载。秦王政十年（前 237），在吕不韦免相后，嬴政把太后迎回咸阳，使之“复居甘泉宫”。（《史记 · 秦始皇本纪》、《史记 · 吕不韦列传》）。甘泉宫最早是一处太后之宫，位在国都。

秦在渭河南岸设有甘泉宫，这是绝对的历史事实。秦始皇二十七年（前 220）起造“甘泉前殿，筑甬道，自咸阳属之”，成了皇帝大朝的地方。（《史记 · 秦始皇本纪》）秦朝末年丞相李斯去找秦二世时，“二世在甘泉，方作觳抵优俳之观”。这里的“甘泉”是甘泉宫的省称。

《太平寰宇记》引《三秦记》及《初学记》引《关中记》，都说汉武帝造的桂宫“一名甘泉宫”。似可看出汉桂宫就是在秦甘泉宫的旧址上建造的，故而在时人眼里认为桂宫实际是甘泉宫，在相当长的时间里还习惯于旧称呼。

汉桂宫成了后妃之宫，它位于长安城内，未央宫之北，北宫之西，地当今夹城堡、民娄村、黄家庄一带。测知汉桂宫遗址南北长 1 800 米，东西宽 880 米，周长 5 360 米。由此也不难确认秦甘泉宫的位置。

早在秦昭王时就于渭南建造起甘泉宫，开始也未必取名，便相对于渭北诸宫而称之曰“南宫”。汉高祖刘邦由洛阳迁都长安，在未央宫起造之前，就居住在“南宫”。（《汉书 · 高帝纪》）由此可见，秦的甘泉宫并不尽毁于秦火，所以就成了汉武帝太初四年（前 101）改建桂宫的基础。因此，我们可以得出这样的结论：秦南宫──→甘泉宫──→汉桂宫。

甘泉前殿是甘泉宫的正殿，有如阿房宫前有阿房前殿一样。同样，筑有甬道把甘泉前殿和渭北诸宫连接起来。我们所言的甘泉宫，绝不是孤立的一座建筑，而是一群功能不同、形式各别的建筑物的集合体。

10. 长安宫

长安宫系秦惠文王造，秦惠文王时的政治活动还是在咸阳的渭北区，所以在渭南建造的长安宫被当作离宫。据《太平御览》卷 958 引郭氏《玄中记》载："长安宫广四百里，南及终南山。"不难看出此宫在渭河之南，而范围又极其广阔。《水经·渭水注》："长安有秦离宫。"范雎来到咸阳就是在秦离宫见到昭王的，《史记·范雎列传正义》明确指出"长安故城本秦离宫，在雍州长安北十三里。"

长安宫作秦都咸阳早期的一处离宫，其范围大概包括了今汉长安在内、远及终南的广大地域。主要宫殿则集中在以后的汉长安城内，地当秦的长安乡。但随渭南宫殿的增多、政治活动的频繁，其宫区被分割、其名声也由显而隐。所以，《三辅黄图》说"高祖七年方修长安宫城，自栎阳徙居此城。本秦离宫也。"已显得很笼统。《庙记》载："长安宫中有鱼池、酒池。池上有肉炙树。"文同于兴乐宫的记载，说明长安宫与兴乐宫有着直接的关系。

"华阳丞印"封泥

11. 华阳宫

《七国考》："孝太子妃曰'华阳夫人'。华阳，秦太子宫名，在陕西西安府旧长安城内。"汉长安城故址内，曾出土有"华阳丞印"封泥。

秦孝太子，即后来的孝文王嬴柱，系昭襄王之子，初封为"安国君"，后立为太子。其爱姬是楚国人，称作"华阳夫人"。华阳宫以嬴柱的爱姬命名，可见这是一处太子宫，后成为华阳太后的专有宫殿。"华阳丞"就是华阳夫人的家丞。

12. 阿房宫——朝宫

阿房宫在渭南秦上林苑中，位于今西安市西约 15 公里的三桥镇一带。它东临浥河，西接沣水，南有周都丰镐故址。当秦咸阳渭南诸宫殿的西南隅，是为代替信宫而起，为皇帝大朝所设计的一座巍峨宏大的朝宫，乃秦王设朝施令的中心。

阿房宫为秦都咸阳宫殿建筑的后起者与最大者，充分体现了统一国家首府的气魄及皇权至上的威严。它同汉初的未央宫、武帝以后的建章宫，唐初的太极宫、唐高宗以后的大明宫、唐玄宗以后的兴庆宫一样，是帝王常居之宫，朝会、庆典、决事等都在这里举行。

关于阿房宫兴建的时间和方位、指导思想和总体设计、主体建筑的规模和进展等等，司马迁在《史记·秦始皇本纪》中着重作了介绍：

> “三十五年……于是始皇以为咸阳人多，先王之宫廷小。吾闻：周文王都丰，武王都镐。丰、镐之间，帝王之都也。乃营作朝宫渭南上林苑中。先作前殿阿房，东西五百步，南北五十丈，上可以坐万人，下可以建五丈旗。周驰为阁道，自殿下直抵南山。表南山之巅以为阙。为复道，自阿房渡渭，属之咸阳，以象天极阁道绝汉抵营室也。阿房宫未成。成，欲更择令名名之。作宫阿房，故天下谓之阿房宫。隐官刑徒者七十余万人，乃分作阿房宫，或作丽山。发北山石椁，乃写蜀、荆地材皆至。……二世元年，……复作阿房宫。”

《三辅黄图》：“阿房宫亦曰阿城，惠文王造，宫未成而亡，始皇广其宫。”可见阿房宫是一处有主次、有配套设施的群体性建筑工程，绝不是单单指人们通常说的“阿房宫前殿”。在上林苑中起造宫殿建筑也绝不自始皇三十五年始。那么，秦始皇所做的工作，只不过是对惠文王以来的阿房宫作了扩建而已（“广其宫”）。同时，阿房宫地区建筑遗址的地层和出土文物，也给我们提供了这一时代的有力佐证。其地层关系很简单，在耕土、扰土层之下就是夯土，最下层是生黄土。夯层一般厚6~8厘米、窝径7.8厘米，表明建造时间上的一致性。出土的云纹瓦当、粗绳纹板瓦、回纹或网格纹铺地砖也基本是战国、秦流行的纹样。陶文有“左司”、“北司”、“大匠”等，和秦始皇陵区出土的陶文完全相同，属中央官署陶业作坊的产品。

“前殿阿房”既是阿房宫的主体建筑，列为一期工程，规模恢宏，是“重威”思想的反映。“销锋镝以为金人十二，以弱天下之人，立于宫门。”(《三辅黄图》，又见《三辅旧事》）气势磅礴，威仪万千，也充分表现了帝国凌驾群雄，不可一势的气魄。

《三辅黄图》说阿房宫“规恢三百余里，离宫别馆，弥山跨谷，辇道相属，阁道通丽山八十余里，表南山之巅以为阙，络樊川以为池。”我们只能认为这是包括原先上林苑建筑和新建朝宫的构想，实际上并未完全付诸实现。因为它尽管是在原有的基础上“广其宫规”，又动员了几十万劳力，但正式营建才不过三年。而这排在第一位的工程，即先作的阿房前殿，还是“室堂未就”的，便因秦始皇的“驾

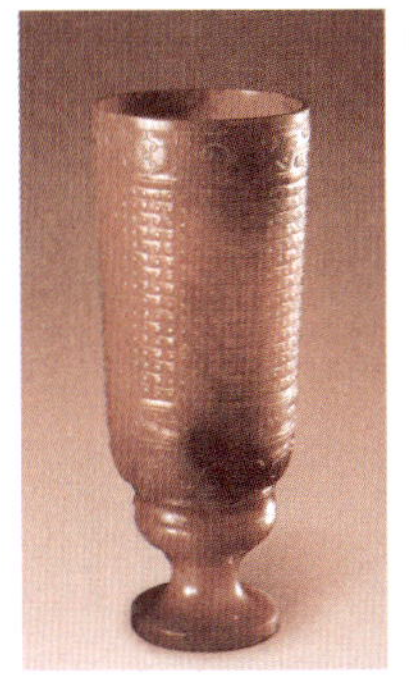

高足玉杯（阿房宫地区出土）

“上天台”遗址排水管道

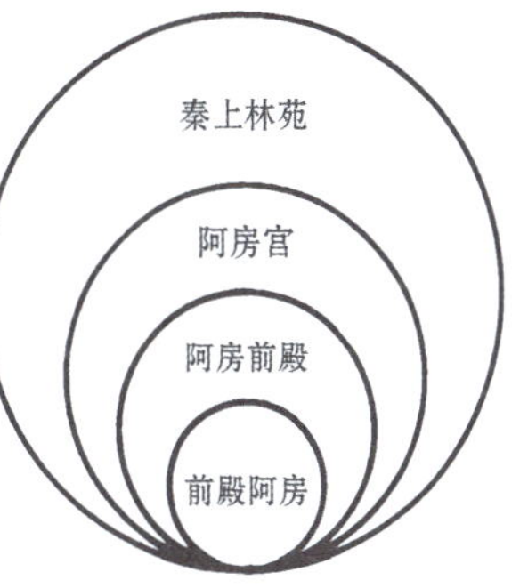

阿房宫概念示意图

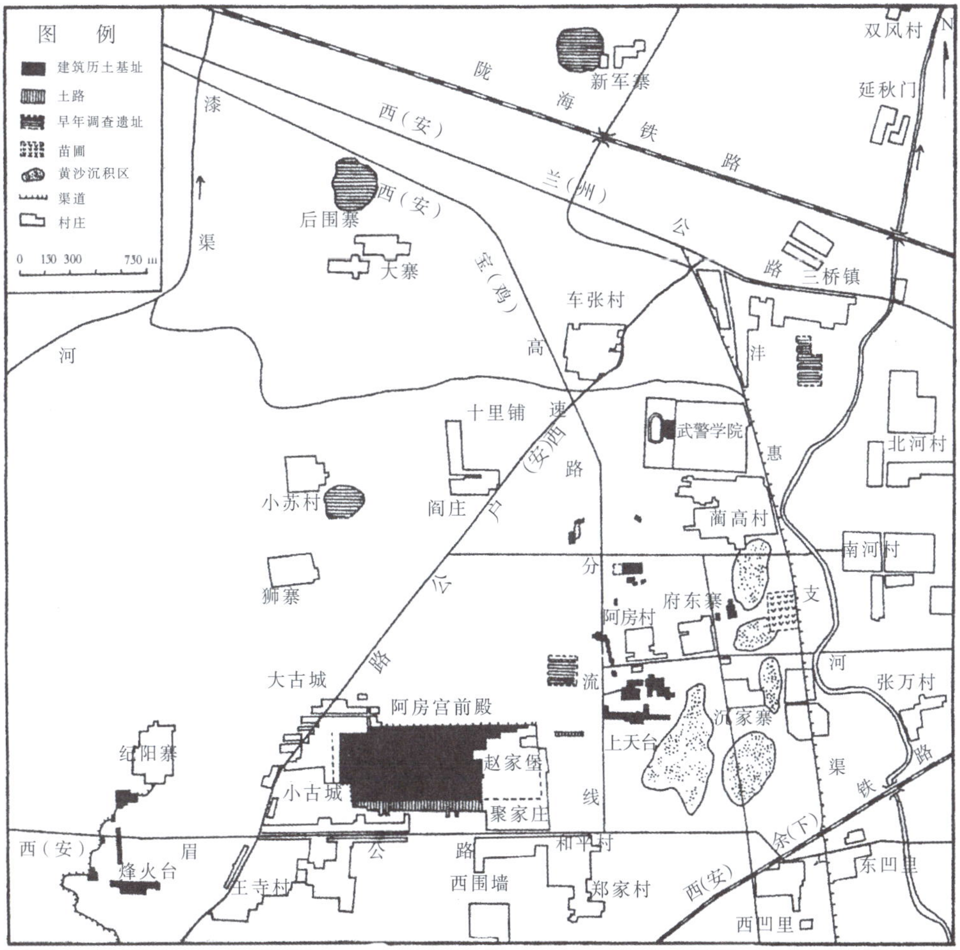

阿房宫遗址平面图

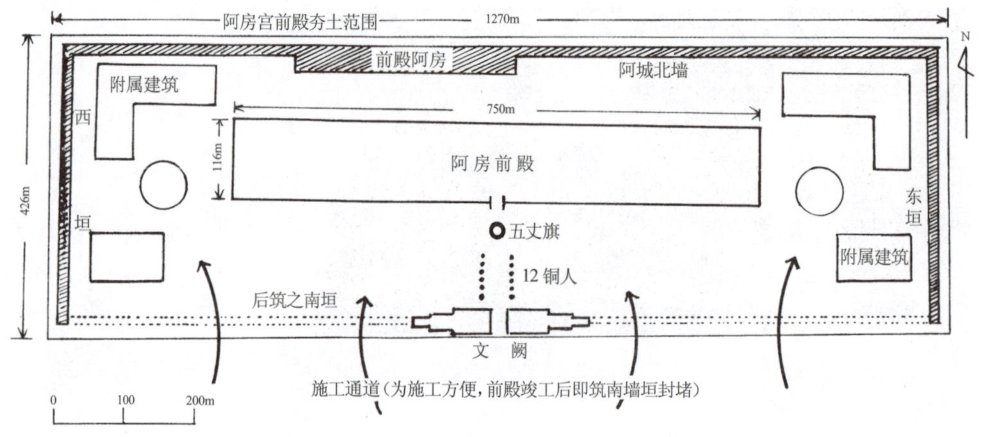

阿房前殿基础部设计方案（王学理复原）

崩”而停辍。即使在始皇陵覆土之后，秦二世有“复作阿房宫”之举，但不到一年时间，也因陈胜起义军攻入关中，直驱戏水，致使阿房宫前殿工程和“丽山”的后续工程不了了之。

阿房宫工程虽然只进行了五年，但阿房前殿夯土台基广阔厚重、附属建筑雄伟壮观，可惜其中一些宫室廊观竟在项羽的炬火中化为灰烬。千百年来，人们只能在文学作品的绘声绘色渲染中，去品味它当年峥嵘艳丽的雄姿。尔今，考古工作者通过对阿房宫文化遗存的揭示，才使我们研究其本来面貌有了凭借。阿房宫遗址范围占地约 15 平方公里。坐落在龙首原往西南延伸的台地上，海拔高度 394.2 米~401.4 米。建筑遗址密集区主要分布在三桥镇以南。在这一区间内，至今保留的地面夯土基址还有 20 余处，其中以阿房宫前殿遗址最大，又以阿房村和纪阳寨两地的台基最为稠密。建筑用的筒瓦、板瓦、瓦当、铺地砖、圆形和五角形陶质水道、漏斗、原石柱础等遗物随处可见。各类金属的、玉质的文物，历年来多有出土。阿房宫的第一期工程——阿房前殿，大体上由前殿夯基、前殿阿房及其附属建筑、宫城及其门阙等几大部分组成。

链接：王学理《“阿房宫”、“阿房宫前殿”与“前殿阿房”等考古学解读》一文载：阿城 《汉书·东方朔传》载：汉武帝建元三年（前 138）“举籍阿城以南，周至以东，宜春以西…，以为上林苑，属之南山。”宋敏求《长安志》：“秦阿房一名阿城。在长安县西二十里。西、北、(东)三面有墙，南面无墙，周五里一百四十步。崇八尺，上阔四尺五寸，下

阔一丈五尺，今悉为民田。”可见“阿城”这一名称早已有之，其由来正同颜师古说的“以其墙壁崇厚，故俗为阿城。”那么，这座阿城应系前殿及其附属建筑的宫城。它从东西两侧和北面围护着阿房宫前殿上的群体建筑，整体俨然成为一座厚重森严的城堡。之所以“三面有墙，南面无墙”，我认为这是建“阿房前殿”时施工程序的安排。南面空缺是为了出入建筑材料的方便，一旦竣工，即筑南墙与门阙。

阿房宫虽毁于秦末大火，而阿城地区在历史时期依然是人事活动繁盛的。《十六国春秋》：“苻坚建元二十年（384），慕容冲据阿城。初，民谣曰：‘凤凰、凤凰，上阿房。’坚以凤凰非梧桐不栖，非竹实不食，乃植梧桐数千株于阿城，以待凤凰之至”。北朝时，阿城曾是一座四方朝拜的寺院道场。在前殿遗址东端的赵家堡西有一巨大的缺头石像，高及 4 米。有人说是秦的翁仲，但细审此像只见著袈裟，右掌贴胸作“无畏印”，厚重的衣褶垂于足面。尽管因风雨剥蚀，漫漶过甚，但毕竟没有掩饰其为北朝佛像的真容。况且，这一带曾出土过北周时期的鎏金造像与唐代的八棱石经幢，说明从北朝到唐代，此间曾是佛教寺院的所在。隋末，唐太宗李世民入关，自泾阳趋司竹，也曾经屯兵阿城。(《旧唐书·高祖本纪》)

阿房宫的取名　对阿房宫的得名，历来有多种多样的说法。有说“阿，近也。以其去咸阳近，且号阿房。”(《史记·秦始皇本纪正义》引颜师古)；有说“作宫阿基旁，故天下谓之阿房宫。”(《三辅黄图》)；有说“在山之阿。”(《三辅故事》、《文选·东京赋》李善注)；有说因前殿高广，“此以其形名宫也，言其宫四阿旁广也。”(《史记·秦始皇本纪索隐》、《雍录》)；或因“墙壁崇广”而得名的。(《汉书·东方朔传》师古注)；近人有说“言其用，则曰朝宫；言其方，则曰前殿。谓之阿房者，阿房乃一地名，故天下咸以此称之。”(马非百：《秦集史》)；有说“阿”字是名词的词头，并无意义；或有说“阿”是关中人的地方语，即“那里”的意思。等等。

见仁见智之说，不一而足！但“阿房宫未成”，毕竟还是个临时的称呼。阿房宫处在西安之北呈东北~西南走向的“龙首原”（唐代之前称“龙首山”）西端，《诗·小雅·菁菁者莪》有“在彼中阿”的句子。其中的“阿”，就是指高起的地形。那么，阿房宫地势高、殿堂高，正吻合“大陵曰阿，言其殿高，若于阿上为房”的解释。(《汉书》颜注、《长安志》)般人居住的“四阿重屋”，就是一种四坡流水的重檐屋顶。在这里，阿房前殿巍峙，地势高亢，再加之四阿式重檐建筑，作为范围既大、作用又重要的朝宫，从设计到效果无形中就突出了这座庑殿的气魄。故而从“高广”的意思考虑，我以为还是较容易理解的。

咸阳除过上述的七大宫殿建筑群之外，还有很多离宫别馆、行宫信宿性质的宫殿建筑，散布在泾水之南、渭河两岸的近郊。有些宫殿择地而建，以景取胜，如兰池水色澄碧，回肠曲折，悠然入渭，兰池宫掩映于万绿丛中，风景如画；宜春苑中水波涟漪，万花簇拥宜春宫；望夷宫居高临泾，危楼耸峙，望断峰烟；雍门宫华盖宝顶，金碧辉煌，出类拔萃。渭水之南，地域平阔，殿屋重重，星罗棋布，而曲台、六英、华阳、长安、芷阳、凌台、清台点缀其间，附以苑林清流，更具一番诗情画意。

由于秦咸阳的城阙宫殿毁废，汉高祖元年（前206）择地渭城湾设立新城，名新城县。七年并入长安县。武帝元鼎三年（前114）复设，因邻近渭河而改名渭城县，辖属右扶风。后赵石勒元年（319）改置石安县。隋文帝九年（589）改泾阳为咸阳，十一年迁治秦杜邮亭附近。唐高祖六年（623），县治由鲍桥迁到白起堡（任家嘴一带）。武则天天授二年（691）曾更名赤县，过了十五年又复咸阳旧名。虽然前后隶辖与县治多有变更，但咸阳之名沿用至今。据调查，虽汉渭城县故城形制不明，但地当今长陵车站西北的印长村一带，是大体可定的，现看到残存的南北向城垣有三段，分别长10米、94米和2米，基宽3米。地面也多散布有绳纹瓦片等遗物。

以上是位于市中区的宫殿群，在近郊和郊外也有许多离宫别院，目前发现的有以下几处：

1. 兰池宫与兰池

兰池，又叫“长池”，是人工形成的“陂池”。大约是因广植兰草而称“兰池”。《三秦记》载：“始皇作长池，引渭水东西二百里，南北二十里。筑土为蓬莱，刻石为鲸鱼。长二百丈，亦曰‘兰池陂’。”在兰池陂岸边建造兰池宫，兼融山水，风光秀丽，从而构成秦都东郊一处游览休闲的名胜区。《史记·秦始皇本纪》：“三十一年（前216），始皇为微行咸阳，与武士四人俱，夜出。逢盗兰池，见窘，武士击杀盗，关中大索二十日。”也许兰池并非禁苑，吏民可以出入，可资日夜悠游。

秦之兰池汉改名为周氏陂、周氏曲或周曲。因为“成国故渠经周勃冢南，渠东南谓之周氏曲。”（《水经注·渭水》）《长安志》：“周氏曲在咸阳东三十里，今名周氏陂。”《太平寰宇记》：“周氏陂周四十三里，汉太尉周勃冢在陂北，其子亚夫有功，遂赐此陂，故地以氏称之。”在今咸阳市东正阳镇杨家湾村北原上有汉周勃、周亚夫父子墓。

在原兰池岸畔，秦筑有兰池宫。《元和郡县志》：“秦兰池宫，在（咸阳）县东二十五里。”此里数比今周氏曲所在地距唐咸阳县城址少了五里，说明秦兰池宫必定位于兰池之西。由于秦兰池宫在秦末遭到火焚，兰池两岸的秦兰池宫成为一片废墟，兰池也多有湮塞，水面所剩不多，约在汉武帝初年于陂南另筑新宫，这就是汉的兰池宫。《长安志》载：“陂南一里，汉有兰池宫。”《资治通鉴》载：公元 624 年，唐高祖“诏世民、元吉将兵出豳州以御突厥，上饯之于兰池。”宋人程大昌在其《雍录》里也说“秦于兰池侧造宫。太宗出征，高祖至此饯行。”然而唐高祖饯行的兰池不是秦宫，也不是汉宫，而是兰池的旧地罢了。

2. 望夷宫

望夷宫“临泾水作之，以望北夷（匈奴）。”（《史记・秦始皇本纪集解》）从宫名上就足以反映出建宫的意图及其作用。之所以取名“望夷宫”，大概是由于这里处于咸阳北阪上最北、又临泾水屏障的一线，确实起着首都外围哨所的作用。而这在宫中设立瞭望台、宫城垣下有区庐，是宫中加强的重点。

望夷宫的位处，据《集解》引张晏的说法是“在长陵西北长平观道东故亭处是也。”《三辅黄图》作“在泾阳县界长平观道东。”长平观、故亭，均是些小地名，不知其处，但肯定在汉高祖长陵西北方向的今泾阳县界。

秦朝末年，秦二世面对关东农民起义军的怒涛，神经错乱，先是斋戒上林，“日游弋猎”，后又“斋于望夷宫”求泾水之神护佑。结果还是被赵高逼迫自杀于“望夷宫殿门”。（《史记・秦始皇本纪》）

3. 雍门宫

这是秦咸阳北区西郊一处很重要的宫殿，同兰池宫一样，夹辅秦咸阳，一西一东地相对。秦始皇九年（前 238）由于嫪毐事发，秦王就把母后“闭之于雍门宫”。（《战国策・秦策四》）雍门宫是咸阳通往雍都大道上的一处行宫。当时在今咸阳市东北塔儿坡一带。

4. 宜春宫

宜春宫是秦设立在宜春苑附近的一座离宫。《三辅黄图》：“宜春宫，本秦之离宫，在长安城东南杜县东，近下杜。”《汉书·司马相如列传》颜注：“宜春，宫名，在杜县东，即今曲江池，是其处也。”宜春宫位当曲江之南。

5. 霸宫——芷阳宫

这是一座历史悠久的秦离宫。春秋时期，秦穆公为了纪念他“益国十二，开地千里，遂霸西戎”（《史记·秦本纪》）的所谓“霸功”，就把发源于蓝田谷中的滋水（又名“谷水”）改名“霸水”，并在水旁营造了宫室，称之曰“霸宫”，宫城也名“霸城”。（《三秦记》）战国晚期，秦昭王在芷阳地为自己建造“芷陵”的同时，还修葺扩建了霸宫，因其地在芷阳县境，故改名“芷阳宫”。汉文帝筑“霸陵”于灞水西岸，遂将秦芷阳县改称霸陵县，王莽新朝又改作水章县。

6. 阎家寺秦宫殿遗址

渭河南岸草滩镇东南的闫家寺村，东临灞河，处在地势平坦的平原上。遗址范围较大，是一处多座的高台建筑群。在正轴线的北部，是一座大型的夯土台基，方圆数百米，构成主体建筑。再南去500多米，在轴线两侧，有四座小土台基分开，两两左右对称。附近有村名“北辰”，显系同秦始皇极庙有关。

根据史书的记载，在咸阳郊外还有数十处离宫别馆、行宫斋宫，其中著名的有：1. 栎阳宫　2. 步高宫　3. 步寿宫　4. 萯阳宫　5. 长杨宫　6. 林光宫　7. 谷口宫　8. 甘泉宫　9. 梁山宫和梁宫　10. 高泉宫　11. 平阳封宫——平阳宫　12. 虢宫　13. 羽阳宫　14. 大郑宫及雍都内的其他朝寝　15. 棫阳宫、年宫　16. 蕲年宫　17. 橐泉宫

7. 历代秦君所建宫殿：

秦文公：西垂宫；

秦宪公：平阳封宫；

秦德公：大郑宫；

秦穆公：霸宫；

秦惠公：蕲年宫；

秦献公：栎阳宫；

秦孝公：冀阙宫廷、橐泉宫；

秦惠文王：咸阳宫、章台宫、长安宫、萯阳宫；

秦武王：羽阳宫；

宣太后：高泉宫、虢宫；

秦昭王：兴乐宫、南宫、六英宫、华阳宫、芷阳宫、谷口宫、长杨宫、棫阳宫；

秦始皇：仿建六国宫殿，扩建咸阳宫、甘泉前殿、北宫、雍门宫，建阿房宫前殿、兰池宫，曲台宫、望夷宫、宜春宫，好畤甘泉宫、梁山宫、梁宫、步高宫、步寿宫等。

五、苑囿园池

“囿者，所以养禽兽。天子曰苑，诸侯曰囿。”（《春秋左传集解·僖公三十三年正义》）苑、园相通，实际是供人休闲悠游的园林。秦自战国晚期以来，大筑苑囿，不论是规模、数量，还是水平、质量，都极大地有所提升。但是，秦苑囿遗迹保存至今的，却非常稀少，而且也只能指出其方位和大体范围。

1. 五苑

《韩非子·外储说右》：“秦大饥，应侯请曰：‘五苑之草著、蔬菜、橡果、枣栗，足以活民，请发之。’”秦五苑中既有蔬菜的种植，还产橡实、栗、枣等副产品，就反映了秦重视园林的生产功能。既能接济饥民，说明其规模很大。五苑之设肯定在秦昭王时，甚或更早一些时间。但这时秦控制的范围有限，再从应侯的口气看，五苑当在畿辅一带，不可能远在外地。

2. 上林苑

上林苑是范围最大、景观最美、内藏最多的一处皇家园林。渭南的丰、镐之地早有周的“灵囿”存在，《诗·灵台》有“王在灵囿，麀鹿攸伏，麀鹿濯濯，白鸟翯翯，……於牣鱼跃”之句。秦上林苑的范围，史乘无载。原来的规模大约是：东界灞、浐二河，西至沣河东岸，北起秦都咸阳的渭南新区，南到周都丰镐、秦杜县、曲江一线。环境优美，是秦上林苑得天独厚、胜过他处苑囿、最富特色之处。汉武帝于建元三年（前 138）开上林苑，《三辅黄图》明确地说：“汉上林苑，即秦之旧苑也。”史书明确记载汉朝上林苑建离宫 70 所，容千乘万骑，又养百兽其中，广种奇花名果三千余种，使山环水绕，宫观掩映，花木扶疏，衬托着喧嚣繁盛的都城长安。

汉之上林苑，其范围之大远远在秦上林苑之上。据《汉书·杨雄传》载：武帝“开上林，南至宜春、鼎湖、御宿（又名樊川，系今长安县韦曲、杜曲一带的盆地）、昆吾，旁南山而西，至长杨、五柞，北绕黄山、濒渭而东，周袤数百里。”

“宜春禁丞”封泥

3. 宜春苑与曲江、隑州

宜春苑中是由曲江及“隑州”构成的园林风景区。《史记·司马相如列传索隐》：“隑，即碕，谓曲岸头也。”张揖曰：隑，长也。苑中有曲江之象，泉中有长州，又有宫阁路，谓之曲江，在杜陵西北五里。”汉宣帝杜陵在今曲江池东南，同张揖记载相同。因为地势低洼，积水成池，又南北狭长，谓之“曲江”；水包长岸，称作“隑州”。

秦宜春苑范围很大，宜春宫位在西南部，而秦二世墓则在曲江池的南岸。

汉时，把宜春苑分为上苑和下苑。汉武帝把宜春苑划入上林苑的范围之内，并造曲池，周回五里，池中遍生荷芰菰蒲，其间常为禽鱼翔泳，因水流多屈有似嘉陵江，因改名“曲江池”。汉宣帝在池北建造“乐游苑”。唐开元中，再加以疏导美化，在其旁建慈恩寺、紫云楼，设芙蓉苑、杏园。江岸菰蒲葱翠，柳荫四合，成了三月三日仕女游春的胜地。唐玄宗作“曲江流饮”，更是千古流传的趣话。

“杜南苑丞”封泥印文

4. 杜南苑

这是设立在杜县南的一处别墅性质的园林。苑地估计位于今长安县潏河与交河合流的香积寺一带。这里以神禾原为依托，二水交汇，南屏终南，风景优美，设立秦苑具有良好的自然条件。

此外还有东苑、阳陵苑、鼎湖苑、华阳苑、高栎苑、具苑，等等。

秦国的苑囿里还有专门饲养动物的“兽圈”，即是饲养“百兽”的地方，相当于今之动物园。《太平御览》引《列士传》：“秦王召魏公子无忌。不行，使朱亥奉璧一双诣秦。秦王怒，使置亥于兽圈中。亥瞋目视兽，皆血溅于兽面，兽不敢动。”秦的“兽圈”是个统称，里面养着多种珍稀动物。而对有些同种的大型动物则采取择地单独豢养。1. 虎圈《长安志》:“秦故虎圈周匝三十五步，长十步，西去长安十五里。”2. 狼圈《长安志》:“秦故狼圈，广八十步，长二十步，西去长安十五里。”3. 麋圈 麋圈是麋鹿之圈，也许距上述兽圈不远。秦有“麋圈”封泥。

5. 骊山汤

骊山温泉溢出地面的温度是 43℃，水含石灰、碳酸锰、碳酸钠、硫酸钠、氯化钠、二氧化硅等多种矿物质和稀有元素，还有多种离子。水质为中温、低矿化、弱碱性、中等放射性型水，对人体具有较高的医疗作用。经沐浴可疗疔疖癍疱。古人早已认识骊山温泉的价值，接踵而至，以一洗为快。骊山温泉在 6000 多年前，已成为原始人类徜徉生息之地。其后裔骊山氏在商代就于此建立骊戎之国，据有骊山及温泉。周代在骊山温泉地建立行宫，幽王偕爱妃褒姒行乐失国，是尽人皆知的历史故事。秦始皇曾在温泉砌石作浴池并建造房舍，正式取名“骊山汤”。据《三秦记》载：“俗云秦始皇与神女游而忤其旨，神女唾之则生疮。始皇怖谢，神女为出温泉而洗涂。”因此，人们把骊山汤又称作“神女汤泉”。

自秦之后，历代对骊山汤也多作修饰增建，名称也有更改。从皇帝佞幸、达官贵人、文人士子，到庶民百姓，多来这里享受上苍赐予的嘉惠。唐玄宗天宝六年（747），改“温泉宫”为“华清宫”，汤池也统称“华清池”。李隆基同杨贵妃在此沉湎于管弦歌舞之中，“朱门酒肉臭，路有冻死骨”成了当时社会的真实写照。

6. 牛首池

牛首池属上林苑“十池”之一。(《三辅黄图》)《史记·司马相如列传》有“濯鹢牛首”之句,《集解》引张揖注云：“牛首，池名，在上林苑西头。”因池中有自生之韭，亦名“野韭泽”。汉又称“牟首”。《括地志》:“在雍州长安县西北三十八里。”《太平寰宇记》:“地在内苑西，丰水西北。”秦上林苑的西界在丰水，则牛首池当在今咸阳市南钓台乡西张村一带。

7. 滈池

滈池为西周镐京地区的大池。《三辅黄图》:“镐池在昆明池之北，即周之故都也。”又引《庙记》:“长安城西有镐地，在昆明池北，周匝二十二里，溉地三十二顷。”地当秦阿房宫前殿遗址的西南。秦滈池在汉代仍用以灌田，大概在唐代末年或宋初才堰废池涸。

8. 滮池

古池，在周代就用水灌溉。《诗・小雅・白华》有“滮池北流，浸彼稻田”的句子。《水经注・渭水》：“滈水又北流，西北注滮池合。”因为“滈水源出雍州长安县西北滈池”（《括地志》），也即“滈水承滈池”（《水经注》），所以对照“西北注与滮池合”的话，就知道滮池在滈池的西北。

滈池 、滮池和牛首池都在秦阿房宫西侧不远处，呈扇形分布，很自然地构成一个环绕朝宫的风景线。对于调节气候、创造优美环境，有着积极的作用。可是在唐修昆明池时，填塞了北流的注水口，陆续使滈池 、滮池干涸淹废，夷为民田。唐文宗太和年间，石堰堵塞，输水来源断绝，连昆明池也渐渐干涸了。

9. 长池

长池是秦始皇在渭北引水修建的一处人工湖。唐徐坚《初学记》引《三秦记》：“秦始皇作长池，引渭水东西二百里，南北二十里。筑土为蓬莱山，刻石为鲸鱼，长二百丈。亦曰‘兰池陂’。”

秦之“兰池陂”实则原来就有“兰池”，汉改名“周氏陂”。秦始皇为了扩大兰池的蓄水量，所以才从上源引渭水入池。不但流经长、流域广，而且引水同兰池结合使容量增大，从形状上看，确是个名符其实的“长池”。

六、咸阳诸市

秦都咸阳在武、昭之后，商业活动开始活跃，“四方辐凑，并至而会，地小人众，故其民益玩巧而事末也。”（《史记・货殖列传》）因市区的地域辽阔、人口稠密、都市工程接连不断，因此在多处设立市贸场所：

1. 咸阳市

咸阳市是最大又最久的一处固定性综合市场，由秦政府直接控制和管理，属于享有盛名的官市。交通便利，商贾云集，货物山积。当在冀阙宫廷所在的北阪之南，约在今咸阳市东窑店镇一带。

作为商贸中心的都市，咸阳市除过商业活动之外，也成了政府行刑、告诫世人的地方。历代处决犯人都在市曹，可以说是秦开的头。

2. 直市

直，端平之意。“直市”顾名思义，就是市场价格保持一致，不要拐弯抹角地叫价。《三辅黄图》的解释是“物无二价，故以直市为名”，《长安志》说“直市在渭桥北……。直市平准物价，故曰直市。”

3. 平市

此名称反映了它是一处经营民用产品的市场，也包含着公平交易的用意。平市有可能位于咸阳北区的西部，在制陶手工业作坊之北，当今长陵车站附近。

平市陶文

4. 咸阳渭南新区的市

咸阳渭南新区的市亭未见文献记载，在秦始皇陵园范围出土有“丽亭”、“丽市”、“丽器”、“焦亭”、“犬亭”、“安亭”、“□亭”、“亭”、“芷”等字的戳印陶器残片，说明这些地方都有市亭的设立并从事制陶业经营。

丽市陶文

5. 杜市

杜县有市，1962 年在城址附近的首帕张村出土千余枚“半两”钱，在盛钱的陶罐底部就有“杜市”二字的戳印。同文的陶器在清涧也发现，在咸阳还搜集到“杜亭”的陶片。这些正是商品流通情况的反映。

6. 奴市和军市

奴市和军市是两种专业性质的官市。《汉书·王莽传》载：秦“置奴婢之市，与牛马同栏。”云梦秦简的出土，证明了此一记载不属虚妄。不但国家和私家占有奴隶，而且通过买卖也是获得奴隶的途径之一。军市的设立，在战国末期是普遍存在着的。从《商君书·垦令》中可知，咸阳不但有百货交易市场，而且也有出售军需用品的“军市”。

上市的商品主要是来自三个渠道，即：

一是来自官府手工业作坊的部分产品，如官府手工业制造铜器、纺织物及漆器一类的奢侈品；二是来自民营手工业作坊的绝大部分产品，如陶器、竹木器、铜铁农工工具等；三是个体农民生产的农副产品，如粮食、禽畜、皮毛、帛疋及生活用品。

7. 开市时限与商人地位

立市《周礼·地官司市》说："大市，日昃为市，百姓为主；朝市，朝时而市，商贾为主；夕市，夕时而市，贩夫贩妇为主。"秦市是否按这不同时间，进行不同交易内容的活动，不得而知。但有一点是可以肯定的，即：定时交易，击鼓罢市。

商人 商鞅变法时，规定"令军市无有女子"。不只说女子不得入军市，更要紧的是女子不能经营军需物资。反言之，其他的市是允许有女人经商的。

七、道路交通网

以咸阳为中心的交通，是经过了一个由小到大、从单一到繁复的历程。秦孝公立都咸阳，选址在周秦以来横亘关中的交通大道上，这里西经旧都雍，越陇阪直达秦人的发祥地；东向函谷，本来就是一条千里的"周道"。它是从咸阳出发，沿渭河北岸，东过漫漫的河西地，渡黄河，经三晋，直达燕、齐。南越秦岭，分下巴蜀与荆楚，可直驱江汉流域。以京畿为中心的"驰道"，在关中境内有三条，即临晋道、函谷道和武关道。它可"东穷燕齐，南尽吴楚"，连接江湖河海，再加之"直道"抵上郡、九原，褒斜道直下汉中、蜀、黔，从而形成密布如织的交通网络，使帝国版图浑然一气。

由首都咸阳通向天下的这些车马大道，在秦帝国形成过程中确实起了重要的作用。其承载内容与运输活动，也因时间、周边环境而有所同异。

咸阳的国中大道，其规模之大、形式之新颖，体现的是帝都的雄姿。而由此发轫，辐射全国的交通干道，在形成中华帝国过程中的作用、地位，更具深刻的文化意义。除却秦始皇旨在加强国防和对各地控制的主观意图之外，客观上则起到了促进全国经济联系、文化交流、移风易俗的重大作用。

1. 西线诸道

由首都咸阳西去北地、陇西两郡，主要是两条通路，一条是溯泾水而上至北地郡治义渠（今甘肃宁县西北）的"泾水道"；另一条是沿渭水北岸经旧都雍，再溯汧水抵达秦人的陇东故地的"汧水道"。

（1）泾水道

由咸阳出发，经秦望夷宫，越泾水，过池阳（今陕西泾阳县）、云阳秦林光宫（今淳化县北），沿泾水西北行，经漆阳（今彬县）、循马莲河谷北上，至北地郡治义渠，进入陇东地区。由此可分别到今甘肃的合水、庆阳、宁夏固原等地。

秦伐义渠戎，多是沿泾水道进军的。

（2）咸阳—陈仓—汧水道

这是一条秦咸阳西通雍都的干线再接水道，走出关陇的通路。其经线是：出咸阳西门，经杜邮、废丘（陕西兴平县南）、斄（即邰，今武功县西南）、郿县（今眉县东北）、虢县（今宝鸡市东）、陈仓（今宝鸡市东），折向西北，沿汧河河谷上溯汧县（今陇县），折西南，越陇关（又名陇山关，故关，大震关），进入陇右地区。如沿通关河上游西北行，经今甘肃张家川至秦安。

（3）咸阳—陈仓—渭水道

由咸阳到陈仓之后，进入深切的渭河峡谷，沿北岸西行，过“燔史关”（今陕西宝鸡市西凤阁岭）到“虎谷”、“苦谷”则转向南岸，逾过陇山，抵达邽县治所（今甘肃天水市北道区）。进入狭长的河谷平地后，沿渭河西行可达陇西郡治狄道（甘肃临洮县）。

还有一条“南路”，在邽县渭河南岸的嶓冢山（今天水市、礼县间）前。据说，由邽县入东柯、永川河，经现在的甘泉、街子、麦积、党川、利桥乡，于嶓冢山下东去，直入咸阳，又可南达汉中郡。

（4）咸阳—陈仓—楚水道

从咸阳到陈仓城西，循陇山的余脉——陵塬再北上，沿金陵河行至县功镇，西折吴山南端，经香泉、赤砂、通洞，西北抵达今甘肃清水县。

2. 通汉水、巴蜀的山间诸道

古代的陕西与四川间有秦岭和大巴山阻隔，但我们的先民硬是跨越崇山峻岭和汉水辟出许多山道来，克服了自然地理上的障碍。关中通往汉水流域，翻越秦岭的主要道路有陈仓道、褒斜道、傥骆道和子午道等四条。由汉中盆地通往成都平原，翻越大巴山的有金牛道、米仓道和白水道三条，南北贯通，殊途同归。

通往汉水、巴蜀的山道多选线在南北向的山谷中，除了过河要架设梁柱桥外，遇到绝崖峭壁不能辟地筑路之处，就在陡壁上接连凿孔，横插木梁，上铺木板，形成为“栈道”。因为在这悬空的栈道上，有时往往遇山泉飞泄，碎石易于滚落处，还要覆盖顶篷，方便行人安全又能避雨遮阳，这就是所谓“阁道”。“栈道千里，通于蜀汉。”（《战国策·秦策三》）可说是筑路工程史上的一大奇迹。

（1）子午道

这是一条由咸阳出发，正南入子午谷，翻越秦岭，到达汉水流域，分别往东通安康、西去汉中直至四川的道路。

子午道长达千里，则穿行山间，多次翻越分水岭，道路崎岖，仅谷道就长达440公里，是蜀道各线中官员、行旅少有来往的一条路。因此，早期文献记载中提及者多同军事活动有关。我以为，为秦始皇陵墓运输水银从旬阳县公馆到两河关，再沿旬河水运到宁陕，后上江口镇以北的这段子午道，才运到施工现场。汉高祖刘邦在鸿门宴之后，去南郑屈就汉王位，随从数万人，也是由杜县南上子午道的。（《史记·高祖本纪》）他接受张良的建议，烧毁所过栈道，给项羽以示不返关中的假象，东汉《石门颂》就说“高祖受命，兴于汉中。道由子午，出散入秦。”

子午道作为交通道路，其沟通南北经济、文化的功能是在东汉以后才得以加强的。现在西安通四川万源的公路，除过西安到长安县硙子坪一段走沣峪外，西乡以上的大段都是沿子午道旧路修筑的。

（2）傥骆道

在西行的道路上，由周至南过秦岭，直驱汉中，是关中去汉水最近的一条路。其入山的北口在周至西南15公里的西骆峪，南口在洋县北15公里出山处，故名傥骆道”或“骆谷道”。傥骆段长215公里，而作为两个端点（咸阳—汉中）间全程则有375公里。

（3）褒斜道

这是一条利用褒、斜二水穿越秦岭的古道。入山的北口在眉县西南，当斜水（今石头河）出山处的斜峪关。出山的南口，在汉中市北褒城石门。全长约250公里。秦时由咸阳西行干道过渭河，南向入褒斜道，畅通汉中盆地，再接金牛道入川。

在沟通关中平原和汉中盆地的诸道中，褒斜道的开辟时间最早，历史地位最为重要。

（4）陈仓道（故道）

自陈仓故城（今宝鸡市东）西南行，渡渭河，溯清江河出散关（宋以后习称“大散关”，位宝鸡市西南秦岭正脊北坡），越秦岭，沿故道水（今嘉陵江上游）河谷西南行至今凤县，折向东南，过柴关岭，经留坝县，入褒河谷，与褒斜道南段重，抵达汉中。

（5）金牛道（石牛道）

金牛道是褒斜道和陈仓道向南延伸去成都平原的路段。其经由路线是：自褒城南下，沿汉水北岸经今勉县境，再由宁强大安驿南下，折向西南，越番冢山，过七盘岭，由四川广元市朝天区进入嘉陵江河谷，出市中区，过剑门关，直驱成都。

这条道路通行时间很早，是秦蜀交往的纽带，但大力整修却同秦惠文王灭蜀的军事行动有关。大巴山阻隔南北，“蜀道难，难于上青天”。据说，秦惠文王欺诈蜀王，称有五头可以屙金的石牛相赠，还有五名美女相随。贪财好色的蜀开明王极高兴，就派了五个大力士沿途夹道迎接。随后，秦军就沿此道灭了蜀国。所以，把勉县以西到剑阁县剑门关口这段蜀道也叫“金牛峡”（或“石牛峡”）。传说，汉中北箕谷口之石门、宁强的五丁关、剑阁县剑门关都是蜀“五丁”所凿。

在金牛道的险绝之处多架设栈道，筑有栈阁。为区别于褒斜道、故道上之栈，就称之“南栈”、“蜀栈”。同北栈连称“川陕栈道”。

（6）米仓道（巴岭路）

川陕的界山，东有大巴山，西有米仓山。穿过米仓山的道路有三条，即：一条自汉中南行，沿濂水（汉江支流）河谷逆流而上，过米仓山（又名仙台山、玉女山），再顺巴江河谷，到达四川巴中地区，明清称之为“米仓道”（或“大巴路”）；一条稍东，从洋县南下越米仓山到四川通江，由洋县北上取骆谷道至长安；还有一条是由西乡县南下，过米仓山，经四川万源到达县市，由西乡北上入子午道抵长安，是为杨贵妃送荔枝的“贡道”。

米仓道三路作为官路开通较晚。但在秦汉时期民间早有往来，因危峰峻壑、猿径鸟道，鸷兽成群而商旅稀少，往往要结伴而行。

（7）白水道

陈仓故道在今凤县出甘肃两当、徽县、成县、武都，同自天水南下的陇道合，南接白水道，沿白龙江（古羌水）、白水河谷，经四川广元白水关（即“关头”）东南抵葭萌（旧昭化），入剑门关，到达成都。

3. 咸阳—栎阳—蒲津大道

咸阳—蒲津是周秦时期开辟的通往河东地区的一条交通干道。其经地就以首都咸阳为起点，东过泾河。东北走向，经高陵，抵栎阳故都。再向东过沮水，经下邽。越洛水，经临晋，东抵黄河，渡蒲津，达蒲坂，到达秦的河东郡、上党郡。其经地同现在的地名对照，在关内路过今咸阳市东北部，高陵、临潼 、渭南、大荔等五个市县，至今一些村镇还叫“官道”、“官路”等，显然这些名称都同当年那条古道经过有关。

春秋时期，秦晋的争战与交往，更离不开这条主干线。战国时期，秦、魏两国更是利用这条大道多次展开殊死的斗争。

4. 咸阳—函谷关间的驰道

陕西古代，东出关中的道路主要是渭水南岸的一条，西去则是沿渭水北岸行进的。其分界正好在今西安和咸阳两市之间。这条同渭水平行的道路，横穿富庶的关中平原中心地区，是连接中原和西陲两大文化区的纽带。

秦建都咸阳之后，随首都范围的扩大，东方大道的通行频率激增，路况也得以极大的改善。秦始皇统一六国之后的第二年，就在丞相李斯的主持下，把这条线修成高标准、高速度的“驰道”，使“道广五十步，三丈而树，厚筑其外，隐以金椎，树以青松”，(《汉书·贾山传》) 达到了空前的规模，大大地加强了首都咸阳同东方各大经济都会及江湖滨海地区的联系，对促进中国文化的统一具有积极的作用。

“驰道”是多车道的高速路，质量要求是标准化的。服虔注：“隐，筑也，以铁椎筑之。”既是“厚筑其外，隐以金椎”，在当时的历史条件下，必定是黄土、砂石与石灰搅绊，除过路基要夯实外，还要在路肩培土施以铁椎，使路面抬升，既坚固平整又便于排除积水。在路的两侧栽植青松，并非是贾山批评奢侈的那种“驰道之丽至于此”，它实际属于保障专用路线畅通的“隔离带”，具有实际意义，而美化作用则是在使用的前提下出现的视觉效果。“道广五十步”，即路面宽 300 秦尺 (秦“六尺为步”)，合今 69.3 米。“三丈而树”，据清末王先谦《汉书补注》说：“三丈中央之地，惟皇帝得行，树之以为界也。”即路中心宽三丈 (6.93 米) 的一道名曰“中道”，是专供皇帝车马驰驱的“驰道”（蔡邕《独断》)。《三辅黄图》：“汉令：诸侯有制得行驰道中者，行旁道，无得行中央三丈也。不如令，没入其车马，盖沿秦制。”可见诸侯、令使即使有皇帝的命制特许进入驰道，也只能沿“中道”两侧行驶，而不能行于“三丈”的御道。“中道”与“旁道”固然体现着封建等级制的区别，但在交通上因“高速”和“中速”的分别，形成了多车道的高速路，其重要意义还在于它是世界交通史上最早出现的“高速公路”。

由咸阳渭南区东行的驰道，过灞水，经芷阳 (今陕西临潼县斜口西)、丽邑 (临潼新丰镇西)、郑县（今华县)、宁秦（今华阴县东)，到了渭水注入北来东折的黄河之处，走出咽喉地带，经黄巷坂、桃林塞（今陕西潼关县东北黄河南岸的吴村)，至函谷关（今河南灵宝县东北)。再东经崤坂（今河南洛宁县西北崤山之阴)，至洛阳。

5. 咸阳—武关道

战国时，秦在同楚接壤处设立“武关”。从此出发，西北通首都咸阳，东南则下韩之重镇宛城（今河南南阳市）和楚之荆襄地区。这条连接关中和东南地域的大道因为经过蓝田谷和武关，所以也称“蓝武道”，或“武关道”。

其实，武关道作为关中通向东南的主干道早在西周前已经开通。秦人立国后，在雍都就把这条道路作为军事大道充分地为统一战争服务。同样，定都咸阳以来，蓝武道的起点就自然从这里算起。

秦修筑始皇陵墓，其巨量木材有相当一部分是通过武关道，从湖北大山中采伐的。公元前 219 年，秦始皇“东行郡县”、又南向“衡山、南郡”，由武关道返回咸阳。公元前 210 年，秦始皇作最后一次出巡，由武关道出行东南，走云梦、上会稽、北至琅邪、之罘。回銮途中，竟“崩于沙丘平台（今河北省广宗县西北)”。具有意味的是这条道路竟成了灭秦的进军线，先是农民起义军陈胜令铚人宋留率兵定南阳，入武关。随之是刘邦领兵至丹水，破武关，战蓝田，兵至霸上，秦王子婴降于轵道旁，结束了秦王朝的统治。

6. 直道

秦直道是秦始皇三十五年（前 212）修建的一条通向北边的国防大道。工程尽管浩大，路线新辟，却完全是适应了防务的形势和帝国长久永固的考虑。

战国时期，活动于阴山南北、过着游牧生活的匈奴族，经常骚扰燕、赵、秦等国的北边，掠夺人民、牛马和财富。秦始皇统一六国之后，为了安定北部的广大地区，便采取了两项密切配合着的措施，即：一是军事进攻，二是修筑长城。公元前 214 年，秦始皇派大将

秦直道遗址

蒙恬“将 30 万众，北逐戎狄（匈奴）收河南。筑长城，因地形，用制险塞，起临洮（今甘肃岷县），至辽东，延袤万余里。”（《史记·蒙恬列传》）。修筑宽阔捷便的直道，并与之配备有一套报警设施的亭障烽燧。一旦边防遇警，就可立即派兵增援，辎重相随。

《史记·秦始皇本纪》：“三十五年，除道，道九原，抵云阳，堑山堙谷，直通之。”《史记·蒙恬列传》：“始皇欲游天下，道九原，直抵甘泉。乃使蒙恬通道，自九原抵甘泉，堑山堙谷，千八百里，道未就。……太史公曰：‘吾适北边，自直道归，行观蒙恬所为秦筑长城亭障，堑山堙谷，通直道，固轻百姓力矣’。”

据勘察材料知，秦直道的起点是今陕西淳化县北之秦林光宫遗址，其南有长 300 里的驰道直通首都咸阳，向北经旬邑、黄陵、富县、甘泉、志丹、安塞、靖边、横山、榆林、内蒙古伊金霍洛旗、东胜、达拉特旗到达包头市的九原郡治，计 13 个县、市，全程直线距离约 700 公里，已发现遗迹的道路全长约 750 公里。

直道选线主要是沿子午岭主脊东侧北上（今淳化县甘泉山—志丹与安塞县交界处），再沿横山西侧芦河左岸北上，经毛乌素沙漠，过鄂尔多斯东部的平地，抵九原。

秦直道作为一项大型的筑路工程，司马迁有“堑山堙谷”一语，今在直道沿线所见的“垭口”即属于“堑山”的遗留。

陕西境内已发现遗迹的秦直道全长 498 公里，其中富县段长 125 公里，其路面一般宽 30~40 米，最宽处达 58 米，是直道全程中路段最长、遗存最典型的地区。

远在修筑直道之前，咸阳就有一条北去上郡、云中（今内蒙古呼和浩特市南）、九原的通路。苏秦曾说燕文侯：“且夫秦之攻燕也，逾云中、九原，过代（治设今河北蔚县）、上谷（治设今河北怀来东南），弥地数千里。”（《史记·苏秦列传》）赵武灵王也曾着胡服“将士大夫西北略胡地，从云中、九原直南袭秦。乃诈自为使者入至秦，自略地形。”当秦昭王得知后，“主父驰，已脱关矣。”（《史记·赵世家》）秦始皇第四次出巡，归来也是经由云中、上郡而回到咸阳的。当修通直道之后，秦始皇第五次出巡病倒平原津（今山东平原附近），死于沙丘平台（今河北广宗西北），秦二世、赵高、李斯北上绕道九原，拖延时间，除掉在直道途中驻守上郡的公子扶苏和大将蒙恬，再由直道回到咸阳发丧。

蒙恬之所以能在两年多时间内修通这条堑山堙谷长达 900 公里的直道，就是在原来多条通路中优选，利用有效路段，部分取直，并增大规模而加以规范化的。

直道通于秦而用于汉。西汉多出兵直道抗击匈奴，像汉文帝“遣丞相灌婴发车骑诣高奴（今陕西安塞县西北）击之”、“发边吏骑八万五千诣高奴”、文帝“自甘泉之高奴”）。（《史记・孝文本纪》汉武帝于元封元年（前 110）“行自云阳，北历上郡、西河（山、陕交界北部的黄河两岸）、五原（即秦之九原郡），出长城，北登单于台，至朔方，临北河（黄河河套）。勒兵十八万骑，旌旗径千余里，威震匈奴。……还，祠黄帝于桥山（上郡阳周县，乃归甘泉（宫）。”（《汉书・武帝纪》）

八、秦朝“内史”及其管辖地

《汉书・五行志》载秦惠文王时的咸阳是“南临渭，北临泾。”《水经注・渭水》载成国故渠在这一地段自西向东的流经是“又迳惠帝安陵南，陵北有安陵县故城也。……渠侧有杜邮亭。又东迳渭城北。……又东迳长陵南。”

“渭城”即秦咸阳。据前引文献知，其方位在泾河南汉成国渠右侧、渭河之北，西有秦之杜邮亭，东临汉高祖长陵。

根据早期咸阳遗迹和遗物的分布及其内容的差别分析，揭示了早期咸阳六大分区的布置：一是以北阪宫区为中心及中央官府控制的手工业作坊区形成的东北分区，也可称“宫城区”；另一个则是由制作日用陶器的民营作坊、其他手工业工场和市民、商业组成的西南分区，也可统称“工商区”；在宫城西侧和居民区北端，紧临的是“嫣王—黄家沟平民墓区”。再向西推进是任家嘴、塔儿坡两个墓地构成的“西部墓区”；西北为早期“王陵区”；工商区东、宫城区南的临渭地域，是“居民与农业的杂居区”。再合并简述，就成了东南部属阳区，西北部属阴区。

公元前 221 年，秦始皇统一六国。咸阳作为首都，并没有另选新址，而只是按原来规划所形成的定制加以充实和扩大。这个时期的咸阳范围非常之大，成为远远超越此前的任何一个王朝的都城。咸阳的城市管理不是单纯的咸阳城和城郊区，而是咸阳和它的一大片辐射区。

秦都咸阳周边同七个县相接，其北与池阳（今泾阳县南部、泾水之北，治今县城西北二里）为邻；东北同弋阳（今高陵县西南部和咸阳市东北，南临渭水。汉景帝筑陵后改名阳陵县）最近；自北而南依次是高陵（今高陵县西南为秦县治所在，秦孝公十二年置县）、芷阳（今西安市灞河到临潼县骊山间地，秦昭襄王因芷阳宫置县，治在临潼韩峪乡油王村附近）绕其东；南有杜县（今西安市南郊，长安县北部。秦武公置县，治西安市西南 12.5 公里的杜城村）；西南有鄠县（今西安市西南丰镐以西的渭河南岸到秦岭北，秦孝公置县，治今户县北一里）；废丘（今兴平市

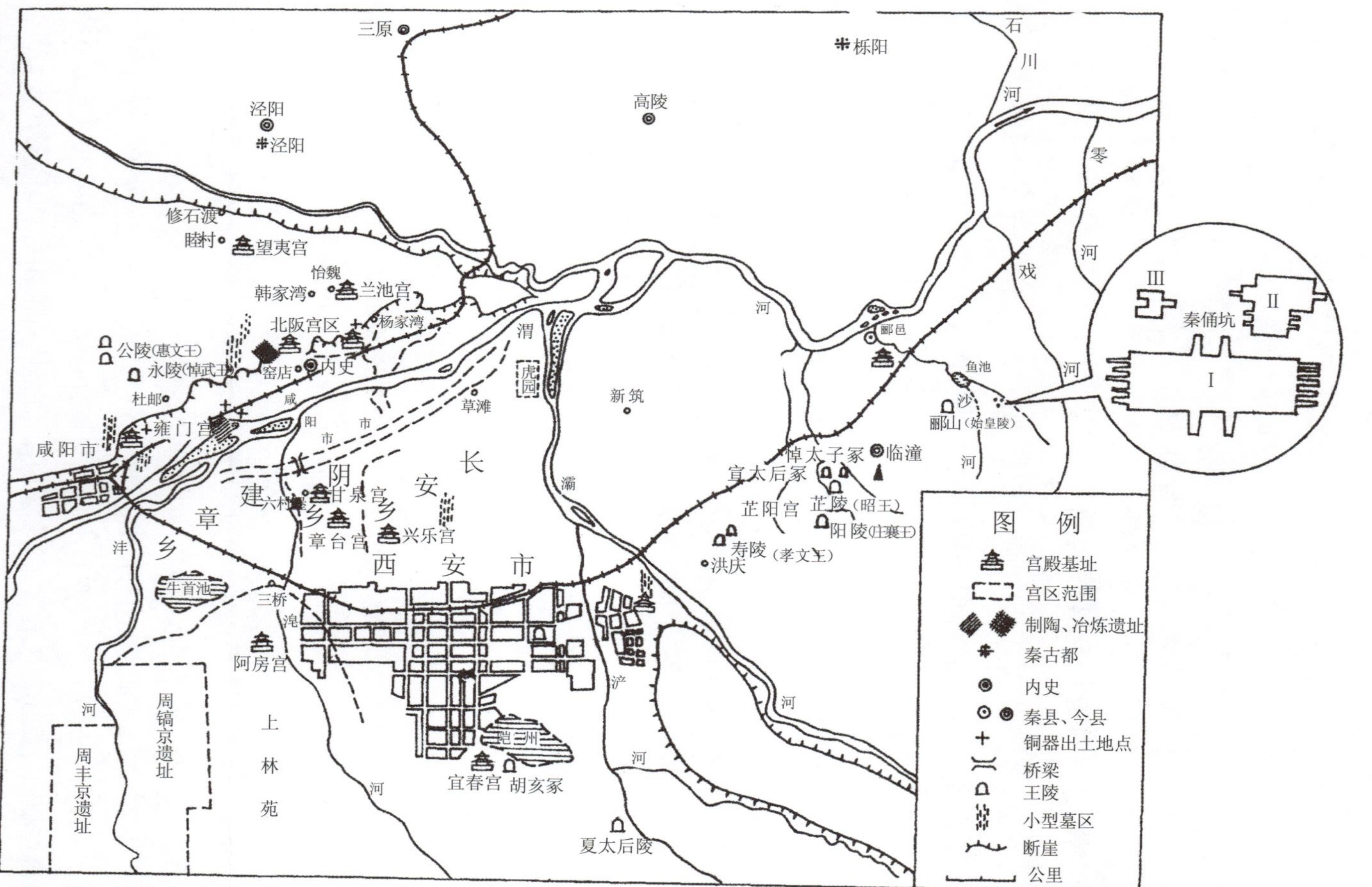

秦都咸阳布局示意图（王学理标示）

地，治在市东南佐村附近）在西。

《三辅黄图》记载："秦并天下，置内史以领关中。""内史"作为行政区划的单位，是秦始皇统一全国之后才于京师之地设立的。固然和郡同级，但不平行，而直属中央，因此不当在郡数之内计算。所以，颜师古说："京师，天子所都畿内也。秦并天下，改立郡县，而京畿所统，特号内史，言其在内，以别于诸郡守也。"（《汉书·地理志》注）秦始皇"分天下为卅六郡"，（《史记·秦始皇本纪》）以后随边境开发和郡治调整，全国郡数多达46个。而秦内史管辖的地域范围还比西汉"三辅"之地（京兆尹、左冯翊、右扶风）要大（即：多出今商县、洛南一带的商鞅15邑，潼关至灵宝县之间地），东起秦函谷关，西达陇县、大散关一线，北界关中盆地的北缘（北山），南抵秦岭，东南伸及武关。辖县42，治设咸阳。

因为畿内不设郡守，"内史"也成了一种官职。他虽未列入中央的三公、九卿之内，但因执掌京畿重地，同中央有着直接和方便的联系。在内史之地，还有一些相对独立的封君宗邑，如孝公封"商君"（商鞅）15邑、惠文王右庶长寿烛的"宗邑"。另外，还有昭襄王封的泾阳君（公子市）、高陵君（公子悝）；庄襄王的"文信侯"吕不韦；以及始皇弟成蟜 "长安君"。

内史除过主管内史事务外，也多与闻军国大计，权柄很重，非一般郡守所能比。

九、秦都咸阳的渭南区

秦都咸阳的渭南区最早是作为秦朝的新区开发的，而后却成为汉唐长安城的主体工程建造区域。所以特别研究这个区域的历史沿革很有必要。他是以长安命名的西安城市史的源起。据文献记载可考者，由东而西分为三乡。

1. 长安乡

秦始皇有弟名成蟜，曾封号"长安君"。（《史记·秦始皇本纪》）有一种方孔圜钱，无内外郭，背平素，面文作"长安"二字，径2.1~2.3厘米，重1.8~2.1克，人称"长安圜钱"，是长安君所铸铜币。不论是因地名号，或是因封名地，都说明"长安"从秦时就有此名。《读史方舆纪要》指出此地"本秦杜县之长安乡……楚怀王封项羽为长安侯，汉初卢绾封为长安侯。《三辅黄图序》："汉高祖有天下，始都长安，实曰西京。欲其子孙长安，都于此。长安本秦之乡名，高祖作都。"可见汉都长安就建在秦长安乡。国都取名"长安"，音响亮，义吉祥，人熟知，可谓方便。

不过，长安乡秦时虽有，而长安县却是汉高祖五年（前202）设置的，七年才自栎阳徙都于此。汉长安城是经过惠帝时三次扩修而成。《雍录》说“长安也者，因其县有长安乡而取之以名也，地有秦兴乐宫，高祖改修而居之，即长乐宫也。”可见这是“一地两代三易名，其次序是秦长安乡→汉长安县→汉都长安（县治仍在都城内）；地望的标志是：秦兴乐宫—汉长乐宫。

汉长安城遗址位于今西安市西北郊，据有未央区未央、汉城和六村堡三个街道办之地。渭河南岸的草滩农场在故城之北，陇海铁路经其南，西（安）—铜（川）高等级公路从城东南北穿过，沣河则从城西自南而北入渭。城周长25 700米，总面积35平方公里。长乐宫位于汉长安城内东南隅，秦长安乡也当在此。不过，乡的范围必定大于宫。那么，秦长安乡应包括着汉长安内东南及城东到灞水一带广阔的地域。

2. 阴乡与樗里

阴乡地处渭水之阴（南）而得名，秦人又有以阴乡名号“阴君”的。据《吕氏春秋》载：有个公孙竭的人，反告阴君给左丞相樗里疾，后来竟然官爵擢升到秦五大夫。但他被正直的人目之为靠打“小报告”得益的无耻小人，是个无义之徒。（《无义》）

滑稽多智的樗里疾，是秦惠文王的异母弟。战功卓著，受人崇敬，称得上文、武、昭时期的三朝元老，本名“疾”，因居住在阴乡樗里，人尊称之为“樗里子”。卒于昭王七年（前300），按照他的遗嘱是葬在渭南章台之东，预言说：“后百岁是当有天子之宫夹我墓。”汉代秦而兴，高祖七年（前200），丞相萧何主持建造了未央宫和武库，正是“长乐宫在其东，未央宫在其西，武库正直其墓”，时间也刚好是“后百岁”，所以人们对应验的这一事实流行着“力则任鄙，智则樗里”的谚语。（《史记·樗里子列传》）

经考古发掘，也验证了《史记》关于长乐宫、未央宫和武库三处的相对位置。汉长乐宫是在秦兴乐宫的基础上营建而成，位于长安城的东南部。未央宫位于汉长安城西南龙首山原上，前殿遗址至今仍高出地面15米。长乐宫和未央宫虽占汉长安城的南半部，但相对地上下错位呈东北—西南向。武库则位于未央宫外东北角，当长乐宫西墙的中部，但与二宫隔开，东距安门大街（章台街）82米。

秦阴乡位处首都渭南区的中心地带，东邻长安乡，西界建章乡，北至渭河（今西安市草滩之南），有横桥直达咸阳宫。樗里，系阴乡的属里之一。

3. 建章乡

《华阳国志·巴志》：“汉高祖灭秦为汉王，王巴蜀。阆中人范目有恩信方略，知帝必定天下，说帝为募发賨民（四川一带的少数民族），要与定秦。秦地即定，封目为长安建章乡侯。”范目封侯缘于原有建章乡。汉武帝太初元年（前 104）才在此地起造建章宫。宫址在今西安市三桥镇北，汉长安故城西墙外。规模宏伟侈靡，“度比未央”。秦建章乡在阴乡之西，位当今滈河以西的广阔地域，北接渭水，南及阿房宫所在的上林地。

十、秦朝灭亡，秦咸阳的毁灭

1. 秦朝灭亡

公元前 209 年，“年少”的胡亥登台，也即秦二世。他先“尊始皇庙为帝者祖庙。皇帝复自称朕”，借以抬高身价，接着兴师动众巡行郡县，以之“示强，威服海内”，“奉先帝成功盛德”，(《史记·秦始皇本纪》) 实则是内心空虚、穷极无聊的瞎折腾，纯粹的劳民伤财之举，欺世盗名!

与此同时他开始接着大兴土木，加重徭役。“又作阿房宫，治直道、驰道，赋敛愈重，戍徭无已。”(《史记·李斯列传》) 还“尽征其材士五万人为屯卫咸阳，令教射狗马禽兽。”(《 史记·秦始皇本纪》)

秦始皇极端的专制统治、加上秦二世的穷奢极欲，终于把秦王朝推上火山之巅。被压榨的秦朝人再也生活不下去了，火山终于爆发了。

公元前 209 年七月，一支被征发去戍守渔阳（今北京市密云县西南）的队伍，约 900 人，屯驻在蕲县大泽乡。适逢阴雨连绵，泥泞载道，无法行进。按照秦法：失期当斩。在这生死的关头站出来两个人，举起义旗，这就是陈胜和吴广。

受陈胜起义的影响，各地反秦力量迅速作出反应。一些旧贵族、官僚、野心家也乘机起兵，项梁、项羽“遂举吴中兵，使人收下县，得精兵八千人……梁为会稽守，籍为裨将。”(《史记·项羽本纪》) 刘邦也在沛县起兵。反秦的起义队伍迅速发展壮大，秦之大地，遍举反字旗。陈胜吴广建立的政权叫“张楚”。

陈胜、吴广领导的起义，从秦二世元年七月（前 209）至十二月（秦以十月为岁首，当二世二年)，南攻九江郡、北略河北、西进关中。但遭到了章邯指挥的秦军猛烈反扑。前后只有半年时间。起义大军被击败，陈胜王死，但他的部下依然奋起反秦。那些乘机起兵的旧贵族、地主武装力量，在争权扩地中成为反秦的骨干。经过军事力量的重新组合，最后形成项羽同刘邦为代表的两大军事集团。项羽率大军进攻河北，破釜沉舟，楚军勇敢，以一当十，大败秦军主力，取得了“巨鹿大战”的彻底胜利。然而此时刘邦却带领军队进攻关中。由于刘邦“所过无得掳掠，秦民喜”，就能很顺利地沿武关道北上在蓝田一战，打败堵截的秦军。公元前206年十月，刘邦首先到达霸上。秦王子婴只有“素马白车，系颈以组，封皇帝玺、符节，降轵道旁。”（《史记·高祖本纪》）秦始皇建立的秦帝国只存在了15个年头，就此被推翻了。

2. 秦咸阳的毁灭

刘邦受降后，进入首都咸阳，“欲止宫作舍”。他听从了樊哙、张良的进谏，“乃封秦重宝、财物、府库”，“萧何尽收秦丞相府图籍文书”，即还军霸上。此时，刘邦召集诸县的“父老豪杰”约法三章：“杀人者死，伤人及盗抵罪。”同时，尽除秦的严刑峻法，令各级官吏不予更动，百姓也可守其业。他们派人与秦吏在关中各地的县、乡、里广为宣传这些安定社会秩序的措施，，赢得了秦人的热烈欢迎和拥护。“秦民大喜，争执牛羊酒食献享军士。沛公曰：‘食粟多，不欲费民。’民又益喜，唯恐沛公不为秦王。”（《汉书·高帝纪》）

也就在这年十一月，项羽听到刘邦已入定关中，就大为恼怒，派出黥布攻破函谷关（今河南灵宝县北）。在此以前他们曾经约定“先入关中者为王”。然而，项羽却是消灭了秦军大部主力，居功最高，心有不服。十二月项羽进军戏下，当时，项羽有兵40万而号称百万，正准备进攻驻军霸上的刘邦。刘邦虽说有20万，充其量也不过10万。力量对比悬殊。刘邦自知莫如。于是，刘邦听从张良的建议，亲自带了百余骑到鸿门（今陕西临潼县新丰镇东南鸿门坂）同项羽会见。在宴席上，项羽的谋士范增设计要杀害刘邦。刘邦借故退席，从郦山脚下，取道芷阳，逃回自己营中。留下张良献出玉璧、酒杯辞谢，项羽也无可奈何，只得作罢。这就是历史上有名的“鸿门宴”。

在鸿门宴后不多日，志得意满、骄横逞力的项羽带兵进入秦都咸阳。烧、杀、掳、掠，无所不用其极。据《史记·项羽本纪》载：“项羽引兵西屠咸阳，杀秦降王子婴，烧秦宫室，火三月不灭。收其宝货妇女而东。”

宏伟的咸阳都城及其宫阙建筑，在项羽的一把火下，统统化为灰烬。有名的冀阙宫廷、咸阳宫、阿房宫等从地平线上消失了，甚至连秦始皇的陵墓也被盗掘焚烧。于是那“富十倍于天下”的秦中，经过项羽的破坏，已是满目疮痍。留下来的是累累夯土，火红色的瓦砾！

由于秦咸阳的城阙宫殿毁废，汉高祖元年（前206）择地渭城湾设立新城，名新城县。七年并入长安县。武帝元鼎三年（前114）复设，因邻近渭河而改名渭城县，

辖属右扶风。后赵石勒元年（319）改置石安县。隋文帝九年（589）改泾阳为咸阳，十一年迁治秦杜邮亭附近。唐高祖六年（623），县治由鲍桥迁到白起堡（任家嘴一带）。武则天天授二年（691）曾更名赤县，过了十五年又复咸阳旧名。虽然前后隶辖与县治多有变更，但咸阳之名沿用至今。据调查，虽汉渭城县故城形制不明，但地当今长陵车站西北的印长村一带，是大体可定的，现看到残存的南北向城垣有三段，分别长 10 米、94 米和 2 米，基宽 3 米。地面也多散布有绳纹瓦片等遗物。

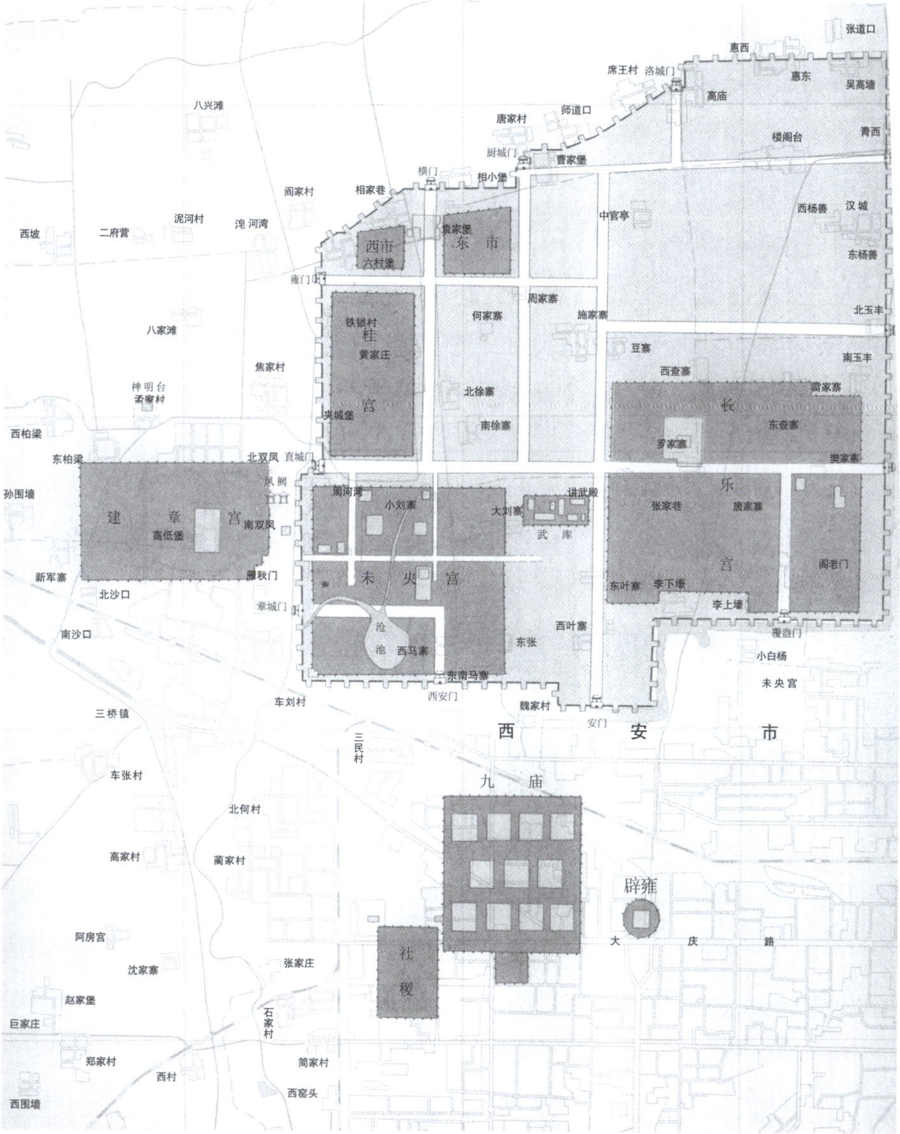

西汉长安城示意图

第五章　西汉帝国和新莽时期

西汉（前206年封汉王，前202年称帝—公元8年）

建都地：长安（今西安市）

西汉帝王一览：

高祖	前206年—前195年	计12年
惠帝	前194年—前188年	计7年
高后	前187年—前180年	计8年
文帝	前179年—前157年	计23年
景帝	前156年—前141年	计16年
武帝	前140年—前87年	计54年
昭帝	前86年—前74年	计13年
宣帝	前73年—前49年	计25年
元帝	前48年—前33年	计16年
成帝	前32年—前7年	计26年
哀帝	前6年—前1年	计6年
平帝	1年—8年	计8年

“汉并天下”瓦当

文字瓦当的大量使用是汉代瓦当的最大特点，“汉并天下”是较为常见的纪念性文字瓦当。

历史概述

公元前221年秦始皇在亚洲建立了第一个中央集权制的封建帝国，确立了此后中国古代历史的政治制度、经济形态、社会管理和皇权思想的基本构架。其首都咸阳从渭河北岸一个狭小的区域迅速扩展到渭河南岸，

四神瓦当

瓦当在汉代的使用达到了鼎盛。汉代用四神表示季节和方位，四神即青龙、白虎、朱雀、玄武四种动物。青龙的方位是东，代表春季；白虎的方位是西，代表秋季；朱雀的方位是南，代表夏季；玄武的方位是北，代表冬季。四神纹瓦当在汉代极为流行。

竟然把汹涌波涛的渭河变成了“城中河”。世界上濒临河流的都城固然不少，但能把河流包罗在城市之中的却并不多。而秦都咸阳却达到了“渭水贯都，以象天汉。横桥南渡，以法牵牛” 的规模。这在古代，只有古巴比伦城可与之媲美。可惜秦祚短暂，只过了 15 个年头，都城咸阳就被项羽一把火化为灰烬。

公元前 209 年，一批发配渔阳的戍卒在陈胜、吴广的策动之下，在大泽乡首先举起了反抗的大旗，从而掀起了我国历史上第一次大规模的农民起义，公元前 206 年刘邦进军关中，推翻了秦王朝的统治。此后，刘邦、项羽又进行了 4 年的 “楚汉相争”。终于在公元前 202 年刘邦夺得天下，定都长安，开始了西汉王朝 200 多年的统治。

汉朝在中华文明的历史长河中占有极为重要的地位，汉族是在这一时期正式形成，中国的方块字也从这时起，被称为汉字。“长安”二字作为国都名称，是从汉代开始的，随着大汉雄大的声威，长安便也带着闪闪光辉载入了中国史册。

汉代是我国历史上一个鼎盛兴隆的时代，汉长安城是当时的世界名城，和西方的罗马城遥相辉映，成为东西两方文明的灯塔。

汉长安城不仅是西汉的首都，也是后来前秦、后秦、西魏、北周等朝代的首都，它的遗址在今西安的西北方。

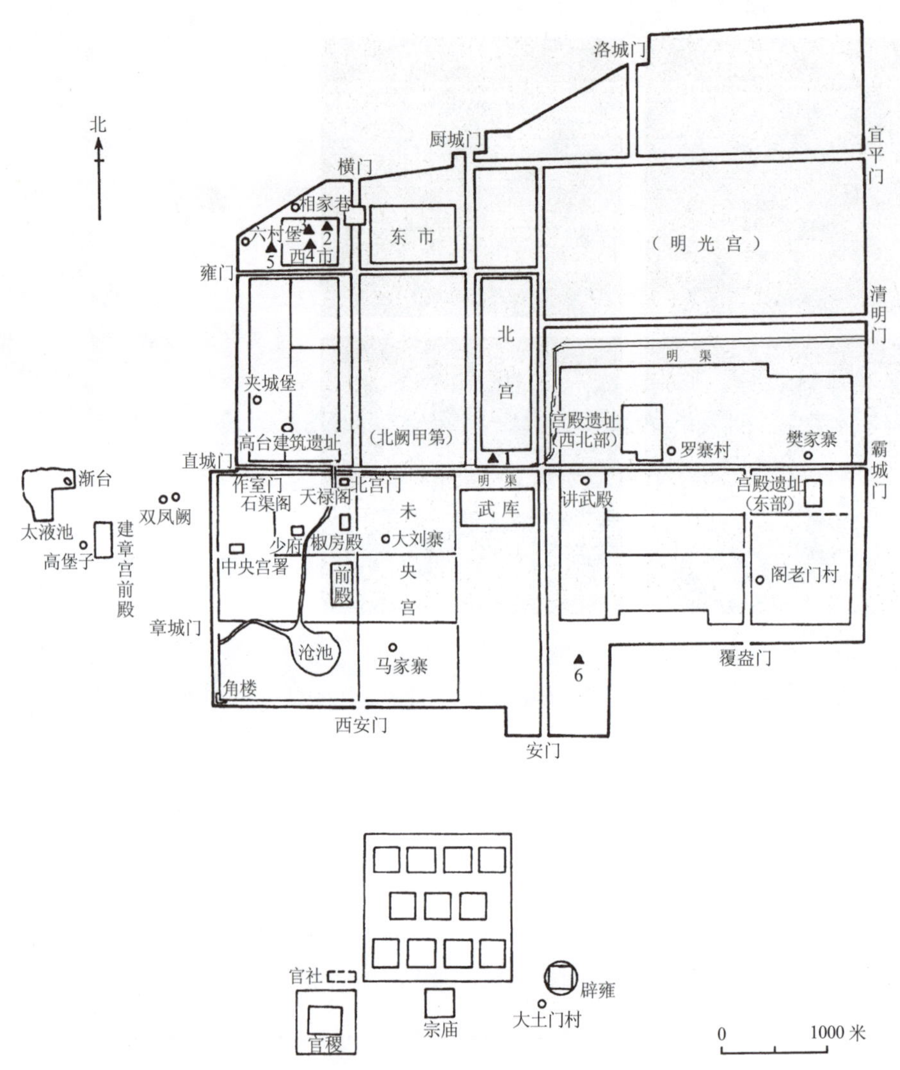

图一　　汉长安城遗址平面图

1. 北宫南部烧制砖瓦的官窑群址　2. 铸币遗址　3. 烧制陶俑的官窑群址　4. 冶铸遗址　5. 民营制陶作坊遗址　6. 高庙遗址

汉长安城平面图

汉长安城内有好多座宫殿，长乐宫和未央宫是其中主要的两座。

汉长安城面积为 36 平方公里，周长 25.5 公里，人口有 50 万左右。汉长安城的面积比当时西方的古罗马城还大两倍多，是中国历史上第一座规模宏大的繁华都市。汉长安城除东墙南北垂直以外，其余三面都有曲折。这是因为汉长安城不是一

“延年益寿”条砖

这件砖上的十二个字分别是“延年益寿与天相侍日月同光”，书体为悬针小篆，内容是吉祥用语。

次设计施工完成的，而是在原有秦朝渭河南岸长安乡宫殿遗迹的基础之上建立起来的，受原有建筑布局和渭水河道走向的影响，使它成为了不规则的形状。但也有人附会说，汉人崇尚按星象布局建筑，南墙、北墙的曲折分别象征天上南斗和北斗，因此汉长安城也被人们称为“斗城”。

如今的汉长安城已被二千年来的风雨侵蚀得失去了它的辉煌，变成了一处大遗址。但它的历史的光辉却是掩没不了的，因为它是中国封建前期的一个重要历史舞台。张骞从这里远去西域，开辟了丝绸之路；苏武留胡十八年不改爱国之志，终究回到这里来；班超投笔从戎，出师平定西域，功成搬师回朝；王昭君为了和睦匈奴，辞别了汉宫而去；霍去病击退了侵略者带着祁连风云胜利归来，等等，不计其数的名人趣事，都进出在这看来有似废墟的城垣里。

时间匆匆不停步，汉代帝王们和任何人一样，在生命的尽头也都归入了他们的墓室。

在陕西，除了名贯国内外的秦陵兵马俑外，还有一批出土时间较早，但体积较小的汉兵马俑，他们身上大体还保存了彩绘颜色，数目约有三四千，号称三千人马。

他们不像秦兵马俑那么高大，塑造手法也不那么细致写实，但因系绘画粉彩，眉目清楚，神态稚拙可爱，因此别有一番引人欣赏的情趣。

在咸阳原上，有一座最高、名声最大的汉陵，名叫茂陵，里面埋葬的是历史上的著名人物汉武帝刘彻。

刘彻在位五十四年，做出了许多创举，使汉代的兴盛达到了顶峰，对中国历史起了推进作用，但其奢侈豪华也是惊人的，曾以国家税收的三分之一作修陵费用，这座无顶的金字塔实际上是一座珍宝库。

汉代石刻艺术尤其是以茂陵石刻为代表的石刻作品历经两千多年依然巍然雄踞在那里，似乎还在恪尽职守地捍卫着他们的主人。其作风淳朴、雄健，富有内在力量，造型多用写意手法，追求神韵气质，它和汉代的赋、隶书，乐府等气质是谐调一致的，是中国艺术宝库中的一朵奇葩。

链接：空心砖和瓦当同样，也是当时建筑物上的组成部分，虽体积不大，也可作当时建筑物宏大华丽的佐证。

朱雀纹，它象证着吉祥。龟蛇纹，它象征着长久。龙凤纹，它象征着高贵。

西汉简史

一、楚汉相争

1. 约法三章

刘邦受楚怀王派遣，扶义西行，降宛城破武关入秦，经峣关及蓝田北两次大捷，在霸上接受秦王子婴投降后进入咸阳。“欲止宫休舍”，经劝谏，“乃封秦重宝财物府库，还军霸上。”惟萧何尽收秦丞相府图籍文书。不久，刘邦即“召诸县父老豪杰”，向他们宣布“约法三章”：“杀人者死，伤人及盗抵罪。”这既是刘邦入关后的政治宣言，也是其施政纲领。由于此举抓住了当时社会迫切需要解决的要害问题，所以受到民众的普遍欢迎，甚至出现了“唯恐沛公不为秦王”的普遍心理。

2. 鸿门宴与项羽屠咸阳

巨鹿战后，项羽以反秦军最高领袖的身份，率军入关进驻鸿门（今属陕西临潼），欲进攻刘邦。时刘军 10 万，号称 20 万；项军 40 万，号称百万。刘邦因兵力不敌，采纳张良建议，以财物疏通项羽叔父项伯，并亲到鸿门卑辞言和。项羽设宴招待。席间，项羽谋臣范增示意项羽击杀刘邦，项羽不应。范增便召项庄舞剑，意图刺之，又因项伯以身庇护，未能得手。张良急召樊哙入席护卫。刘邦随即托词潜回军营。这次鸿门宴后不几天，项羽率兵“西屠咸阳”。他先杀秦降王子婴，然后放一把火，将经营了百余年的秦都宫室化为灰烬，“火三月不灭”。项羽的这把大火，既充满着原六国贵族对秦报复的仇恨，也包含着以农民为主的广大民众对秦暴政的痛恨。就

其对于古代文化所造成的实际损失而言，远远超过了秦始皇的焚书坑儒。

3. 明修栈道，暗度陈仓

刘邦尽管对项羽违反怀王之约封他做汉王的决定不满，但迫于形势，也只好从褒斜道入汉中，并采纳张良建议，烧绝栈道，亦无归心，麻痹项羽。刘在汉中发展生产，延揽人才，封韩信为大将军，积极策划东进。他乘项羽出击齐地的机会，接受韩信“明修栈道，暗度陈仓”的建议，于公元前206年8月，派人公开重修褒斜栈道，转移人们的注意力，暗中却率兵从今勉县林口子间道北上越过陈仓（今宝鸡东），突然袭击关中，不到三个月，便全部据有之。

4. 刘邦的最后胜利

刘邦攻占关中后，即通过张良致书项羽，表示只想得到关中，实践怀王之约，而不敢复东。实际上却乘胜继续进兵，以致占领项羽的根据地彭城（今江苏徐州）。项羽军事上处于优势，回军大败刘邦。刘联合各地反项力量，和项羽在荥阳、成皋（今河南荥阳）间相持。同时，又派韩信攻占赵、齐等地，使项羽两面受敌。公元前203年，双方媾和，约定以鸿沟为界，西属汉，东属楚。刘邦听从张良、陈平建议，背约追击。次年，约集韩信、彭越等率兵合围项羽于垓下（或说今安徽灵璧南，或说今河南鹿邑东）。楚军兵少食尽，项羽夜闻四面皆楚歌，以汉尽得楚地，于是诀别爱姬虞美人，旋率从者八百突围南走，渡淮后仅余28骑。及至乌江（今安徽和县东北），见大势已去，遂自刎。刘邦取得最终的胜利。

二、西汉初始

1. 平民皇帝与布衣卿相之局

西汉开国皇帝刘邦，本是沛县一普通农民。际遇秦末乱世，在反秦武装斗争中，由匹夫而为天子。西汉开国大臣，惟张良出身最贵，韩相之子。其次则张苍，秦御史；叔孙通，秦待诏博士。次则萧何，沛主吏椽；曹参，狱椽；任敖，狱吏……其余陈平、王陵、陆贾、郦商、郦食其等，皆白徒。樊哙则屠狗者，周勃则吹箫给丧事者，灌婴则贩缯者，娄敬则輓车者。如此一种以平民皇帝和布衣卿相为特点的政治生态，前所未有，为天下一大变局。

2. 娄敬徙都、和亲、迁豪之议

公元前 202 年，齐人娄敬以戍守陇西、途经洛阳，听说刘邦打算在此地建都，便通过老乡虞将军求见，力陈定都关中之利，刘邦即日西都长安。遂赐娄敬刘姓，拜为郎中，号奉春君。后刘邦欲击匈奴，令娄出使探听虚实。还报，力言匈奴不可击。刘邦不听，终有“白登之围”。以此娄敬被封建信侯。当时天下初定，士卒疲于兵革，娄敬建议与匈奴和亲。又奏请徙关东六国后裔及强宗大族 10 余万口充实关中，以防备匈奴南下，兼收强干弱枝之效。所奏均被采纳，对巩固西汉政权、保持社会平稳发展起了积极作用。

3. 叔孙通定朝仪——汉承秦制

叔孙通是一位善于变通的儒者。他归降刘邦时，知道刘不喜儒服，便穿着楚式短衣前往。刘邦称帝后，他见朝会时群臣喧哗失礼，乃奏请征鲁诸生与弟子共起朝仪。公元前 200 年，长乐宫建成，诸侯群臣按所定朝仪举行朝贺，莫不振恐肃敬。刘邦叹曰：“吾乃今日知为皇帝之贵也。”以此叔孙通官拜奉常，诸弟子悉为郎。值得注意的是，叔孙通定朝仪，乃“颇采古礼与秦仪杂就之”。这里，秦的礼仪制度显然是基础。其实，不惟朝仪如此，汉的各项制度，基本都是从秦制发展而来，所以便有了“汉承秦制”的说法。

皇后玉玺

皇后玉玺是汉高祖和皇后吕雉合葬墓东侧出土的国宝级文物。玉玺印面为正方形，印面篆书“皇后之玺”四个字。是迄今发现唯一的汉代皇后玉玺。

4. 商山四皓

东园公、绮里季、夏黄公、角里先生四人避乱商洛山中，称为商山四皓。汉初，因刘邦慢侮士人，数召不就。后刘邦欲以戚姬子如意代刘盈为太子，吕后用张良计，使皇太子卑辞厚礼，安车迎致。四皓从太子见高祖，盛称太子仁孝，恭敬爱士，表示愿为辅翼。高祖见状，召戚夫人曰：“羽翼已成，难动矣。”太子以此得安。

5. 黄老政治

西汉初，统治者多奉行黄老之学，主张清静无为，实行休养生息政策，是为黄老政治。开其先河者，为齐相曹参。

6. 惠帝与吕后时代

汉惠帝刘盈，为刘邦与吕后之子。六岁即被立为太子，因生性懦弱，刘邦晚年拟废之，以大臣反对而罢。即位后，大权掌在吕后手中。吕是一个强势的女人，有谋略而残忍，曾助刘邦翦除韩信、彭越等异性诸侯王。她毒死赵王如意，残害戚夫人，致使惠帝忧郁病死。又分封诸吕子侄为王侯，拔擢亲信，排斥功臣。但临朝称制期间，民众的生活比较安定，残破的社会经济得到恢复，故受到史家称赞，曰：女主制政，不出房闼，而天下晏然，刑罚罕用，民务稼穑，衣食滋殖。

三、文景之治

1. 平灭诸吕

吕后为巩固自己的统治，大肆分封吕氏家族宗亲，造成“诸吕用事兮刘氏微”的局面，以吕后、诸吕为一方，以刘氏王族及忠于刘姓的大臣为另一方，矛盾日益尖锐。公元前180年，吕后刚死，一场政治风暴立刻引发。齐哀王襄率先起兵反吕。长安城内，太尉周勃与丞相陈平共同谋划，通过郦寄劝说吕禄交出北军兵权，击杀握有南军兵权的吕产，最后将诸吕“无少长皆斩之”。对于这场流血冲突，正史记作由诸吕阴谋作乱而起。有论者否定此说，认为是大臣们发动的军事政变。

2. 代王做了汉皇帝

诸吕败亡后，众大臣共议，以为代王刘恒是高祖见在诸子中年龄最大的，且其母家薄氏“君子长者”，不致重蹈吕后专权的覆辙，故决定迎立之。对于如此“天上掉馅饼”般的好事，刘恒极其谨慎地对待。当即帝位时，仍“西向让者三，南向让者再”。不过，一旦名分落定，便连夜任命亲信牢牢掌控住军权，显示了其为政的成熟与干练。

3. 洛阳少年才子——贾谊

贾谊是汉初才子型政论家。少年时，便以能诵诗书属文著称郡中。文帝时，召为博士。当时，贾谊年最少，“每诏令议下，诸老先生未能言，谊尽为之时，人人各如其意所出，诸生于是以为能。”一岁中超迁至中大夫。建议改正朔、易服色制度、定官名、兴礼乐。文帝纳其言，更定法令，遣列侯就国。因功臣周勃等排陷，贬为长沙王太傅，转梁怀王太傅。多次上疏陈说政事，反对无为而治，建言“众建诸侯而少其力”，削夺诸侯王权力，巩固中央集权，抗击匈奴侵扰，重农抑商，倡导礼义教化。后因梁王胜坠马死，自伤失职，悲戚而死。其著述有58篇，以《过秦论》、《陈政事疏》最为有名。

4. 开察举制先河

察举制是一种经过考察而予荐举的选拔官吏制度。汉文帝二年（前178）十一月，因出现日食文帝下诏，让臣下“举贤良方正能直言极谏者”，是为汉代察举选官的开始。按此法选官，先由皇帝下诏，指定举荐科目；然后由丞相、列侯、公卿及地方郡国按科目要求举荐人才；经皇帝亲自对举者进行策问；最后据对策成绩的不同，区别授官。文帝十五年（前165），再次“诏诸侯王、公卿、郡守举贤良能直言极谏者”，从而使察举之法形成一种制度，为以后各代汉帝所遵循，并一直延续使用到科举制诞生。

5. 为富安天下

贾谊曾向汉文帝谏言重视农耕，认为“驱民而归之农，皆著于本，使天下各食其力”，则“可以为富安天下”。自汉初以来，合理的经济政策促进了农耕生产的发展，社会财富日渐充实，至文景时期，“为富安天下”的设想基本得以实现。《汉书·食货志》的一段话，典型反映了那时富足的情况：“民人给家足，都鄙廪庾尽满，而府库余财；京师之钱累百钜万，累朽而不可校；太仓之粟陈陈相因，充溢露积于外，腐败不可食；众庶街巷有马，阡陌之间成群，乘牸牝者摈而不得会聚。”

6. 法制改革

汉文帝对秦的刑罚制度进行了重大改革。其一，重新制定法律，按犯罪情节轻重，规定不同的刑期，服刑期满即免为庶人。其二，废除“收孥相坐律令”。其三，废除黥、劓、刖三种肉刑，改以笞刑代替（景帝时又进一步减轻笞刑）。

7. 俭朴之风

史称汉文帝“躬修节俭，以安百姓”。他在位期间，“宫室苑囿车骑服御无所增

益”；多次下诏禁止地方郡国贡献奇珍异物，灾年甚至令诸侯不必进贡，还“弛山泽之禁”帮助民众度过荒年；又宣布降低消费生活等级，精简宫中近侍人员；所宠幸的夫人，“衣不曳地，帷帐无文绣”；曾打算建造露台，“召匠计之，值百金”，遂立即取消计划；营建霸陵，“皆瓦器，不得以金银铜锡为饰”，等等，皆给人留下俭朴印象。后霸陵出土过珍宝之器，有人据此以为文帝薄葬只是一种政治宣传。其实，霸陵“因其山不起坟”，节省了不少土木工程，值得肯定；至于随葬品的情况就比较复杂，入葬时本人已死，出现某些与其意愿不符的事应在情理之中。

8. 晁错削藩与七国之乱

颍川（治今河南禹县）人晁错，初习申商刑名之学，文帝时任太常掌故，从伏生受今文《尚书》。后迁博士、太子家令，为太子（即景帝）所信用，号“智囊”。以对策高第迁中大夫。上书言事凡 30 篇，建议劝农立本、徙民备边、抵御匈奴侵扰，并力主削夺诸侯王权力，颇能切中时弊，得文帝赏识。景帝立，任内史，迁御史大夫，幸倾九卿。景帝采纳其议，更定法令，着手削藩。公元前 154 年，久已蓄谋作乱的吴王刘濞联络楚王戊、胶西王昂、胶东王雄渠、甾川王贤、济南王辟光、赵王遂，以诛晁错、清君侧为名，公开发动武装叛乱。景帝命周亚夫为太尉平叛，以大将军窦婴驻屯荥阳，监齐、赵兵，又听信袁盎等谗言处死晁错，企图平息事端。吴楚等拒绝罢兵。周亚夫乃引兵固守昌邑，以轻兵绝吴楚军粮道，待其粮尽溃散，遣精兵追击，大破之。前后凡三月，乱平。

汉阳陵出土彩绘陶俑

汉代出土的陶俑从形制上分为塑衣式陶俑和着衣式陶俑两种类型。塑衣式陶俑是指人物形象及服饰同时塑成，并施以彩绘；着衣式陶俑在随葬时身上穿着真正的丝绸、棉麻或铠甲类等服饰，但随着时间的推移，昔日的衣装已糟朽、碳化，成为今天所能看见的木臂裸体俑。这几件男、女陶俑就是着衣式陶俑。

9. 杨家湾汉墓兵马俑

1970—1976 年发掘的杨家湾 4、5 号墓，距长陵较近，推测可能是周勃、周亚夫父子的墓葬。其从葬坑出土骑兵俑 500 多个，步兵俑 1800 多个。另有战车坑一个，

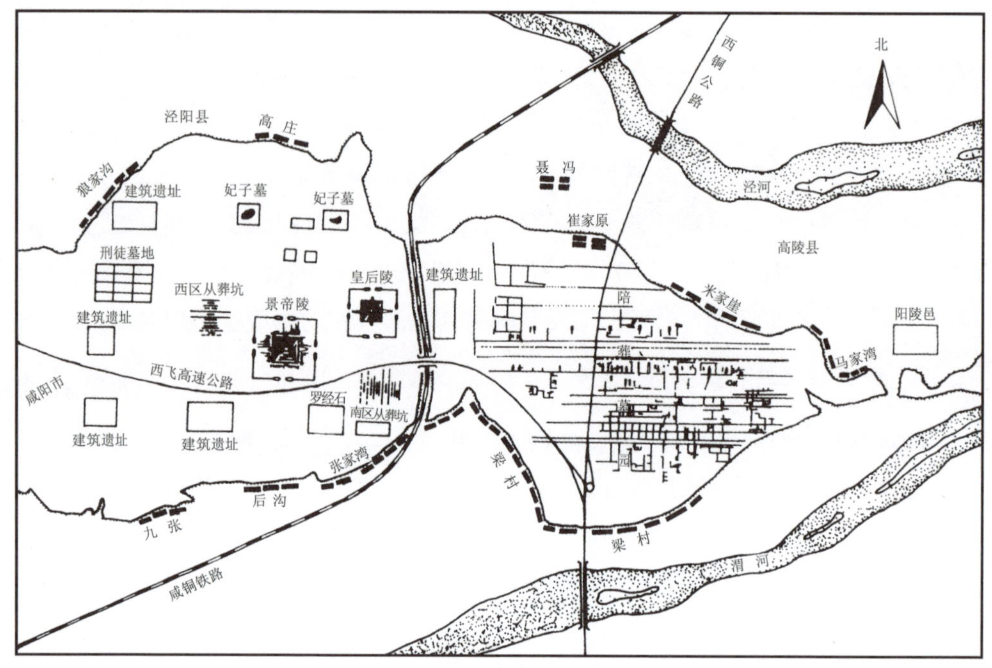

阳陵园遗迹分布图

位置居中，但坑内扰乱严重，车马形制已难复原。这批俑应是当时军阵的真实写照，作用与秦始皇陵东的兵马俑相同，只是规模较小，陶俑造型也较小罢了。从其排列组合看，论者认为汉初的军阵正处于从车骑并用向以骑兵为主力的变化过程中。

10. 阳陵出土的裸俑——东方维纳斯

1990年在王学理先生主持下，汉景帝阳陵陵园开始了连年相继的科学发掘。南区从葬坑有24个、发现了数量相当可观的陶俑，一般高62厘米，无臂，作裸体。整体各部基本合于人体比例，唯腰腹、股部略长。其阳具（或女阴）、肚脐、窍空无一不备。头发上拢于顶，绾髻后插笄。头发、眼眉、胡须、瞳孔用黑色，同颜面、躯干的橙红色相配衬，显出一种特有的鲜明艺术效果。从出土迹象知，男武士俑在额前原缠有一条束敛头发的丝带，再漆缅长冠压顶。由于织物腐朽，留下一道朱红色。俑原来身着长袍，以铜带钩束腰，再擐穿着革质的铠甲。双腿胫部缠有朱红色的“行縢”。木质胳臂装在横穿肩部的转轴上，可以作抬举、下垂或画圆的动作。由于长期埋于地下，衣物、木臂均腐朽，出土时只剩下裸体陶俑，被美誉为东方的维纳斯。这是20世界90年代继秦兵马俑与法门寺佛教文物后的又一重大考古发现。

四、雄才大略汉武帝

1. 充满传奇色彩的帝王之路

汉武帝刘彻是景帝的第九个儿子，上有八兄，下有五弟，几乎没有可能继承帝位。然而他却从诸多皇子中被选中，其帝王之路，充满了神奇色彩。原来他的母亲王娡本是已婚女子，被送入宫后受到还是太子的景帝的宠幸，并最终生得一子即刘彻。王娡工于心计，联合景帝姐姐长公主嫖，与之结为儿女亲家。通过长公主活动，景帝废太子刘荣，将其母栗姬打入冷宫，致其抑郁而死。王娡遂被立为皇后，七岁的刘彻当上了皇太子。公元前 141 年，景帝去世，太子刘彻即位，君临天下，是为汉武帝。

2. 罢黜百家，独尊儒术

罢黜百家、独尊儒术是汉武帝在思想文化领域采取的统治政策。武帝初年，社会经济得到恢复发展，汉初统治者所倡导和奉行的黄老之学已不适应专制主义中央集权国家的需要，因而被儒家的春秋大一统思想、神化皇权的政治理论和以仁义为核心的伦理学说所取代。公元前 140 年，董仲舒在贤良对策中提出："诸不在六艺之科孔子之术者，皆绝其道，勿使并进。"同年，丞相卫绾奏：诸"所举贤良，或治申、韩、苏、张之言乱国政者，请皆罢。"武帝采纳这些建议，以好儒术的田蚡为相。田蚡"黜黄老刑名百家之言，延文学儒者以百数；而公孙弘以治《春秋》为丞相封侯"。其后，通晓儒家经典更成为入仕的主要途径。不过武帝所尊的儒家已吸取了法、道、阴阳等家有利于加强君权的思想因素，与先秦以孔孟为代表的儒家有所不同。

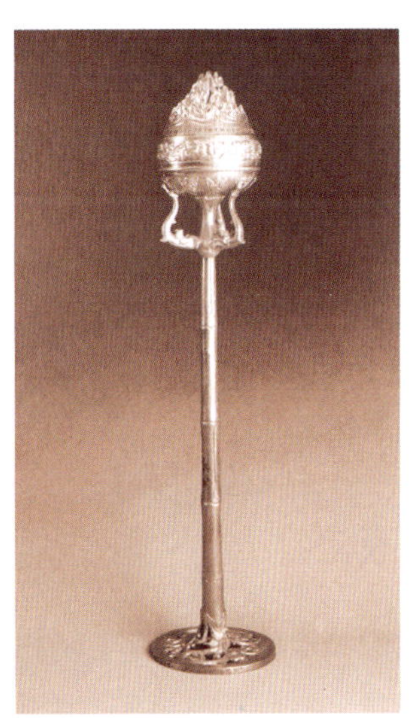

鎏金银竹节铜熏炉

国宝级文物。此炉是西汉未央宫的生活用器，熏炉原在未央宫，建元五年（前 136 年），汉武帝将其赏赐给姐姐阳信长公主及其丈夫卫青。

3. 张骞凿空

西汉初，匈奴经常侵扰汉边境，成为严重的边患。为了有效抵御匈奴入侵，汉武帝从一个匈奴降人口中得知西迁的大月氏有报复匈奴之意后，立即决定募使前往寻求与大月氏国结盟， 以实现其“断匈奴右臂”的战略构想。这一募召得到了汉中城固（今属陕西）人张骞的积极响应。当时，从汉到西域需要经过匈奴人控制的河西地区，前进的道路异常艰难。公元前138年，张骞率众百余人持节从长安向西域出发，途中被匈奴人俘获，拘留十余年逃脱后继续持故节西行抵大月氏。不料大月氏在中亚阿姆河流域定居已久，“殊无报胡之心”。张骞扑了个空。尽管张未能完成结交与国的使命，但他终于在公元前126年生还长安，给西汉王朝带回了关于西域的最新消息。这更激发了武帝西进的热情，此后遂开始了一系列广求西域通路的活动。自公元前121年，汉将霍去病大败匈奴收复河西之后，通往西域的道路终告畅通。司马迁把张骞的西域之行称为凿空，凿空即探险的意思，其意义重大。由此发展而来的丝绸之路，对中西文化经济交流起了重要作用，谱写了世界古代史上绚丽的一页。

4. 起用卫青、霍去病反击匈奴

汉武帝在反击匈奴的战争中，大胆起用了两个新人——卫青与霍去病。他俩都是河东平阳（今山西临汾西南）人。卫是武帝卫皇后的弟弟，霍是卫后姐姐的儿子，皆属外戚。但也都是军事奇才。对匈奴的反击战主要在公元前133年至前119年间进行，先后打了十几仗，其中关键性的大战有三次：第一次战争发生在公元前127年，汉军收复河南地区，解除了匈奴对长安的威胁。此战卫青贡献最大，受封长平侯。第二次战争发生在公元前121年，霍去病两次率军征战，收复河西地区，并接受匈奴浑邪王投降。第三次大战发生在公元前119年，卫青与霍去病分兵远征漠北，兵临瀚海（今蒙古高原东北境，或说即贝加尔湖）而还。“是后匈奴远遁，而漠南无王廷。”此战霍去病战绩尤著，加封大司马，秩禄比于大将军卫青。

5. 推恩分子弟

汉武帝为进一步削弱诸侯王势力，于元朔二年（前127）采纳主父偃建议，颁行“推恩令”。规定诸侯王得推恩将其封地分封给继承王位的嫡长子以外的子弟，并上报朝廷，由皇帝制定列侯封号，诸侯王无权废除或更改。所分王子侯国归郡统辖，不得过问政事，仅收纳封地内租税。这是一个较为温和但却切中要害的措施。推行之后，长期困扰汉代统治者的诸侯王问题，得以彻底解决。

6. 强化中央集权——中外朝问题

汉武帝为加强中央集权，采取了多种措施，其中关键性的一步则是建立“中

朝”（或称“内朝”）。具体做法是，皇帝特意从身份低微的士人中破格提拔人才，担任侍中、常侍、给事中等职，使之能够出入宫禁，随侍左右，顾问应对，参议大政决策。皇帝亲自任命的高级将领，加官侍中，亦具有参与宫廷决策的特殊地位。由此组成中朝，是实际的决策者。而由三公九卿构成的官僚机构——外朝，反而变成执行一般政务的机关。

7. 军队的改革与法制的完善

汉武帝时期军队的改革主要有两项内容：一是设置期门军、羽林军及羽林孤儿，壮大皇室禁卫军的规模，提高其战斗力。二是在北军中建立八校尉，即城门校尉、中垒校尉、屯骑校尉、步兵校尉、越骑校尉、长水校尉、射声校尉、虎贲校尉（另有胡骑校尉，不常置）。而法制的完善则体现在：1. 增补律令，使多至“三百五十九章，大辟四百九条，千八百八十二事；死罪决事比万三千四百七十二事”。2. 重用“酷吏”，严刑峻法。

8. 广开选举之路

汉代的人才选拔，以察举制为主体。此制正式产生于文帝时期，至武帝朝，才得以完善，并真正确立。具体表现在：1. 察举人才的标准有了明确规定，即以儒术取仕。2. 察举范围有所扩大，普通布衣之士亦能被察举。3. 察举科目增加，特别是岁举性科目“孝廉”的出现。察举之外，当时取仕的途径还有许多，其中以自衒鬻最为突出。所谓“自衒鬻”，即毛遂自荐之意。西汉名臣如主父偃、朱买臣、东方朔、徐乐、严安、终军等，皆通过此途入仕。有人则将此途直称为“上书求官”。

9. 新经济政策

汉武时期，推行了一系列新的经济政策，增加收入，以维持国家庞大的财政支出。其主要有：1. 币制改革，发行三官钱。2. 总一盐铁，将盐与铁两种物资实行官营，牢牢控制在国家手中。3. 实行“均输”“平准”，调剂运输，平抑物价。4. 算缗、告婚，即采取强制措施，令富裕户出钱，并鼓励对隐匿资产者的举报。

10. 长安城的扩建

西汉社会发展到武帝时，呈现出一派繁荣富强景象。在这样的社会条件下，武帝大规模营建京师长安，使之规模大备。扩建长安的主要工程是：1. 在西南城外筑“千门万户”的建章宫；2. 在长安宫北面建明光宫；3. 在未央宫北面建桂宫；

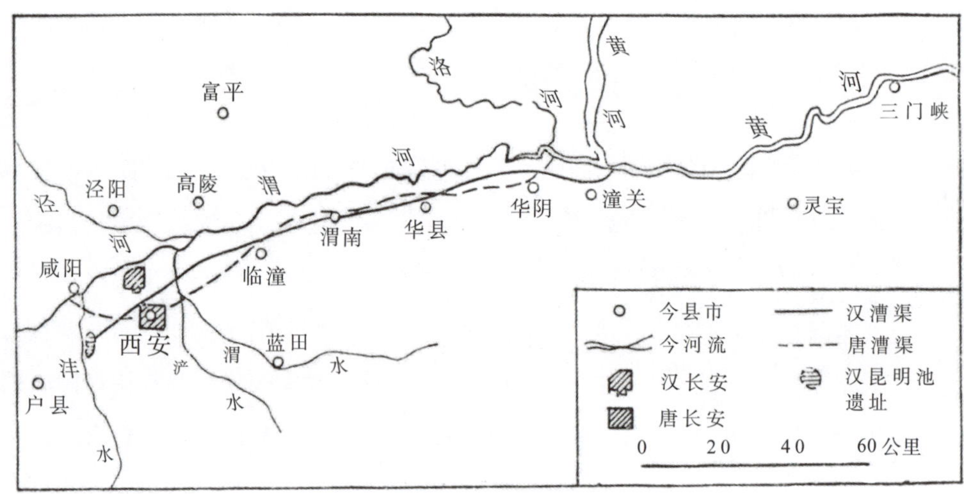

汉唐关中渭河与漕渠水运示意图

4. 增修北宫；5. 扩建上林苑；6. 开凿昆明池。

11. 关中六渠

关中六渠为汉武帝时在关中地区修建的主要水利工程：1. 漕渠。与渭水平行的人工运河。自长安而东，经今临潼、渭南、华县、华阴，在潼关附近入黄河。2. 龙首渠。由北而南引洛河水的灌渠。开建中发明井渠法，为水利史上的创举。3. 六辅渠。在秦郑国渠基础上增修六条辅渠而成。4. 白渠。“首起谷口，尾入栎阳、注渭中。”其与六辅渠、郑国渠构成了渭北完整的灌溉系统，故合称郑白渠。5. 灵轵渠。起于周至灵轵原下，为引渭工程。6. 成国渠。自今眉县开始，引渭东北向流往上林苑蒙笼渠。

12. 兴建茂陵

茂陵位于今陕西兴平南位乡茂陵村，为汉武帝陵墓。其营建了整整 53 年，而每年王朝赋税的三分之一都被用来筑陵。在汉代帝陵中，它是最大最雄伟的一座。其合葬墓、陪葬墓数量多、规模大、等级高，礼制建筑极其恢宏，殉葬品极为豪华。由于建陵时间长，及武帝葬时，“树皆已可拱”。西汉末，农民军曾打开其羡门，成千上万的人搬取陪葬品数十天后，“陵中物不能减半”。陵区设有县邑，并三次徙民。当时社会名流多迁居于此，如思想家董仲舒、文学家司马相如、史学家司马迁等。史载茂陵邑人口 27.7 万，比首都长安还要多。其繁华景象甲天下。

13. 土德制度

按五德终始论，继秦的水德之后，汉应为土德。然而入汉以后的很长时间内，仍奉行水德制度，于是在文帝时有人便提出了改水德为土德的问题。那时由于客观条件还不成熟，故改制未能实现。至武帝时，改制之风重新刮起。史称当时“搢绅之属”普遍要求将水德改为土德，而武帝本人既雄才大略，又好大喜功，所以定德改制之事，势在必行。太初元年（前104），当各方面的准备工作就绪后，武帝便正式宣布改制，即建立新的土德制度。具体内容是：正朔，正月朔（建寅）；服色，上黄；度数，以五为纪；音律，上黄钟。其中正朔一项，是采用了从五德说衍生出来的三统说黑统的规定。三统说的要素是黑、白、赤统，另还有四法，即夏、商、质、文（此处夏、商非朝代名）。它认为历代帝王被分配在三统里，夏为黑统，商为白统，周为赤统，其后依次循环，三统各有自己的制度。四法也是循环的，而且与三统相配，构成“黑统—法夏”、“白统—法商”……这样的组合。由于三统以三数循环，四法以四数循环，故需经历12代才能完成一次大循环。武帝朝以这样神秘的理论构筑起的神秘制度，今天看来自然很可笑，但当时它却是人们笃信不疑的圣典。

14. 求仙与祭祀

战国时期曾出现所谓的神仙家，秦汉时将这些人称作方士。向往神仙，迷信方士，成为当时的社会时尚。为求长生不老，汉武帝对于方士始终兴趣不衰；不少方士居然取得其信任，成为显贵。如少翁被拜文成将军，栾大连挂五将军印，封乐通侯，妻卫长公主。当方士的骗术被戳穿后，武帝虽然毫不客气地把他们杀掉，但对神仙及不死药，仍然一心向往。为此，特在长安作飞廉—桂馆，在甘泉作益寿、延寿馆，命方士“持节设具而候神人”；又在长安建30丈高的通天台，“将召神仙之属”，甚至还在建章宫太液池中建四仙岛，表示精神寄托。汉武帝对祭祀活动特别重视。元光二年（前133），他亲自郊雍之五畤，后形成三年一郊的定制，又接受谬忌等人建议，祭祀“泰一”、“三一”。元狩三年（前120），听信方士少翁言，“作甘泉宫，中为台室，画天地泰一诸鬼神，而置祭具以致天神。”元鼎五年（前112），又在甘泉宫起三层泰一祠坛，五帝坛环居其下，黄帝西南，“除八通鬼道”。另在汾阴脽上（今韩城西南）建后土祠，祭地神（社神）。如此一来，天地祭祀终于被武帝搞齐备了。

15. 个性与爱好

汉武帝的个性有两个特点：一是进取尚武，二是好大喜功。就爱好而言，他自青年时就喜好文学、酷爱诗、赋，也格外珍惜诗人、文士；他又喜欢艺术，音乐、歌舞都相当精通；他还喜爱宝马，爱好打猎和追逐猛兽。另外，他庸俗腐朽的癖好也很多。如迷信神仙方士，求仙祭祀终生不懈，喜欢营造别宫离馆，搜求珍奇异宝等，尤其对于女人，更有特殊喜好。“上能三日不食，不能一日无妇人。”

16. 危机四伏的盛世

汉武帝的文治武功，把西汉推向了空前的盛世，但在盛世的背后却危机四伏。饥民与流民是当时社会相当突出的问题。元封四年（前 109），关东出现了二百万流民事件。虽然汉廷采取措施使事件没有扩大，但却不能从根本上解决问题。社会矛盾积存的结果，导致了天汉年间的农民起义。当局不惜颁行“沈命法”，强迫地方官吏严厉镇压农民义军。在内扰不断的情况下，匈奴再起边患。苏武事件、贰师败北、李陵投降，等等，均严峻考验着当政者的智慧与能力。特别是统治阶级内部斗争酿成的“巫蛊之祸”，竟令暮年的武帝亲手杀死了自己精心选定的接班人，从而让帝国面临一场巨大的政治危机。

17. 晚而改过

面对太子之死，李广利投降等一系列事件，汉武帝终于正视现实，悔过罪己，决心由多欲政治改弦更张为养民富民、与民休息。概括起来，主要做了三件大事：1. 颁“轮台之诏”，“深陈既往之悔”。2. 任用赵过，推行“代田法”。3. 重新安排接班人——立少子刘弗陵为太子，为之精心挑选辅佐大臣，并处死太子之母钩弋夫人（此即所谓“钩弋故事”）。

18. 司马迁与《史记》

司马迁，字子长，左冯翊夏阳（今陕西韩城）人。早年壮游，深入民间，考察风俗，采集传闻。初任为郎，曾奉使巴蜀及西南夷。元封三年（前 108），继父职，任太史令。博览国家藏书，承父遗业，续写史籍。又参与改革旧历，制定《太初历》的工作。后因为他激情地为投降匈奴的李陵辩护，触犯武帝，被处腐刑。出狱后任中书令，尊宠任职，发奋完成所著史籍，时称《太史公书》，后称《史记》。此书开创纪传体史书形式，分作十二本纪，十表，八书，三十世家，七十列传，共

130 卷，52.65 万字，记录上自黄帝，下至汉武帝太初年间前后 3000 年的史实，是我国最早的通史，也是古代优秀传记文学巨著，对后世史学与文学都有深远影响。

19. 汉武悖论现象透视

悖论是一种特殊的逻辑矛盾命题，实际上就是哲学所讲的矛盾。汉武帝集大功与大过于一身，充分体现了历史悖论现象，可称为汉武悖论。这种情况不唯古人独有，也存在于今人身上。为防止汉武悖论现象再度发生，树立一种防患于未然的思想意识，建立一种强有力的制约机制（核心应是废除终身制，实行任期制），是非常必要的。希望未来的杰出人物，能够将其功绩建立至最大值，而将其过失缩小至最小值。

五、昭宣时代

1. 辅翼少年天子的重臣们

汉昭帝即位时才八岁，由霍光、金日磾、上官桀、桑弘羊四位重臣辅政。霍光是骠骑将军霍去病的同父异母兄弟，服侍武帝 20 余年，始终小心谨慎，从未犯过过失，深受信任，为辅臣之首。武帝曾以周公背成王朝诸侯图示之，意谓让他做辅佐幼主的周公。金日磾原是匈奴休屠王的太子，14 岁被俘后即在汉宫中养马，受到武帝的特别宠爱，而他本人也忠心为武帝做事。上官桀初为羽林期门郎，因力气过人，得到武帝赏识，视为心腹。桑弘羊商人出身，为理财专家，一直受到武帝的信任。

2. 盐铁会议

始元六年（前 81），汉昭帝令丞相车千秋、御史大夫桑弘羊，召集各地所举贤良文学 60 余人至长安，以“民所疾苦，教化之要”为议题，对政府现行政策举行一次大规模讨论会。是为盐铁会议，或称盐铁之议。会上，以贤良文学为一方，以政府代表（主要是桑弘羊）为另一方，展开激烈辩论。所论问题主要是：1. 盐铁官营问题；2. 与匈奴和战问题；3. 法治与德治问题；4. 重本与重末问题。

3. 昭帝去世与议嗣之争

公元前 74 年，22 岁的汉昭帝病逝，无嗣，群臣咸举武帝子广陵王刘胥继立。然而刘胥“本以行失道，先帝所不用”。正当辅政大臣霍光因此事而为难时，有一郎官上书言“广陵王不可以承宗庙”。霍光遂以其书遍视大臣，改迎昌邑王刘贺即位，那位郎官也被超迁为九江太守。刘贺系武帝之孙，昌邑哀王刘髆之子，六月丙寅受皇帝玺绶，26天后又被霍光等废黜。据霍光等人的“连名奏”称，刘贺被废原因是其“荒淫迷惑，失帝王礼仪，乱汉制度”。不过有论者则指出，此中真正的原因当为擅权的霍光与“昌邑群臣”间誓不两立的权力斗争；昭帝死后上演的一幕，实是霍光执导的一出“立帝—废帝—再立帝”的政治戏。

4. “如芒在背”——初登席位的汉宣帝

汉宣帝刘询，戾太子孙，武帝曾孙。幼遭巫蛊之祸，生长民间。霍光等废昌邑王贺后，被迎立为帝。即位之初，霍光曾打出一张“稽首归政”的试探牌。“上谦让委任焉，论定策功，益封大将军光万七千户”，“诸事皆先关白光，然后奏御天子”。由是，霍光的权力似乎更大了。实际上，宣帝对霍光“内严惮之，若有芒刺在背”，这就决定了皇权与霍氏之间矛盾的不可调和性。不过宣帝与霍光在为政方针上并无太大分歧，因此君臣之间尚能维持较为正常的关系。公元前68年，霍光病危，宣帝亲往问病，“为之涕泣”。及死，更以帝王之制予以厚葬，下诏称其“功如萧丞相”。

5. 霍氏败亡

霍光秉政长达20年，特别是当粉碎燕王、上官桀等谋反事件后，更是独揽大权，遂使霍氏家族“党亲连体，根据于朝廷”。霍光死后，子霍禹以右将军嗣父爵，其家仍旧煊赫一时。宣帝在民间时便听说霍氏尊盛日久，“内不能善”，及亲政后便开始大刀阔斧地削弱霍氏势力。当霍光夫人暴露毒杀许皇后的恶性事件泄露后，诸霍“始有邪谋矣”。公元前66年，霍氏欲废宣帝而自立之谋被发觉，霍禹遭腰斩，“与霍氏相连坐诛灭者数千家”，霍皇后被废，显赫多时的霍家一败涂地。

6. 循吏政治与中外朝制度的完善

循吏又称良吏，“谓本性循理之吏也”。昭宣时期，之所以呈现政治清平局面，与当时的循吏政治直接有关。宣帝本人“由仄陋而登至尊，兴于闾里，知民事之艰难”，故尤重吏治，而当朝良吏也最多，如赵广汉、韩延寿、尹翁归、严延年、张敞、王成、黄霸、朱邑、龚遂、郑弘、召信臣等皆其代表人物。他们施政有两大特点：一是执法公平，不避豪门权贵，但又不同于酷吏，而更重教化。二是重视发展经济，殖财富民，以宽政合于人心。昭宣时期，中外朝制度进一步完善。当时形成

一种较固定的模式，即担任大司马和将军的重臣多领尚书事，成为中朝核心成员。

7. 石渠阁会议

甘露三年（前51），汉宣帝诏萧望之、刘向等儒生，会集长安未央宫北的石渠阁，讲论“五经”异同，由宣帝“称制临决”，亲自作总结。这一次经学讨论会，被称作石渠阁会议。

8. 置西域都护与汉匈关系的重新调整

一般地说，西域都护为汉帝国派驻西域最高长官的正式官名。不过按汉宫体系，它属加官，或称都护西域、使西域都护等。宣帝神爵三年（前59，一说二年）汉廷以郑吉并护鄯善以西南道、车师以西北道，称都护西域骑都尉，于乌垒城（今新疆轮台东）设都护府，监护西域三十六国（后分为五十余国），诸屯田校尉、戊己校尉皆属之。此即置西域都护之事。总的来看，昭宣时虽然也曾发生过如五将军击匈奴一类的战争，但汉匈关系以匈奴附汉为主流是勿庸置疑的。昭帝时，匈奴五单于争立，分为南北两部。甘露三年（前51），南匈奴呼韩邪单于降汉，北匈奴郅支单于西迁，后被汉西域都护甘延寿和副校尉陈汤所杀。呼韩邪在汉的帮助下，重新统一匈奴。从此，双方结束了百余年的武装冲突，恢复了和亲关系。

9. 宣帝性格对政局的影响

汉宣帝出生数月即遭遇巫蛊大案，在襁褓中被牵连入狱。他受到有关官吏怜护，安置由女犯乳养，后逢大赦出狱，并恢复了皇族身份。如此际遇使他具有了不同于一般皇族子弟的特殊性格。他欣赏豪迈奔放的任侠之风，经常往来于长安诸陵及杜、鄠之间，与平民少年斗鸡走马，熟悉下层社会生活，深知民间疾苦。唯此，他在位期间，能够有功必赏，有罪必罚，注重实效，“吏称其职，民安其业”。然而也正因其那段特殊经历所铸成的某些性格弱点，使他重用宦官和外戚许、史和王氏，实启西汉后期外戚之滥觞。

六、汉末荒政——元、成、哀、平时期

1. 西汉由盛而衰分水岭——元帝时期

汉元帝名奭，“柔仁好儒”。其父宣帝曾叹谓“乱吾家者，太子也”。即位后，朝中便出现了以名儒萧望之、周堪等一方，以宦官弘恭、石显及外戚史高为另一方

的两大政治派别。萧望之等不失为统治阶级中有一定远见卓识的政治家，而宦官、外戚集团中的人物多是图谋私利、贪婪庸鄙的小人。在两派斗争中，表面上元帝似乎有时倾向于萧派，但实际上却一屁股坐在反萧派一边。他酷爱音乐，不亲政事，认为“中人无外党，精专可信任”，而对于“君人之道”几乎一窍不通，甚至连奏章中“请谒者召致廷尉”即下狱都不懂。反萧派正是利用他的昏庸无能，假他之手逼死了萧望之，从而使宦官擅权，外戚恣意放纵，政治日趋黑暗。这就更加速了土地的集中，小农经济的破产。尽管元帝也曾下诏减免田赋徭役，以公田苑囿赋假贫民，但也无法挽救王朝的衰败。旧史家评说他“牵制文义，优游不断，孝宣之业衰焉”，是符合实际的。元帝的确是西汉由盛而衰的分水岭。

2. “霸王道杂之”

《汉书·元帝纪》载，元帝为太子侍宴时向其父建言：“陛下持刑太深，宜用儒生。”宣帝作色曰：“汉家自有制度，本以霸王道杂之，奈何纯任德教，用周政乎!”所谓霸王道杂之，即法、儒并用之意。

3. 京房及其考功课吏法

京房，字君明，本姓李，东郡顺丘（今河南清丰西南）人。治《易》，善说灾异。初元四年（前 45），以孝廉为郎。奉诏作“考功课吏法”奏上，朝臣“皆以房言烦碎，令上下相司，不许可”；“唯御史大夫郑弘、光禄大夫周堪初言不可，后善之”。进言为中书令石显、尚书令五鹿充宗所嫉恨，出为魏郡太守，试以考功法治郡。月余，石显劾奏其与淮阴王舅张博通谋，诽谤政治，归恶天子，遂弃市。时年 41 岁。其考功课吏法不失为加强官吏管理的尝试与努力，可惜在复杂的政治斗争中竟不了了之。

4. 陈汤矫诏

陈汤字子公，山阳瑕丘（今山东兖州东北）人。元帝时以荐为郎，数求使外国。时匈奴郅支单于役属康居，攻略乌孙、大宛，威胁西域。建昭三年（前 36），已官至西域副校尉的陈汤，伙同西域都护骑都尉甘延寿，矫制发城郭诸国兵及车师戊己校尉屯田吏士，共 4 万余人进击康居，诛郅支单于，建立了奇功。

5. 昭君出塞

王昭君，名嫱，昭君是其字，南郡秭归（今属湖北）人。汉元帝时，以良家子

选入宫中，竟宁元年（前 33）匈奴呼韩邪单于入朝求和亲，自请嫁匈奴呼韩邪为妻，称宁胡阏氏。呼韩邪死，上书求归。成帝命其遵从胡俗，复为后单于阏氏。昭君和亲对汉匈通好起了积极作用，并成为后世诗词、戏曲、小说、说唱的流行题材。

6. 酒色天子——汉成帝

汉成帝名骜，字太孙。昏庸程度远在其父元帝之上。为太子时，就是个酒色之徒。即位后更是广采良家女子备后宫以满足淫欲。尤其赵飞燕、赵合德姊妹得宠后，奢侈淫逸，“自后宫未尝有焉”。这位好色帝王还经常微服出宫，至市里郊野斗鸡、走马。如此荒唐的国君，自然无心顾及朝政，而把政事交给元舅王凤，任为大司马大将军领尚书事；王氏诸舅皆拜为列侯。成帝又营建昌陵，费以巨亿，以至天下匮竭，百姓流离，民众反抗斗争此起彼伏。史家评曰：“朝政自此乱，外戚之势自此成，汉事遂不可为矣。”

7. 土地兼并与师丹限田之义

西汉末，严重的土地兼并成为社会问题最大的症结，另还有王侯官吏豪富“多畜奴婢”的问题。汉哀帝时，辅政大臣师丹，建言限民名田及奴婢，以缓和社会矛盾。哀帝下诏令朝臣“其议限列”，丞相孔光、大司空何武随即制定了限定的额度和限制的措施。然而这一设想遭到当政外戚、官僚的激烈反对而未能实行。提建议的师丹本人，也因反对立哀帝祖母尊号忤旨，为外戚诬陷，免官废归乡里。

8. 宦官干政与外戚专权

两汉宦官的亲任始自孝武，而其干政则以元帝朝为典型。当时形成以宦官弘恭、石显与外戚组合的政治集团谮诉大臣、专擅权势。然弘恭早死，成帝即位后，石显罢官，宦竖势力消沉，但外戚专权又凸显出来。追溯有汉一代，外戚膨胀，始自吕后。至元帝朝，其势已相当严重。及成帝时，王凤专政，五侯当朝，诸王分据势官满朝廷，外戚势力发展又创新高、并最终导致了王莽代汉的结果。

9. 昌陵营建与罢建

汉成帝即位的次年，即选定渭城（今陕西咸阳）延陵亭部为自己的建陵地。当延陵建造 10 年之后，却下令停建，又于渭河南岸的新址建造昌陵。由于昌陵地势低下，填土工程量巨大，墓建了 5 年，仍无法完成。朝臣一片反对声，永始元年（前 16），成帝下诏，停建昌陵，复还归延陵。

10. 变态汉哀帝

汉哀帝名欣，为元帝庶孙。成帝无嗣，于临死前一年立欣为太子。即位后，削弱外戚王氏权势，却又大力扶植外戚丁氏、傅氏。他嬖幸“美丽自喜”的董贤，“出则参乘，入御左右”，甚至同床而寝。董除了仪貌漂亮外，并无实际本领，却被封为大司马大将军，位居三公，权倾当朝，骤然暴富，财产达43万万，比汉政府“都内钱”还多。他还采纳方士之议，搞所谓的“再受命”，自号陈圣刘太平皇帝。如此变态皇帝，荒唐可笑之极。身患痿痹之症，不断加剧，在位7年而亡。

11. 傀儡汉平帝

汉平帝名衎，本名箕子。元帝庶孙。九岁被迎立为帝，由太皇太后王政君临朝，大司马王莽秉政。莽以大司马领尚书事、进位安汉公、宰衡，政由己出，平帝完全成为傀儡，西汉王朝名存实亡。元始五年(5年)病死，或谓王莽鸩杀。在位6年。

12. 史游与《急就》

史游，元帝时曾任黄门令，撰有《急就》(即《急就篇》、《急就章》)。该书《汉书·艺文志》著录为一篇，今本分三十四章。 以韵语编次日用杂字，供童蒙育习识字之用。“急就”为开篇首二字，取以为名。

13. 刘向与《七略》

刘向本名更生，字子政，楚元王刘交四世孙。少治《春秋谷梁传》，以父任为辇郎，后在宦海沉浮，成帝时拜中郎，迁为光禄大夫。奉诏领校秘书，撰为《别录》。后任中垒校尉。其子刘歆继承父业，整理国家图书，在《别录》基础上撰成《七略》(即辑略、六艺略、诸子略、诗赋略、兵书略、数术略、方技略)，是我国最早的综合性图书分类目录。班固撰《汉书·艺文志》，即以该书为依据，“删其要，以备典籍。”

七、《汉书·百官公卿表》记载的西汉官僚体制

西汉中央官僚机构最高层次为三公：丞相、太尉、御史大夫；其次为九卿（诸卿)：太常、光禄勋、卫尉、太仆、廷尉、大鸿胪、宗正、大司农、少府。地方郡级：郡守、郡尉；县级：县令（长)。

阳陵帝后二陵

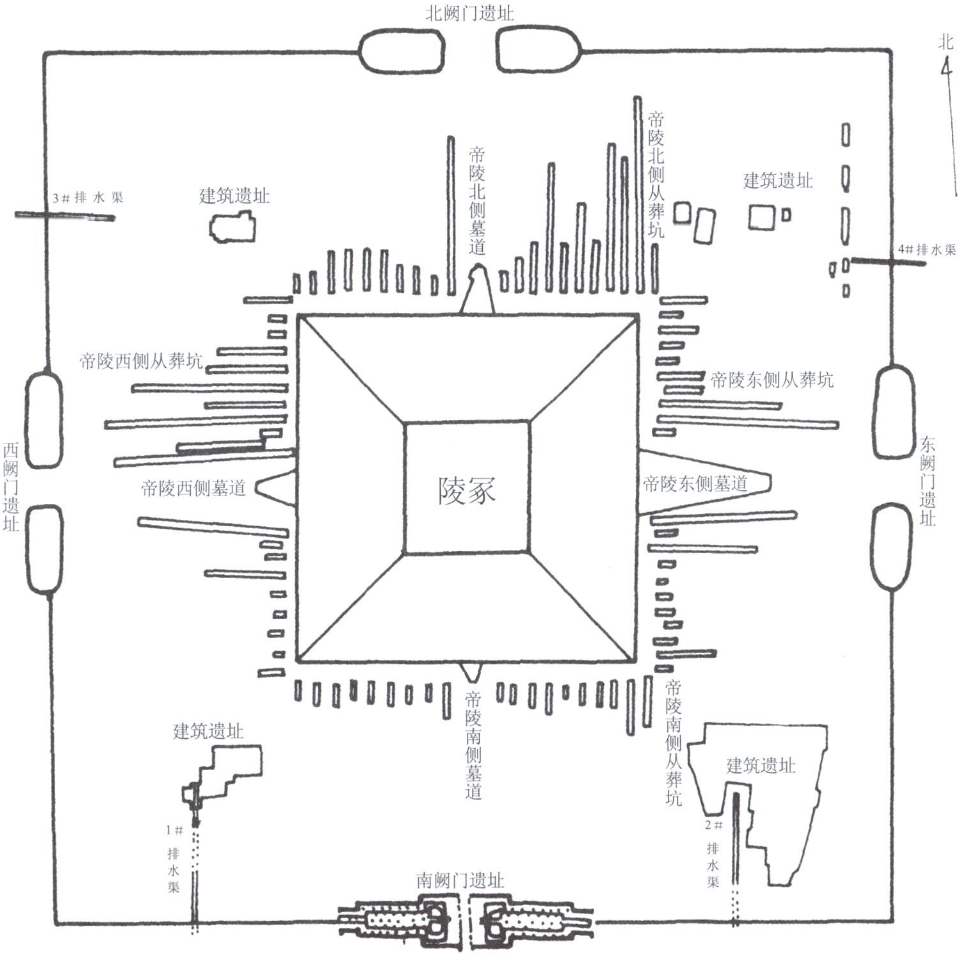

北阙门遗址
北
3# 排 水 渠
建筑遗址
帝陵北侧墓道
帝陵北侧从葬坑
建筑遗址
4# 排水渠
帝陵西侧从葬坑
帝陵东侧从葬坑
西阙门遗址
陵冢
帝陵西侧墓道
帝陵东侧墓道
东阙门遗址
建筑遗址
帝陵南侧墓道
帝陵南侧从葬坑
建筑遗址
1# 排水渠
2# 排水渠
南阙门遗址

汉景帝陵御府坑与陵城平面图

八、简牍资料反映的西汉社会

汉代简牍大批量出土，以居延汉简开其端，后来有武威磨嘴子汉简、临沂银雀山汉简、长沙马王堆汉墓简牍、定县八角廊汉简、居延新简、江陵凤凰山汉简、阜阳双古堆汉简、敦煌后期汉简、江陵张家山汉简、连云港尹湾汉简、敦煌悬泉汉简等，皆宝贵的汉代第一手资料，其所反映的汉代社会面貌更具真实性。

九、汉朝帝陵考古所揭示的文化辉煌

1. 阳陵

是咸阳原上九座汉陵中最东端的一座，阳陵是汉景帝刘启及其皇后王氏同茔异穴的合葬陵园，位于今陕西省咸阳市渭城区正阳镇张家湾、后沟村北的咸阳原上，地跨咸阳市渭城区、泾阳县、高陵县三县区。高居原巅，靠泾面渭，俯视长安故

南区从葬坑裸俑

一号建筑出女侍立俑

都，气势非凡。帝、后二陵呈考古者常说的“覆斗状”。各有周垣，阙门四面，基址犹存。两座陵冢作西南—东北向排列，间隔 450 米。在陵园外围，原来有一道外围墙，四面开门。所以，汉阳陵陵园实际是大城套着两座小型陵城的特殊“重城”。

阳陵庙发掘现场一角

景帝阳陵从葬坑出土的陶俑，通体全裸，肤色橙红，装上带有转轴的木质双臂，再外穿葛麻绵帛类的彩衣是最具特色的艺术品。因深埋地下的关系，木臂与衣服腐朽无存，出土时成了缺双臂的裸体陶俑。这是与过去常见的汉俑不同的一种新俑式，故而当时负责阳陵考古工作的王学理先生取名称为“著衣木臂陶俑”，而把过去的俑式称之为“塑绘衣饰陶俑”。

“著衣木臂陶俑”，虽然只有 62 厘米高，但基本合乎人体结构比例。男阳、女阴、肚脐、窍孔无一不备。从艺术角度讲，不但是一批写实主义的佳作，而且蕴含喜色、表情丰富、各具个性的面容能给人以强烈的感染力。同样，动物俑中像牛的憨厚、马的骏逸、狗的机灵、羊的温顺、公鸡的得意、母鸡的闲散，都刻画得活灵活现。应该说，阳陵汉俑是继承了秦俑的雕塑技法，又在人体比例掌握上前进了一大步。是佛教艺术传入中国之前土生土长的雕塑艺术，在中国乃至世界雕塑史上，都占有重要地位，具有历史意义。

出土于建筑遗址和陪葬墓里的“塑绘衣饰陶俑”，无论是男是女，或立或坐，无论是伎乐姿或舞蹈姿，个个面相姣好、色彩艳丽，都是对当时社会生活稳定、闲适的一种艺术反映。

公元前 153 年，汉景帝在陵园里起造“德阳宫”。在景帝入葬阳陵之后就应该称之为“阳陵庙”了。阳陵庙位于帝陵园外东南 420 米的地方。这一建筑基址平面近于正方形。平面构筑有似一个“回”字形，外圈是回廊式的建筑，在东、南、西、北的四边中心部分是通道，有门庭建筑。

除过接近帝、后陵北侧有几座高大的封土堆属于嫔妃墓之外，陪葬阳陵的家族墓园都分布在东司马道的南北两侧。已经探测出由兆沟划分出的家族墓园 107 座，里面有自景帝建陵到东汉中期的 200 多年的 5000 余座墓葬。已经发掘的汉墓 280 多座，文物内容丰富。

茂陵

2. 茂陵

马踏匈奴

茂陵是西汉诸帝陵中规模最大的一座，其封土呈“覆斗状”，是汉武帝刘彻的陵墓照片。位于陕西省西安市北约 40 公里处，今兴平县南位乡茂陵村。西汉时，茂陵地属槐里县之茂乡，武帝在此建陵，故称茂陵。公元前 140 年，16 岁的汉武帝即位。次年就开始修“寿陵”，至驾崩，历时 53 年。墓形用最高等级的“亚”字形，四面各有墓道。茂陵呈方形，分为内外两城，四周环以围墙。

李夫人的“英陵”位于帝陵西北。原来墓园也有围墙，呈长方形，封土位于墓园南部，呈带有二层台的覆斗形。墓园内，在封土北侧有礼制建筑遗址一处，另有从葬坑 6 座。

茂陵霍去病墓石刻群

茂陵陵园有内、外两重垣墙。外城平面呈东西向的长方形，内包括了武帝、李夫人两座方形的分陵园，城外有壕沟环绕。帝陵陵城每边长 425.5~435.5 米，垣墙四面正中辟门，建有三出的双阙；城四角原建有角楼。

武帝的陵庙在茂陵园东北，称作“龙渊宫”，或“龙渊庙”。龙渊宫与寝殿之间的“衣冠道”，是专供祭祀时的“衣冠所出之道”。

在茂陵墓内随葬品极多，“金钱财物，鸟兽鱼鳖牛马虎生禽，凡百九十物”（《汉书·贡禹传》）。据说，墓内盛不下，都移到了墓外。经探测，茂陵从葬坑有 400 多座。其中帝陵周围探出“御府坑”150 座，李夫人墓周围有 6 座，在帝陵陵园与外城之间有东西向或南北向的从葬坑 244 座。这么多从葬坑，应该说既有原规划中的，也有墓内放不下而外移的。

陪葬茂陵的宗亲大臣，据载，有卫青、霍去病、金日磾、霍光、董仲舒、公孙弘、李延年、上官安、上官桀、平阳公主等。陪葬墓分布在陵园东司道两侧，已探明的大中型葬墓多达 120 余座。地面上，残存的封土还有 14 座。而修陵人的墓地位于茂陵陵园之西 3.8 公里的陈王村南台塬上，面积约 4 万平方米，估计埋葬尸骨在两万具以上。

茂陵陪葬墓中的霍去病墓，位于帝陵东，封土“像祁连山”。墓园原有围墙，今辟为“茂陵博物馆”，园内有大批动物石刻很具特色，是一批大型的圆雕艺术品。雕有“马踏匈奴”、卧马、跃马、卧牛、伏虎、石猪、石鱼、人熊搏斗、猛兽食羊等形象，手法简浩，线条粗犷，构图明快，从表现形体到性格刻画上都具有强烈的感染力，是中国石雕艺术史上光辉的篇章。

3. 杜陵

宣帝杜陵和王皇后陵的位置，呈西北—东南向，间隔 575 米。各为“覆斗形”

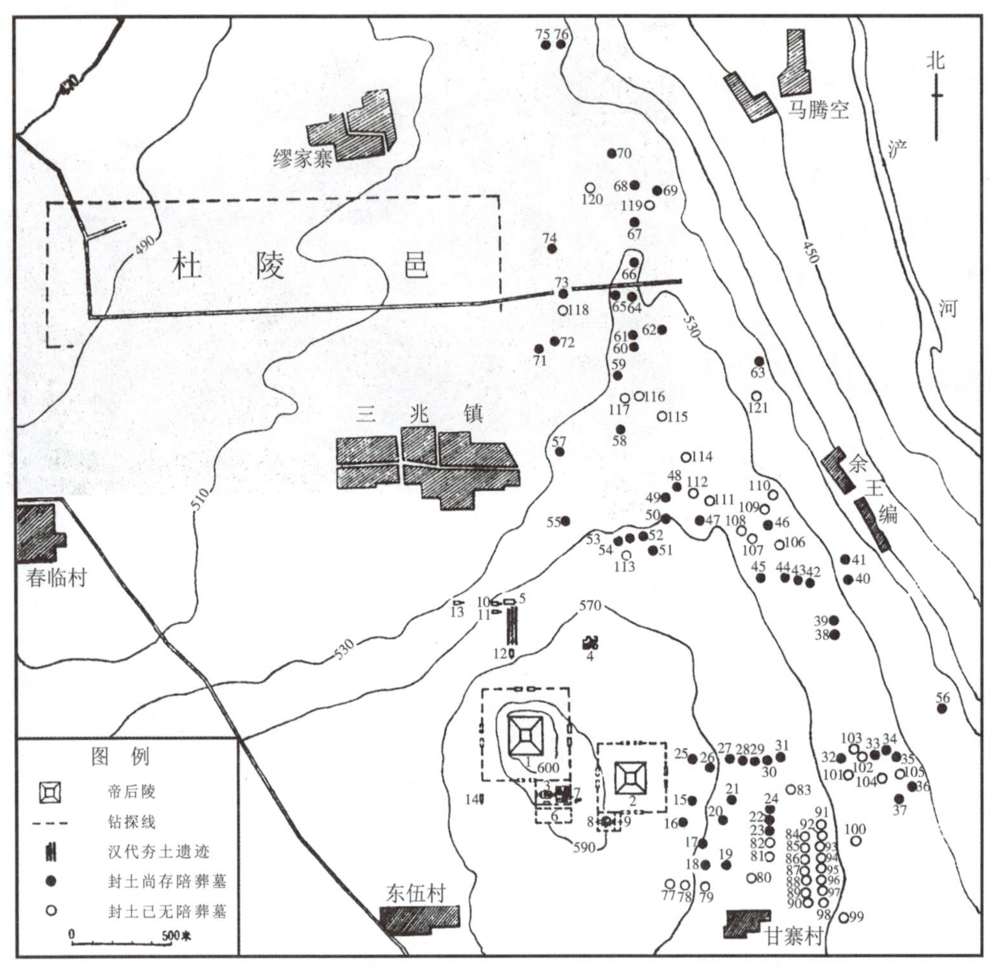

杜陵园平面图

陵冢，又居方形陵城中心。帝、后陵园，各自设立寝园与陵庙。陪葬墓在杜陵之东，星罗棋布，残存 62 座。杜陵邑位于杜陵西北。

帝陵陵园的平面呈方形，门开正中。陵墓居中，墓有四出墓道。对门址已经发掘，知其由门道、左右塾和左右配廊组成。王皇后陵园规模小于帝陵。

通过陵园考古知，杜陵寝园位于陵园外东南角，贴南墙东段而建。单独筑有围墙，东西两面各辟一门，南面三门。寝园内的格局，分成两部分，西为寝殿，其中心建筑是长方形台基，台基外设回廊一周，南北各有三阶；寝园内的东部为便殿建筑群，由堂、室和六个院子组成。王皇后寝园的位置和帝陵的寝园正相反，位于陵园的西南角。其内部组成和帝陵寝园相同，只是位置相反，即寝殿在西、便殿在东。

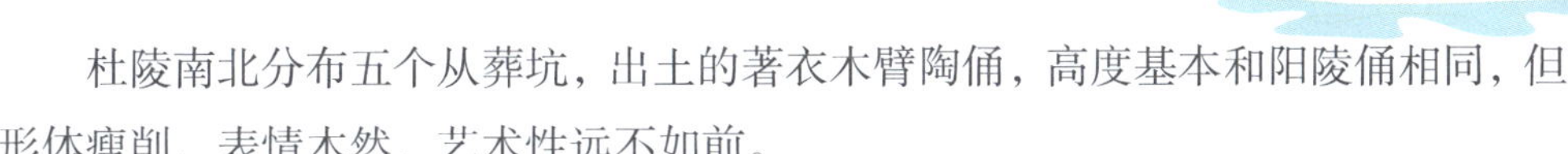

杜陵南北分布五个从葬坑，出土的著衣木臂陶俑，高度基本和阳陵俑相同，但形体瘦削、表情木然，艺术性远不如前。

汉长安城

西汉王朝是由汉高祖刘邦开启的、继秦之后的又一个多民族的、统一的中央集权制封建国家。定都长安。

汉长安城是在秦都原有的长安乡就地建立起来的，依然名曰“长安”。汉长安城，位于西安城西北 2.7 公里处，在今西安市未央区辖境内，处于龙首原北侧。虽然向来有“八水绕长安”之说，但距离较近的只有四条。城北有渭水如带，自西而东，滔滔远去；城东有浐、灞二水分别夹白鹿原北流，汇合成巨川后入渭；城西濒临泬河（潏水），蜿蜒北流汇入渭水。汉长安城一如秦咸阳城的位置一样，居于关中平原的中部，濒临南山屏障以北。正是所谓 “天府”、“陆海”之中。最初的汉高祖称帝后，曾短暂立都于洛阳，很快就接受娄敬的建议，迁到了关中，先在秦的旧都栎阳，后来定都长安。

汉长安城周长 25 公里，占地 34.4 平方公里。若包括建章宫在内，汉都长安占地总面积达到 37 平方公里。它是中国历史上第一个国际化大都会和当时世界上规模最大的都城；西汉以来 801 年之间的 11 个朝代里，从西汉算起，还有新莽、东汉（献帝)、西晋（愍帝)、前赵、前秦、后秦、西魏、北周、隋、唐等政权，时间或长或短地曾以长安为都，长安是中国历史上“建都朝代最多、历时最长的都城”。中华民族的主体汉族、中华文化的符号汉字的形成，都是在汉代。长安作为首都，可谓是“汉文化形成过程中的中心”。汉长安城遗址是 1961 年被国务院列为第一批重点文物保护单位的国家级大遗址，是我国迄今规模最大、保存最完整、遗迹最丰富、文化含量最高的“完整的都城遗址”。汉都长安

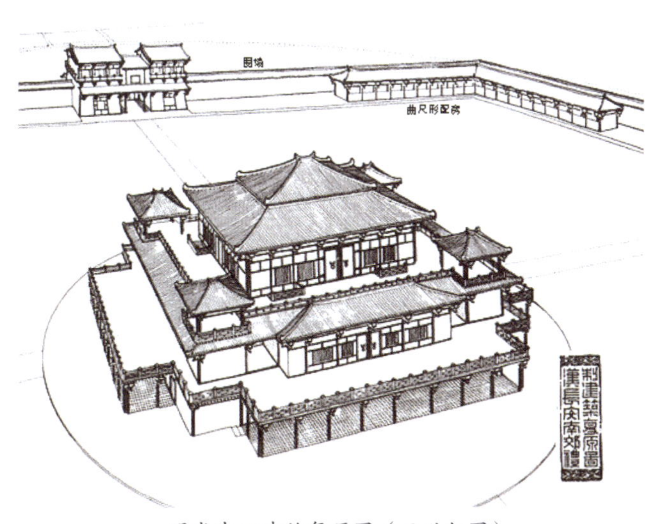

明堂中心建筑复原图（王世仁图）

的规模、存世时间、对世界文化的影响，都远远地超过了秦都咸阳。

王学理著有《汉都长安城建史》一书，详述西汉都城长安从“兴”到“废”的历史。在长达 214 年的时间之内，作为城建工程，可以说是经历了五个时期的建设和一个时段的摧毁一个时期的残存。

第一个时期为初创期，即汉高祖五年至十二年（前 202~前 195）。设置长安县，对秦朝旧都咸阳渭南区宫殿加以利用和改造，修缮长乐宫和未央宫；

第二个时期为围城期，即汉惠帝元年至七年（前 194~前 188）。修筑长安城墙，建西市；

第三个时期为鼎盛期，即汉武帝建元三年至天汉元年（前 138~前 100）。建元三年扩建上林苑，元光六年（前 129）穿漕渠，元狩三年（前 120）开凿昆明池，元鼎二年（前 115）在未央宫里修建柏梁台，太初元年（前 104）在城西修造建章宫，太初四年（前 101）造明光宫、桂宫。还扩建北宫，兴建了太学。武帝时期，汉长安的城建工程达到了顶峰，奠定了都城的基本框架；

第四个时期为维护期，即自昭帝至汉末（前 86 年~约前 1 年），长安城建没有新的内容，仅系维持原状而已；

第五个时期为添置期，即平帝元始 4 年至新莽地皇三年（4~22）。王莽控制朝政，奏请在汉长安城南郊重起明堂、辟雍。王莽篡权后，虽对汉家宫殿建筑改名，但功能未变。于地皇元年（20）花费巨大，兴建“九庙”，经过三年完工。至此，长安城制已经完备。

在西汉摧毁新莽政权的战火中，叛军把长安南郊的九庙、明堂、辟雍等礼制建筑连同未央宫也都付之一炬。赤眉军又火烧长安宫室市里，宗庙陵园皆被发掘。从而使这座经营了 200 年的城市建筑毁于一旦。这一时段虽然很短，但仍可以列为“长安城市史”的第六个时期，可称之为“残毁期”，即新莽地皇四年至刘玄更始二年（24—25）。

自东汉之后，到唐之前，有多个政权以长安为都。这一时段虽长，但对残存的建筑只是利用或部分修补，而在城建工程上毫无建树。因此，可以列为“长安城市史”的第七个时期，可称之为“残存期”。

西汉高祖刘邦为什么会选定长安作为都城，还得依赖于秦宫咸阳。其实，秦朝末年项羽虽然西屠咸阳，火烧秦宫室，但在渭河南岸的许多秦宫侥幸逃过了一劫！这就为汉王朝建都提供了方便和发展空间。

一、都城选址的辩论

公元前 206 年，刘邦出汉中，领兵走“故道”（即“陈仓道”），进入关中。打败雍王章邯，夺得雍地，东进咸阳。随着东进北击的军事形势，塞王司马欣、翟王董翳相继望风而降。刘邦“还定三秦”，把初都定在栎阳。随之，也拉开了同项羽争夺天下的“楚汉战争”的序幕。由于刘邦在关中采取了一系列安民爱民的措施，深得关中秦人的拥戴。以栎阳和咸阳为中心的“关中”，实际成了支持刘邦的军需基地。

经过四年艰苦的楚汉相争，公元前 202 年项羽败亡，刘邦在“汜水之阳”的定陶正式即位，由“汉王”改称“皇帝”。同时，也把首都确定在“天下中心”的洛阳。然而对于定都洛阳却有不同的观点，一派主张建都关中，另一派则坚持留在洛阳。

主张迁都关中的，最早是由儒生娄敬（后赐姓刘，任命为郎中）提出来的。他指出：“都洛阳不便，不如入关据秦之固。”（《史记·高帝纪》）他认为“秦地被山带河，四塞以为固”，有险要的地理形势；“美膏腴之地，此所谓‘天府’也”，具有丰盈充足的物产；如果“关外”有乱，凭借关中繁盛稠密的人口，“百万之众可具”，“秦之故地可全而有也。”关中“搤天下之亢（喉咙）而拊其背”，具有无可匹敌的战略地位优势。《史记·刘敬叔孙通列传》）他的建议遭到出身于关东的大臣们的反对，他们是想“荣耀乡里”，主张留在洛阳。但是娄敬的建议却得到张良的坚决支持。张良向刘邦指出：洛阳附近“不过数百里，田地薄，四面受敌，此非用武之国也。”而关中“左殽函，右陇蜀，沃野千里，南有巴蜀之饶，北有胡苑之利”，又能“阻三面而守，独一面东制诸侯。诸侯安定，河渭漕辀天下，西给京师，诸侯有便，顺流而下，足以委输。此所谓金城千里，天府之国也。”（《史记·留侯世家》）

娄敬和张良的分析都是有道理的。刘邦经过权衡之后，当天下令迁都关中，车驾直奔长安。

二、定都长安

西汉初期，刘邦先是把栎阳作为建设的重点，并使萧何治栎阳，立宗庙社稷……。同时他命令改建秦的“兴乐宫”为“长乐宫”。经过一年多的施工，于高祖七年（前 200）二月“长乐宫成，丞相以下徙治长安。”（《史记·高祖本纪》）此时

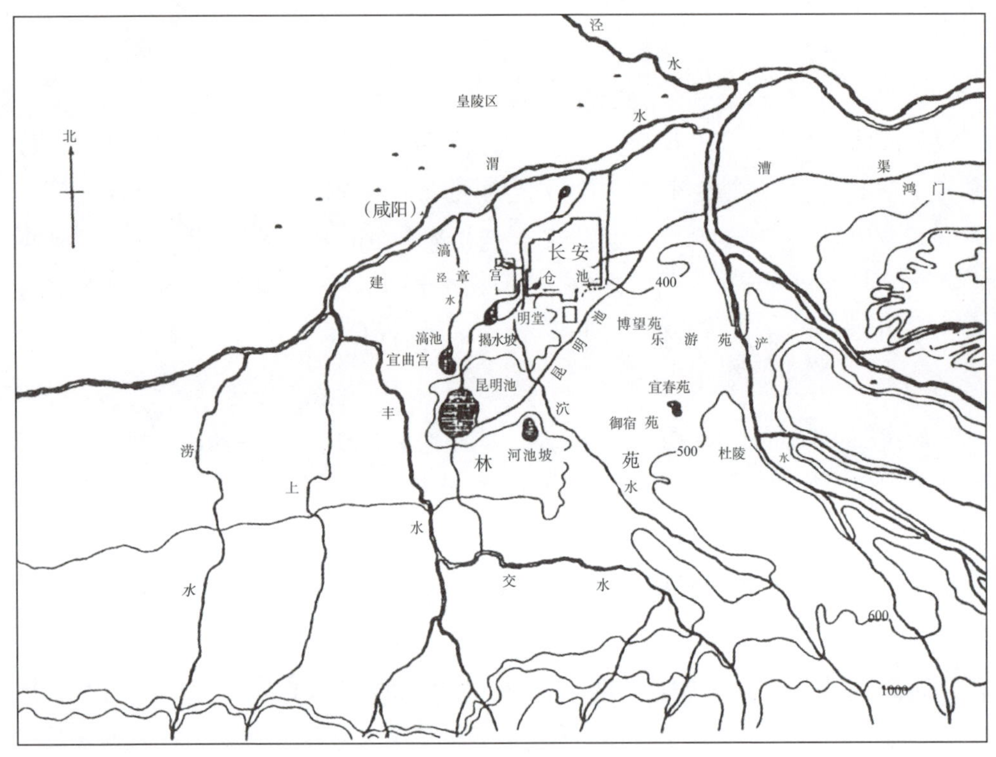

西汉长安及其附近主要宫苑分布图

此地，“长安”才真正成了汉家天下的首都。长安地即秦的渭南三乡之长安乡。

秦都咸阳渭南新区的三个乡，由东向西排列的次序是长安乡、阴乡和建章乡。汉初皇帝在长乐宫上朝，其地正处在长安乡的范围之内，再加之“长安”原义是“长治久安”的吉祥语，于是顺便把这个名字移植过来作了都城的名字。

西汉建都在秦都的渭南区，再不能采用原来“咸阳”的称谓是显而易见的道理。高祖六年（前 201），不但“更名咸阳曰长安”（《史记·汉兴以来将相名臣年表》），而且还把秦咸阳北区改成了“新城”，隶属于长安管辖。后来，到汉武帝时，武帝索性把这个县名改成了“渭城”，从京畿地区划出，归给了“三辅”之一的右扶风管辖。而由渭南长安乡发展起来的长安城却日益隆盛。

汉都选址在秦的渭南新区，其主要的考虑应该是两大因素：供水与安全。

“灞、浐以西，都泾、渭之南，此所谓天下陆海之地。”（《汉书·东方朔传》）这里不仅土壤肥沃，物产丰富，而且河流纵横，水量丰沛，所以周都丰镐选定在

前，秦都咸阳发展在后。汉都长安后来充分利用河南岸来自终南诸水，保障了长安城宫廷、居民、园囿及漕运的用水，足以说明当时定都长安的决策具有前瞻性。

汉长安北有泾渭，东界浐灞，西邻沣滈，从而形成攻守上的第一道防线。特别是城址处于渭南的龙首原上，西南低、东北高，把皇宫置于地势最高处，不仅突显着“帝王之气”，而更主要是有利于安全防卫。

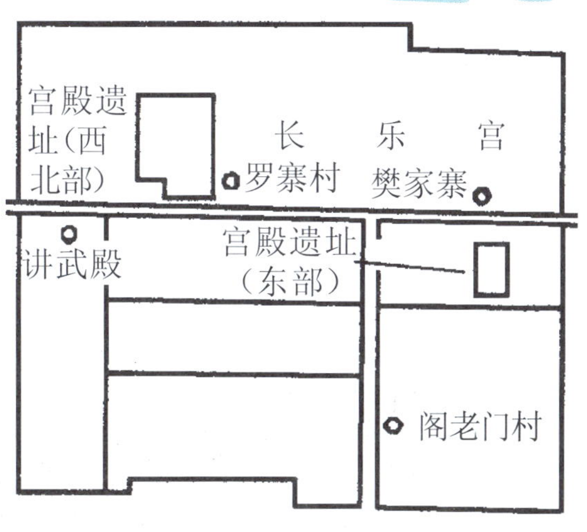

汉长乐宫遗址区位示意图

三、长乐宫——刘邦对秦兴乐宫的改建

汉初，对幸存的秦宫利用、改造的，首推兴乐宫。《史记·叔孙通列传集解》引《关中记》：“长乐宫，本秦之兴乐宫也。”《三辅旧事》和《三辅黄图》说到汉的长乐宫时，有“秦始皇造，汉修饰之，周回二十余里”的记述。汉高祖七年（前200）“二月，高祖自平城过赵、洛阳，至长安。长乐宫成，丞相已下徙治长安。”（《史记·高祖本纪》）

据多次测绘校正，长乐宫的城址位于汉长安故城遗址的东南隅，东宫垣和南宫垣与城垣对应又相隔不远。宫址位于今西安市未央区辖境。如果按文献记载长乐宫“周回二十余里”看，就足以说明汉长乐宫规模远远比以前的兴乐宫大了近三分之一。

据文献记载，长乐宫四面都辟有宫门，称作“司马门”。东司马门和西司马门是主要的通行大门，门外有阙，称作“东阙”和“西阙”。

长乐宫内的宫殿建筑群，分布在两处，一处在宫城的东部，一处在宫城的西北部。池苑则处于城内的北部。

“前殿”，是长乐宫的主体建筑，属于当时的政治活动中心。汉初诸侯朝拜高帝，或皇帝召见大臣，都总是在长乐宫前殿进行的。《三辅黄图》载：前殿“东西四十九丈七尺，两序中三十五丈，深十二丈。”按秦汉时期的一尺合今 0.23 米折算，前殿面阔 114.31 米，进深 27.6 米。

在长乐宫城内的西北部，以罗家寨为中心分布有多处建筑群。《水经注》载，

汉未央宫前殿

明渠东迳长乐宫北，“殿前列置铜人，殿西有长信、长秋、永寿、永昌诸殿，殿之东北有池。”

汉初改造秦的兴乐宫，汉高祖刘邦以此为政治中枢，是他发号施令的朝宫。当后来萧何营建的未央宫完工时，他已经到了晚年垂暮之时。他死后，太子刘盈即位，这就是汉惠帝。从惠帝起，移居未央宫听政，遂取长乐宫的正宫地位而代之，一直延续到西汉末。于是，长乐宫就成了仅供太后常居之宫殿，中心宫殿也有所转移。

长乐宫位于皇帝宿办的未央宫之东，就称其为“东宫”或“东朝”。

四、汉未央宫

汉初，在修建长乐宫时，就启动了另一项更大的未央宫的工程。由丞相萧何主持监造，少府阳成延负责施工。阳成延是秦的旧匠——“军匠”，据记载，曾“作长乐、未央宫，筑长安城。”

未央宫工程，实际上是对秦章台宫的改造、扩建与增建。根据史书考订，秦章台旧址就在汉未央宫之内。汉长安城中有条东西向的大道取名为“章台街”，属于“八街”之一，其西端对长安城的章城门，向东经过未央宫前殿之南。那么，汉“章

台街”的取名，肯定是由秦“章台下街”而来。汉未央宫前殿是在秦章台的基础上建造的，汉未央宫是秦章台宫的重建与扩大。同样，汉未央宫也是一处群体性建筑群，其外有宫城环绕。

未央宫的具体位置，在长乐宫遗址的西侧，当今西安市未央区所属的汉长安故城内的西南部，处在龙首原上，是汉长安城内最高的地方，海拔高度为385~396米。

经考古探测，未央宫宫城平面呈正方形，东垣和西垣墙各长2150米，南垣和北垣各长2250米，周长8800米，合汉代21里。宫城之内面积5平方公里，约占汉长安城总面积的七分之一强。未央宫的宫城是如此的方正规矩，这在汉长安所有的宫殿中是独一无二的，足见它是萧何精心规划的结果。

宫城的四面辟门即“司马门”或称“公车司马门”，每门只有一个门道，宽约8米。这同汉长安城每门有三个门道相区别。《汉书·高帝纪》：“萧何治未央宫，立东阙、北阙……。”颜师古注：“至于西南两面，无门阙矣。”

尽管未央宫有四面的正门，面朝南才是它的正方向，但由于人事往来频繁，使用率最高的还是东宫门和北宫门，也只有在这两处独建阙楼，才真正能显示出两门政治地位之隆。“待诏司马门”，指的就是未央宫的北门。文武百官上书、晋见，都

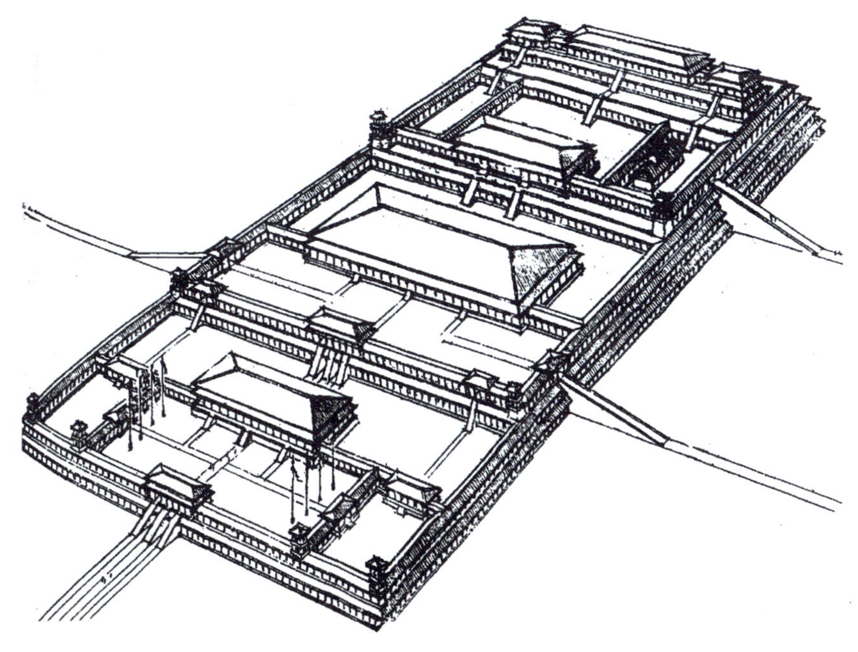

未央宫前殿复原设想鸟瞰图

要在此等待皇帝的召见。一些贵戚显宦多居住在北宫门之外，称之为“北阙甲第”。长乐宫在未央宫之东，太后常住，称之为“东宫”。隔安门大街，同未央宫相望。而皇帝住在未央宫，称之为“西宫”。皇帝还得不时地去东宫请安，以出东宫门最为方便。皇亲国戚晋见皇帝走东宫门，东阙门的使用率和作用就相对地高于其他几面的门。因此，称东宫门为“朝诸侯之门”（《汉书·五行志》刘向语）。那么，萧何在建设首都时，把东阙和北阙列入汉长安城的首期工程，显然是有远见的高明之举，确实也体现了他“重威”的指导思想。

在宫城四角，原来建有曲尺形角楼。应是防卫性的建筑，是保卫宫城安全的“卫尉”士兵驻守之“区庐”。

未央宫既是皇帝大朝的地方，其布局则按“前朝后寝”的意识设计。这一群体性建筑，大体包含着三方面的内容，即：

一是正殿，即未央前殿。它包括宣室殿（也称“宣室阁”）、后阁和非常室等。这是天子朝会的正殿，周代称之为“路寝”，王莽复古改制时称之为“王路堂”。它正处在宫城中部稍微偏南的位置上，位于诸宫之前。

二是后妃宫殿。位于前殿之后，居住后妃的宫殿群中，椒房殿为其正殿。

三是后宫掖庭。位于后妃的宫殿两侧，呈分散状态。

未央宫因汉武帝的增修，宫殿、山门、池塘遍布其中。《关中记》说有台三十二、池十二、土山四、宫殿门八十一、掖门十四，《水经注·渭水》条记：“未央殿东，有宣室、玉堂、麒麟、含章、白虎、凤凰、朱雀、鹓鸾、昭阳诸殿。”

未央宫中诸多宫殿，皆以前殿为中心而展开。其相对位置，按《三辅黄图》记载：“宣室、温室、清凉，皆在未央宫殿北。宣德、广明，皆在未央殿东。昆德、玉堂皆在未央殿西。”

五铢钱

汉代流通的货币是汉五铢，五铢钱是汉武帝元狩五年（前118年）开始铸造的，圆形方孔重五铢（约3.33克），铸有篆体“五铢”二字，因此得名。五铢钱轻重适宜，量足成色好，一直沿用至隋末，约流通700年之久，是我国历史上流通时间较长的货币之一。

五、商业街市——大市和九市

城市是人口集聚之地，商业便是城市繁荣的主要因素之一。汉长安建都初期，因为受长期战乱的影响，社会经济严重破坏，城市商业萧条，市场不振，商贾较少，造成商品极度匮乏。因而就有设市的必要。

马蹄金、麟趾金

汉代黄金货币的形式有马蹄金、麟趾金、饼金和金五铢等，其中马蹄金和麟趾金出土较少。这两种货币于1974年在上林苑遗址内发现，重约250克，也就是汉代的一斤，值万钱，一般用作帝王赏赐、馈赠、聘礼以及大额交易和域外交往，并不是流通。

西汉金饼

西安市未央区谭家乡东十里铺村出土，也称饼金。共219枚，每枚重227.6–254.4克，总重量54116.1克，是迄今汉代金饼出土数量最多的一次。绝大多数有戳记、戳印，部分兼有文字、符号等刻铭。非流通货币，主要用于赏赐和馈赠。

由国家主持，在汉都长安设市的时间最早是高祖六年（前200），即丞相萧何“立大市”。（《史记·汉兴以来将相名臣年表》）所谓“大市”，从规模上讲，当然不是一般露天的集市贸易场所。长安的商品交易分为朝市、大市、夕市三市，中午到下午这段时间内参与交易活动的不再是商贾间、小贩间的交易，普通百姓也进入市场，这就是所谓的开“大市”。

汉初的所谓“大市”，一定是史籍中一再称说的“长安市”了。

从文献到考古，汉都长安有多处市场，而形成规模并符合市制的发现仅见一处，这就是大家常说的“东市”。实际上，这才是真正的“长安市”。市内有纵横各两条的道路交叉成“井”字形，由这四条大街把市内划分成了九个独立的区域。大道通墙，使得每面墙有门两座，计八门，从而形成“一市八门九区”的市制。

汉长安市内“井”字形四街构成九区的格局，也被唐长安两市所继承，说明汉代“都市”远比已发现的秦雍都、咸阳的市要成熟得多。

古文献就京都一带的市场数量，往往说“长安市有九市”。《三辅黄图》引《庙记》说：“长安市有九，各方二百六十六步。六市在道西，三市在道东，凡四里为一市。致九州之人在突门。夹横桥大道，市楼皆重屋。”长安有“九市”，仅指大市而言。较为重要的是“四市”。左冯翊属官有“长安四市四长丞”。（《汉书·百官公卿表》）汉高祖六年立的“大市”（长安市）应是“东市”，汉惠帝六年起的

"长安西市"就是横门大道之市。只是因为先有"西市"之名，才把"大市"称之为"东市"。

六、"先宫后城"的城建模式

汉都长安的城建史，在"城"与"宫"的建筑顺序上不是先围城后建宫，而是"先宫后城"。

因为汉初把都城定在了秦都咸阳的渭河南岸，面对残存的秦宫，萧何作了大胆的维修、改造、扩建。长乐宫、未央宫初具规模。在两宫之北，除过秦的极庙、南宫、甘泉宫之外，就是通往横桥的南北大道了。秦旧宫与汉新宫混杂的形势，再加之宫殿、市场、作坊、库藏的基本构架已经形成，铺就了建设汉都的底盘。汉惠帝继位以后，就开始做围城工程。据《汉书·惠帝纪》载，汉惠帝元年（前194）"春正月，城长安"，五年（前190）九月"长安城成"。汉惠帝修筑汉长安城总共在5年时间，在不违农时的情况下，尽量利用农闲大规模地进行筑城工程。

汉长安城东西和南的三面城墙，除过略有内收或突出的段落不计外，大致是端直的，唯独北墙呈由西南向东北的斜行。乍看平面，近似于缺少西北角的方形。其周长在古书的记载中稍有不同，小到30公里，大及32.5公里。考古工作者曾几次测量过。最新的测绘成果是：汉长安城周长为25 014.83米，占地34.4平方公里。四面城墙中，东墙实长5 916.95米、西墙实长4 766.46米、南墙实长7 453.03米、北墙实长6 878.39米。这与东汉初卫宏《汉旧仪》作周长"六十里"的记载接近。

长安城并不是方方正正的形状，仅以城东北角和西北角而言，并不在东西一条直线上，竟偏北近2 000米。同样，南墙的中段向外突出，比西段偏南200米，比东段偏南900米。在这里，我们暂时排除它缺角和多处转折的因素，勉强地说，其纵横方向最大的直线距离确实有接近之处。

在汉长安城的四面各开三门，全城共计有12门，东墙从北往南依次是宣平门、清明门、霸城门，西墙从北往南依次是雍门、直城门、章城门，南墙从西往东依次西安门、安门、覆盎门，北墙从西往东依次是横门、厨城门、洛城门。

城门是城市进出的通道。汉长安作为当时世界东方的大都会，12座城门就成为连接国内外和世界各地、进行经济文化交流的枢纽。因为长乐宫和未央宫在汉长安城的南部，占了全城总面积的33.7%，如果再加上后建的桂宫、北宫和明光宫，

宫殿就占了全城总面积的 50.8%。由于宫殿占据着长安城的东、西、南三面的大部分地域，除少数达官显贵住在未央宫北阙附近的“北阙甲第”之外，市民同一般官吏只能住在城北，特别是集中在宣平门一带。而城内西北部是手工业作坊和长安市，北中部又是秦极庙的旧址。既然汉长安 12 门中的霸城门、覆盎门、安门、西安门、章城门和直城门几乎成了皇室宫廷的专用门户，那么，北城的横门和宣平门也就成了长安城中吏民出入最为频繁的通道，清明门和雍门成了汉长安通往东西的重要门户。今重点选择几座门作一简单介绍：

横门——汉长安城北墙三门中最西端的一座。出横门，北行“三里”即是“横桥”（渭水桥），这也就是门名“横门”、“横城门”的由来。横门是连接北方和通往西域各国的出入口，门内有贸易活跃的长安市，门外至横桥间市是国际性商业地带，所以横门是交通繁忙、工商吏民活跃的通道。

宣平门——汉长安城东墙三门中最北端的一座。门外 13 里（汉）设有著名的枳道亭（即“外郭亭”），有郭门，称之为“东都门”（或省称“东郭”）。因为出宣平门是汉长安城通往东方的大道，作为重要的出入口，这里人流频繁，有关的历史记载也较多。王莽把宣平门更名为“春王门正月亭”。即使到了东汉、魏晋、五胡十六国和北朝时期，宣平门都是一个完整的城门供人出入，其存在时间之长是其他门所没有的。

清明门——汉长安城东墙三门中中间的一座。因为门内有皇帝在每年春天举行亲耕之礼的“籍田”，所以又称清明门为“籍田门”。因门内有明光宫，蓄养着从各地征召来的美女 2000 多人，这大概是清明门又称“玉女门”、流传至今“玉女村”的来源。王莽更名此门为“宣德门布恩亭”。

霸城门——汉长安城东墙三门中最南端的一座，西对长乐宫东门。门呈青色，民间称之为“青城门”或“青门”。王莽更名霸城门为“仁寿门无疆亭”。

章城门——汉长安城西墙三门中最南端的一座。武帝建元三年（前 138）为方便长安和茂陵之间的往来，在渭河上架设了一座桥“西渭桥”，正好同章城门东西对直，中间又有便捷的大道相通，所以时人称桥为“便桥”，称门曰“便门”。同西方的往来，出入此门，经过此桥，也是交通频繁的咽喉地带。王莽更名为“万秋门亿年亭”。

安门——汉长安城南墙三门中中间的一座。门内是城内南北干道——安门大街，西临武库，东侧由南而北有长乐宫和明光宫。门外，有以后修建的礼制建筑。

向南上“蚀中道”即后来的“子午道”，通往秦岭。因而此门是汉长安城通往汉中的重要门户。王莽更名“光礼门显乐亭”。

覆盎门——汉长安城南墙三门中最东端的一座。门内，北对长乐宫的南宫门。在门外的“王渠”（护城河）上架有石桥“工巧绝世”，人们传说是工匠之祖的鲁班所修。出覆盎门，南下直去下杜城。王莽更名“永清门”。

作为城市的安全防护设施，除过城墙与城门之外，汉长安城也有护城河。《三辅黄图》载：“城下有池周绕，广三丈，深二丈。石桥各六丈，与街相直。”经考古查勘，护城河宽 8 米、深 3 米。

城墙、护城河、大桥、城楼、门阙、大街等建筑一体的长安城环形护卫工程的文献记载和考古发掘印证了长安城真实地成为既有宫殿又有护卫围墙的汉都长安城。

七、“斗城”的形成及其原因

长安城筑成以后，并不是规矩的长方形建筑，东西两面的墙基本呈南北向的直线，而南北两面的墙则出现了多处曲折，而且北墙还是斜向的。《三辅旧事》说：“长安城南为南斗城，北为北斗城。”《三辅黄图》承认“南斗、北斗”之形，并肯定“至今人呼汉京城为斗城”。

汉长安城的南北墙，果真是天象中“南斗”、“北斗”的形状吗？

汉长安城墙曲折的形成，首先取决于历史地理条件。因为这里是秦都咸阳的渭河南新区，秦宫汉用的关系，限制了选址与形状的选择性。

其次，秦朝咸阳城建的“法天”意识和遗留的宫殿事实上对汉宫建筑在格局上有一定的引导作用，但并不是围城工程的指导思想。

秦始皇统一六国之后，对首都建设重新规划时，才以咸阳宫为中心，从总体上使整个都城形成“渭水贯都，以象天汉。横桥南渡，以法牵牛”（《三辅黄图》）的总格局。咸阳渭南新区的大量的宫殿园林都是秦始皇“法天”意识的物证。

汉长安建都初期利用秦时宫殿重建长安，面对历史遗留的现实，是无法彻底改变的。因此，汉惠帝进行围城工程时，就带有很大的被动性。他和他的高参们不可能摆脱地形、河流、旧宫的限制，也只好以仍其旧，并没有刻意地去仿照天象做成“北斗”、“南斗”之形。

汉代的司马迁的《史记》和班固的《汉书》都没有提到“斗城”一说。“斗形”是南北朝时期的说法。其影响深远，连唐宋元时期的大学者如李吉甫在其《元和郡

县志》、宋敏求在其《长安志》、骆天骧在其《类编长安志》中都沿袭了这一观点。

八、汉武帝大兴土木

汉武帝时期，是长安城建扩张与充实的时期。除过在城内扩建了北宫、修建桂宫和明光宫，在城西建造了“度比未央”的建章宫之外，还扩大了上林苑，开凿了昆明池。

1. 建章宫

太初元年（前104），未央宫的柏梁台遭了火灾，汉武帝本想重新修建宫殿，但想到汉长安城内地方太小，没有理想中的空地。他就决定在城西原秦之建章乡选地建宫，称之为“建章宫”。

据《史记·孝武本纪》载，建章宫“度为千门万户，前殿度高未央。其东则凤阙，高二十余丈。其西则唐中，数十里虎圈。其北治大池，渐台高二十余丈，名曰泰液池，中有蓬莱、方丈、瀛洲、壶梁，象海中神山龟鱼之属。其南有玉堂、壁门、大鸟之属。乃立神明台、井干楼，度五十余丈，辇道相属焉。”文中所列宫殿建筑，尽管还不是建章宫内的全部，但已经点出了它们的相对位置。建章宫殿屋重重，为通行未央宫方便起见，还跨城建造了一座飞阁。两宫相连，辇道相通，有似虹霓。建章宫无论从建筑规模或到装修华丽的程度，都远远地超过了未央宫。这里也成了汉武帝终生活动的主要宫殿。

“维天降灵”12 字瓦当（建章宫神明台出土）

汉建章宫，作为诸多宫殿组成的群体性建筑，同样用宫城围绕着。据地面踏查，建章宫坐北朝南，东西长约2 130米、南北宽约1 240米，占地2.646平方公里。四面辟门，其中除西宫门之外，其他三面的宫门都以其雄伟高大而著称于世。另外，在宫门的内外还筑有阙门，从而形成三重门。人们把宫门之内的次门，称作“女阙”。那么，建章宫的门由外往内的次序是：“阙门——宫门——女阙”。

“益延寿”（建章宫神明台出土）

南宫门是正门，象征“天门”（天上紫微宫之门），故称作“阊阖门”。又因其以玉璧作为建筑椽首的装饰，也别称“壁门”。整个门楼通高30丈（合69.3米），建造华丽。

建章宫的正殿玉堂殿，巍峨雄壮，建筑高大，登临可“下视未央”。司马相如在其《长门赋》中有句：“正殿嵬以造天兮，郁并起而穹崇。”班固《西都赋》中也有“正殿崔嵬，层构厥高，临乎未央”的佳句。玉堂殿是个有三层的高台建筑，高三十丈（合 69.3 米）。

在前殿之后，有诸多宫殿分布在建章宫的北部。不但建造得高大宏伟，飞檐翘角，形制有别，而且根据景物变换，布置的奇特而赋予的作用也有不同。

建章宫里的名殿奇华殿，在前殿的近侧，专门收藏或陈列着外国的奇货宝贝和使节献给汉天子的礼品。《三辅黄图》举例说“四海夷狄器服珍宝”有火浣布（石绵布）、切玉刀、巨象、大雀（鸵鸟）、师子（狮子）、宛马（大宛国 “汗血马”）等。正因为这些东西是来之于“异域”，所以也把奇华殿称作“奇宝殿”。

在建章宫的高层建筑中，最具神奇色彩的莫过于“神明台”（又称“九天台”）。东方朔曾对汉武帝说：“今陛下以城中为小，图起建章，左凤阙、右神明，号称‘千门万户’。”（《汉书·东方朔》）位于建章宫内西北。据载，神明台有“复道”通太液池中的蓬莱山，再跨城后把桂宫的明光殿连接起来。“神明台高五十丈（合今 115.5 米），上有九室（象征天上中央与八方的‘九天’），置九天道士百人”。（《汉书·郊祀志》颜注引《汉宫阁疏》）神明台同井干楼一样高，是“筑累万木，转相交架”（《史记·孝武本纪》司马贞语）、“叠而百层”（《西京赋》）的古代超高建筑，而且还在两座建筑之间上架“阁道”、下通“辇道”。在高大的神明台基上，立铜柱，柱顶是一位巨大的铜仙人雕像。仙人“掌大七围”，擎着一个直径二十七丈（合今 62.37 米）的大铜盘，名曰“承露盘”。盘内又放一巨型的玉杯，用以承接露水。汉武帝坚信用天露和上玉屑，饮用之后就可以羽化成仙。三国魏文帝曹丕想把铜盘搬到洛阳去，拆除时铜折盘落，“声闻数十里”。临载，铜仙人竟“潸然泣下”！

太液池渐台遗址

太液池是建章宫中一处著名的人工湖，距离前殿西北 450 米。太液池也作“泰液池”、“清渊海”。太液池水引自汉长安城西南的昆明池。太液池的建造，成了古代神仙传说故事的集合体。池中除了建造高二十余丈（合今 46 米多）的“渐台”、“避风台”之外，还人工堆筑了传说的海中的蓬莱、方丈、瀛洲三座仙山。水中除人工放养的水游生物，还雕刻“金石为鱼龙、奇禽、异兽之属”。1973 年，陕西省历史博物馆在太液池遗址出土一个石刻的巨型梭状物，长达 4.9 米、身径 1 米，同汉武帝“刻石为鲸鱼，长三丈（合 6.96 米）”的记载相符。在西岸水中，还有各长 6 尺（合 1.386 米）的石鳖三个。池边长满茭白、葭苇和荷花，池中“凫雏、雁子布满充斥，又多紫龟、绿鳖。池边多平沙，沙上鹈鹕、鹧鸪、鸿鶂，动辄成群”。（《西京杂记》）

建章宫中小环境气候湿润，植物茂密，太液池里水游动物成群。造景幽深，湖光水色，同周围的宫殿楼台融为一体，堪称我国古代园林建筑的杰作。正因为这里山水相映，景色宜人，就成了西汉帝王经常嬉戏游乐的场所。

此外，在太液池之南，有另一个人工湖——唐中池。池边有唐中宫，是个可容纳万人的大型宫殿。太液池之西有“琳池”和“孤树池”，开凿时间可能要晚一些。《西京杂记》载，孤树池中有洲，上有煔树（即杉树）一株，干径粗大有六十余围，望之重重如盖。

西汉末，新莽政权诞生后，王莽面对遍地蜂起的农民起义大潮，把希望寄托在修建九庙“欲视为自安能建万世之基”，于地皇元年（20 年），“坏彻城西苑中建章、承光、包阳、大台、储元宫及平乐、当路、阳禄馆，凡十余所，取其材瓦，以起九庙”。（《汉书・王莽传》）这是建章宫第一次遭到的毁灭性的破坏，及赤眉军进入长安之后纵火烧掠，就使它成了一片瓦砾的废墟。

2. 桂宫、北宫与明光宫

太初四年（前 101），汉武帝在原秦渭南新区的甘泉宫旧地建造了桂宫。因为秦昭王最早为太后在这里设宫，相对渭河北的“冀阙宫廷”而称之为“南宫”，后来这里竟成了国事频繁的政治中枢。

宫中的主要宫殿建筑主要集中在南部，有鸿宁殿和明光殿。桂宫作为后妃之宫，其建造宏伟、装饰富丽堂皇的程度，可同未央宫的椒房殿相媲美。

北宫是汉初遗留的旧宫，因为高祖刘邦时制度草创，居处多沿用秦宫，所以所建的北宫也相当简陋。汉武帝对北宫作了一次大的增修，使之规模巨型化、布局制度化，而且更加华丽。

"上林"铜鉴

"上林"铜鉴出土于上林苑遗址中，从"上林铜鉴可容五石"的铭文可知这是一件容器。在没有普遍使用铜镜以前，人们常在鉴内盛水用来照容，因而铜镜也被称为"鉴"，又称"照子"。铜鉴还可用于沐浴、在鉴内盛冰，放入宫室内还可消暑降温。

入住北宫的后妃，多半是政治上的失意者、贬废者。如孝惠张皇后在平定诸吕之乱后，废除北宫。哀帝崩，王莽专权，把贵为皇太后的赵飞燕贬为"孝成皇后"，连同哀帝傅皇后一起退居北宫。

汉武帝为求仙，于太初四年（前101）秋天，在长乐宫之后起造了明光宫，明光宫同长乐宫之间，隔着东西向的清明门大街，并用复道连接，从而方便了两宫之间的往来。这就表明了用飞阁式的复道把桂宫、明光宫、长乐宫和未央宫串联起来，形成一个环形的空中闭合圈。

尽管在明光宫建立之初，是汉武帝为安置宫女而设置的宫殿，其舒适优胜的环境同其他宫殿比较自然是略胜一筹。但到西汉后期，其地位则有所式微。平帝元始元年（1年），明光宫被废。王莽篡位，废孺子婴，封其为"定安公"，封平帝皇后为"定安太后"。始建国元年（9年），也把废宫光明宫改名"定安馆"，用以安置定安太后。（《汉书·王莽传》）

3. 拓展上林苑

《史记·秦始皇本纪》说"诸庙及章台、上林皆在渭南"，上林苑是秦诸苑中最大而最有名的。秦上林苑的范围大概北自汉长安城之南，南至秦阿房宫遗址之南，东西则在灞浐之间到

沣河西岸，东南同曲江的宜春苑为邻。当时，还计划在苑中建造“离宫别馆一百四十六所”。(《三辅故事》)

汉武帝建元三年（前138），在秦上林苑的基础上大兴土木，不但范围扩大，而且工程内容也增加。汉上林苑“东南至蓝田宜春、鼎湖、御宿、昆吾，旁南山而西，至长杨、五柞，北绕黄山，濒渭水而东，周袤三百里”。(《汉书·东方朔传》)显而易见，汉武帝扩建的上林苑东南自今西安市蓝田县西南焦岱镇的汉鼎湖延寿宫遗址，沿秦岭北麓西行，到今周至县东部的汉长杨宫和五柞宫遗址。再向东北行，至今兴平县东南的田阜乡侯村汉黄山宫遗址。继而沿渭河南岸东行，直到泾、渭之交，后沿灞河东岸直驱蓝田西界，从而形成把“长安八水”都包罗其中的闭合圈，长达400余里。周围筑有苑墙，辟12座苑门。苑内划分成36个小区，把数量众多的宫观、池沼和园林融合在不同的自然景色之中，使“天人合一”，从而构成别具特色的汉家皇室公园。

文字瓦当

代表西汉瓦当最高成就的是各种文字瓦当，在当时被大量使用。

苑中的离宫别馆，有说是“三十六所”(《后汉书·班固传》引《西都赋》)，有说“七十余所”(《三辅黄图》、《汉旧仪》)。见载的著名离宫，有“建章宫、承光宫、储元宫、包阳宫、望远宫、犬台宫、宣曲宫、昭台宫、蒲陶宫”(《长安志》引《关中记》)、宜春宫、鼎湖延寿宫、萯阳宫、长杨宫、五柞宫、蹄氏馆等。

上林苑中宫观的功能，可说是多种多样的，既有游乐、休闲、观赏性的，也有豢养各类动物的。广阔的上林苑中，放养百兽，供皇帝观赏与狩猎。甚至帝、后死葬时，也以上林苑中的珍禽异兽从葬。武帝茂陵用大量的“鸟兽鱼鳖牛马虎豹生禽”从葬。(《汉书·贡禹传》)在薄太后南陵从葬坑里，出土有大熊猫和犀牛的骨架，显然是取自上林苑的兽圈。

上林苑内有川原隰坂，既有天然的林木花草，又有人工广泛种植着的奇花名果3000余种。这些由群臣从远方各地献来的不同品种的花木与果树，使上林苑成了大汉帝国与外域异邦的博览园。春华秋实，落英缤纷，其经济价值与观赏价值，大大超出了一般人的想象。

上林苑中有很多天然池沼，把初池、麋池、牛首池、蒯池、积草池、东陂池、西陂池、当路池、犬台池、郎池等称之为“上林十池”。(《三辅黄图》)

虽说上林苑是汉家的园林，但汉武帝并没有把它当做纯粹的游乐享受之地，而是使之同国家的经济生活发生了联系。其中大量的良田沃土被用作皇室耕地，还有多处手工作坊，专门供应宫廷之用。

汉武帝扩建上林苑，固然选择了山环水绕的地理环境，其中有宫观掩映，花木扶疏，容得千乘万骑，使喧嚣繁盛的都城长安难得有一处浩瀚的净土，供皇室贵族悠然闲适地尽情享受奢华的生活。但作为都城的苑囿，实际上在政治、经济、安全，以至文化上都起着补充的作用。上林苑在另一个侧面显现着汉帝国那峥嵘博大又雍容华贵的气势。

4. 开凿昆明池

据载，昆明池“在长安西南，周迴四十里”。(《汉书・武帝纪》臣瓒注）元狩三年（前 120）汉武帝在周灵沼的基础上大力修建昆明池。昆明池遗址正在今西安市长安区斗门镇东一片低洼地带，地当细柳原和高阳原之间，其地势比周围地面深 2~4 米。经考古调查，确定池址东西约 4 250 米、南北 5 690 米，周长约 17.6 公里，面积约 16.6 平方公里。因为昆明池在西汉之后经过北魏，特别是唐代的多次疏浚，并且面积有所扩大。所以，今考古探测之数据当是唐昆明池的范围。而且文献中所谓“周迴四十里”之说，又大于现存的池址，很可能包括了昆明池引水、泄水、排洪渠道和揭水陂在内。

汉武帝修凿昆明池的缘起，据说是为了操练水军，以便征伐西南夷的昆明诸国。因为昆明国内有滇池，方 300 里，为使士兵熟悉水战，所以池名也取了“昆明池”这一称呼。《三辅旧事》上说昆明池水面 332 顷，《西京杂记》的作者亲眼看到同样的情景是“昆明池中有戈船、楼船各数百艘。楼船上建楼橹，戈船上建戈矛，四角悉垂幡旄，旍葆麾盖，照烛涯涘。”但昆明池建成后，它的作用及其对汉都长安的影响远远不止于此：

第一，首先是皇家的又一水上游乐场所。在池中建豫章台，台上有灵波殿，水中刻有长达三丈（约 7 米）的石鲸鱼。据说，“治楼船，高十余丈，旗帜加其上，甚壮。”(《汉书・食货志》) 水中的豫章大船，“可载万人，上起宫室，因欲游戏。”也常令宫女泛舟池中，张凤盖，建华旗，作櫂歌，杂以鼓吹，而汉武帝则坐在豫章观上悠然自得地欣赏。(《三辅旧事》、《三辅故事》)

在昆明池周边还建有很多宫观建筑，“列馆环之”，都是皇帝行幸的地方。文献记载：池西有“宣曲宫”，曾是宣帝的“度曲”之处。池东有“白杨观”，池南有“细柳观”。

汉昆明池北有周的镐池和滮池，昆明池与两者之间有河道相通。为象征天河（银河）有牛郎和织女的鹊桥相会，《关辅古语》和《西京赋》中都说在河两岸分别刻有“牵牛”和“织女”两尊火成岩石雕像。很庆幸的是，这批模拟神话故事的艺术品经过两千多年的风雨沧桑，竟完整地保存了下来。河东的今北常家庄原有座“石婆庙”，庙里的挺立石像高 1.92 米。河西的斗门镇棉绒加工厂里有一座“石爷庙”，庙里的跽坐石像高 2.3 米。两石像相距 3 公里，而石像的性别因为当地人未区别清楚竟将男女倒置了。实际上，“石婆庙”里供奉的是“石爷”（即牛郎像），“石爷庙”里供奉的是“石婆”（即织女像）。秦始皇在统一中国后，按照天象重新规划秦都咸阳，形成了“渭水贯都，以像天汉。横桥南渡，以法牵牛”（《三辅黄图》）的规模。而汉武帝开凿昆明池时，进一步将这美丽的神话具体化，一河之隔，牛东女西，变成可视、可触摸的景物，不仅为悠游增添乐趣，而且更增汉都的神秘色彩。

第二，利用昆明池广阔的水面，发展养殖业。据载：“养鱼以给诸陵祭祀，余付长安厨”（《三辅黄图》引《庙记》），“上林苑中昆明池、镐池、牟首诸池，取鱼鳖给祠祀，用鱼鳖千枚以上，余给太官”（《汉旧仪》），“昆明池……于上游戏养鱼，鱼给诸陵庙祭祀，余付长安市卖之”（《西京杂记》）。汉皇室的宗庙、陵庙祭祀与皇帝的饮食宴会，用鱼量相当大，一次竟有“千枚以上”！如果还有剩余，就送到集市上出售，竟然使得“长安市鱼乃贱”！

第三，昆明池最重要的作用还在于，它是汉都长安西南的一处总蓄水库，具有极强的供给与调节功能。据《水经注·渭水》载，昆明池周围有五条人工渠道（池南的洨水渠、池西的沣水渠、池北的滈水渠、池东北的揭水陂和池东的昆明故渠），把长安城南来自秦岭北麓的多条天然河流联结为一个整体。充分利用昆明池的地势，通过揭水陂，供应长安城内和城西建章宫的生活用水与园林用水；通过昆明渠供应城南和城东的用水，还接济了漕渠，保障其有足够的水量。既要保障城市正常用水，还要避免洪水期水量大增造成水患，于是通过沣水渠和滈水渠的二次调水，控制了水量，减免了水患的发生。

沧海变桑田，唐代修整昆明池，填塞了北流的注水口，使镐池、滮池干涸。唐文宗太和年间（827 年~835 年）石堰堵塞，输水来源断绝，昆明池逐渐干涸。随岁月的流逝,，整个昆明池地区变成了沼泽密布的农田和村镇。

九、完整的长安城建制与规模

1. 城与郊的概念

因为汉代秦而立，汉长安继承了秦咸阳的诸多旧宫和基址，长安的建制同秦都咸阳必然有着不少的相似之处。但又不会也不可能完全复制，因而汉长安又呈现出一些新的特点与阶段性来。

长安诸宫各自都有宫城环围，这同秦都咸阳的“宫自为城”是相同的。但汉长安城这座大城，把皇室的宫殿建筑群围了起来。尽管其中的建章宫处于这座大城之外，是个特殊的情况，如果把它看作城内皇宫的延伸也未尝不可。但是，对此大城包围诸宫的形态，有的学者把它称之为“宫城”，有的称之为“外郭城”。这是根据先秦城郭理论的思路研究长安城的必然考虑。

其实，秦的咸阳、汉的长安城是一种特殊，是在那个特殊时期的创造性工程。汉长安城就是“城”，无所谓什么“宫”或者什么“郭”的。早在《史记》和《汉书》中就一致称其为“长安城”。在这里，它同春秋战国时期“城郭相并”的双城制相去甚远，又超越了秦都咸阳“城郊模糊”的状态而变为更清晰的具体化。即使同后来的唐长安城比较起来，还可以归结为八个字，即：“乍看相似，实则有别”。简言之，唐长安城方方正正，有城围拢，同汉长安相同；把大明宫、兴庆宫和禁苑置之城外，同汉建章宫与上林苑的情况相似；城内有东西二市，也有坊的结构，同汉长安如出一辙，等等。但是，前后两都城所包含的内容与位置全变了。其中最大的区别，就在于最早的唐太极宫和皇宫被包罗在城内，形成有“城”（指“皇城”——“宫城”）、有“郭”（指大城），“郭”大于“城”的平面布局。而皇城“高高在上”（居后中部），并以此为中心使“坊”与“市”处在两翼和正前方，形成“君临天下”的态势。皇权极致化、布局规范化，颠覆了“前朝后寝”、“面朝后市”的观念，是唐长安城高于前代都城的最大特点。唐长安城是汉长安城的继承与发展，也是以后直至明清北京城完善的基础与先导。

2. 汉都长安城与郊的范围

“城”，指一周围墙之内。“郊”，指城墙之外。郊，还有近郊与远郊的区别。

一般意义上说到的“长安”，当然是包括了城与郊在内的。

长安四郊有多大？其四至当然在邻县的接壤之处，地涉三辅。

北至渭河的东南一线。其北岸由西向东，依次是渭城县、长陵县和阳陵县。

东至灞水、浐水的南北一线。城东有奉明县，河东岸由北往南有霸陵县、南陵县。

南至杜陵县、鄠县的北界。即由今西安市东南的乐游原西麓起，过曲江池遗址，延伸到秦阿房宫前殿遗址南，向西至沣河。

西至南北流向的沣河。

京师长安处于长安县境之内，都城内的一般行政事务还得由长安县令来处理。那么，汉都长安四郊的边界之内实际也就是长安县的管辖范围。

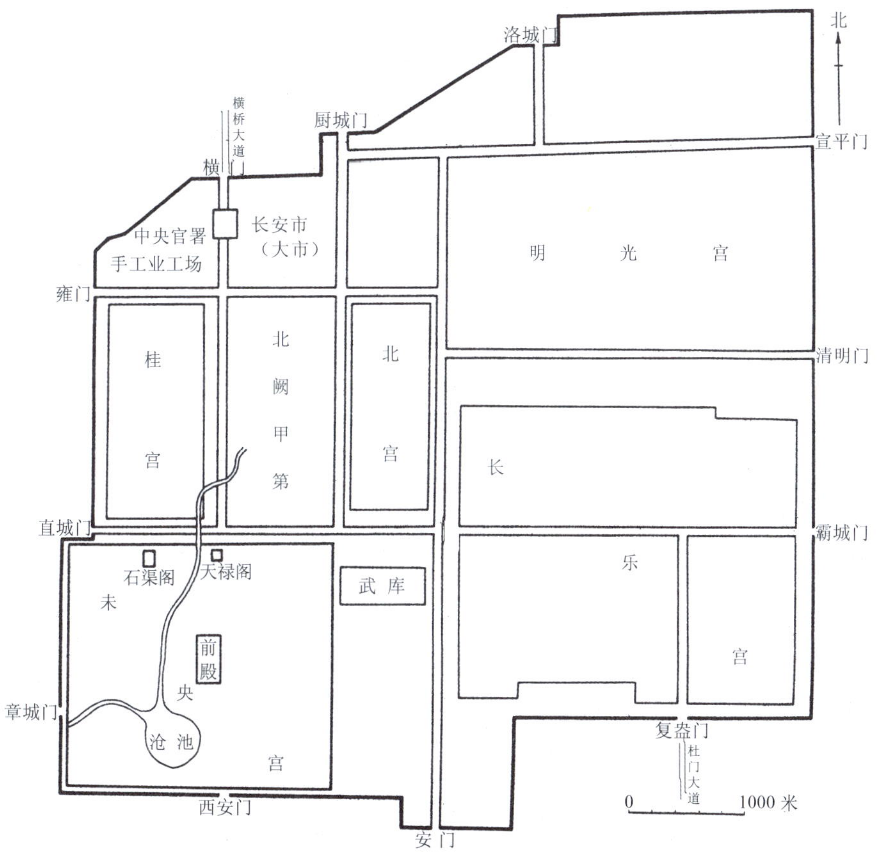

长安城内布局图

汉长安城从平面上看，尽管不是方形或长方形的，但城墙的走向除过当时受地形的影响不得不改变方向外，一般说还是正方向的。

3. 八街九陌

长安城 12 门中，除过南城的西安门向内通未央宫、覆盎门通长乐宫外，另有西城的章城门对着未央宫西墙，而其他九个门内都有一条宽阔的大道笔直地通向城内。因为每一条大道实际是一条街，那么九条大道“十”字相交或“丁”字相接的结果，就形成了八条大街。这就是人们常说的“八街九陌”。而“八街九陌”间的空当即是 11 个区域，那么，城内的宫殿、武库、太仓、居民、九市、手工业作坊等等，就被安排在这些区内。尽管这 11 个区大小不等、形状各一，从平面上还没有形成像后来唐长安城内的“坊”那么整齐划一，但毕竟是“坊”的雏形。不过，当汉惠帝围建起墙垣之后，长安城内除过长乐、未央与武库、长安市所占几区外，多是些空旷的地带。自汉武帝时代起，城内又增加了桂宫、北宫和明光宫，在不可能再有大面积的空地可以利用之时，武帝便在西城外兴建了“千门万户”的建章宫。

八街 汉长安城的八条大街，以与之相连的城门命名。分别排列如下：

（1）安门大街——由安门内向北，与宣平门大街成丁字相接。是八街中最长的，约 5400 米；

（2）直霸大街——由直城门内向东，经未央宫、武库北，与安门大街十字相交，穿过长乐宫的东西宫门，直通霸城门；

（3）清明门大街——由清明门向西，经长乐宫北，与安门大街丁字相接；

（4）宣平门大街——由宣平门向西，过洛城门大街南口、安门大街北口，同厨城门大街丁字相接；

（5）雍门大街——由雍门向东，经官署手工业作坊区、东市南，同横门大街、厨门大街十字相交，再与安门大街丁字相接；

（6）横门大街——由横门向南，穿过东市、官署手工业作坊区之间，同雍门大街十字相交，再经桂宫东侧，与直霸大街丁字相接；

（7）厨城门大街——由厨城门向南，同雍门大街十字相交，经北宫西侧，再向南与直霸大街丁字相接；

（8）洛城门大街——由洛城门向南，与宣平门大街丁字相接。长 470 米，是八街中最短的一条街。

九陌 汉长安城有12门，城内有8条大街，而为史家所称道的“九陌”又是指的什么？

汉长安城的“九陌”可能是指北面的横门、厨城门、洛城门，东面的宣平门、清明门，南面的覆盎门（杜门大道）、安门，西面的雍门、直城门等通往城外的九条大道。因为霸城门外对着低洼地带，正有王渠挡路。西安门内对未央宫，城外是礼制建筑。章城门内对未央宫，外对建章宫。虽然这三门外都有路，但非车马大道，应属于“官道”，故而未计入门外之“陌”中。所以“九陌”只是指汉长安城外9条交通频繁的著名大道，并非长安城12门无道。

十、京畿的范围“三辅”

长安有城有郊，但作为都城，首先是国家的政治中心。不允许封国的存在，但在行政制度设置上，带有其特殊性，即：城内是皇室的宫殿、居民的闾里、商品交易的市场；而近郊不按郡、县、乡的三级的编制系统，却有“乡”一级的设置。

汉初，一度设郡，随后依秦之制又把畿辅之地统统恢复为“内史”。武帝建元六年（前135），把内史一分为二，成了左内史和右内史。过了30年，于太初元年（前104）设立“三辅”，便把右内史更名为“京兆尹”，使之领长安、新丰、船司空、蓝田、华阴、郑、湖、下邽、南陵、奉明（宣帝后置）、霸陵、杜陵等12县；左内史更名为“左冯翊”，使之领高陵、栎阳、翟道、池阳、夏阳、粟邑、谷口、莲勺、鄜、频阳、临晋、重泉、郃阳、祋祤、武城、沈阳、褱德、徵、云陵（昭帝后增）、万年、长陵、阳陵、云阳等23县；把原来主管列侯的都尉改为“右扶风”，使之领渭城、槐里、鄠、盩厔、斄、郁夷、美阳、郿、雍、漆、栒邑、隃、陈仓、杜阳、汧、好畤、虢、安陵、茂陵、平陵、武功等21县。

《三辅黄图》说：“武帝太初元年改内史为京兆尹，以渭城以西属右扶风，长安以东属京兆尹，长陵以北属左冯翊，以辅京师，谓之三辅。”三辅之地辅佐京师，显然属于大长安的范围。

三辅职掌京畿诸县，其职位等同郡守，官秩为二千石，但因地近京师，政治地位则高于郡守，所以按官名称之为“京兆尹”、“左冯翊”、“右扶风”。三辅的治所都设在长安，《三辅黄图》载：“京兆，在故城南尚冠里”，“冯翊，在故城内太上皇庙西南”，“扶风，在夕阴街北”。

新（9 年—23 年）

建都地点：长安

帝王一览：王莽

历史概述

西汉建国之初，实行轻徭薄赋的政策，社会逐渐稳定，经济有所恢复；到汉文帝、汉景帝时期，继续汉初的无为而治治国方针，经济继续得到稳定的发展，从而使天下大富，国库积累了大量的财富。然而，军力却有所不济，无力对付来自北方的匈奴的侵扰。公元前 140 年，汉武帝即位以后，在富国的基础上，开始强兵，终于用了大约 30 年的时间，彻底击溃了匈奴，维护了北部的稳定。然而，就在抗击匈奴、对外用兵的同时，汉朝百姓的经济负担和劳役、兵役负担日加沉重。汉武帝后期，汉和匈奴的民族矛盾有所缓解，但统治阶级和劳动人民的阶级矛盾越来越突出。到了昭宣元成时期，吏治腐败、贪贿横行，土地兼并越演越烈，“富人益众，多规良田，役使贫民”（汉书·陈汤传），“诸侯王、列侯、公主、吏二千石及豪富民多畜奴婢，田宅亡（无）限，与民争利，百姓失职，重困不足。”（汉书·哀帝记）当时侵占数百顷以致上千顷的大有人在。

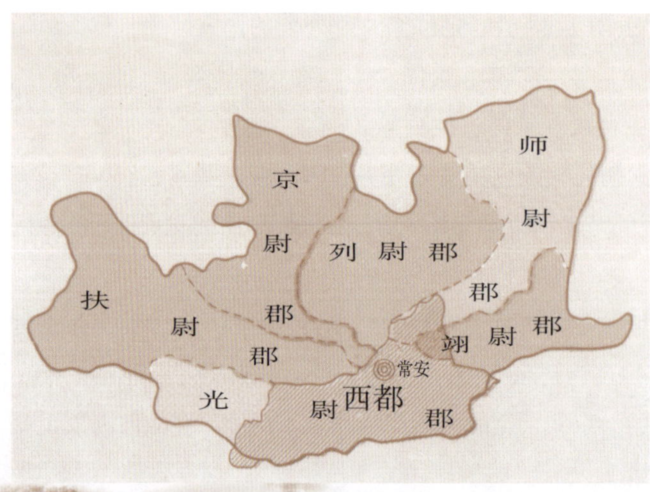

新莽时期长安（常安）位置示意图

剧烈的土地兼并，繁重的徭役负担，加上时不时的自然灾害，迫使大量的农民流离失所，丧失土地。或依附于豪强地主，成为新的官私奴婢；或四处流亡，成为无所依靠也难以管理的流民。流民实际上是社会最不稳定的因素。史书记载，早在汉武帝中后期，关东的流民就多达200余万；汉元帝时，大量的农民沦为贫民，加上连年发生水灾，甚至出现“人至相食”的现象（事见《汉书·元帝本纪·贡禹传》）。阶级矛盾已经非常尖锐，汉成帝时，小规模的农民起义此起彼伏，西汉王朝的统治处于风雨飘摇之中。于是，作为外戚当政的王莽便期望通过政治和经济改革能够使西汉王朝转危为安。

王莽是汉元帝的皇后王政君的侄子，聪明绝顶又为人谦和，博学多才又倾心儒学，权倾朝野却能够结交权贵。因此，在他从政的经历中，可以说是誉满朝野。汉成帝即位后，王莽五兄弟受到重用，封为五侯，王莽便被任命为主管军事的大司马。1年，汉平帝继位，王莽就以大将军大司马的身份辅佐朝政；5年，汉平帝死，王太后任命王莽为摄皇帝，祭祀时称假皇帝；6年，王莽以宣帝玄孙刘婴为皇太子，年方2岁，仅仅是个象征而已。王莽成为实际的摄政，这就是历史上所说的“王莽辅摄”。王莽执政掌权以后，根据周礼的规制，完善了汉代长安城的建置。建立了明堂辟雍，扩大了太学，增加了博士，培养了大批的儒生，首先从思想和舆论上掌握了人心，取得了官民阶层和舆论的广泛支持。于是在8年，他以“禅让制”为理论依据，在大批官僚、地主和儒生们的拥戴鼓吹之下，和平地夺取了汉朝的政权，王莽正式称“皇帝”，并且改朝换代，建立新朝，国号“新”。

新朝建立以后，实行了一系列的改革。

王莽的改革史称“托古改制”。他期望借助于周代的所谓礼制规范改革新朝的政权机构和行政模式，通过恢复周代的经济政策尤其是土地政策来化解当时的经济危机。以此，他仿照周朝的井田制，把全国的私有土地收归国有，成为“王田”，计口限田，一家的男子不满八口而占田超过一井即900亩的，必须把多余的田亩分给亲族邻里；他承认占有奴婢的现状，改称奴婢为“私属”。但是规定土地和奴婢一律不许买卖；同时，他进行了多次的币制改革，废除了推行已久的汉五铢钱，而仿照古代的币制，更铸造大钱，作金、银、龟、贝、钱、布之品，名曰“宝货”，推行黄金、银货、龟宝、贝货、钱货等6类28种，种类繁多，并屡次改变币制，造成换算复杂，以致商家

王莽时期货币“一刀平五千”

经营困难，国家金融混乱，导致“农商失业，食货俱废”。（《汉书·食货志》）

王莽的改革出发点是为了化解矛盾，实现国家稳定、民生安定，但是实行的结果却正好相反：既妨害了统治集团的核心利益，又无意中伤害了广大贫民的生计。况且，那些推行改革的官僚阶层想方设法要把经济损失转嫁到平民和中小地主身上，同时要把政治危机转嫁到统治集团的高层上去，把不可调和的矛盾转嫁到最高统治者的声望里去。终于在各种矛盾的交织爆发中，酿成了全国性的大起义，就这样王莽的改革导致了新王朝的土崩瓦解。23 年即王莽新朝地皇四年、玄汉更始一年，起义军攻入长安，王莽被杀，持续了 15 年的新朝灭亡。更始二年，刘玄移都长安，长安城除了部分因为战火遭到破坏烧毁而外，基本保持原貌没变。可是就在同一年，赤眉军又攻入长安，杀了更始皇帝刘玄，大肆焚烧，长安城一如秦朝的咸阳一样遭到了又一次毁灭性的破坏。

新莽简史

一、王政君发迹史与王莽的政治钻营

王政君，魏郡元城（今河北大名东）人。宣帝五凤中，入掖廷为宫女，后为太子（即元帝）所幸。元帝即位，立为皇后。成帝即位，尊为皇太后。兄凤为大司马大将军领尚书事。河平二年（前 27），兄弟谭、商、立、根、逢时五人同日封侯，王氏专权自此始。哀帝即位，尊为太皇太后。哀帝死，复召王莽入朝为大司马，共议征立平帝。遂临朝称制，委政于莽。王莽称帝后，迫其更名为“新室文母太皇太后”。王莽为王政君之侄，自称是黄帝后代。其父早死，也未曾封侯，家境相对孤贫。这样的客观环境使他养成一种既节俭，又自我奋斗的性格，同时还练就了一套善于察言观色、曲意迎奉、伺机钻营的本领。成帝阳朔年间，其权倾当朝的伯父王凤患病，他下大力气精心伺候，“不解衣带连月”，终于感动了王凤，临死前把他推荐给太后和皇帝，于是王莽步入仕途。永始元年（前 16），莽受封新都侯，迁骑都尉光禄大夫给事中。因劾奏外戚定陵侯淳于长，获正直名。矫情伪饰，示人以俭。绥和元年（前 8），任大司马，爬上权力高峰。哀帝时，因外戚丁、傅用事，罢官就第。此时，他更小心谨慎，以至处死杀奴隶的亲儿子，从而博得更大的影响。哀帝不得不把他征还京师。不久哀帝死，王政君临朝称制，复任以大司马，与议立平帝，进封安汉公。为笼络人心，出钱献田赋给贫民，增加博士名额，网罗儒生士

人。元始五年（5年）平帝死后，选立年仅两岁的孺子婴，仿效周公居摄践祚。

二、代汉三部曲

第一部曲：晋位安汉公，宰衡，加九锡。第二部曲：居摄，称假皇帝。第三部曲：即真，建立“新”朝。

三、托古改制

更名天下田为“王田”，奴婢为“私属”，禁止买卖；设立五均和六筦；多次变更币制；统一度量衡。另，还有官名、地名的更改等。

汉武帝立五经博士，儒学成了官学，但也拉开了“今文经”同“古文经”争论的序幕。今文经学的春秋公羊学派以董仲舒为代表，以唯心主义的“阴阳五德终始”说为武器，杂糅了大量的“谶（分图谶、符谶，用预言假托神仙预决吉凶）纬（“纬”是相对“经”而言的，以迷信方术、预言附会和比附儒家经典）”迷信成分，解释儒家经典，建立了一套以“天人感应”为核心的神学体系，为当权的统治阶级服务。刘歆在整理国家图书馆的藏书时，发现了《春秋左氏传》等一大批古文经典，了解到这些古文经在民间的传授情况，建议立学官，却遭到今文经学博士们激烈的反对。不过，刘歆对古文经多有窜改，其《周礼》成了后来王莽托古改制的工具，本人也成了王莽篡权的帮手。但是，针对董仲舒一派的说教，扬雄效法《论语》，著有《法言》，语言平易近人，给公羊今文学家之言、迷信的谶纬之学与巫史以无情的批判，表现出无神论的倾向。而他模仿《周易》作了《太玄经》，却建立了一个神秘主义的哲学体系。

四、对周边发动战争

派严尤征高句丽，并改名“下句丽”。派冯茂发巴蜀兵击句町。两次出征匈奴。

五、新朝败亡

由于王莽一系列的瞎折腾，加以连年灾荒、饥馑、疾疫相继，以致民不聊生；不断的对外战争，引起各族的反抗，社会危机进一步加深，终于爆发了绿林、赤眉大起义。地皇四年（23年）九月，绿林军攻入长安，王莽被商人杜吴砍死，新朝灭亡。

王莽时期的长安城

西汉的长安城经过汉初的修复秦宫到定都长安、修建新城、扩建宫殿、苑囿，形成了规模宏大的长安城，在汉武帝时期达到了鼎盛时期，但是由于在长安城的修建过程中，不断增建一些建筑尤其是一些礼制性的建筑还没有完成，直到王莽当政以后，由于政治改革的需要，很快便建设成型。至此，汉长安城才真正地得到完善。所以本篇除了对原有的汉宫在王莽时期的故事略作补充之外，对于上一篇汉长安城中未能涉及的“长安的祭天坛庙与礼制文化建筑”放在本篇作为特别论述，便形成王莽时期的长安城的基本全貌。

汉平帝元始四年至新莽地皇三年（4~22）：王莽控制朝政，奏请在汉长安城南郊重起明堂、辟雍。王莽篡权后，为了表达改朝换代的新气象，对汉家宫殿建筑进行改名，但功能却未改变。地皇元年（20 年）他下决心投巨资兴建“九庙”，经过三年方才完工。至此，长安城制才真正算是完备了。在此以前，王莽对于长安各宫也有或大或小的变革，再次举出主要的几处作为补注。

一、王莽时期有关宫室的材料补充

1. 长乐宫

长乐宫位于皇帝宿办的未央宫之东，就称其为“东宫”或“东朝”。太后在长乐宫里常住的是“长信宫”，皇帝往往要“五日一朝长信宫”的母后。汉成帝之母王政君是王莽的姑妈，活了 84 岁，因为西汉后期，外戚势力强大，依仗帝母的威望，这就使得长乐宫不但是太皇太后之宫，而且也是干涉政治的重要场所。即使王莽篡位后，仍在发挥着他姑母的余威。据《汉书 · 郊祀志》载：“莽篡位二年，兴神仙事，以方士苏乐言，起八风台于宫中。台成万金，作乐其上，顺风作液汤。”在长乐宫遗址西南曾出土有“八风寿存当”文字瓦当，现存陕西省考古研究院，即是长乐宫八风台的遗物。

2. 未央宫

未央宫中诸多宫殿，皆以前殿为中心而展开。其相对位置，按《三辅黄图》记载：“宣室、温室、清凉，皆在未央宫殿北。宣德、广明，皆在未央殿东。昆德、玉堂皆在未央殿西。”新莽时，城中少年朱弟等纵火，“火及掖庭、承明”（《汉书 ·

王莽传》)，可见两殿相距不远。

未央宫内，东西向的主干道有两条、南北向的主干道一条、支道一条。东西向的两条大道平行，其一在前殿之北，是连接东西宫门的“北大道”；前殿正南的“南大道”，西端对着汉长安城的章城门。南北向的干道只有一条，位于前殿的东侧，其两端直对南北宫门。另有一条支线，北对作室门南通“北大道”形成“丁字路”。

前殿的西南270米处有大型的池苑建筑遗址。《水经注·渭水》：“(昆明)故渠又东而北屈，迳青门外，与泬水枝渠会。渠上承泬水于章门西。飞渠引水入城，东为仓池。池在未央宫西，池中有渐台。”渐台处于水中央，是皇室贵族们游乐、观景、欢宴的地方。王莽喜得传国玉玺，置酒渐台欢宴太后，不料想更始军攻入未央宫后，这里也成了他送命的地方。

3. 石渠阁——国家档案馆

石渠阁是汉中央的档案馆，是西汉初年萧何亲自所建，时间是他任丞相期间与未央宫工程同时展开的。因为阁下用砻石(磨盘石)砌渠导流，就取名“石渠阁”。建阁的目的，在于珍藏刘邦进入咸阳后搜集秦的律令和图书典籍。选址在未央宫前殿之北，足见这批秦秘籍对汉皇帝决策的参考价值是相当重要的。石渠阁遗址位于未央宫内的西北部。这里曾出土“石渠千秋”文字瓦当，陈直先生在此采集过“大

石渠阁建筑遗址

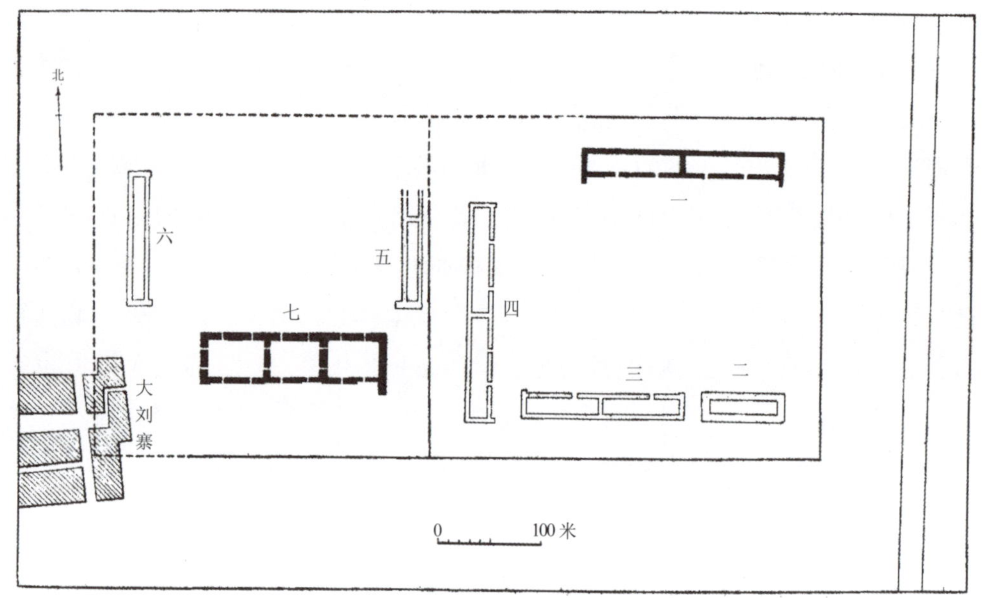

武库遗址平面图

泉五十”钱范（背）和钱币，说明此阁废弃后王莽改作铸钱作坊（《三辅黄图校证》）。陈先生还见到石渠两具，尚保存在天禄小学之内。

4. 武库

武库是国家精良武器的军械储存地，不但内藏的兵器涉及国家战争的保障问题，而且其本身的安全也备受汉统治者的高度重视。汉惠帝改称“灵金内府”，也称作“灵金府”，吕后又更名为“灵金藏”。

关于武库的具体位置，根据史料记载的研究，武库并不在未央宫之内，而是在长乐宫和未央宫之间。1975 年~1980 年，经中国社会科学院考古研究所发掘，确知武库遗址在汉长安城内的中南部，地当今未央区大刘寨村东北的高地上，当直城门大街之南，安门大街西侧约 82 米处。武库南距汉长安南城墙 1 810 米，西距未央宫东墙 75 米。已经探明，汉武库的规模相当大。其四周有围墙，平面呈东西向的长方形。占地 23 万平方米。

在武库内各库房存放的兵器种类不尽相同，因库而异，各有侧重。综合武库建筑遗址中出土的兵器种类，不外乎远射程兵器、长兵器和短兵器（也称“卫体兵器”）三类。远射程兵器主要是弩机（原来弩干、弦腐朽）和矢镞；长兵器有戈、矛、戟等；短兵器主要是剑和刀。另外，武库中储藏的又一大宗内容是护体设备的甲胄。

中央武库为“精兵所聚”（《汉书·魏相传》），其所藏兵器都是国家工官制造的上等产品。那么，武库的管理就牢牢地掌握在担任“徼循京师”的中尉之手，执行具体任务的则是其属官武库令、丞。当然，汉长安城除过中央武库之外，起码还应有大将军和骠骑将军的两座武库。

武库不仅是储存兵器的仓库，同时也是管理兵器铸造的机构。西汉制作兵器归“少府”的属官“尚方令”，周亚夫曾“为父买工官少府甲楯五百被可以葬者”。当然，中央武库本身不一定制造兵器，但官府手工业生产的武器一定要入武库，即：“兵器弓弩刀铠之属，成则传执金吾入武库”。（《续汉·书百官志》注）

未央宫中有制作御用器物的手工业作坊，当有青铜武器的生产。

汉长安城的中央武库从萧何建造起，存在的时间几乎同西汉政权相始终。从遗址中出土最晚的遗物是王莽时期的货币看，武库毁于新莽末年的战火。

5.“东市令”王孙卿

长安市商业活动最为活跃的是国家级市场。商品种类繁多，交易量大，也造就了不少有名的商业巨头，如“东市贾万”称霸一方，同城西的万张、翦张禁、酒赵放、杜陵杨章等人结成团伙，竟能“上干王法，下乱吏治，并兼役使”，被称之为“长安宿豪大猾”。（《汉书·王尊传》）西汉末期，卖丹生意的王君房、卖豉的樊少翁、王孙大卿，竟能“以财养士，与雄桀交”，都成了天下拥有大量资产的富人。特别是王孙卿以钱铺路，混迹官场，王莽还委以京都“市师”的重任，并当上了“东市令”。（《汉书·货殖传》）

王莽时期汉长安城的四面三门 列表如下：

方　向	次　序	门　名	别　名	所在今地
东墙	北	宣平门	“东城门”、“玉女门”，王莽改名“春王门”	西安市未央区青门口村
	中	清明门	“籍田门”、“凯门”、“城东门”，王莽改名“宣德门”	今西安市未央区北玉女村东约100米
	南	霸城门	“青城门”、“青门”、“青绮门”、“青雀门”、“万城门”，王莽改名“仁寿门”	西安市未央区樊家寨东范北村，保存较好，两边墙高仍有10余米

方　向	次　序	门　名	别　名	所在今地
西墙	北	雍门	“西城门”、“光门”、“函里门”、“突门”，王莽改名“章义门”	
	中	直城门	“直门”、“龙楼门”，王莽改名“直道门”	
	南	章城门	“章门”、“光华门”、“便门”、“光毕门”，王莽改名“万秋门”	
南墙	西	西安门	“平门”、“便门”、“黄门”，王莽改名“信平门”	
	中	安门	“鼎路门”，王莽改名“光礼门”	
	东	覆盎门	“端门”、“下杜门”、“杜门”、“红门”，王莽改名“永清门”	
北墙	西	横门	“武朔门”、“光门”、“突门”，王莽改名“朔都门”	
	中	厨城门	“广门”、“厨门”、“暗门”，王莽改名“建子门”	
	东	洛城门	“鹳雀台门”、“高门”、“朝门”、“利成门”、“杜门”、“洛门”、“客舍门”，王莽改名“进和门”	

6. 建章宫的废毁

西汉末，新莽政权在篡僭中诞生。而王莽面对遍地蜂起的农民起义大潮，把希望寄托在修建九庙“欲视为自安能建万世之基”，于地皇元年（20 年），“坏彻城西苑中建章、承光、包阳、大台、储元宫及平乐、当路、阳禄馆，凡十余所，取其材瓦，以起九庙”。（《汉书 · 王莽传》）这是建章宫第一次遭到的毁灭性的破坏，及赤眉军进入长安之后纵火烧掠，就使它成了一片瓦砾的废墟。

7. 北宫

北宫是汉初遗留的旧宫，因为高祖刘邦时制度草创，居处多沿用秦宫，所以所

建的北宫也相当简陋。汉武帝对北宫作了一次大的增修，使之规模巨型化、布局制度化，而且更加华丽。

据载，北宫“中有前殿，广五十步”，是为正殿，因为住有后妃，装饰考究，“珠帘玉户如桂宫”。桂宫中既有供奉和敬祀神仙的“寿宫”和“神仙宫”（《三辅黄图》），也有供怀孕产子的“太子宫”（《玉海》）。特别一提的是在作为产房的太子宫中，设置有“甲观画堂”，绘有一母九子的壁画，既含多生贵子的希望，也还有对胎教的关心。（《三辅黄图》）元帝皇后王政君，生成帝时就是在太子宫中的甲观画堂。当然，顾名思义，太子宫当是太子之宫。后妃在这里不仅生太子，而且作为国家储君的太子还要在这里生活。蛊惑之乱时，江充曾“掘蛊太子宫”（《汉书·武帝纪》）。宣帝曾“幸太子宫”（《汉书·疏广传》），元帝为太子时，就长期住在太子宫中。

入住北宫的后妃，多半是政治上的失意者、贬废者。如孝惠张皇后在平定诸吕之乱后，废处北宫。哀帝崩，王莽专权，把贵为皇太后的赵飞燕贬为“孝成皇后”，连同哀帝傅皇后一起退居北宫。

8. 明光宫

尽管在明光宫建立之初，是汉武帝为安置宫女而设置的宫殿，其舒适优胜的环境同其他宫殿比较自然是略胜一筹。但到西汉后期，其地位则有所式微。像汉成帝的舅父王商被封为成都侯，有病，曾请求到明光宫避暑，得到批准。平帝元始元年（1 年），明光宫被废。王莽篡位，废孺子婴，封其为“定安公”，封平帝皇后为“定安太后”。始建国元年（9 年），也把废宫光明宫改名“定安馆”，用以安置定安太后。（《汉书·王莽传》）

9. 祖社区

所谓“左祖右社”的“祖”，即祖庙，也就是宗庙。“社”，即社神，也就是社稷。此两尊神的位序，按“右为上”的原则，《周礼·春官宗伯》就明确规定小宗伯的职责是“掌建国之神位，右社稷，左宗庙”。那么，西汉的情况是怎样的呢?

“汉兴，礼仪稍定，已有官社，未立官稷”（《汉书·郊礼志》），其官社又是由废除秦社而来（《汉书·高祖纪》）。而秦的“诸庙”皆在渭南，然汉高祖的高庙和惠帝庙都位于安门大街之东，处于长安城的东南。汉初之社当在高庙西侧不远处。

西汉末年，王莽复古改制，为汉室建庙与官社、官稷于城南。它们处于未央宫南宫门与西安门外大道的东西两侧，更是“左祖右社”的规矩化。

10. 里居的市民区

《三辅黄图》说“长安城有闾里一百六十，室居栉比，门巷修直”。“里”是秦汉时期最基本的行政单位，在城里则外围筑有墙，辟门。里之大门称之为“闾”，设有门管人员，称之为“里监门”。“里”作为最小的基层单位，头目称“里正”，任务是监管里民、维持治安。那么，这160个均有围墙的闾里，方方正正，里中又有巷。闾里的住户相邻，如同木梳齿一般的排列着。在里内，除个别显贵可以当街辟门之外，绝不允许一般居民当街开设门户，必须向着里巷，以便做到门巷端正修直。张衡在其《西京赋》中有“参涂夷庭，街衢相经，廛里端平，甍宇齐平”的句子，所谓“廛里”只是古代城市中住宅区的通称。按孙星衍对《周礼·地官·司徒》的解释是：庶人、农、工、商等所居谓之廛，士大夫所居谓之里。但汉长安城内是否分得这么清楚？也不见得像等级森严的周制。不过，诗言大街并行三车道、街道交汇有序、住宅端直、屋脊房檐齐平，恐怕是符合长安城实际的。

《汉书·食货志》：“在野曰庐，在邑曰里。五家为邻，五邻为里，四里为族，五族为党，五党为州，五州为乡。乡，万二千五百户也。”颜师古注：“里，聚居也。”这固然是周的编制户口的制度，但战国时期仍然沿用。五家出五人当兵，编为一“伍”。《商君书·境内》规定“五人束（来）簿为伍”。农村最基层的行政单位是以“五家为伍”，在军队中按此编制而五伍相保，到了汉代也没有大的改变，所以晁错就说“卒伍成于内，则军正定于外”。（《汉书·晁错传》）那么，“五家为邻，五邻为里”的编制，当做“兵民合一”的军事组织，是固定了下来。所以，里内的住户数，一般应是25家。不过，这个数也不尽然如此。如汉平帝元始二年（2年）夏，“起五里于长安城中，宅二百区，以居贫民”。（《汉书·平帝纪》）一“区”即是一个居住单元（户），王莽曾奏“为学者筑舍万区”。（《汉书·王莽传上》）那么，在五里中住200户，平均一里有40家。这种情况说明，一是汉长安城内有相当的空旷地带；二是闾里建制固然相同，但面积有大小；三是闾里未必集中在一个区域，也有分散在别处的；四是“长安城有闾里一百六十”，应是个约数，不该拘泥。

二、长安的祭天坛庙与礼制建筑

1. 长门五帝坛

长安立有五帝坛，《史记·封禅书》载：“文帝出长门，若见五人于道北，遂因其直北立五帝坛。”其所在位置在《史记》中有两说，徐广以为“在霸陵”，《括地志》说：“在雍州万年县东北苑中。后馆陶公主长门园，武帝以长门名宫，即此。”“长门五帝坛”在渭河之南。西安北郊阎新村旁仍有地名叫“北辰堡”，这一带在20世纪50年代还有几处高台基的存在，很可能就是秦汉时期祭天的地方。

2. 渭阳五帝庙

汉文帝于前元十五年（前165），相信赵人新垣平“祥瑞”的胡诌，修建了“渭阳五帝庙”。第二年“夏四月，文帝亲拜霸、渭之会，以郊见渭阳五帝。五帝庙南临渭，北穿蒲池沟水，权火举而祠，若光辉然属天焉。”（《史记·封禅书》）《括地志》说“渭阳五帝庙在雍州咸阳县东三十里”。如以现在地理位置而论，在北辰堡一带，早已沦陷于北移的渭河之中了。

3. 明堂辟雍

（1）对名实的考订

古文献中常常把“明堂”与“辟雍”分称，但又往往相提并论。首先从功能

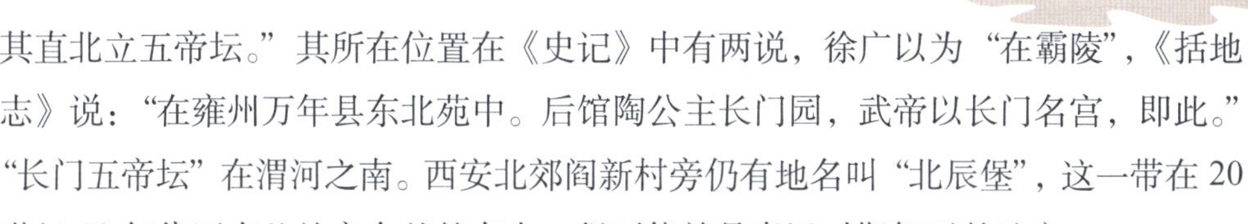

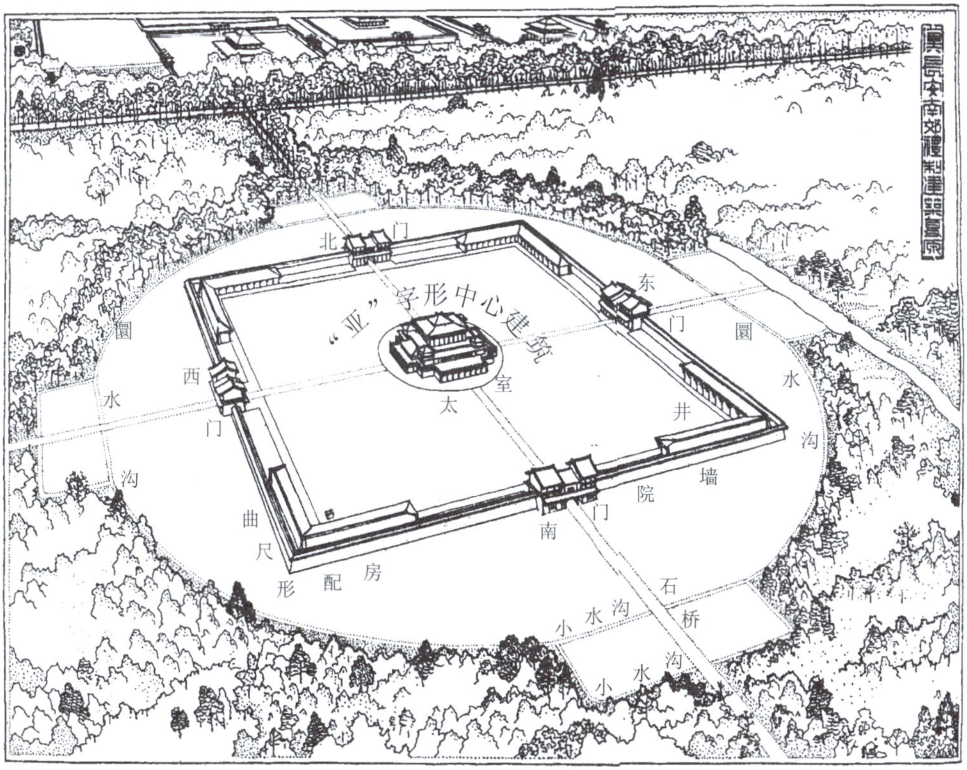

明堂（辟雍）复原图（采王世仁图）

的解析上看，明堂是“正四时，出教化，天子布政之宫”。(《三辅黄图》）也就是说，它是帝王宣布政令，举行朝会之处。而辟雍是周王为贵族子弟设立的大学，《礼记·王制》说“大学在郊，天子曰辟雍”。显然二者有别。其次以形状而言，《大戴礼》说“明堂九室，一室有四户八牖。凡三十六户，七十二牖。以茅盖屋，上圆下方”。《三辅黄图》说辟雍是“如璧之圆，雍之以水，象教化流行也”。明堂之设很早，有提到三代的，只是称呼不同。据考，周明堂“在国之阳”，位于丰镐遗址之南。周辟雍，有称在沣河西岸的秦渡镇至灵台之间，现在成了一片洼地。前面所说的明堂与辟雍，应当是西周之制。

《三辅黄图》说“元始四年，起明堂、辟雍长安城南”，(《太平御览》卷862引）但是，《水经注》说昆明故渠“东迳明堂南，旧引水为辟雍处。在鼎路门（即‘安门’）东南七里，其制上圆下方，九宫十二室，四向五色堂。”《关中记》说“明堂在长安城门外，杜门（即‘覆盎门’）之西。”(《史记·孝武本纪索隐》引）两者所记，实际是同一位置，即安门“东南七里”。同时也说明，汉明堂、辟雍本在一地。考古工作者在今莲湖区大土门村北即“汉辟雍在长安西北七里”的落点，发现了一座外圆内方的西汉礼制建筑遗址——被认为是汉明堂遗址。汉明堂与辟雍合二为一，成了一座组合建筑中的两处名称。明堂是指其中心建筑而言，辟雍则专指外围的圜水沟。通称时，或仅以“明堂”代之。

虽然同样名为“明堂辟雍”，但是由周到汉在功用上则发生了变化。汉明堂不全是西周时期“出教化，天子布政之宫”，更多的是在于“顺四时，行月令，祀先王，祭五帝”，成了“天道之堂”。辟雍也不再是“教化”子弟的大学，而成了明堂的组成部分，周环以水，带有“如璧之圆”的象征性。

（2）汉初议立明堂遇阻与“三雍宫”的建立

汉武帝即位，就想立明堂，但遭到窦太后的反对而不得行。《史记·孝武本紀》载：建元元年（前140）“上乡儒术，招贤良，赵绾、王臧等以文学为公卿，欲议立明堂城南，以朝诸侯。草巡狩、封禅、改历、服色，事未就。会窦太后治黄老言，不好儒术，使人征得赵绾等奸利事，召案绾、臧，绾、臧自杀，诸所兴为者皆废。”连丞相窦婴、太尉田蚡，也被免职。

“事未就”，说明汉武帝所建的明堂工程已经开始，只是没完工。当然，明堂工程在一年之内也不会有太大的成就。那么，因为时隔势禁就只有把中辍的明堂改成了“三雍宫”。《汉书·景十三王传》：“武帝时，献王来朝，献雅乐，对三雍宫及诏

策所问三十余事。”

汉武帝在汉长安城没有建成明堂， 30 年后，终于在泰山实施了自己的计划。《史记·封禅书》记载：“初，天子封泰山，泰山东北阯古时有明堂处，处险不敞。上欲治明堂奉高旁，未晓其制度。济南人公孙带上黄帝时明堂图。明堂图中有一殿，四面无壁，以茅盖，通水，圜宫垣为复道，上有楼，从西南入，命曰昆仑。天子从之入，以拜祠上帝焉。于是，上令奉高作明堂汶上，如带图。”元封二年（前 110），汉武帝命令奉高县（今山东泰安县东）在汶水边上建造了一座明堂，并暂定皇帝五年来此祭祀一次。皇帝须从昆仑道进入正殿，在明堂拜太一、五帝，有如在雍祭天一样的“郊礼”祭祀明堂。礼毕，烧祭品于殿下，随后又登山巅祕祭。后到泰山下祭五方天帝。不过，祭祀时，山下举火并要同泰山之巅的“祕礼”相呼应。

（3）王莽的实施与明堂形制

元始元年（1 年）年仅 9 岁的汉平帝即位，王莽实行专权。元始四年（4 年），“安汉公奏立明堂、辟雍”（《汉书·平帝纪》），选址在“长安城南门”。 1956 年 7 月~1957 年 10 月，考古工作者在西安市西郊大土门村北的建设工地发掘，终于使汉明堂辟雍重见天日。

明堂建筑群从里到外，由中央太室建筑、方形围墙和外部圜水沟三大部分构成：

中央建筑属于明堂的主体，其构筑是一个大的方形夯土台，中央的主体建筑就安置在圆台之上，筑屋平面呈正方向的“亚”字形。在方形台上的建筑高耸，是个四角攒尖的重檐大屋，即文献上所言的“太室”（或“通天屋”）。在方台的四面，各有建筑物，由外到内分成三层，即：外层是面阔 8 间的敞廊，中层改为 5 间，内层是通往太室的狭长楼梯间。这前两层实际上是前堂与后室的配置，堂两侧各设一“个”，堂前有二“阶”，个设一阶。

明堂建筑之外，筑有一道正方向的围墙，形成一个独立的院落。围墙正中辟门，四门相对，“太室”处于通门大道十字相交的中点上。在围墙的四角，有曲尺形配房，外侧为墙，内侧是每边由檐柱分成 10 间的廊道。

在方形围墙之外，有一道平面呈圆形的圜水沟。圜水沟外侧，各有一耳状的长方形小水沟。原来在四门外的两沟上，都架有石桥。

王莽所建的明堂，其形制都带有象征性。据应劭解释：“明堂上圆下方，八窗四达。……上八窗法八风，四达法四时，九室法九州，十二重法十二月，三十六户法三十六旬，七十二牖法七十二侯。”（《汉书·平帝纪》）

4. 宗庙

(1) 西汉皇帝的生祠——宫

宗庙本是古代帝王祭祖的圣地，虽说三代已经设立，但难于考究。形为制度的，还仅见于儒家对西周的理论阐述。《礼记·王制》：“天子七庙，三昭三穆，与太祖之庙而七；诸侯五庙，二昭二穆，与太祖之庙而五；大夫三庙，一昭一穆，与太祖之庙而三；士一庙，庶人祭于寝。”但西汉一朝 200 年，并未遵照这一礼仪。正如东汉大学问家蔡邕曾有经典性的总结那样：“汉承亡秦灭学之后，宗庙之制，不用周礼。每帝即世，辄立一庙，不止于七，不列昭穆，不定迭毁。”（《后汉书·祭祀》注引《袁山松书》）

西汉每位皇帝都为自己立庙，而且多是在生前建造，所以也很难用“祖庙”或“宗庙”称呼它。当然，如果是为逝去的先帝建庙，称之为“祖庙”也未尝不可。设庙之地，或在京师，或在陵墓之旁。据《汉书·韦贤传》记载，“京师自高祖至宣帝，与太上皇、悼皇考，各自居陵旁立庙，并为百七十六。”这个数字不少，但还只限于汉初到中期，如果加上后段的，其数字可说是洋洋大观了。

生前建造的庙，或称“生祠”，为了避讳，不称“庙”而称之为“宫”。西汉皇帝在长安的个庙有如下表：

<table>
<tr><th rowspan="2">庙　主</th><th colspan="2">名　称</th><th rowspan="2">位　置</th><th rowspan="2">文献根据</th></tr>
<tr><th>庙　名</th><th>祠　名</th></tr>
<tr><td>太上皇</td><td>太上皇庙</td><td></td><td>长乐宫北、清明门大街以南</td><td>《三辅黄图》:“长安故城中,香室街南”。《括地志》:“酒池之北，高帝庙北。”</td></tr>
<tr><td rowspan="4">高祖</td><td>高祖庙</td><td>高庙</td><td></td><td></td></tr>
<tr><td rowspan="2">原庙</td><td rowspan="2"></td><td>江苏沛县</td><td>惠帝五年（前 190）改沛宫为原庙。</td></tr>
<tr><td>长安渭北长陵</td><td>惠帝四年（前 191）立。</td></tr>
<tr><td>太祖庙</td><td></td><td>长安渭北长陵</td><td>景帝初元元年（前 156）尊称。</td></tr>
<tr><td>惠帝</td><td>惠帝庙</td><td>孝惠庙</td><td>安门大街以西、武库之南</td><td>《关中记》：“在高庙之西。”</td></tr>
</table>

庙　主	名　称		位　置	文献根据
	庙　名	祠　名		
文帝	文帝庙	顾成庙	今西安市玉祥门西、大庆路以北	《汉书·文帝纪》服虔注："在长安城南。"
	太宗庙			《汉书·景帝纪》：初元元年（前156），准丞相申屠嘉等奏，尊称。
景帝	景帝庙	德阳宫	今咸阳原上阳陵东南"石罗经"遗址	《汉书·景帝纪》中元四年（前146）"起德阳宫"。
武帝	武帝庙	龙渊宫	今咸阳原上茂陵	《汉书·武帝纪》服虔注："在长安西。"
	世宗庙			《汉书·宣帝纪》：本始二年（前72）六月"尊孝武庙为世宗庙。"
昭帝	昭帝庙	徘徊庙	今咸阳原上平陵东	
宣帝	宣帝庙	乐游庙	今西安市东南的杜陵东北	《三辅黄图》："在杜陵西北"。
	中宗庙			平帝元始四年（前4）尊。
元帝	元帝庙	长寿宫	今咸阳原上渭陵附近	
	高宗庙			平帝元始四年（前4）尊。
成帝	成帝庙	阳池庙	今咸阳原上延陵附近	《三辅旧事》："成帝作延陵及起庙。"
哀帝	哀帝庙		今咸阳原上义陵附近	
平帝	平帝庙		今咸阳原上康陵附近	

高祖庙的建筑遗物，文字瓦当见有"高祖万世"、"高庙万世"、"高安万世"和"西庙"几种，其中以"高安万世"出土数最多，余少见。

（2）王莽修建的汉室宗庙

王莽居摄时，曾经"建郊宫、定祧庙、立社稷"。（《汉书·王莽传》）据《左传·昭公》元年杜预注："祧，远祖庙。"那么，王莽在平帝元始年间所建的祧庙就应当是汉室的祖庙。

在汉长安故城遗址南墙之南，当西安门和安门向南的平行线之间，有一汉代建筑群，地处今西安市三桥镇枣园村和阎庄一带的西安冶金机械厂。1958 年，经考古发掘知，此建筑群的北沿，和汉长安南墙之间的直线距离有 1200 米，它就是王莽为西汉皇帝立的宗庙。

这群建筑由 12 座相同的单体建筑构成。其中的 11 座（编号：1~11）在北，共用一道每边长 1 400 米的方形围墙。也就是说，它们都处在一个大院落之内。而在大围墙之内，由北向南分三排，北排自东向西编为 1~4 号，中排 5~7 号，南排 8~11 号；另外，有一座建筑（12 号）位于大院落之南居中的位置，二者间距仅有 10 米。值得注意的是：这 12 座建筑遗址，各自都筑有围墙，从而形成独立的方形小院落，平面有如“回”字形，内有宏伟的中心建筑，外设夯土围墙，围墙的四隅建有曲尺形配房。

小院有方形围墙，中心辟门。四门正中道路的交叉点，正是中心建筑，二者中至中的距离是 135 米。门道宽 5.4 米，进深 13.6 米。由墉将门道两侧的左右塾又分隔成内外两部分，遂成“一门四塾”之制。发掘时，在四门分别出土过青龙、白虎、朱雀和玄武图案的“四神瓦当”，印证了它们分别代表着四个方向的记载。

在小院围墙的四隅置有曲尺形配房，比较简陋，似为廊屋式建筑。

对这一处建筑群定性，学者们一致认为是汉代的宗庙建筑遗址。但对庙主则有着不同的认识，过去认为是“王莽九庙”，也就是王莽为自己立的祖庙。新近的学者提出的观点是：并非王莽的九庙，而是王莽在平帝时为西汉皇帝立的祖庙。这后一看法，颇受考古学术界的赞同。

若说是“王莽九庙”，显然同此建筑群的 12 座基址不合。《水经注·渭水》：“霸水又北迳王莽九庙东。……又北迳枳道，在长安县东 13 里。王莽九庙在其南。”可推知王莽九庙在汉长安城东 6.5 公里的轵道以南某处。而王莽为汉室所立的祖庙，12 帝的位序按王恩田的排列应是：大院最南的 12 号院是高祖庙，大院内的 11 座是南排由西向东为惠帝、高后、文帝和景帝四庙，中排为武帝、昭帝和宣帝三庙，北排为元帝、成帝、哀帝和平帝三庙。

5. 社稷

(1) 除秦社稷，更立汉社稷

“社”本是土地神。“稷”是周人的祖先后稷，被尊为五谷神（农神）。周人祭

社，以后稷配享，合称“社稷”。在以农立国的古代中国，国土稳固和农业丰收当然是关系国计民生的大事。“人非土不立，非谷不食……故封土立社，示有土也；稷，五谷之长，故立稷祭之也。”（《白虎通义·社稷》）所以“社稷”就成了“国家”的代称。统治者异常重视对“社”的祭祀，因而各地普遍“立社”。上自京师下至乡里，都有社。

按等级制度，西汉中央政府在京师长安立有“官社”（国社），在地方的郡县有“公社”，乡、里分别也有“社”。

西汉初年的郊社之礼是不完备的，而且祭祀地点也不固定。高祖在长安立北畤，祠黑帝。文帝十五年（前165）到雍对五帝行亲郊之礼，次年又在长安对新立的“五帝庙”（地当今咸阳市东正阳镇东）亲拜郊见。汉景帝在中元六年（前144），至雍亲郊。像这种跳来跳去的祭祀到了汉武帝时代，随时间的进程才使不断增加的新内容最后定制化。元光二年（前133）武帝亲郊雍“五畤”，随后在长安东南郊令太祝祠祀“泰一”。元鼎五年（前112），在甘泉起泰一祠坛。按照亳人谬忌“天神贵者泰一，泰一佐曰五帝”（《汉书·郊祀志》）的说法，汉武帝正式确立了泰一的地位。但又发现了没有地神后土祀的缺憾。于是，经过有司与太史令司马谈、祠官宽舒等人一番商议之后，就在东幸汾阴时，正式择地而“立后土祠于汾阴脽上”。（《汉书·郊祀志》）至此，作为宗教活动三大地点的甘泉泰一、汾阴后土、雍之五畤，才算规模齐备。当然，在这期间武帝令太祝在长安东南郊还立过泰一祠。

社稷的存亡，就是国家的存亡。《史记·秦始皇本纪》说“诸庙、章台、上林皆在渭南”，那么，秦的社稷也应当距“帝者祖庙”不远。高祖二年（前205），刘邦进入关中，就“令民除秦社稷，立汉社稷”。（《汉书·高帝纪》）显而易见，汉代秦而立的初期，也只是把社稷的属主撤换罢了，社址也当不会有太大的变动。

蔡邕在其《独断》中说“天子社稷方广五丈”，那么，汉长安的官社是否也为方广五丈（1.16米×1.16米）的土坛呢？西安市三桥镇曹家堡原来有一夯土基址，其平面呈东西向的长方形，残长240米，宽70米，高4.3米。主体建筑已毁没，仅存四周廊庑遗址。此“遗址始建于秦或汉初，西汉中期重修扩建，西汉末年废弃”，被认为就是汉初的“官社”遗址。

（2）王莽所建的官稷

据《汉书·郊祀志》载，汉初“已有官社，未有官稷。”于是，王莽在平帝元始五年（前5），为汉室在官社之后立了官稷，以夏禹配食官社，后稷配食官稷。

官社在前，官稷在后，二者相距不远，都在汉长安的南郊的西部。据考古发掘，“官稷遗址在官社的西边，现存两重围墙，平面呈回字形。外围墙每边长约 600 米，内围墙每边长 273 米。内外围墙正中各有一门。门道建筑与王莽九庙的门道相同。未发现中心建筑。”这应是王莽为汉室建造的“官稷”遗址。

6. 祭天地的南郊（圜丘）和北郊

建始元年（前 32），汉成帝接受匡衡等人的建议，把甘泉泰畤和汾阴后土之祠迁到了长安南北，以为“祭天于南郊，就阳之义也。瘗地于北郊，即阴之象也”才合礼制。这就是说，“南北郊”实际是把甘泉泰一和河东后土之祠徙置长安的合称，位在长安而地分两处。同时，也因为五帝已列入祭天的对象，也就废止了雍四畤的祭祀。但从此以后，政局不稳，朝臣纷争，祭祀活动也就在长安南郊和甘泉、汾阴之间反复不定。汉平帝元始五年（5 年），在王莽的主持下，于长安南郊和北郊分别设立郊坛，祭祀天地。那么，从成帝建始元年到平帝元始元年的 36 年之间，天地之祠跳来跳去地搬迁过 5 次。虽然是有板有眼的“制礼”活动，其实是穷途末路的政治游戏而已。不过，在祭礼上，王莽为拉拢人心而把汉高祖与吕后抬上了配享的祭坛。据《汉书・祭祀志》载，王莽的奏言是：“‘孟春正月……天子亲合祀天坠于南郊，以高帝、高后配。……以日冬至使有司奉祠南郊，高帝配而望群阳，日夏至使有司奉祀北郊，高后配而望群阴。’奏可。”

《三辅黄图》也说“成帝徙泰畤后土于京师，始祀上帝于长安南郊，祀后土于长安北郊。”《汉书・成帝纪》应劭注作：“天郊在长安城南，地郊在长安城北长陵界中。”长安南郊有汉“圜丘”。这圜丘就是成帝在长安南郊建造以祭天的“天郊”。《括地志》说“汉圜丘在长安治内四里居德坊东南隅”，该遗址地当西安市西郊周家围墙附近。

圜丘，也作“圆丘”，是古代取圆形的自然土丘作为祭天的坛。按照“天圆地方”的观念，圜丘既象征“天”，自然就是圆形的土台子。北京市明清的“天坛”就是中国古代圜丘形成的最后形式。而西汉“圜丘”究竟是什么样子呢？《三辅黄图》只是说它“高二丈，周回百二十步”，并没有给出具体的形状来。文献中说甘泉的“泰一坛”（紫坛），是“八觚宣通八方”的三重坛，下有“五帝坛”、“群神之坛”。有可能是今淳化县汉甘泉宫遗址上那个高 16 米的“通天台”基址。但真正经过考古发掘，而又时间、地点接近的要数唐长安圜丘遗址了。它位于陕西师范大学南操场的东侧，当唐长安城南正门——明德门东 950 米处。所有台面都设有 12 陛，

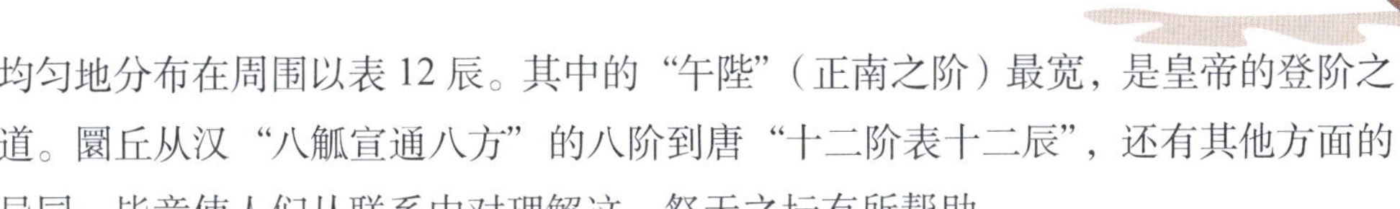

均匀地分布在周围以表12辰。其中的"午陛"（正南之阶）最宽，是皇帝的登阶之道。圜丘从汉"八觚宣通八方"的八阶到唐"十二阶表十二辰"，还有其他方面的异同，毕竟使人们从联系中对理解这一祭天之坛有所帮助。

地郊（也称"北郊"）祭地，是方坛，在长安的位置有两说。一是《汉官仪》卷下："北郊坛在城西北角，去城一里所。谓方坛四陛，但存坛祠舍而已"；另一是《汉书·成帝纪》应劭注："地郊在长安城北长陵界中。"长陵仅是汉高祖的陵邑，范围甚小，不可能在陵邑中设祭地之坛。遗址就在西安市未央区六村堡西北一带。

"地郊"也是个祭坛，基座呈方形。既然汉武帝把地神当作祭祀的对象，也就具体到了"后土"。后土祠是什么样子，谁也说不上来。于是，太史令司马谈、祠官宽舒等人，经过一番商议，认为后土祠应该建在周围有水的圜丘之上，并作有五坛。后来，终于在汾河入黄河的汾阴选中了符合这一条件的地方，便在脽上建立了"后土祠"（今山西万荣县西南40公里的庙前村）。汉成帝在长安北郊立地郊，不可能是"后土祠"，必然还是采用周围有水的圜丘形式。

西汉地郊未被发现，可作借鉴的是南朝的"北郊坛"。上世纪末，在南京紫金山顶发现了刘宋孝武帝在钟山建造的"北郊坛"遗址，总面积达16 000平方米。坛址位于山顶，是个坐北朝南、分为4层的方坛。东、西、南三面的每层台面外缘用石垒砌，四层台面从上到下的由小变大，最大高差在10米以上，最下一层的南台面宽88米，高约1米。主坛之上有4个黄土堆筑的小方坛。祭坛南面有一条顺山坡砌造的正南北向的石阶道路，应是古代文献中所说的"南陛"。

7. 太学与灵台

（1）太学

太学是汉中央政府培养教育高等人才的学府，即所谓"贤士之所关也，教化之本原也"。(《汉书·董仲舒传）长安兴办太学始于汉武帝元朔五年（前124)，据丞相公孙弘"请为博士置弟子员"的建议，以五经博士为教师，以郡国选送来的弟子为太学生。开始只有弟子员50人，以后逐渐增加，成帝时已达到3 000人。王莽时，因为校舍不足，还添建了"弟子舍万区"。

《关中记》说"汉太学、明堂皆在长安城南，安门之东、杜门之西。"（《长安志》引）《两京新记》说唐长安普宁坊西街有汉太学旧址，当辟雍之西，地在今西安市西郊大土门村西北，但今无踪迹可存。不过，在这一地点的东边是唐长安普宁坊东街，有汉明堂辟雍遗址，在西边有汉室宗庙遗址，那么太学当在附近。

周灵台图

（2）灵台

灵台是土筑的高台，本是周天子用来“观祲象、察氛祥”的天文台。西汉在都城南也建有灵台，同农事关系发生紧密联系，以便“候者观阴阳天文之变”。初名“清台”，也称“清灵台”、“清冷台”，后改名叫“灵台”。

汉灵台“高十五仞”，按汉制一仞为七尺，高可 24.15 米。在台上设置的观测仪器有：“相风铜乌”——即铜制的“风向仪”（或叫“候风仪”），作成乌鸦形状，固定在转轴上，遇风则动，使人知其风向与风力；“铜表”——即铜制的“圭表”仪，用日照“表”（竖直的立竿）在“圭”（平卧的条板，同表形成 90 度夹角）上投影的长短测定一年的 24 节气。其表高八尺（合 1.84 米），圭长一丈三尺（合 2.99 米），体宽一尺二寸（合 27.6 厘米）。

《三辅黄图》记汉灵台“在长安西北八里”，记汉辟雍和太学也作“在长安西北七里”。这里的“长安”应指唐长安县治所在的唐长安城长寿坊，相当今西安市雁塔区蒋家寨。由此向西北推七唐里，就是莲湖区大土门以北。可知汉辟雍和太学在东，灵台在西。不过，《三辅黄图》多用唐地名作参照物，显示了该书从“初本”

到“今本”的成文历程，引用时不能不注意。在《水经注·渭水》中，也记作昆明故渠“东迳明堂南，旧引水为辟雍处。在鼎路门东南七里，……北三百步有灵台”。可见这地点还是可靠的，只是灵台遗址还未发现而已。

三、长安城的毁灭

西汉末年，吏治腐败，贪污贿赂横行。尤其是在京都之地，官商勾结，富商豪强不断向政府的高层领域渗透。当时流行过这样的谚语，说“以贫求富，农不如工，工不如商，刺绣文不如倚市门。”《汉书·货殖传》载：“关中富商大贾，……王孙卿以财养士，与雄桀交，王莽以为京师司市师，汉司东市令也。”富商用钱搭桥，竟能同贵族王莽结交，成了东市令，创造了官商勾结的典型事例。

官商勾结的直接影响是，商人囤积居奇，赚取更大的利益，官员贪贿盛行，吏治更加腐败，社会日益混乱，动荡不安。一些所谓豪猾的人，趁机与官府对抗。一种人可以称之为侠客、义士，在他们身上散发着一种廉洁、豪爽、胆识的人格魅力，受到下层群体的欢迎，成为反对统治者的团体或代表。但也有一些人向畸形发展，干出一些杀人越货、打家劫舍的勾当。但是他们构成了反抗执政的主要力量。西汉晚期的长安的豪猾和流氓，实际就是这一类人。《汉书·王尊传》中说“长安宿豪大猾，东市贾万、城西万章、翦张禁、酒赵放、杜陵杨章等，皆通邪结党，挟养奸轨，上干王法，下乱吏治，并兼役使，侵渔小民，为百姓豺狼，更数二千石，二十年莫能禽。”而城中的轻薄少年更是成群结伙，向“上怠于政，贵戚骄恣”的社会现实发起攻击。

长安城中的豪猾霸道、流氓滋事、盗贼疯狂，是封建统治衰败的产物，也是阶级斗争的曲折反映。作为城市的社会问题，也正在钳制着这座都城主人的生存力。

自汉元帝以后，西汉王朝已日薄西山，处于末季。汉平帝时，情况更趋严重，而劳动人民遭受压榨、剥削日重，失去土地，走上流亡之路，社会处于动荡之中。

平帝元始二年（2 年），“三辅盗贼，群辈并起，至焚烧茂陵都邑，烟火见未央宫。”（《东观汉纪》）长安城里也出现了“群盗并兴”的反抗活动，使皇室和中央朝廷受到直接威胁。“闾里少年群辈杀吏”（《汉书·赵尹韩张两王传》）、“攻官寺，杀长吏”（《汉书·匡张孔马传》）。而一些大侠，如长安东市贾万、城西万章、张禁、赵放，杜陵杨章等结党干法，弄得统治者头疼至极。平帝元始三年（3 年），任横等人起义，建立组织，“自称将军，盗库兵，攻官寺，出囚徒。”他们从官家的武库中取出兵器，武装自己，释放“囚犯”，主动地攻打中央的各级政府机关，可见西汉王朝衰落到何种程度！而这次任横起义，声势浩大，使得长安城内陷入一片混乱之中。

8年，王莽篡汉，企图实行所谓的新政，挽救行将就木的封建统治政权。然而，新莽政权只是政治野心家弄出来的怪胎，同样不能逆转摇摇欲坠的西汉统治。22年，以绿林为主的义军，联合新市、下江、平林、舂陵等部，以复“汉”为旗号，推举刘玄为更始皇帝，举行声势浩大的推翻王莽的起义。随后，更始军一路攻洛阳，一路向关中进发。义军所到之处，关中各地积极响应，很快逼近长安城。这时，王莽紧急组织城中囚徒出城抵抗。但刚过渭桥，就一起哗变，还挖开了王莽妻子坟和祖坟，烧毁了棺椁，进而在长安南郊把九庙、明堂、辟雍等礼制建筑也付之一炬，“火照城中”。王莽地皇四年（25）十月一日，义军攻入长安宣平门，同负隅顽抗的新莽死党展开巷战。十月二日，长安市民朱弟、张鱼也起兵，进攻皇宫，烧宫门，“火及掖廷承明（殿）”。十月三日，愤怒的人群攻入王莽躲避的渐台，商人杜吴把他杀死并取其绶带，校尉公宾就割下他脑袋，军人们分裂了他的肢体。至此，就结束了西汉王朝214年（前206~8）的统治和短命的新朝（8~25)。

在亡汉的烈火之中，汉长安城内的主要建筑遭到破坏。更始三年夏（25），赤眉军樊崇等数十万人入关，立刘盆子，“遂烧长安宫室市里，害更始。民饥饿相食，死者数十万，长安为虚，城中无行人。宗庙陵园皆发掘，唯霸陵、杜陵完”。（《汉书·王莽传》）如果说王莽的叛军烧毁南郊礼制建筑放的是第一把火，公宾进攻王莽，烧攻未央宫三日，使这座巍峨的朝宫永远消失了。而赤眉军烧长安宫室市里，使长安城遭到毁灭性的破坏。

第六章　东汉末至北周时期

东汉献帝

东汉时期长安位置示意图

献帝在位时间： 189 年—220 年，计有 32 年。

迁都长安时间： 190 年—196 年，计有 7 年。

历史概述

西汉末年，阶级矛盾和社会矛盾日益激化，大有山雨欲来风满楼之势。王莽改朝换代以后，期望缓和各种矛盾，虽然采取了一系列的改革措施，但是不仅没有缓和，反而加剧了矛盾，于是各地纷纷爆发了大规模的起义。起义军在不断地兼并融合汇聚之下，最终形成了三支大的起义军势力。绿林军、赤眉军和铜马军。

17 年即王莽天凤四年，新市人（今湖北京山东北）王匡、王凤领导饥民起义，他们以绿林山（今湖北钟祥、随县交界处的大洪山一带）一带为活动基地，四处出击，打击豪强，抢夺财物，抵抗官军。史称“绿林军”。先后有马武、王常、成丹、陈牧起兵响应。随着地方豪强势力的加入，尤其是有汉朝皇族血脉的刘玄和南阳豪强刘縯、刘秀兄弟的加入，而且成为主要的领导者，绿林军便成为一支反抗王莽政府军的主力部队，原来的纯粹的农民起义变成了政治色彩浓厚的反政府军。23 年，绿林军建立了“更始”政权，以刘玄为皇帝，建都宛（今河南南阳），史称“玄汉”。更始政权的建立引起了王莽的高度警惕，立即派遣 40 万大军前往征剿，有大司徒王寻和大司空王邑率领，包围了绿林军控制的昆阳城（今河南叶县），但是，守卫昆阳的义军仅仅有八九千人。然而，起义军以一当十，奋勇争先，最终打败了王莽政府军，取得了历史上著名的以少胜多的战例。

就在绿林军发展壮大的同时，另外一支农民起义军也日益壮大。18 年即王莽天凤五年，琅邪人（在今山东诸城）樊崇起兵莒县，举行起义，吸引了山东青、徐一带大量的饥民，队伍迅速发展壮大。这支纯粹的农民武装纪律严明，朴实无华，相约“杀人者死，伤人者偿创”，没有文书、部曲、旌旗和号令，他们为了和别人区别，就将眉毛涂成红色的，因此称之为“赤眉军”。22 年即地皇二年，王莽派太师王匡、更始将军廉丹率兵 10 余万企图一举消灭赤眉军。官军所到之处，烧杀抢掠，无恶不作。所以有民谣说：“宁逢赤眉，不逢太师；太师尚可，更始杀我。”23 年，赤眉军在山东成昌（今山东东平）打败了前来镇压的更始将军廉丹。廉丹自杀，声势更加强大。

昆阳之战以后，绿林军兵分两路进攻政府军。一路由王匡率领进攻洛阳，一路由申屠建、李松率领直取长安。王匡迅速攻下洛阳，西征大军进入关中，就受到各路大小义军的配合欢迎，势如破竹，很快就接近长安城下。这时王莽匆忙拼凑起十几万的“罪徒”前去迎战，这与秦末的情势是多么相似。难道历史真的是在不断地重复过去的模式而不能够有所改观吗？何以最高的统治者们总是自信到死到临头还要重用他们的掘墓人担当重任呢！可惜这些所谓的军队一出长安城，过了灞水桥就调转矛头，向王莽宣战：恨恨地挖了王莽的祖坟，焚烧了他的祖庙。迎接绿林军入城。城内的反抗分子趁机聚集起来，冲进皇宫，可惜一代枭雄惨死在乱兵之下。王莽的新朝宣告灭亡。

王莽死后，刘玄便建都洛阳。同时，任命大司马刘秀去河北招抚各地的起义军，刘秀趁机消灭了河北一带的主要义军主力铜马军，并收编到自己的军队中，从而发展壮大自己的实力。

24 年，即玄汉二年，刘玄迁都长安。25 年，赤眉军 30 万大军攻入关中，另立刘盆子为帝，攻陷长安城，杀了刘玄。焚毁了长安城。同一年，刘秀在河北称帝，延续西汉的国号，依然叫“汉”，定都洛阳，重建刘汉政权，史称“东汉”。

东汉时期最明显的特征就是豪强地主的统治。政治上依赖豪强地主的家族势力，东汉的豪族基本上是名门望族，他们的实力强大、势力所及无所不在。经济上的最大表现就是豪强地主的庄园经济。由于东汉政权建立的基本力量实际上是西汉的豪强家族。与其说西汉末年新莽是在倒行逆施，还不如说王莽只是凭借了书生意气，期望通过自上而下的改革还底层农民和平民一个公道。岂不知豪强经济的发展已经将庄园主和部曲（依附于庄园主的农工商户）紧密地结合在一起，他们实际上是一个经济和政治共同体。因而，任何对于豪强势力的侵犯必然引起强烈的反抗。结果已经清楚，王莽败得很惨。所以，刘秀能够依赖豪强夺取天下，是那些仇恨豪强经济的儒生书生们所想不到的。新兴的东汉政权赋予豪强势力一种透明公开的权限，赋予他们廉洁自律的行政环境，赋予他们家族的地位和继承权。等等。豪强是东汉政权建立和维护的基层力量。而这种力量一直持续到魏晋南北朝时期的士族统治时期。所谓贵族政治，是这一时期政治统治的体现。

东汉时期，豪强家族拥有政治上的特权。在选官制度上出身和门第（史书上称之为“族姓阀阅”）成为选拔官吏的重要标准。名门望族就可以世代做到大官。例如弘农杨氏，一连四代位至三公；汝南袁氏，一连四代有五人做到了三公。《三国志·魏志·袁绍传》记载：汉代袁安在汉章帝刘炟时为司徒，儿子袁敞为司空，孙子袁汤为太尉，曾孙袁逢为司空，袁隗为太傅，四世居三公位，人称“四世三公”。另外《后汉书·杨彪传》也记载：“自震至彪，四世太尉，德业相继，与袁氏俱为东京名族云。”三公指司徒、司空、太尉，是东汉时期地位最为隆盛的职位。而且，一些地方豪强还长期左右把持着地方政权。东汉实行的官员察举制度和征辟制度，使得地方上的中小地主阶层不得不依赖在朝中具有极大影响力的大官僚、大贵族的举荐。于是他们纷纷投靠在他们门下，做他们的“门生”。政府允许大官僚还可以自己挑选自己的亲信作为“属吏”，也就是“故吏”。就这样，东汉的豪强家族依赖自己家族的势力和门生故吏的庞大官僚体系，形成了许多有实力的强大集团势力。

东汉自从光武中兴，经过明帝、章帝、和帝、殇帝、安帝、顺帝、冲帝、质帝、桓帝，再到灵帝、献帝。一共经历了 12 帝 196 年的时间。在此期间东汉定都洛阳，除了在汉献帝时期有所变化而外，其他皇帝都在洛阳办公。

汉献帝是我国历史上非常有名的皇帝。由于东汉末年大军阀董卓的操纵和“奸相”曹操的“挟天子以令诸侯”，使得他和《三国演义》紧密地集合在一起，成了一个家喻户晓的可怜皇帝。

也就是这么的出名皇帝，也给古代长安带来了一段可歌可泣的历史。

一、黄巾军起义和豪强争战

184 年，即汉灵帝中平元年，爆发了波澜壮阔的黄巾军大起义。起义的组织者名叫张角，是巨鹿（今河北平乡）人。这是一次有组织有预谋的大起义。他与以前的秦汉大起义有所不同的是，它借助了此时兴起的道教的思想传播起义宗旨：苍天已死，黄天当立。他利用传播太平道的机会，宣扬推翻东汉王朝的终极目的。

东汉末期，也同秦汉末一样，各种矛盾同时激化。张角便利用了人民的普遍不满，宣传太平道所要来建立的理想之国。仅仅十几年时间就收拢好了数十万信徒。史载在青、徐、幽、冀、荆、扬、兖州、豫州等八州之人，信徒极多，“莫不毕应”，似乎人人都参加了。张角把这些信徒分成 36 方，大方 1 万多人，小方 6、7 千人，每方设立一位渠帅。他们长期进行秘密活动，约定在 184 年二月同时起事。张角自任天公将军，任命他的弟弟张宝地公将军、张梁人公将军。那一天，他们头戴黄巾作为标志，发动了向“苍天”政权的进攻。这就是历史上所谓的“黄巾起义”。

然而，黄巾起义虽然声势浩大，但是很快就在政府军和地方豪强势力的围追堵截之下，死的死，降的降，没有从根本上动摇豪强家族的世袭地位和权力，反而在平定黄巾的过程中，豪强集团的势力更加强大，形成了袁绍、曹操、孙坚（孙策）、刘表、公孙瓒、马援、张鲁、刘璋等更大的豪强和军事集团。

袁绍占据了幽州、冀州、青州、并州四州之地，相当于今天的河北、山西、山东的东部和北部；曹操占据兖州、豫州，相当于山东西南部和河南；孙策占据江东，即长江下游的江南地区；刘表占据荆州，即湖南、湖北；……这些个军事集团互相争斗，最后袁绍、袁术等集团被曹操消灭，曹操一统北方。刘备是在平定黄巾军的战争中崛起的一支新生力量。他先后投靠曹操、袁绍、刘表，最后联合孙策之弟孙权取得赤壁之战的大胜利，终于形成三分天下的局面，奠定了三国的基本格局。

二、董卓挟持天子

董卓和他的军事集团是在东汉末年的动乱中被“引狼入室”的。

董卓也是在平定黄巾军中发展起来的。史载董卓性粗猛而有谋断，最初是驻守边塞的将领。中平元年（184），曾代卢植统兵与黄巾军作战。中平五年（188），汉灵帝病危之时，董卓驻屯河东，拥兵自重，坐待事变。

中平六年（189）汉灵帝死，汉少帝刘辩继位，外戚何进辅政。另封刘协为渤海王，不久又转封为陈留王。大将军何进与司隶校尉袁绍合谋诛杀宦官，居然不顾朝臣的反对私自召董卓入京。后来因为阴谋泄露，何进首先被宦官张让等所杀，袁绍等人入宫诛杀宦官，陈留王刘协与少帝刘辩被宦官张让和段圭劫持出宫。后被尚书卢植等人救出。回宫途中遇到董卓大军从河东前来护驾，董卓曾和少帝谈话，少帝却胆小怕事，表现得语无伦次；再问刘协，刘协则面无惧色，谈吐清晰，将事情的经过说得清清楚楚。董卓很吃惊，认为少帝的能力不足以担当大任，他认为刘协贤能，遂有废立之意。随后董卓率军进入洛阳，并收罗何进所属部曲，又使吕布杀了执金吾将军丁原，并吞他的部众。由此势力大盛。

初平元年（190）冀州牧韩馥与袁绍、孙坚等人联合关东各州郡兴兵声讨董卓。董卓便把汉献帝挟持到西都长安，临行时把洛阳的金珠宝器、文物图书强行劫走，并焚烧宫庙、官府和居家。

次年（191），董卓被封为太师，地位在诸侯王之上，车服仪饰拟于天子。

初平三年（192）四月，董卓为司徒王允与董卓部将吕布合谋所杀。董卓被陈尸街衢，其家族被夷灭。

初平三年六月，董卓部将李傕等人率西凉军余部攻入长安，赶走吕布，杀死王允，大肆报复，吏民死者万余人。

兴平二年（195），李傕劫持献帝，郭汜扣留部分公卿大臣，互相争斗。

兴平二年（195），刘协趁李傕、郭汜二人内讧之际逃出长安，在杨奉、董承等的护卫下，进驻安邑（今山西夏县）。次年，时任兖州刺史的曹操迎接刘协入驻洛阳，刘协赐曹操节钺，标志着曹操“挟天子以令诸侯”的时代开始了。随后曹操迁都到许，改称许都。但刘协依然是一个傀儡皇帝。但直到曹操去世，汉献帝依然是汉朝的皇帝，没有人取而代之。

三、迁都经过

(1) 初平元年 (190) 初，权臣董卓大会公卿议迁都事。二月献帝被迫西迁，三月入长安。

(2) 初平二年 (191) 四月，董卓至长安。

(3) 初平三年 (192) 四月，董卓在长安被部将吕布与司徒王允合谋诛杀。其后，董卓部将李傕、郭汜又杀王允，关中大乱。再后，李、郭长时间混战，长安城粮价飞涨，“人相食啖，白骨委积、臭秽满路”。

(4) 建安元年 (196) 七月，夹在军阀混战之间、备受艰辛的献帝东还至洛阳。其迁都长安共六年零五个月。

西晋至北周时期（265 年—581 年）与长安有关的历史概述

一、西晋历史概述

220 年，曹操死后，他的继承人曹丕就废除了汉献帝，自称皇帝，建都洛阳，国号为魏，史称曹魏；221 年，刘备在成都称帝，国号为汉，史称蜀汉；229 年，孙权在建业（今南京）称帝，国号吴，史称孙吴。三国时代来临。从 220 年算起到 265 年司马氏篡位建立晋国。仅仅只有 45 年。时间很短，但是他在历史上的作用却不容忽视。三国时期的各国为了自强自立，纷纷发展各自的经济，其军事实力更是不可小觑。三国时期的政治经济制度为之后取而代之的西晋王朝所继承。西晋的疆域和行政区划也基本上是三国的总和而小有调整。

其实，历史总是有很多相似之处。说是报应是唯心论者的观点，说是学习仿效可能更好一些。西晋是由晋武帝司马炎于 265 年取代曹魏政权而建立，国号晋，定都洛阳，史称“西晋”。司马炎取代曹魏的模式完全是模仿曹魏取代汉献帝的模式。他们假借禅让的方式和平取得政权。其实，这也是新莽的创意。不过，这种古为今用在一定的程度上是比那种因深深的仇恨生生地以大量血的代价取得政权要文明的多，这样的和平的政权交替似乎对整个社会和老百姓没有太大的影响，人们只是另外面对了一个家族的领袖喊喊“万岁”罢了。

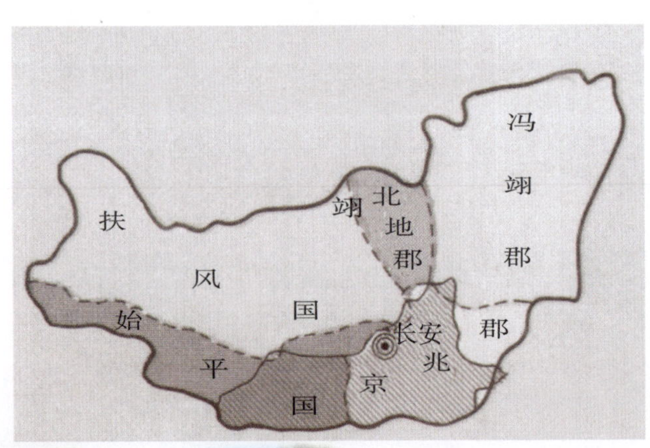

西晋时期长安位置示意图

西晋为时仅 51 年。265 年，晋王司马炎称帝，建立西晋；280 年，灭东吴，完成统一；316 年，为汉国（前赵）所灭。西晋统一仅 37 年，是魏晋南北朝长期分裂时期中的短暂统一王朝。

晋武帝司马炎是一个仁慈、中庸、节俭、宽容的好皇帝，然而也是一个优柔寡断、缺乏战略眼光的皇帝。如以晋武帝的这种资质，绝对谈不上能够做一个开国的皇帝。然而他却做了，那实际上是借助了乃祖司马懿、乃父司马昭的威望和荫庇而不得不做皇帝了。历史就是这么有趣，你如果代表的集团需要你挺身而出，由不得你，不出就不行！

晋武帝的太子为司马衷，昏庸无能，其实就是个白痴。武帝之弟齐王司马攸较仁孝慧敏。许多大臣倾向于让晋武帝舍子立弟。可是他犹豫再三，仍然不能决定，最后迫使齐王攸回到齐国，最后愤怨而死。西晋立国后，晋武帝分封诸王，于277年遣诸王就国，其中一些王都督诸州军事。如汝南王亮督豫州、楚王玮督扬州。晋武帝把白痴儿子司马衷立为太子，这确实是西晋历史上最大的败笔。为日后的贾后专权、八王之乱埋下了祸根。试想，即便是董卓、曹操也不敢明目张胆完全甩开皇帝的权威我行我素，他们还需要有个"讽事"的过程，把他们的意见和需要通过一定的管道告知皇帝，然后由皇帝宣布。这样掩人耳目，方才能名正言顺。人们明知那不是皇帝的本意，但通过皇帝的谕旨颁布下来，凡是有封建礼数常识的人、懂得朝堂规矩的人，都不敢提出异议。否则，那是要杀头，甚至是灭门的。因为那时的皇帝是有是非判别能力的正常的人。对于一个智力正常的政治人物的言论是不能够怀疑的。他口中的话就是他说的，没错！然而，别人要转达一个白痴的话，要取得别人的确信，是十分的困难。如果这个话又是要损伤他人的权益，那必然演绎起一场无休止的争论和对抗。八王之乱就是这样产生的。

八王之乱是中国西晋时统治集团内部历时16年（291~306）之久的战乱。战乱参与者主要有汝南王司马亮、楚王司马玮、赵王司马伦、齐王司马冏、长沙王司马乂、成都王司马颖、河间王司马颙、东海王司马越等八王。

290年晋武帝去世，晋惠帝继位，外戚杨骏辅政。皇后贾南风趁机干政。当时杨骏擅权，与贾后对立。291年贾后借由楚王司马玮除去杨骏及其势力，任命汝南王亮与卫瓘掌政。不久贾后利用楚王玮与汝南王亮不合除去汝南王亮及卫瓘，再以伪诏杀楚王玮，任命张华及贾模等人掌政。贾后夺权成功。太子司马遹不是贾后亲生，300年被贾后诬蔑谋反，太子被废。赵王司马伦挑拨贾后杀掉太子。而后赵王伦联合齐王司马冏替太子报仇，发兵除去贾后及其党羽，赵王伦专政。此后，赵王伦、齐王冏、长沙王乂、成都王颖、河间王相继夺权，发号施令，最后又相继被杀。直到306年惠帝被毒死，豫章王司马炽继位，是为晋怀帝，改元永嘉。八王之乱至此结束。

“晋归义羌王”金印

八王之乱先后持续了16年，参战诸王多相继败亡，社会经济严重破坏，西晋统治集团的力量消耗殆尽，隐伏着的阶级矛盾、民族矛盾便迅速爆发。

东汉以来，分布在西、北边疆的少数民族陆续向内地迁徙。魏晋时，迁徙活动更加频繁，而且种族很多，主要有匈奴、鲜卑、羯、氐、羌五族，史称为“五胡”。内迁各族与汉人杂处，过着定居的农业生活。他们同样纳租调，服力役，事供职，同于编户。汉族的官僚、地主多以他们为奴婢、佃客。由于生活习惯、穿着打扮不同，经常与汉人发生误会，时间长了，积怨越来越深，甚至已经恨到深入骨髓。残酷的民族压迫，和长期的民族歧视，使各少数民族的反抗不断地发生，甚至不断爆发诸如李雄等流民的起义。

内迁的胡人贵族往往被任命为大大小小的官职，有一定的权力和影响力。在各地流民不断起义时，内迁的少数民族上层分子也相继起兵反晋，其中刘渊、石勒起兵最早。

刘渊字元海，匈奴左部帅刘豹之子，汉化程度很深。刘豹死后，他代为左部帅，惠帝时为五部大都督。304年即永兴元年，刘渊开始起兵，很快发展到5万人，定都于离石（山西离石），自称汉王，胡、汉各族很多人归附他。渊谓群臣曰：“昔汉有天下久长，恩结于民。吾汉氏之甥，约为兄弟；兄亡弟绍，不亦可乎？”乃建国号曰汉。……追尊安乐公禅为孝怀皇帝，作汉三祖、五宗神主而祭之。(《资治通鉴》卷八五）

石勒出身羯族，居上党武乡，曾被卖为家奴。刘渊称汉王时，他参加了起义。311年即永嘉五年四月，石勒在苦县（河南鹿邑）宁平城消灭10余万晋军。六月，王弥、刘曜等攻下洛阳，杀王公以下3万余人，俘获晋怀帝。八月，又攻下长安。313年，晋将贾匹等在关中汉人的支持下夺回长安，迎司马邺为帝，是为愍帝，改元建兴。316年（建兴四年），刘曜围长安，愍帝出降，西晋灭亡。

二、西晋末到隋朝建立期间历史概述

自西晋末年到北魏统一北方期间，内迁的匈奴、鲜卑、羯、氐、羌五个北方民族于 304 — 439 年间曾在中国北部境内分别建立了 16 个政权，史称十六国：指前凉、后凉、南凉、西凉、北凉、前赵、后赵、前秦、后秦、西秦、前燕、后燕、南燕、北燕、夏、成汉。这个时期也被称为“五胡乱华”时期。

五胡十六国从 308 年汉赵刘渊正式称帝，直到 439 年九月，北魏帝拓跋焘统一北方，五胡十六国结束，南北朝时期正式开始。北魏太武帝拓跋焘，南朝宋文帝刘义隆，南北对峙。

西晋末到隋朝建立期间，在长安建都的王朝主要有前赵、前秦、后秦、大夏、西魏、北周。

1. 汉（前赵）（304/318 年—329 年）

十六国之一，刘渊是东晋时期内迁的匈奴贵族，其汉化程度很高。304 年，刘渊在左国城（今山西离石县）称汉王，起兵叛晋。308 年称帝，建都平阳（今山西临汾县西南），史称汉赵。310 年，刘渊死，刘聪即位。汉赵兼采魏晋和匈奴旧制，实行胡汉分治，三年即 311 年攻入洛阳，灭西晋。318 年，刘渊侄刘曜夺取汉政权，自立为帝。319 年改国号为赵，史称前赵，建都长安。建国后继续实行胡汉分治，徙氐、羌等族数十万人于长安，保持其部落编制，并在汉人统治区内恢复儒学。统治区域有今河北、山西、河南、陕西的一部分。329 年被后赵石勒所灭。

2. 前秦（351 年—394 年）

十六国之一，为氐族苻健所建。定都长安（今陕西西安），历六主，共 44 年。前秦的管辖范围在东晋十六国时期，处在第一位。是中国历史上第一个统一北方的非汉民族政权。

早在 333 年，后赵主石虎徙秦、雍及氐、羌 10 万余户于关东，以氐族酋长苻洪为流民都督。石虎死，苻洪降晋。350 年关陇流民西归。此时的苻洪拥众 10 余万，苻洪死，苻健继领其众，称晋征西大将军，西入潼关，氐人纷起响应。苻健遂攻占长安，据有关陇。351 年称大秦天王、大单于，国号大秦，史称前秦，352 年称帝，都长安。354 年，东晋桓温率军攻秦，苻健坚壁清野，355 年，子苻生立。357 年苻生堂兄苻坚杀苻生自立。苻坚即位后，重用汉人王猛为宰相，内修政治，恢复发展经济，强兵富国。因而前秦国内相对安定，势力逐渐地强大，开始了统一黄河流域的征战，370 年灭前燕，371 年灭仇池（今甘肃成县西北）氐族杨氏，378 年取东晋的梁、益二州，376 年灭前凉，同年灭代，382 年苻坚命吕光率军进驻西域。至此，统一整个北方，与东晋形成南北对峙局面。苻坚自恃强盛，却不断对东晋发动进攻， 379 年攻占东晋战略重镇襄阳，383 年，对东晋发动全面进攻。淝水之战，前秦大败，《晋书·谢玄传》：前秦军“闻风声鹤唳，皆以为王师已至。”《晋书·苻坚载记》：“坚与苻融登城而望王师，见部阵齐整，将士精锐；又北望八公山上草木皆类人形。”正是所谓“八公山上，草木借兵”，风声鹤唳，狼狈逃窜。前秦大败而归，原来并不稳固的前秦统治集团很快便分崩离析。不久苻坚被姚苌所杀，前秦帝国逐渐解体。394 年十月，前秦帝苻崇攻西秦王国，兵败被杀，前秦帝国灭亡。

3. 后秦（384 年—417 年）

十六国之一。前秦苻坚在淝水之战溃败后，羌族贵族姚苌于 384 年在北地（今陕西富平县）自称秦王。385 年杀苻坚，夺取长安。386 年称帝，国号大秦，史称后秦，建都长安（今陕西西安）。统治区有今陕西、甘肃、河南等地。417 年为东晋刘裕所灭。

4. 大夏（407 年—431 年）

赫连勃勃，最初叫刘勃勃。本匈奴南单于后裔，曾任后秦姚兴的骁骑将军，407 年脱离后秦，自称大夏天王，大单于，改年号龙升。417 年刘裕灭掉后秦后，自回江南，仅留少量兵力镇守长安，赫连勃勃乘机袭取了长安。418 年即夏昌武元年，勃勃在灞上即皇帝位，留儿子赫连璝镇守长安，然后自还统万城（今榆林市白城子），仍以长安为南台（南京）。赫连勃勃是十六国后期最残暴的统治者，他不仅仍实行胡汉分治，而且施政暴虐。他发汉人及匈奴人 10 万筑都城，“蒸土筑城，锥入一寸，即杀作者而并筑之。”“又造五兵之器，……射甲不入，即斩弓人；如其入也，便斩铠匠。”（《晋书·赫连勃勃载记》）他每征一地，往往大肆屠城和坑杀战俘。大夏的统治是透过军事征服取得的并维护的，因此政局很不稳定，至其子赫连昌时，因被北魏所逼，南走上邽（今甘肃天水）。夏胜光元年（428），魏攻陷上邽，俘赫连昌。赫连定逃奔平凉（今甘肃平凉西北），自称夏皇帝。夏胜光四年（431），赫连定在西击北凉时，被吐谷浑所俘，夏亡。

5. 西魏（532 年—556 年）

西魏，北朝之一，由北魏分裂出来的割据政权。历三帝，共 22 年（535~557)。都长安。532 年即北魏永熙元年北魏宗室元修被高欢立为帝，即孝武帝。534 年孝武帝与高欢决裂，被迫进入关中投靠北魏大将鲜卑人宇文泰。十二月却被宇文泰毒杀。535 年正月宇文泰拥立北魏孝文帝的孙子南阳王元宝炬为帝，改元大统，建都长安，与高欢所拥立的东魏对立，政权实际上由宇文泰操控。西魏恭帝三年（556），宇文泰病死，由其侄宇文护承继他的基业。557 年宇文护得到将领们的支持，迫西魏恭帝禅让，西魏灭亡。由宇文泰之子宇文觉即大周天王，建立北周。仍然建都长安。至此西魏被宇文氏的北周取代，总经历两代三帝，享国 25 年。

西魏统治时期，政权一直都由宇文泰控制着。但宇文泰能够任用苏绰等人进行改革，采用和北攻南策略，从而使西魏进一步强盛。向南攻入南梁的成都，夺取了南朝西川荆雍等地。在北方与东魏的长期对峙中不断强大，连续三次大败东魏大军，奠定了北周统一北方和隋朝统一中国的基础。

6. 北周（557 年—581 年）

北周政权的基础是由西魏权臣宇文泰奠定，而由其子宇文觉正式建立。历五帝，共 24 年。西魏恭帝三年（556），实际掌握西魏政权的宇文泰死后，大权传给其侄子宇文护手中。宇文泰长子宇文觉年幼继任大冢宰，自称周公。次年初，宇文护废除西魏恭帝而立宇文觉为帝，即孝闵帝，国号周，都长安（今陕西西安市），史称北周。孝闵帝年幼，九月，宇文护又杀孝闵帝，立宇文毓为帝，即明帝。武成二年（560），宇文护又毒死明帝，立宇文邕为帝，是为北周武帝。建德元年

安伽墓石门、石榻

安伽墓位于西安市北郊未央区大明宫乡，2000 年 5 月—7 月发掘。这是我国境内发现年代最早的粟特贵族墓。

（572），周武帝宇文邕杀了宇文护，亲自掌管朝政，进行了多方面的改革，北周日益强大。577 年，北周灭北齐，统一北方。581 年，杨坚受禅代周称帝，改国号隋，北周亡。

由于大夏赫连勃勃在长安宣布称帝以后很快就移师北上。建都统万城，以长安为南台。主要的活动不在长安，因此在罗列西安十三朝的时候，学术界一般不将大夏国列入，但讲陕西建都王朝史时候，称之为 14 朝，就计算了大夏王朝。

西晋愍帝 (313 年—316 年)

暂都长安时间：313 年—316 年

暂都经过

(1) 建兴元年 (313) 四月，晋怀帝被杀消息传至长安，皇太子司马邺即帝位，是为晋愍帝，改元建兴，暂以即位地为都。“是时长安城中，户不盈百，蒿棘成林；公私有车四乘，百官无章服、印绶，唯桑版署号而已。”

(2) 建兴四年 (316) 十一月，匈奴人刘曜接受愍帝投降，西晋亡。愍帝居长安三年零七个月。

孝愍皇帝司马邺

西晋孝愍皇帝司马邺，又名司马业，西晋王朝第四位皇帝。武帝司马炎之孙，吴孝王司马晏之子。初为秦王，驻守长安。311 年，怀帝被刘汉军掳走后，群臣拥立他为太子。313 年，怀帝被毒死的消息传来，尚书左仆射鞠允，卫将军索琳、梁芬等人，于四月在长安扶立他为帝，改年号为“建兴”。这时的皇室、世族已纷纷迁至江南，西晋王朝已经名存实亡。316 年八月，刘曜率军围攻长安。十一月，城内粮尽，无法拒守。愍帝只得乘坐羊车，出城求降，群臣围住羊车号哭，有的爬上车拉住他手臂，不让他出城。愍帝悲不自胜，又无可奈何，只好推开臣下，驱车出城投降，刘汉军将他押到平阳，废封为光禄大夫。西晋至此宣告灭亡。司马邺投降后，受尽百般羞辱。316 年，刘聪担心如留着愍帝，晋人复国之心不灭，就派人杀死了愍帝。

司马邺年表

300 年，司马邺出生。

311 年，刘曜西进，攻陷长安。晋军收复长安后，司马邺被立为太子。

313 年，司马邺即位。

316 年，刘曜再次围攻长安，司马邺出降刘曜，西晋灭亡。

前赵（319 年—329 年）

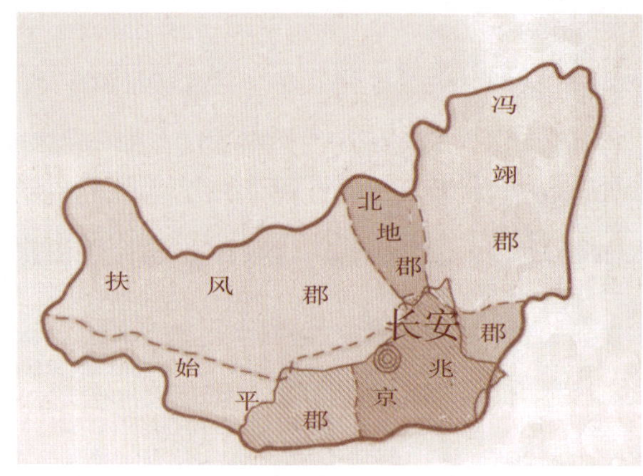

前赵时期长安位置示意图

前赵帝王一览

刘曜 318 年—328 年，在位 11 年；皇太子刘熙 328—329 年，在位 2 年。

建都时间及地点

319 年—329 年建都长安。

前赵简史

1. 匈奴人刘曜建立前赵

刘曜（—329 年），匈奴族人，字永明。他是刘渊之侄，刘渊建立汉国，他历任要职。刘聪在位时，他奉命镇守长安。刘粲登基不到两个月，就被自己的顾命大臣岳丈靳准杀死，靳准自称汉天王。刘曜见朝中大乱，318 年遂率军进攻平阳，杀死了靳准，即帝位，319 年迁都长安，改汉为赵，史称前赵。

2. 镇压氐、羌、巴、羯等族反抗

在这一时期，关中、陇右一带有很多氐、羌等少数族人，常同西晋残余势力联合进攻刘曜，对前赵政权造成严重威胁。大兴三年（320），前赵长水校尉尹车，联结巴氐酋长徐库彭反叛，刘曜先杀尹车，又杀死徐库彭等 5 000 人。这一举动，引起了巴、氐人民的强烈义愤，奋起反抗，共推巴、氐归善王句渠知为领袖，举行起义。羌、氐、巴、羯 3 万余人，尽皆响应，关中大乱。刘曜一面采用安抚政策，一面又派军队镇压，基本平定了这次叛乱。

3. 降服二杨、陈安

刘曜在基本镇压了关陇氐、羌、巴、羯等族反抗之后，乘胜率军亲征秦州。当时仇池一带为氐人首领杨难敌控制，势力很大，刘曜击败杨难敌军，杨难敌据城固守不出。刘曜接着又进攻南安杨韬，杨韬不敌，投降了刘曜，被封为列侯。杨难敌势孤，只好也归顺了刘曜，刘曜封其为都督益宁南秦凉梁巴六州陇上西域诸军事、上大将军、武都王。晋末天下大乱，陈安自称秦州刺史，归附于刘曜。刘曜在征讨二杨时患病，陈安请求朝见刘曜，刘曜不许，陈安大怒，以为刘曜已死，纵军大掠，并断绝刘曜归路。刘曜只好又亲征陈安，陈安战败被杀。

4. 大规模迁民长安

刘曜即位后数年，关中连年大疫，民户死者十之三四，为了充实关中人口，刘曜下令迁徙上郡巴、氐、羌人 20 余万口于长安。刘曜大举迁徙人口除了充实关中的目的外，还有一个原因，就是为巩固新征服的地区，将其迁离故乡，以便于就近控制。正因为如此，他曾迁陇右之民万余户于长安。又把秦州大姓杨氏、姜氏诸族 2 000 余户迁到长安。

5. 沿用胡、汉分治

前赵统治的关陇地区氐、羌、巴、羯等族人口众多，分布甚广，他们大都聚族而居，许多民族保持着部落制。刘曜为了巩固统治，同时避免汉人与他们联合，遂继续沿用了胡、汉分治的统治政策。给各少数族首领授予官爵，允许他们继续统治各自的民族，并且继续保留了部落制。

6. 选用汉族士人做官

前赵统治的关陇地区胡、汉交错杂居，汉人的拥戴与否，对前赵政权也十分重要。加之刘曜等虽为匈奴人，但早已汉化，受汉文化及儒家思想影响较大，因此也选用了一批汉族士人到其政权中任官。这种做法在一定程度上获得汉族士人的拥戴，对于巩固前赵统治，缓和日益紧张的民族矛盾起到了一定的作用。

7. 建立学校，教授儒学

前赵建国后，虽然局势并不稳定，受汉文化影响颇深的刘曜还是不忘兴办学校。他在长安长乐宫东设立了大学，又在未央宫西设立小学，选朝臣中精通儒家经书者充任教官，下令从百姓中选年龄在 13 岁以上，25 岁以下，有志向可教者 1 500 人入学学习。为了表示对兴办学校的重视，他命中书监刘均兼领国子祭酒，又创设了崇文祭酒一职，作为国子祭酒的副职，命散骑侍郎董景道充任之。

8. 洛西大败

当刘曜称帝时，羯人石勒在襄国（今河北邢台）称赵王，史称后赵。两赵之间，长期攻战不息。咸和三年（328），两军战于高侯（今山西闻喜县境），后赵石虎大败，刘曜乘胜进军洛阳。同年十二月，石勒率诸军集结于成皋，不见刘曜设防，军队迅速开至洛河。刘曜急忙陈兵 10 万于洛西，石勒遂命石虎引兵自洛阳城北而西攻刘曜中军，命石堪率兵自城西而北，攻刘曜前锋，石勒自出洛阳阊阖门，夹击刘曜，前赵军队大溃。刘曜在退兵时马陷石渠坠于冰上，身上被创 10 余处，为石堪生俘。石勒让刘曜写信令其子刘熙投降，刘曜却在信中鼓励刘熙坚守关中，石勒大怒，处死了刘曜。

9. 前赵灭亡

刘曜被杀后，太子刘熙率领文武百官从长安退保上邽，这时关中人心动摇，国内大乱。329 年，后赵大军从洛阳挥师入关，攻陷长安，大破上邽，将前赵太子刘熙、南阳王大单于刘胤等王侯将相、文武百官 3 000 多人全部捕杀，前赵灭亡。

前秦（351 年—394 年）

前秦帝王一览

苻健 351 年—355 年，计有 5 年；
苻生 355 年—357 年，计有 3 年；
苻坚 357 年—385 年，计有 28 年；
苻丕 385 年—386 年，计有 2 年；
苻登 386 年—394 年，计有 9 年；
苻崇 394 年，计有 1 年。

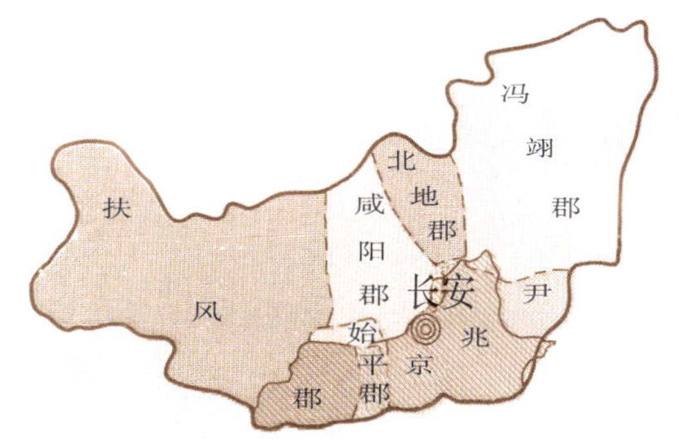

前秦时期长安位置示意图

建都时间及地点

立国时间：351 年—394 年，**定都长安：**351 年—385 年。

前秦简史

1. 氐人苻健建立前秦

苻健（317 年—355 年），略阳临渭（今甘肃秦安东南）氐族人，字建业。其父苻洪，在西晋末年被部族首领推举为盟主，先后在前赵、后赵、东晋任官。后来自称大将军、大单于、三秦王，成为很大的一股势力。苻洪被人毒死后，苻健嗣位，去秦王号，向东晋称臣。后赵灭亡后，关中割据豪杰纷纷归附，苻健乘机自立，占据了关中，于 351 年，建都长安，称天王、大单于，国号秦，史称前秦。次年称帝。

2. 苻健巩固统治的措施

苻健建国后，由于关中地区经过梁犊起义的破坏，社会生产遭到破坏，于是他采取了减轻赋税的政策，以缓和激化的社会矛盾，恢复农业生产。他还在丰阳县（今陕西山阳县）设立荆州，以吸引南方商贾前来交易，获得了很大成功，因而府库充盈，在一定程度上巩固了新建的前秦政权。354 年，东晋大将桓温率军攻秦，苻健采取了坚壁清野的政策，致使晋军粮食不继，而不得不退兵。

3. 苻坚杀苻生代立为天王

355 年苻健死，其子苻生继位。苻生淫杀过度，致使人心不稳。357 年，苻健弟苻雄之子苻坚发动政变，杀死了苻生，自立为天王。苻坚之所以能够成功，主要是有王猛的出谋划策。苻坚率数百壮士闯入宫中，乘苻生大醉未醒，将其杀死。苻坚即位后，改元永兴，颁布大赦，调整中枢班底，迅速稳定了局势。

4. 王猛辅政

王猛（325 年—375 年），北海剧（今山东昌乐西）人。他出身贫寒，饱读诗书，颇有韬略，曾隐居华山。与苻坚相识后，得其赏识，成为其最重要的谋士，历任司徒、录尚书事。苻坚在他的辅佐下，整顿吏治，打击不法贵族，加强中央集权，并且注意发展生产，增加财政收入，以巩固统治。王猛还亲自统兵，灭亡了前燕，后入朝任丞相。建元十一年（375），王猛病危，告诫苻坚说东晋无隙可乘，不宜轻率攻晋，没有被采纳。

5. 苻坚的统治政策

苻坚（338 年—385 年），氐族人，字永固。自即位以来，任用王猛，除了在政治上采取一系列措施，以强化统治地位外，还采取措施，奖励农桑，兴修水利，发展生产。苻坚本人生活节俭，于是颁布法令，严禁奢侈浪费，违者严惩。他还发展屯田，减轻赋税，推广先进的耕作技术，使得前秦生产不但有所恢复，而且还得到一定程度的发展。苻坚非常重视用人，多次颁布命令，要求各级官员举荐贤才，注意搜罗各地知名人士。而且恢复九品中正制，优待士族；鼓励进谏，虚心纳谏；他还重视发展儒学，兴办学校，礼聘儒学名士任教，甚至在军队兴办学校，鼓励将士读经学习。对境内的各族上层分子，采取优待笼络政策，授予高官厚禄，与其他政权的统治者随意杀戮异族人物形成了鲜明的对照。

6. 统一北方

在苻坚统治时期，北方各地还同时有数个少数民族政权并存，苻坚早就具有统一全国的雄心大志，在前秦势力日益强大的情况下，他决意首先统一北方，然后再进取南方。首先，他命王猛率军，于 370 年灭亡了实力强大的前燕。次年，苻坚命王统率军灭亡了杨氏统治的仇池国，并迫使吐谷浑与鲜卑乞伏部投降。373 年，前秦大军又攻取了东晋的梁、益等州，进一步扩大统治区域。376 年，苻坚派大军一举灭亡了割据河西的前凉，巩固了自己的后方。同年十二月，苻坚命大将苻洛率军灭亡了河东的代国。至此，前秦完全统一北方地区，苻坚的下一个进攻矛头便指向了偏居江南的东晋了。

7. 淝水之战

北方统一后，苻坚随即开始了对东晋的战争。他首先派苻丕率军攻下了东晋的军事重镇襄阳。建元十三年（383），他亲率大军 90 万，号称百万，大举向东晋进兵。东晋派谢玄等率北府兵 8 万迎战。双方在洛涧相遇，晋军击败前秦军前哨，苻坚登寿阳城，见晋军严整，遥望八公山（安徽凤台东南）上草木，以为都是晋兵，始有惧色。晋军进至淝水，要求秦军略向后移，以便渡河决战。苻坚欲待晋军半渡而击之，乃挥军稍退。军队后移时，东晋降将朱序大呼秦军前锋战败，秦军不明真相，一退而不可止。晋军乘机渡水猛攻，秦军大溃而逃，一路上闻风声鹤唳，都以为是追兵。

8. 前秦瓦解

苻坚在淝水战败后，原来归降前秦的各族首领纷纷乘机自立，脱离前秦控制。慕容垂联络前燕旧臣，举兵反对前秦，并占据了关东地区。接着关陇羌族首领姚苌联合羌族诸部，宣布独立，称万年秦王，进据北地郡。氐人首领吕光也乘苻坚大败，割据凉州，不再听命于前秦。前燕贵族慕容泓得知慕容垂反秦，于是也屯兵于华阴，自称济北王。慕容泓死后，其弟慕容冲继续统领这股势力，对长安形成了很大的威胁。在这几股势力中，对苻坚威胁最大的是姚苌，经过双方大战，姚苌击败了苻坚。此时慕容冲也出兵猛攻长安，苻坚无法防守，弃长安而去，被姚苌抓获处死，时在 375 年。此后苻丕、苻登、苻崇相继即位，394 年苻崇被西秦所灭。原本统一的北方，又分裂成数个对峙的割据政权。

后秦（384年—417年）

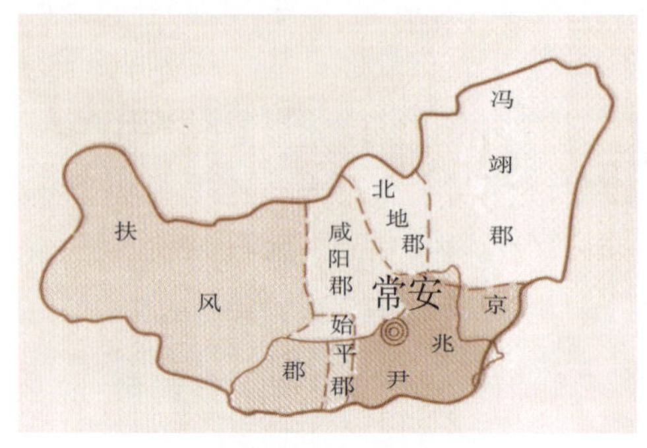

后秦时期长安位置示意图

后秦帝王一览

姚苌 384年—393年，计有10年；

姚兴 394年—416年，计有23年；

姚泓 416年—417年，计有2年。

建都时间及地点

384年称王，386年—417年建都长安。

后秦简史

1. 羌人姚苌建立后秦

姚苌（330年—393年），羌族人，字景茂。苻坚时他任龙骧将军。苻坚在淝水之战大败后，鲜卑贵族慕容泓起兵反秦，姚苌参与讨伐慕容泓的战争，战败逃奔渭北，得羌人及西州豪族尹详等的支持，也起兵反秦。384年姚苌自称大将军、大单于、万年秦王。次年，慕容冲进攻长安，苻坚不敌，逃出长安后，被姚苌抓住处死。鲜卑慕容氏率众离开关中东归，姚苌遂进占长安，于386年称帝，国号大秦，史称后秦。

2. 扭转混乱局面

苻坚虽死，但前秦的残余势力仍然比较强大，姚苌与苻登屡战屡败，后来侥幸击败苻登，但却没能彻底铲除前秦势力。393年，姚苌病死，其子姚兴即位，次年，打败了前秦的残余势力苻登与苻崇，灭亡前秦，据有关陇地区，初步扭转了这一地区的混乱局面。

3. 姚兴统治时期的发展

姚兴（366年—416年），他在稳定了关陇地区的局面后，接着又出兵相继攻占东晋的洛阳，又降服了西秦，攻灭后凉吕氏，势力发展到了顶峰。姚兴为了巩固统治，注意选才纳谏，又相继采取了一些有利于社会经济、文化发展的措施。如百姓因荒乱自卖为奴婢者，一律放免为良人；简省法令，慎断刑狱，奖励清廉，惩治贪污；设置律学，调集郡县散吏学习法律，郡县疑狱可送廷尉审理；提倡儒学，允许收徒讲授，长安儒生达一万数千人。此外，他还大兴佛教，兴建寺院，使后秦境内佛教兴盛一时。

4. 鸠摩罗什译经

鸠摩罗什（344 年—413 年），音译为鸠摩罗耆婆，又作鸠摩罗什婆，简称罗什。他出生在龟兹国，幼年出家为僧，曾游学天竺诸国，遍访名师大德，深究妙义。401 年，姚兴派人迎至长安，在草堂寺从事译经，成为我国一大译经家。鸠摩罗什与弟子共译出《摩诃般若经》、《妙法莲华经》、《维摩诘经》、《阿弥陀经》、《金刚经》等和《中论》、《百论》、《十二门论》和《大智度论》等，共 74 部、384 卷，对于佛教的发展，有很大贡献。

西安长安区草堂寺鸠摩罗什塔

5. 后秦败亡

姚兴晚年，因国用不足，增收关市之税，盐竹山木，无不有赋，加重了人民的负担，激化了社会矛盾。416 年姚兴病死，太子姚泓继位。东晋刘裕北伐，进攻后秦，收复洛阳。后秦宗室却骨肉相残，自相削弱。417 年刘裕攻入潼关，攻占长安，八月，姚泓兵败投降，后秦灭亡。

西魏（535 年—556 年）

西魏帝王一览

北魏孝武帝（元修） 532 年—534 年，计有 3 年；

魏文帝（元宝炬） 535 年—551 年，计有 17 年；

魏废帝（元钦） 551 年—554 年，计有 4 年；

魏恭帝（拓跋廓） 554 年—556 年，计有 3 年。

建都时间及地点

535 年—556 年建都长安。

西魏简史

1. 鲜卑人宇文泰立元宝炬为帝建立西魏

宇文泰（507 年—556 年），代郡武川（今属内蒙古）鲜卑人。北魏末年参加六镇起义，失败后降于尔朱荣，跟从贺拔岳镇压万俟丑奴起义，贺拔岳死后，他占据关中。534 年，北魏孝武帝不堪权臣高欢胁迫，逃到长安依靠宇文泰。次年，宇文泰杀孝武帝，立元宝炬为帝，仍都长安，史称西魏。

2. 采纳苏绰建议

苏绰（498 年—546 年），京兆武功（今属陕西）人，字令绰。为宇文泰最信任的大臣，官至大行台尚书兼司农卿。宇文泰听从他的建议，创制计账、户籍等法，精简冗员，设置屯田、乡官，增加国家赋税收入。他还提出了六条诏书，作为治国纲领。宇文泰规定不通计账法及六条者，不得为官。苏绰还草成《大诰》，痛斥六朝以来的浮华文风，作为范文，西魏作文皆仿其体。他据《周礼》改定官制，未成而死，宇文泰继续改革，创立

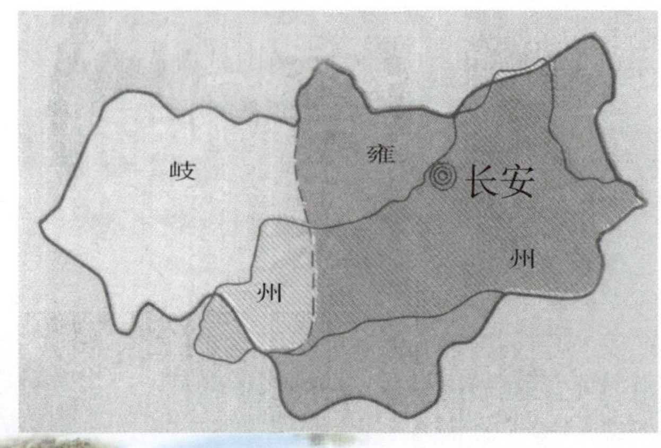

西魏时期长安位置示意图

了六官制度。

3. 实行计账和户籍制度

苏绰提出建立计账和户籍制度，应在西魏大统三年（537）前。基本做法是按户统计，在每户户主之后，逐一登记户内成员以及依附人口（奴婢等）之名，每人名下记载性别、年龄、丁中等情况，并登记受田数字、应纳租调数。然后一户作一总计，分类统计各色课口、不课口、各色应交纳租调数。大约以若干户或按行政区划为单位，再作一总的统计，内容包括上述各项。这种统计显然是为了核实田亩授受情况，特别是核实每年应交纳租调及服役的丁壮人口，以便政府计划来年的赋役征发和财政收支。

4. 六条诏书

西魏大统年间，宇文泰命苏绰起草了“六条诏书”，内容是治心身，即要求各级官吏“心如清水，形如白玉”，以公心临民；敦教化，即提倡儒家孝悌、仁爱、和睦思想，移风易俗，促进民族融合；尽地利，即鼓励百姓开垦土地，发展生产；擢贤良，即完善官吏选拔制度，确立以才选人的新机制；恤狱讼，即治民以教化为先，辅之以严格的法制；均赋役，即均平赋税和徭役负担，使百姓具有发展生产的积极性。要求各级官吏熟记六条诏书的内容，并作为治国之纲领。

独孤信多面体煤精组印

这枚印章的主人独孤信是西魏八柱国之一、鲜卑族上层人物，原名独孤如愿，因受当时统治者宇文泰的赏识，赐名为“信”。因为官职很多，所以将印章制成多面体使用起来十分方便。

5. 开创府兵制

府兵制源于西魏，府兵泛指军府之兵。宇文泰的基本军队约有 3 万，其核心力量是六镇鲜卑军人，为了扩大兵源，遂实行了府兵制。其体制是：八柱国（大将军）——十二大将军府——二十四开府（又称

二十四军）——四十八仪同。其中宇文泰实为全军统帅，魏宗室元欣虽为八柱国之一，但仅挂虚名，实际分统府兵的只有六柱国，所统兵士也改从各自主将之姓。府兵具有中央禁卫军性质。一人充当府兵，全家即编入军籍，不属州县。

北周（557 年—581 年）

北周帝王一览

周孝闵帝（宇文觉）　557 年，计有 1 年；

周明帝（宇文毓）　557 年—560 年，计有 4 年；

周武帝（宇文邕）　560 年—578 年，计有 19 年；

周宣帝（宇文赟）　578 年—579 年，计有 2 年；

周静帝（宇文衍）　579 年—581 年，计有 3 年。

建都时间及地点

557 年—581 年建都长安。

北周简史

1. 宇文觉废西魏建北周

宇文觉（542 年—557 年），宇文泰之子。宇文泰临终时，由于其诸子皆幼，遂将后事托付给族侄宇文护。556 年，宇文觉继承其父官爵，任太师、大冢宰、封周公。因为西魏自建立以来，大权便掌握在宇文家族手中，西魏诸帝皆为傀儡。在宇文护的支持下，宇文觉于次年取代了西魏，改国号为周，史称北周，宇文觉即周孝闵帝。宇文觉在即位的当年，即被宇文护毒死，另立宇文泰长子宇文毓为天王，即周明帝。

2. 推行均田制

均田制是北魏实行的一种土地制度，西魏、北周沿袭了这一制度。北周均田制的基本内容是：每丁授田 100 亩，结婚成家者，授 40 亩，每户 10 口人以上者，给宅地 5 亩，7 口以上给宅地 4 亩，5 口以下给宅地 3 亩。与北魏不同的是，取消了给奴婢和耕牛的授田，关于桑田和露田

北周时期长安位置示意图

的区分及买卖限制没有了。

3. 府兵制的变化

府兵制实行初期，有兵不足5万，为了扩大兵源，规定中等以上户，家有三丁者，选材力一人为兵，免其身租庸调，农闲时教试训练，这样就进一步扩大了府兵的兵源。北周府兵的特点是：府兵地位有所提高，把府兵归属于禁卫军系统，将府兵制与均田制密切结合，逐渐走兵农合一的道路。

4. 周武帝禁断佛、道二教

周武帝宇文邕（543年—578年），字祢罗突，是宇文泰的第四个儿子。当时北周境内有寺院1万余所，僧尼百万，占当时全国编户十分之一强，大量的社会财富被浪费。周武帝遂于建德三年（574）五月十五日，下诏禁断佛、道二教，拆毁寺院，摧毁经像，勒令僧尼还俗。建德六年，北周灭亡北齐后，又一次禁断佛教，共废寺院4万所，还俗僧尼300万，释放了大批奴婢。此举有利于社会生产的发展，增强了经济实力。

5. 统一北方

周武帝即位以来，积极准备对北齐的战争，双方互有胜负。其亲政以后，于建德五年（576）大举伐齐，周军直攻晋阳，大败北齐军队，并攻克晋阳。北齐后主逃回邺城，禅位于其子高恒，自称太上皇帝。次年，周军进攻邺城，很快攻破城池，北齐后主仓皇逃到济州，接着又逃到青州，被其大臣捕获后献给北周，北齐灭亡。接着，周军与陈朝军队展开争夺淮南的战争，周军获胜，夺取了淮南地区，从而完全统一了长江以北广大地区。

甲马骑马俑

6. 荒淫的周宣帝

周宣帝宇文赟（559年—579年），字干伯，北周武帝宇文邕长子。宣政元年（578），周武帝死，遗诏宇文赟继位，史称周宣帝。周宣帝沉湎酒色，荒淫无度，生活奢侈，漫游无度，又滥施刑罚，派亲信监视大臣言行，稍有违反，轻者捶楚，重者诛杀，搞得人心离散，朝野上下惶恐不安。次年，周宣帝突然心血来潮，下诏传位于太子字文衍，但国家朝政大权仍然由太上皇宇文赟掌控。由于纵欲过度，宇文赟突然患病，不到 1 年便死去了。

7. 北周灭亡

周宣帝死后，由于周静帝年仅 7 岁，不能理政，于是便命外戚杨坚入朝辅政。杨坚是周宣帝的皇后杨丽华的父亲，宣帝生前对其多有猜忌，故其与宇文家族存在着较大的矛盾。杨坚掌握朝廷大权后，极力培植自己的政治势力，排挤忠于周室的朝臣。由于杨坚篡位的野心日益暴露，致使一些地方实力派将领起兵讨伐，杨坚一一击败了这些反对势力。大定元年（581），杨坚认为时机成熟，遂废去周静帝，自立为皇帝，改国号为隋，改元开皇。

东汉至北周时期的长安城

25 年，汉光武帝刘秀建立东汉政权，把都城定在了洛阳。但他对失去京师地位的长安，出自刘姓一家的情感，还是采取了关怀与爱护的一系列措施。长安仍保留京兆府的名义，他也多次巡视关中，祭祀祖陵，敕令维修西京的宫殿，还令第五伦管理长安市场。“伦平铨衡，正斗斛，市无阿枉，百姓悦服。”（《后汉书·第五伦传》）从而使得商业贸易逐渐恢复并平稳地维持下去。

东汉末年，贵戚、宦官、军阀和豪强几股政治势力，争斗不息，互相倾轧，百

北周五佛像

姓遭殃。灵帝死后，继位的是少帝刘辩，但大权落在何太后之手。太后之兄何进为扩大自己势力，企图召凉州（今甘肃秦安县东北）的大军阀董卓攻杀宦官。消息不慎走漏，宦官先下手杀了何进。而董卓到洛阳后，杀了何太后，废除了上台仅有五个月的少帝，另立了汉献帝刘协。因为董卓擅自废立皇帝、独揽中央大权，遭到关东军阀强烈的反对。他孤立无援又恐惧压力，于初平元年（190）挟持汉献帝西迁长安。临走时，董卓把洛阳的宫殿、民房付之一炬，迫使数百万人一同西行。三年（192）四月，司徒王允唆使吕布诛杀了董卓。六月，董卓的部将李傕、郭汜、樊稠等人，轻信王允要杀尽凉州人的谣言，联合攻入长安，杀了王允等人，“放兵虏掠，死者万余人”，致使“长安城中，盗贼不禁，白日虏掠。傕、汜、稠乃三分城内，各备其界，犹不能制。而其子弟纵横，暴虐百姓。是时，谷一斛五十万，豆麦二十万，人相食，白骨委积，具秽满路。”（《后汉书·董卓传》）不久，傕、汜、稠三人内讧。兴平二年（195）二月，李傕杀了樊稠，三月劫皇帝入己营，郭汜则留公卿不放还纵兵入宫掳掠金帛器物，火烧宫殿建筑。二人相攻连月，百姓死伤万数。粮食短缺，出现了人吃人的悲惨景象。稍有气力的人，都纷纷逃往外地，以致“二、三年间，关中无复人迹”。（《通鉴纪事本末》八卷）

长安城在东汉维持了近200年时间，但最后遭到军阀混战的破坏，就彻底地被毁弃了。

经过军阀的肆意破坏，长安城已是千疮百孔，一片凋零。诗人王粲在其《七哀诗》中，有“出门无所见，白骨蔽平原。路有饥妇人，抱子弃草间。顾闻号泣声，挥泣独不还。未知身死处，何能两相完”的句子，令人哀伤。即使过了90多年时间，长安依然是一派萧条、荒凉、衰败的景象。西晋惠帝元康二年（292），长安县令潘岳在《西征赋》中，描写关中的胜景形势还是那么的壮美：

黄壤千里，沃野弥望。华实纷敷，桑麻条畅。邪界褒斜，右滨汧陇，宝鸡前鸣，甘泉后涌；面终南而背云阳，跨平原而连嶓冢。……南有玄灞素浐，汤井温谷；北有清渭浊泾，兰池周曲。浸决郑、白之渠，漕引淮海之粟，林茂有鄠之竹，山挺蓝田之玉。……此西宾所以言于东主，安处所以听于凭虚也，可不谓然乎？

山河依旧，但看到昔日的汉长安城却是另一种景象：

街里萧条，邑居散逸。营宇寺署，斯廛管库，蕞芮于城隅者，百不处一。所谓尚冠、修成，黄棘、宣明，建阳、昌阴，北焕、南平，皆夷漫涤荡，无其处而有其名。尔乃阶长乐，登未央，泛太液，凌建章；……徘徊桂宫，惆怅柏梁。鸑雉雊于台陂，狐兔窟于殿旁；何黍苗之离离，而余思之芒芒！洪钟顿于毁庙，乘风废而弗县；禁省鞠为茂草，金狄迁于灞川。

商场、官署集于城内一角，不及当日百分之一；一些有名的街道，已是名存实亡；旧日宫殿毁坏，成了禾黍成长的农田；野鸡在殿台鸣叫，狐狸野兔在宫旁掘穴；当日的黄钟大吕毁坏庙前，弃置无用；秦代的金人迁到了灞川，皇宫内也长满了茅草。往日的辉煌，成了过眼云烟，遗存也百不及一，令人感伤。

晋永嘉五年（311），匈奴族刘曜攻破洛阳，晋怀帝被掳。司马邺奔长安，被推为皇帝，改元建兴，是为晋愍帝。建兴四年（316）八月刘曜包围长安，“十月，京师甚饥，斗米金二两，人相食，死者大半”，司马邺投降刘曜。这时的长安已经“户不盈百，墙宇颓毁，蒿棘成林”（《晋书·愍帝纪》），衰败到了极点。

永嘉之乱后，中国进入十六国和南北朝时期。长安在长期分裂混乱中，接送着一个个小王朝。在这里建都的有前赵、前秦、后秦、西魏、北周。在此期间，一些小朝廷为了自身的存在，对长安城也曾作过部分修整，但终不成气候，其政治中枢只能局促在汉长安城东北一隅。经考古探测知：在洛城门大街与宣平门大街同长安城北墙与东墙围成的区域内建有东西两个小城，西小城东西长 1 214（北墙）~1 236（南）米、南北宽 972（东）~974（西）米，西距洛城门大街 14（北）~56（南）米，南距宣平门大街 100 米。东小城东西长 988（北墙）~944（南）米、南北宽 990（东）~972（西）米。城内有东西向的道路，横经西小城，延伸到东小城中部南拐一段后消失。东西长 512 米、宽 40~42 米；西小城中部偏东，有一条南北的道路同东西路十字相交。在南墙中部偏西处，当今未央区楼阁台村，有一大型建筑遗址，南有两阙，北为殿台，此城为十六国时期前赵、前秦和后秦以及北朝时期西魏、北周的宫城。发掘者认为西小城是宫城，东小城是太子宫。在西小城西南约 2 公里处，还出土了北周的青石佛像 31 件，其中立像高达 1.6 米。长乐宫毁弃了，西北部成了西魏、北周窑场。从清理的 15 座陶窑看，主要烧造建筑材料，其中以板瓦的数量最多，个别陶窑烧筒瓦。

经过无数次战争动乱，长安城日益凋敝残破。由于历时过久，城中宫宇朽蠹，供水、排水严重不畅，不易修复。再加之龙首原北侧，逼近渭河，范围狭促，难以扩大城区的规模，而龙首原南侧，地势开阔高爽，从南山引水也比较方便，于是隋文帝在统一全国后，便决定在龙首原南侧，另建新都。汉长安城从此彻底废弃了。

通过对汉长安城的考古发掘，还能看到它存毁、后代修补与利用的情况。霸城门、西安门和直城门在王莽末年或稍后的战火中被毁后，一任乱土、碎瓦和灰烬堵塞门道而未清除，说明在东汉、魏晋、十六国和北朝时期没有重修与改建。

相反，宣平门虽被焚毁，但门道有东汉五铢铜钱的发现，两壁有显著的修补遗迹，其时间在东汉末，同董卓据长安的事实相合；在中门道和南门道的两壁上，砌砖有“石安宋利”、“石安曹平”、“石安王苻”等印文，说明宣平门第二次改建时间在后赵时。《晋书·石季龙载记》中还有“以石苞代镇长安，发雍、洛、秦、并州十六万人城长安未央宫”的记述，说明后赵石龙修整过未央宫，也修过宣平门。有史料说明，清明门经前秦、后秦，西魏、北周，以迄隋初，一直在沿用着，而且也是长安城一个重要通道，甚至于把它称之为“青门”。但是，到了唐代，宣平门的门道全部被堵塞，汉长安城从此结束了历史的存在。

第七章　隋唐时期

历史概述

隋朝是中国历史上最伟大的朝代之一，上承纷乱的南北朝时期、下启文明兴盛的大唐王朝。581 年隋文帝杨坚受北周静帝之禅建立隋朝。

隋朝是五胡乱华后汉族在北方重新建立的大一统王朝，结束了自西晋末年以来长达近 300 年的分裂局面。隋文帝杨坚之父杨忠，曾被北周封为“随国公”。杨坚袭此封爵，即位之后立国号为“随”，但他认为“随”有走的意思，并不是吉祥语，遂改为“隋”。

隋朝开国皇帝隋文帝杨坚，是汉太尉杨震十四世孙。他在位期间开创了先进的选官制度，发展文化经济，使得当时的中国成为盛世之国。隋朝开皇年间疆域辽阔，人口达到 700 余万。589 年，以杨广为统帅挥师南下消灭了长期割据南方的南朝最后一个朝代——陈朝，统一中国。在中国历朝历代中，他被公认为是才智最高的皇帝，也是最为仁慈的圣皇天子。在他的勤勉和精心治理之下，隋朝迅速强大繁荣起来。在政治上确立了重要的制度——三省六部制，创建了影响深远的科举制度，改革律令；在军事上继续推行和改革府兵制度；在经济上，实行均田制和租庸调制等措施，增加政府收入。从而使隋朝成为政权稳固、社会安定、经济增长、文化发展、军力强盛、威动殊俗的强盛国家。历史学家因而将隋文帝统治时期称为“开皇之治”。589 年，隋灭了陈，统一了全国，同年琉球群岛归降隋朝，突厥可汗尊奉杨坚为圣人天可汗，表示愿为藩属永世归顺，千万世为圣朝典牛马。

隋朝建立之初，由于当时的长安城经过几百年的战乱破坏，已经破败不堪，不能适应新兴王朝的发展需要，于是隋文帝下令修建西京大兴城。大兴城是由鲜卑人宇文恺设计并主持修建的，这是中国历史上第一次按照完整的平面设计营建的都城。大兴城的主体工程仅用了九个月就建造完成了，创造了中国古代都城建设史上的奇迹。

隋朝行政区划，实行州（郡）县二级制。隋文帝时期，鉴于从东汉末年开始的州郡县三级制已经混乱不堪，便废除郡一级建置，改为州县二级制。隋炀帝时期又将州改为郡，实行郡县二级制。隋朝时又把洛阳定为东都。

隋炀帝是一个雄才大略、才华出众却暴虐横行的皇帝。在他当政时期，不断对外发动战争，尤其是对高句丽的战争，劳师以远，苦不能胜，以致造成军心民心动摇。况且在他继位的争端上已经埋下了政权斗争的种子。他实行的削弱关陇集团本位政策的措施也动摇了政权稳固的基础，在统治集团内部产生了分裂。

隋朝末期，军阀割据，徭役繁重，民不聊生。于是爆发隋末起义。大业十三年（617）五月，太原留守、唐国公李渊在晋阳起兵，十一月占领长安，618 年五月，李渊称帝，定国号为唐，改元武德，都城仍定在长安。隋朝灭亡。李渊就是唐高祖。

唐朝初建之时，李渊就派秦王李世民征讨四方，剿灭各方群雄。武德九年六月初四，四方征战有功的李世民发动玄武门之变。李渊被迫退位，是为太上皇。李世民即位，李世民就是唐太宗，次年改元贞观。唐朝建立后，继承了隋朝建立的一套政治经济军事制度，李世民即位后，以更加广阔的胸怀和开放的姿态与周边国家和民族政权建立了更加密切的关系，李世民被尊称为“天可汗”。从此唐朝进入中国历史上的鼎盛时期。

天授元年（690），唐高宗的皇后武则天自称为帝，改国号“唐”为“周”，史称“武周”，自称圣神皇帝。武则天晚年，又传位给他的儿子李旦，唐朝又恢复了国号。终唐一世，在唐太宗李世民和唐玄宗李隆基时期，政治清明，社会稳定、国力强盛、经济发展很快、艺术的创造性达到极高的水平，史称为贞观之治和开元盛世。然而武则天时期是最不可忽视的强势发展时期，虽然有了名义上的政权更迭，但是稳固的统治基础一如既往。其归属于唐朝的统一政权体系的形制没有改变。武则天应该是从属于唐王朝政权序列的一个伟大的皇帝——一个敢于冲破传统束缚的女政治家。

唐都长安城是在隋大兴城的基础上增修完善的。长安城的总体布局分为三大部分，即宫城、皇城和外郭城。宫城位于长安城的最北部，地势高，是皇帝居住和处理朝政的场所。宫城以太极宫为主体，内有 16 座大殿和很多楼阁亭榭，是唐初的政治中心。皇城位于宫城的南边，又叫子城，是中央政府各个机构所在地。皇城和宫城之间只隔一条东西向的街，称为横街。横街宽达 440 米。外郭城是一般居民和官吏的居住区。城中有十四条东西向大街和十一条南北向大街，将外郭城整齐地划分为 108 个区域，即 108 个坊。朱雀大街是长安城的中轴线，将整个城分为东西两部分，大街宽度为155米，非常大气，是今北京东西长安街宽的两倍。其他通城门的大街也多宽在百米以上。外郭城的东西两侧分别有东市和西市，是当时唐长安城的主要商业区，也是国内外贸易的重要场所。唐长安城的人口近百万，其中大概有百分之五的西域各国的人和新罗、朝鲜、日本人等外国人，长安城是一座名副其实的国际性大都市。

唐长安城大明宫是唐代长安三大内最宏伟的宫殿，也是中国古代最大的宫殿，面积约为今天北京故宫的五倍。

唐长安城是中国历史上最大最宏伟的都城，也是世界史上最大的都城之一。长安城面积83.1平方公里，相当于汉长安城的2.4倍，明西安城的9.7倍。它比446年修建的东罗马首都拜占庭大7倍，比800年所建的阿拉伯首都巴格达大6.2倍，充分体现了盛世王朝的宏大气魄。

隋唐帝国时期是中国封建社会的鼎盛时期，也是陕西历史上的黄金时代，是长安都城历史中的极盛时期。这一时期的政治、经济和文化都达到了空前繁荣。唐朝谱写了中国封建社会最辉煌的篇章，至今侨居海外的华人被称为“唐人”，他们所居住的地方也被称为“唐人街”。那都是因为受到了唐朝文化的影响所致。

唐长安城南图

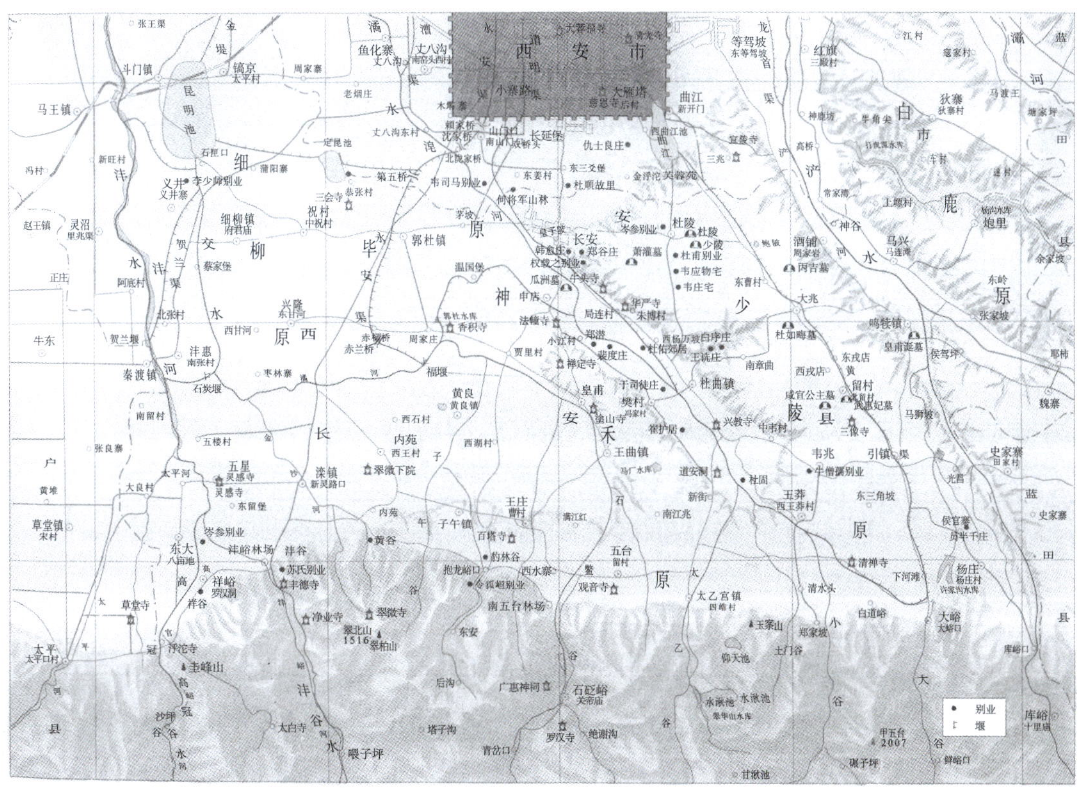

隋（581 年—618 年）

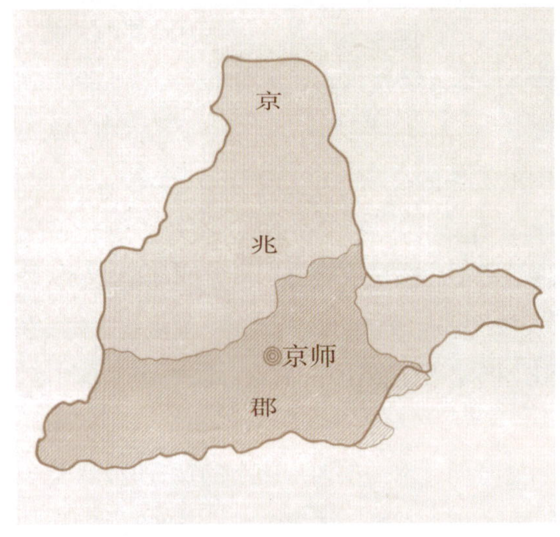

隋朝时期长安位置示意图

隋代帝王一览

隋文帝（杨坚）581 年—604 年，计有 24 年；

隋炀帝（杨广）604 年—617 年，计有 14 年；

隋恭帝（杨侑）617 年—618 年，计有 2 年。

建都时间及地点

581 年—582 年定都长安，583 年迁到大兴城，至 618 年灭亡为止。

隋朝简史

一、隋朝的建立与南北统一

1. 篡周建隋

北周大定元年（581），大丞相外戚杨坚利用皇帝年幼，大权旁落之机，废去了周静帝，自立为皇帝，改国号为隋，改元开皇，史称隋文帝。

2. 兴建大兴城

隋朝建立后，都城仍在长安，由于渭水的冲刷，地下水的污染，隋文帝决定另建新都。由宇文恺负责，城址选在龙首原南部，从开皇二年（582）开始兴建，新都取名大兴城，由宫城、皇城、外郭城三部分组成。宫城是皇帝及皇族居住和处理朝政的地方。皇城，位于宫城之南，是政府机关所在地。外郭城由坊市组成，为官员及百姓居住的地方。

3. 隋文帝巩固统治的措施

首先，改革官制，废去北周的六官制度，实行三省六部制度。裁并州县，实行

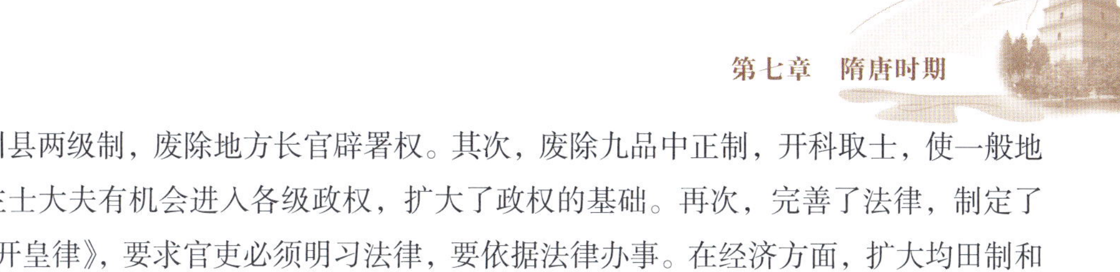

州县两级制，废除地方长官辟署权。其次，废除九品中正制，开科取士，使一般地主士大夫有机会进入各级政权，扩大了政权的基础。再次，完善了法律，制定了《开皇律》，要求官吏必须明习法律，要依据法律办事。在经济方面，扩大均田制和租庸调制度，推行“大索貌阅”和输籍之法，改变了门阀士族对荫户的控制，增加了国家控制下的户口数。在军事方面，继续推行和完善府兵制，在中央设立了十二军府，炀帝时称十二卫，将府兵及其家属归入州县户籍，使府兵制进一步变成兵民合一的制度。

4. 结束分裂，统一全国

隋朝建立时，只占据了北方地区，在南方尚有陈朝存在，在江陵有后梁政权存在。为了统一全国，隋文帝在开皇七年（587）下令向江陵进军，灭亡了后梁。次年十月，大举伐陈，以次子杨广为统帅，出动大军 50 余万，分八路进军。开皇九年（589）正月，隋军渡江攻入建康，俘获陈后主，陈亡。结束长达数百年的分裂割据局面，重新实现了中国的统一。

5. 文帝之死

隋文帝废去了长子杨勇的太子地位，另立晋王杨广为太子。仁寿四年（604）四月，隋文帝患疾，在仁寿宫养病，命太子杨广摄理国政。隋文帝宠姬宣华夫人貌美，太子杨广诱奸不成，又施行强逼，宣华夫人力拒未能得逞。而太子写给左仆射杨素等人的密信，误送到文帝手中。这两件事的发生，使文帝产生了改立太子的想法。太子杨广得知消息后，抢先下手，命右庶子张衡入宫，刺杀文帝，血溅屏风。文帝死后，杨广即皇帝位，史称隋炀帝。

二、隋炀帝的残暴统治

1. 营建东都

仁寿四年（604），隋炀帝下令营建东都洛阳，次年建成，共用了 10 个月时间。除了建东都外郭城之外，还兴建了规模宏大的西苑，周长 100 公里，汇集了天下的奇材异石，嘉木异草，开挖了周长 5 公里的积翠池，池中有高出水面百尺的方丈、蓬莱、瀛洲三仙山，并且修建了许多的殿堂宫室。隋炀帝营建东都的目的，是为了加强对南方的控制，居天下之中，以巩固隋王朝的统治。

2. 开凿大运河

隋炀帝为了便利漕运和军事运输，开凿了以洛阳为中心、沟通南北的大运河。大运河共分四段。大业元年（605），开凿了通济渠，由洛阳通到淮水。同年，又开挖了邗沟，从山阳（今江苏淮安）到扬子（今江苏扬州南）入长江。大业四年（608），开永济渠，引沁水南达黄河，北通涿郡（今北京）。大业六年（610），开江南河，从京口（今江苏镇江）到余杭（今浙江杭州）。大运河是一项伟大的水利工程，沟通了南北水路交通，客观上有利于南北经济、文化的交流，但由于动员人力众多，工期紧张，加重了百姓的负担，激化了社会矛盾。

3. 修驰道与筑长城

隋炀帝为了北巡的方便，动员民夫10余万开凿太行山，修通了从河北至并州（今山西太原）的驰道。又沿运河修筑了御道，两旁种上了柳树。隋朝前后共七次修过长城，其中隋文帝时修了五次，炀帝时修了两次，前后动员的人力达一百几十万，死者十之五六。隋朝所修的长城均在北部边境一带，主要是为了防御突厥的侵扰。

4. 开拓疆域

隋炀帝从大业元年起，先后出兵击败了契丹、吐谷浑、突厥等民族，开拓了大量的疆土。具体情况如下：击败吐谷浑，占据了东起青海湖东岸，西至塔里木盆地，北起库鲁克塔格山脉，南至昆仑山脉的广大区域，并实行郡县制管理。炀帝亲自率军从长安出发，到达河西张掖郡，西域27国君长纷纷朝见，加强了双方的关系，并设置了西海、河源、鄯善、且末四郡，进一步促成了甘肃、青海、新疆等地区成为隋帝国的一部分。隋朝大军还向东南进行了一系列开疆拓土的战争，这些战争的胜利使隋朝的疆域扩大到安南、占婆（今越南地区）及台湾等地。

5. 征高丽战争的失败

早在隋文帝时，就曾出动过30万大军征伐高丽，失败而返。隋炀帝前后三次征伐高丽，第一次在大业八年（612），出兵113万；第二次在大业九年，第三次在大业十年，均没有取得胜利，反而损兵折将。其中第三次伐高丽时，由于高丽精疲力竭，主动求和，炀帝遂退兵返朝。但由于高丽王高元没有前来朝见炀帝，炀帝大怒，准备第四次出兵讨伐，由于各地爆发了农民起义，只好放弃了讨伐高丽的打算。

6. 隋末农民起义的爆发

隋炀帝大兴各种工程，加之数次征伐高丽，动员了大量的人力物力，极大地加重了百姓的负担，使数以百万计的农民死于战争和沉重的徭役，百姓实在无法忍受其残酷的统治，纷纷揭竿而起。早在大业七年（611），王簿领导的农民起义在长白山（今山东章丘）爆发，揭开了隋末农民大起义的序幕。在征伐高丽的战争中，在全国各地先后爆发了大大小小的各支农民起义，其中规模最大的有翟让领导的瓦岗军、窦建德领导的河北起义军、杜伏威领导的江淮起义军。他们多次击败官军，攻城略地，沉重地打击了官军，动摇了隋王朝的统治基础。

7. 隋王朝的覆亡

在农民起义军的沉重打击下，隋炀帝不敢再住在北方，遂躲往江都（今江苏扬州）。但是这里也不安宁，农民起义军从东、西、北三面包围了江都，使炀帝惶惶不可终日。炀帝前往江都时，护驾的军队以关中人为主，他们不愿长期居住在南方，归乡迫切，因而军心不稳。炀帝最信任的将领宇文化及利用军队的这种倾向，于大业十四年（618），率领禁军攻入江都行宫，杀死了隋炀帝。接着李渊在长安取代了隋恭帝，王世充在洛阳取代了越王杨侗，隋朝灭亡。

唐（618 年—907 年）

唐朝帝王一览

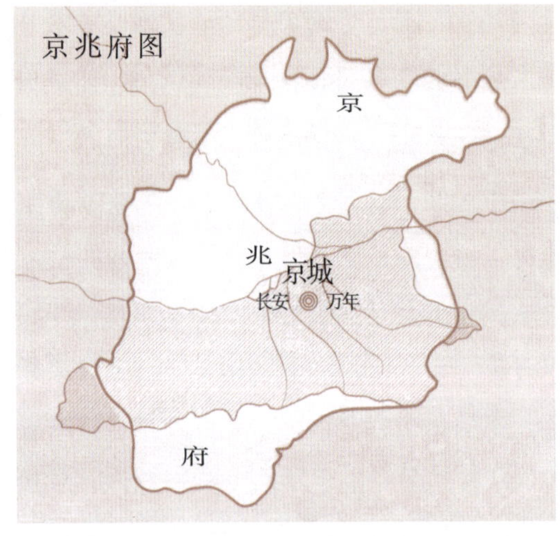

唐朝时期长安位置示意图

唐高祖（李渊） 618 年—626 年，计有 9 年；

唐太宗（李世民） 627 年—649 年，计有 23 年；

唐高宗（李治） 650 年—683 年，计有 34 年；

武则天（武曌） 684 年—704 年，计有 21 年；

唐中宗（李显） 684 年，705 年—710 年，计有 7 年；

唐殇帝（李重茂） 710 年，计有 1 年；

唐睿宗（李旦） 684 年，710 年—712 年，计有 4 年；

唐玄宗（李隆基） 712 年—756 年，计有 45 年；

唐肃宗（李亨） 756 年—761 年，计有 6 年；

唐代宗（李豫） 762 年—779 年，计有 18 年；

唐德宗（李适） 780 年—805 年，计有 6 年；

唐顺宗（李诵） 805 年，计有 1 年；

唐宪宗（李纯） 806 年—820 年，计有 15 年；

唐穆宗（李恒） 821 年—824 年，计有 4 年；

唐敬宗（李湛） 825 年—827 年，计有 3 年；

唐文宗（李昂） 827 年—840 年，计有 14 年；

唐武宗（李炎） 841 年—846 年，计有 6 年；

唐宣宗（李忱） 847 年—859 年，计有 13 年；

唐懿宗（李漼） 860 年—874 年，计有 15 年；

唐僖宗（李儇） 874 年—888 年，计有 15 年；

唐昭宗（李晔） 889 年—904 年，计有 6 年；

唐哀帝（李柷）905 年—907 年，计有 3 年。

唐朝建都时间及地点

618 年—907 年建都长安，计有 289 年。

唐朝简史

一、唐朝前期的历史

1. 李氏家族的渊源

李唐自称郡望是陇西李氏，即西凉武昭王李暠之后裔。李暠生 10 子，次子李歆即西凉后主。李歆生 8 子，其第 3 子李重耳。李重耳生子李熙，任金门镇将，后改镇武川（今内蒙古武川西南），其家也随着迁居于此。李氏兴起于武川的说法，即来源于此。李熙生李天赐，李天赐生 3 子，即李起头、李虎、李乞豆。李虎生李昞，李昞生李渊。但学术界认为这种说法很不可靠，据陈寅恪先生考证，其家很可能是赵郡李氏徙居柏仁（今河北隆尧西南尧山镇）的"破落户"之后裔，或为广阿（今河北隆尧东）庶姓李氏之"假冒牌"。

2. 李渊太原起兵

隋大业十三年（617），太原留守李渊经过充分的准备后，在太原正式举兵，率大军向长安进军。李渊的军队进军顺利，一路势如破竹，很快就攻下了长安。由于此时隋炀帝尚在，李渊并没有马上称帝，而是拥立了留在长安的代王杨侑为皇帝，遥尊隋炀帝为太上皇，并改大业十三年为义宁元年（617）。李渊自称相国，掌握了全部权力。

3. 代隋建唐，一统天下

大业十四年（618），隋炀帝在江都被弑，李渊见称帝的时机成熟，遂于这年五月迫使隋恭帝禅位于自己，改国号为唐，改元武德，史称唐高祖，都城仍在长安。唐朝建立以后，先后平定了割据陇右的薛举、河西的李轨、河南的王世充、河北的窦建德、河东刘武周等，又迫使割据江淮的杜伏威归降，消灭了割据江陵的萧铣政权和窦建德余部刘黑闼，至武德六年（623）时，唐朝彻底削平了割据群雄，统一了全国。

4. 玄武门之变与太宗登基

武德九年（626）六月四日，秦王李世民在太极宫的玄武门设伏，一举杀死了太子李建成和齐王李元吉两位政敌，夺取了太子地位，历史上称之为玄武门之变。这次事变实质上是一次政变，目的是铲除李建成与李元吉，进而夺取皇帝之位。六月七日，唐高祖立李世民为皇太子，掌控了军政大权，高祖则沦为空头皇帝。两个月后，唐高祖正式退位，李世民如愿登上了皇帝宝座，史称唐太宗。

5. 贞观之治的形成

唐太宗是一位英明的皇帝，他亲身经历了隋末农民起义的战火洗礼，看到了人民群众的力量，深知"水可载舟，亦可覆舟"的道理。故即位以来，兢兢业业，励精图治，任用了一大批贤臣能臣，鼓励进谏，虚心纳谏，实行轻徭薄赋、发展生产的政策。经过努力，贞观时期政治清明，生产恢复并有所发展，社会安宁，物价稳定，斗米数钱，人民安居乐业，从而为唐朝盛世的到来，奠定了良好的基础，史称"贞观之治"。

6. 废立太子的风波

唐太宗即位不久，遂立长子李承乾为皇太子。然李承乾却是一个纨绔子弟，亲近小人，胡作非为，游乐不息，于是唐太宗便产生了废黜太子的想法。为了保住自己的太子地位，李承乾组织了一个政治小集团，妄图害死其父唐太宗。阴谋败露后，唐太宗于贞观十七年（643）废去了李承乾，打算另立第四子魏王李泰为太子。但是以宰相长孙无忌为首的一批朝臣反对立李泰，主张立第九子晋王李治为太子。唐太宗经过慎重考虑后，决定放弃李泰，改立李治为皇太子，从而平息了废立太子的风波。

7. 太宗之死与高宗即位

贞观二十三年（649）五月，雄才大略的唐太宗死了。唐太宗突然死亡的原因，是因其服食了印度方士炼制的丹药，原本是以求长生，结果导致病情突然加剧，腹泻不止，御医束手无策，终致死在了长安郊外的翠微宫中，终年 53 岁。太宗死后，群臣遂拥立太子李治即皇帝位，史称唐高宗。

8. 唐高宗与武则天

唐高宗李治（628 年~683 年），唐太宗第九子，其母长孙皇后。唐高宗在位共

34 年时间。在其统治期间，唐朝的社会继续了贞观以来的发展趋势，人口增加，社会稳定，疆土有所扩大。唐高宗生性懦弱，对皇后武则天不能控制，加之身患疾病，晚年大权旁落，为政权被武氏家族夺取留下了隐患。683 年，唐高宗死后，太子李显即位仅仅一个多月，就被其母武则天赶下了台，另立其弟李旦为皇帝，李旦也是一个傀儡，大权操在武则天手中。

武则天（624 年—705 年），河东文水人。其父武士彟是唐朝的开国功臣之一，她 14 岁入宫，当了唐太宗的才人。太宗死后，她先入感业寺为尼，后被唐高宗接入宫中，封为昭仪，以后又当上皇后，并参与军国大事的处理。唐高宗死后，她大权独揽。天授元年（690），武则天认为称帝的时机已经成熟，遂把李旦降为皇嗣，自己当上了皇帝，改唐为周，改元天授。武则天称帝共 15 年时间，神龙元年（705），宰相张柬之等发动政变，推翻了武周统治，拥立李显重新即位。在武则天统治时期，当时社会经济继续发展，社会比较稳定，尤其是武则天所提拔的一批人才，后来成为促成“开元之治”的主要能臣。武则天作为中国历史上唯一的一位女皇帝，其重要地位是应该肯定的。

9. 混乱的中宗时期

唐中宗李显是一个昏庸无能的皇帝。他重新即位后，放纵皇后韦氏与女儿安乐公主胡作非为，韦氏与武三思勾结，卖官鬻爵，专断朝政，诛杀功臣，迫害太子李重俊。中宗的纵容致使韦氏与安乐公主野心膨胀，欲效仿武则天临朝称制，于是她们投毒害死了中宗。立温王李重茂为皇帝，韦氏临朝摄政，改元唐隆，以其堂兄韦温总知内外守捉兵马事，掌握了全部兵权。中宗死于景龙四年（710）六月，终年 55 岁。

10. 诛杀诸韦与睿宗即位

韦后谋害中宗，专权乱政的行为，引起了一大批人的不满，临淄王李隆基联合太平公主，利用禁军对韦温的不满情绪，秘密准备起事，以铲除韦氏乱党。景龙四年（710）六月二十日黄昏，李隆基率左右万骑营从玄武门、玄德门、白兽门分别攻入太极宫，斩杀了韦后、安乐公主、上官婉儿等。然后在长安城中搜捕韦氏党羽，全部斩杀。六月二十四日，废去了李重茂的帝位，拥立相王李旦为皇帝，史称唐睿宗。

11. 铲除太平公主与玄宗即位

唐睿宗即位后，因李隆基铲除韦氏乱党有功，遂立其为皇太子。睿宗之妹太平公主也立有功劳，被封为镇国太平公主，参与朝政。太平公主是一个颇有政治才干的女人，她利用自己的这种特殊地位，拉拢了一大批朝臣，组成了一个势力颇强的政治集团，朝中宰相多为其党羽。但是由于太子李隆基英武，也具有很强的政治势力，所以被太平公主视为眼中钉，打算废去李隆基的太子之位，另择暗弱者立之。唐睿宗是一个淡泊名利的人物，厌倦政事繁忙，遂把帝位让于太子，引起了太平公主更大的不满，准备发动政变。李隆基先发制人，于开元元年（713）七月一举铲除了太平公主集团，结束了自神龙元年以来动荡的政治局面。

二、开元之治与大唐盛世

1. 开元之治的形成

唐玄宗（685年—762年），在其即位初期，任用贤臣姚崇、宋璟等，励精图治，改革弊政，兴修水利，使唐朝的社会经济得到了极大的发展。开元末全国户口较唐初增长了四倍，物价低廉，社会稳定，人民安居乐业。文化事业也得到了极大的发展，无论是诗歌、小说、乐舞、绘画、教育等，都得到了快速发展，使唐朝成为亚洲的经济文化中心。这一切成就被旧史家誉为“开元之治”。

2. 大唐帝国的国际地位

在开元天宝时期（713年—755年），随着唐朝经济、军事、文化的高度发展，与各国各民族之间往来频繁，使大唐帝国声威远播，成为当时世界数一数二的强大帝国，也使中国古代社会的发展达到了鼎盛时期。唐朝的典章制度成为亚洲各国仿效的榜样，唐律被誉为集封建法律之大成者，并对日本、朝鲜、蒙古、越南等国产生了极大的影响，唐律在东亚法制史上所占的地位与罗马法在西洋法制史所占地位相似。

3. 唐玄宗与杨贵妃

唐玄宗最宠爱的嫔妃是武惠妃，并且一度想册封其为皇后。武惠妃死后，玄宗感到非常寂寞，于是有人推荐了寿王妃杨玉环，因其身份特殊，玄宗将其迎入宫中后，度为女道士，号太真。经过一段时间的过渡后，遂于天宝四载（745）正式册为贵妃。唐玄宗非常宠爱杨贵妃，其姐妹均被封为国夫人，其兄弟皆授予高官，亲生父母都得到封赠，杨氏家族遂成为当时最显赫的家族之一。

4. 李林甫与杨国忠

李林甫（?—752 年），唐朝宗室；杨国忠（?—756 年），唐朝外戚。李林甫在开元时期任礼部尚书、同中书门下三品、中书令，封晋国公，是当时最有权势的宰相。其为人表里不一，被称为口蜜腹剑，外号“李猫”。他玩弄权柄，勾结宦官、嫔妃，排斥正人，重用蕃人为将，致使安禄山等掌握了重兵，造成了严重的后果。李林甫死后，杨国忠的权势迅速膨胀，他因与杨贵妃为堂兄妹关系，受到玄宗的信任，担任宰相的同时，还兼任数十使职，结党营私，贿赂公行。他主使发动对南诏的战争，致使数十万将士死于非命。安史之乱爆发后，玄宗幸蜀，禁军在马嵬坡哗变，杀死了杨国忠兄妹。

三、安史之乱与唐朝衰落

1. 安史之乱的爆发

天宝十四载（755）冬，平卢、范阳、河东三镇节度使安禄山发动叛乱战争，很快攻下洛阳、潼关，攻入长安。玄宗仓皇逃往成都，安禄山称帝于洛阳，国号大燕。至德二载（757），安禄山被其子安庆绪所杀，安庆绪称帝。乾元二年（759），安禄山部将史思明又杀死了安庆绪，自己称帝。两年后，史思明被其子史朝义所杀。叛军内部的相互杀戮，严重削弱了自身力量。

2. 马嵬之变与玄宗幸蜀

天宝十五载（756）六月十三日，唐玄宗与杨贵妃等一行人逃往蜀中，行至马嵬驿时，禁军哗变，杀死了杨国忠，并要求处死杨贵妃。唐玄宗无奈，只好命高力士在佛堂缢死了杨贵妃，于是禁军才保护唐玄宗经陈仓道到达成都。

3. 肃宗灵武即位

马嵬之变发生时，太子李亨乘机率领部分禁军，与玄宗分道扬镳，辗转到达灵武。天宝十五载七月十二日，在朔方军及一批朝臣的拥戴下，即皇帝位，史称唐肃宗，尊唐玄宗为太上皇。从此，唐朝在唐肃宗的领导下，开始了平定安史之乱的战争。

4. 郭、李与安史之乱的平定

唐肃宗重用郭子仪与李光弼为平叛大将。郭子仪（697 年—781 年），华州郑县

（今陕西华县）人，率军收复了长安、洛阳，因功封汾阳郡王。李光弼（708年—764年），营州柳城（今辽宁朝阳南）契丹族人，多次击败叛军，立有大功，被封为临淮郡王。这两人不仅功勋卓著，而且这一时期参加平叛战争的大将，多为郭、李部将。经过8年苦战，广德元年（763），唐军攻入河北，迫使史朝义自杀，安史之乱终于平定了。

5. 唐王朝由盛转衰

历时8年的安史之乱虽然平定了，但是战火的破坏，使整个北方地区遭到严重的破坏，人口流散，生产凋敝，田地荒芜。在此期间，由于唐朝从西部抽调大量兵力到内地平叛，吐蕃乘其空虚之机，大举入侵，占据陇右、河西广大地区，阻断了著名的丝绸之路。总之，不论是经济、军事、文化、外交等方面，唐朝都失去了往昔的辉煌，逐渐走上了衰落的道路。

四、唐朝后期的历史演变

1. 藩镇与藩镇割据

藩镇最初是唐朝设置在沿边地区的军区，其长官称节度使，天宝末年在沿边地区共设置了10个藩镇。安史之乱爆发后，遂把这种体制搬到内地，以抵御叛军。安史之乱平定后，这种体制便保留下来，并且越设越多。唐后期随着中央控制力的削弱，跋扈藩镇便越来越多，其中河北三镇长期与中央对抗，形成割据局面。唐朝也曾采取措施削弱藩镇，以唐宪宗元和时期成就最大，但不久又复故态，割据局面一直延续到唐朝末年。

2. 内诸司使与宦官专权

内诸司使是指唐朝后期逐渐形成的以宦官充任的各种使职所构成的政务系统，它是与宰相为首的南衙行政系统相对应的另一套行政系统。内诸司使系统的存在严重地侵削了南衙系统的权力，致使双方矛盾冲突不断，形成了所谓南衙北司之争。内诸司使系统的首领是左右神策军护军中尉和两枢密使，唐代的宦官专权主要是通过内诸司使系统进行的。

3. 所谓永贞革新

唐德宗死后，太子李诵即位，改元永贞（805年），史称唐顺宗。顺宗重用王叔

文、王伾等人，力图除去德宗统治时期的各种弊政，打击宦官势力，引起了宦官及一部分朝臣的不满，他们利用顺宗患病，不能上朝理政的机会，全力支持太子李纯即位。李纯即位后，遂对王叔文、王伾为首的一批人进行严厉的打击，将他们全部贬官，其中王叔文被贬为渝州司户、王伾为开州司马，韩泰、韩晔、柳宗元等 8 人被贬州司马，历史上称为二王八司马事件。

4. 南衙北司与甘露之变

唐朝中央各机构在皇城，由于其位置在宫城之内，故称南衙；唐朝的宦官机构均设在宫内，位于皇城之北，故称北司。由于宦官集团侵削了南衙的大量权力，他们专权弄政，危害极大，引起了南衙朝官的不满，双方斗争激烈，其中甘露之变便是双方最激烈的一次交锋。唐文宗重用宰相李训和凤翔节度使郑注，谋图铲除宦官。大和九年（835）十一月二十一日，有人报称左金吾卫厅院石榴树夜降甘露，文宗命宦官们前去察看，李训等埋伏军队，欲想一举铲除宦官。事情败露后，宦官们出动神策禁军，大肆屠杀朝臣，使朝堂为之一空，史称甘露之变。

5. 牛李党争

牛党指以牛僧孺、李宗闵为首的一批朝臣，李党指李德裕为首的一批朝臣，双方之间的朋党斗争被称之为牛李党争。这场斗争从 821 年始，到 859 年结束，前后持续了近 40 年。

6. 短暂的元和中兴

元和是唐宪宗的年号，指 806 年—820 年。在这期间，唐宪宗对叛乱藩镇发动了一系统战争，先后削平了西川刘辟、夏绥杨惠琳、浙西李锜、淮西吴元济等叛乱藩镇，又促使河北三镇之一的魏博镇归顺朝廷。此举使朝廷威望大增，天下诸镇纷纷表示听命，取得了自安史之乱以来最辉煌的胜利，史称元和中兴。宪宗死后，穆宗即位，藩镇们又恢复旧态。

7. 法门寺奉迎佛骨

法门寺为唐朝皇家寺院，藏有真身佛骨舍利。有唐一代，曾有多位皇帝从法门寺把佛骨迎到长安供奉，如唐太宗在贞观五年（631）、唐高宗在显庆四年（659）、武则天在长安四年（704）、唐中宗景龙二年（708）、唐肃宗上元初年、唐德宗贞元六年（790），都进行过迎佛骨的活动。其中规模最大的当数唐宪宗元和十四年（819）

法门寺出土佛骨舍利宝函

和唐懿宗咸通十四年（873）两次迎奉活动，花费了巨额的钱财，造成了很不好的历史影响。

8. 懿僖二帝的荒淫生活

唐朝到懿宗、僖宗统治时期，国势已经大大地衰落了，这两位昏庸皇帝的统治，加速了唐朝灭亡的速度。唐懿宗即位以来，经常游乐，大肆挥霍，浪费了大量的资财，其中奉迎佛骨的行动，规模超过了唐朝历代皇帝。唐僖宗童昏无知，把权力交给了宦官田令孜，自己每日游乐不息，吃喝玩乐，走马斗鹅，胡乱赏赐，致使国库空虚，财政开支紧张。在懿宗、僖宗统治时期，社会矛盾异常激化，百姓流离失所，终于爆发了唐末农民大起义。

9. 黄巢起义始末

黄巢，曹州冤句（今山东菏泽）人，私盐贩出身。乾符二年（875），他率众响应王仙芝起义。王仙芝死后，他代替其成为农民军的领袖，率军转战南北各地，自称冲天大将军，年号王霸。广明元年（880），攻陷洛阳，次年又攻下了长安，唐僖宗仓皇逃往西蜀。黄巢在长安称帝，国号大齐，改元金统。唐朝调集军队围攻义军，中和三年（883），黄巢被迫撤出长安，退往河南。官军紧追不舍，次年在泰山虎狼谷被追击，自杀身死。

10. 朱全忠强迫迁都

朱全忠（852 年—912 年），原名朱温，宋州砀山（今属安徽）人。朱全忠本为黄巢部将，投降唐朝后，赐名全忠，并任宣武节度使。他以此为基础，逐渐扩大实力，吞并邻镇，发展成为唐末最强大的军事集团之一。天复元年（901），进封梁王。为了控制皇帝，挟天子以令诸侯，朱全忠于天祐元年（904）强迫唐昭宗迁都洛阳，并且拆毁了长安，致使千年古都毁于一旦。

11. 唐王朝的覆亡

唐昭宗被迫迁都洛阳后，处在朱全忠的严密控制之下，实际上已经失去了行动

的自由。在这种情况下，朱全忠产生了取代唐朝的想法。天祐元年（904）八月，他派人将昭宗杀害，还杀死了昭宗的其他诸子，另立其幼子李柷为帝，史称唐哀帝，年仅13岁。哀帝在位三年，天祐四年（907）五月，朱全忠废去了哀帝，自立为皇帝，国号梁，史称梁太祖。自此唐朝灭亡，历史进入了五代十国时期。

五、唐朝典制

1. 宰相制度及其变化

唐承隋制，初期以尚书、中书、门下三省长官为宰相，后又以同中书门下平章事、同中书门下三品为宰相；从肃宗乾元元年以后，凡任宰相皆习用“同平章事”这一名号，极少用“同三品”名号。代宗大历二年（767）中书令、侍中均由正三品升为正二品，于是便废弃了同三品的名号，专以同平章事为宰相名号。唐朝宰相机构是政事堂，开元十一年，张说奏改政事堂为中书门下，政事印为中书门下之印，同时又在政事堂正厅之后列置吏、枢机、兵、户、刑礼等五房，标志着政事堂制度的成熟。

2. 三省六部与卿监制度

三省指尚书、中书、门下等省，中书省掌诏敕的起草，门下省掌诏敕、章奏的审议，尚书省为全国政务机关，掌诏敕的执行。尚书省下辖吏、户、礼、兵、刑、工六部，分管各类政务。此外，唐中央还有九寺五监等机构，九寺是太常、光禄、卫尉、宗正、太仆、大理、鸿胪、司农、太府等九个机构；五监指国子、少府、将作、军器、都水等监。卿监是中央分管各种事务性工作的机构。

3. 十六卫与十率府

十六卫指左右卫、左右骁卫、左右武卫、左右威卫、左右领军卫、左右金吾卫、左右监门卫、左右千牛卫。除监门、千牛四卫外，其余十二卫皆分领军府，是府兵的统帅机关。左右监门掌诸宫门禁卫及门籍，左右千牛卫掌执御刀侍卫皇帝左右。十率府指左右卫率府、左右司御率府、左右清道率府、左右监门率府、左右内率府，是太子东宫的军事机构。

4. 嫔妃与内官之制

唐制：皇后而下，有贵妃、淑妃、德妃、贤妃，称为四夫人。有昭仪、昭容、昭媛，修仪、修容、修媛，充仪、充容、充媛，称为九嫔。有婕妤、美人、才人各9人，共27人，又有宝林、御女、采女各27人。唐朝内官机构即尚宫、尚仪、尚服、尚食、尚寝等六局，分别掌管宫中各类事务，为皇帝及后妃生活服务。

5. 律令格式

指唐朝的法律、法规体系，所谓“律以正刑定罪”，实际上就是刑法；所谓“令以设范立制”，即大唐帝国各种制度的相关规定；所谓“格以禁违正邪”，即是尚书省各部门执掌的详细规定；所谓“式以轨物程事”，是对中央政府各部门行政事务及办事章程的具体规定。

6. 科举制度

通常认为科举制创始于隋朝，是一种选拔人才的考试制度。科举制度的完善是在唐朝，每年举行一次，分科进行考试，及第者便取得了做官的资格。唐朝的科举分为常举与制举两种，常举的主要科目是：进士、明经、三史、五经、九经、明法、明算、明书、神童等科，每年举行一次；制举不定期举行，由皇帝根据具体情况，确定考试科目，以选拔各类人才。

7. 均田制与租庸调制

唐朝均田制规定每丁授田100亩，其中永业田20亩，口分田80亩，女子不授田。均田制并不是由国家按每丁百亩的标准把土地平均分配给农民，而是指农民可以占有或请垦荒田的最高限额，如果不能占够100亩，国家并不负责补足。

唐朝的租庸调规定：每丁纳粟二石，调随乡土所产，每年交绫（或绢、施）三丈，绵三两，不产丝绵的地方，则纳布二丈五尺，麻三斤。每丁每年服劳役20日，若不服役，每日交绢三尺。如果加役15日，免调；加30日，租调全免；正役和加役一共不能超过50日。如遇水旱虫霜等灾害，收成十分损四，免租；十分损六，免调；十分损七，课役全免。

8. 两税法的确立

唐德宗建中元年（780），正式推行两税法，具体规定是：A、将建中以前的正税、杂税及杂徭合并，以大历十四年的全国数字为准，计算出一个总额，称之为“两税元额。”B、由中央将元额分摊到各州县，并固定下来，不准变动，再由州县根据耕地的多少和户等分摊到每户头上。C、每年分夏秋两季征收，夏税不过六月，

秋税不过十一月。D、游商由所在州县依照其收入的三十分之一征税。E、租庸调及杂徭全部废除。两税法的最大意义是：彻底废除了以人丁为本的征税原则，而代之以土地财产的多少来征收赋税，从理论上看，这种税制与租庸调制相比，要更加进步和公平。

六、社会习俗与生活

1. 衣食住行

唐代官员的服饰有礼服（朝参时穿）、常服之分。常服主要由幞头、袍衫、靴带组成，规定三品以上穿紫色、五品以上绯色、七品以上绿色、九品以上青色，庶民穿白色。贵族妇女的服饰亦分礼服、便服。礼服有等级之别，而便服没有等级的区别，普通妇女的服饰也可归入便服之列。妇女的便服主要衫、襦、裙组成。衫、襦都指短上衣。前者较薄，后者较厚。裙的色彩变化最为复杂。此外，还有帔（搭在肩背上的长巾）、半袖、帽、鞋等，都是妇女服饰的组成部分。

食为主食与副食，主食主要有：胡饼、蒸饼、毕罗、汤饼、粟米饭、稻米饭、麦饭、雕胡饭、粟米粥、稻米粥、面粥、麦粥、糕、饺子等；副食有各种蔬菜、鱼、虾、牛、羊、猪、鸭、鹅、鸡、狗肉等，此外还有各种野味。

唐代建筑尤其是宫廷中的建筑大都高大宏伟，精雕细凿，贵族官僚的府宅也非常壮美华丽，而普通百姓的住房就非常简单了，甚至有茅草之屋。总的来看，唐代的建筑可以分为楼、阁、厅、亭、廊、榭、塔等形式；居住用具主要有：床、榻、几案、橱柜、帐、幄、帏、屏风、帘、茵褥等。

唐代交通工具主要有车、船、辇舆、马、驴等。车有马车、牛车之分；唐代的船大者有万石之船，小者仅容数人，甚至出现了水轮带动的车；辇与舆都是人抬的工具，还有一种称之为担子的工具，类似于今天的滑竿，还没有类似于后世

唐代三彩建筑模型

的轿子出现；骑马、骑驴也是当时一种普遍存在的出行方式。

2. 婚丧习俗

唐太宗时规定男子二十，女子十五以上，可以成婚，但实际情况则复杂得多。在选择婚配对象时，唐人非常重视门第，而普通百姓则没有这方面的观念。求取聘财，是唐代普遍存在的现象。选择配偶的方式包括父母之命、媒妁之言、自己择偶等。婚礼多在傍晚举行，婚礼内容丰富多彩。

丧葬习俗有厚葬与薄葬之别，在观念上多持归葬先茔、夫妇合葬、招魂葬等观念；在埋葬法方面，有土葬、火葬、层砖造塔葬、风干葬、饲鸟兽葬、裸葬和杀身殉葬等不同形式。坟墓形式有以山为陵和堆土为墓两种情况，其中前者为皇陵的一种选择，后者则是普遍存在的一种坟墓形式。此外，唐代还有寒食扫墓的风俗，贵族官僚死后还要赠以谥号，服丧与守孝也是唐代普遍存在的一种社会现象，并写入了礼书。

3. 文娱活动

唐代的文娱活动丰富多彩，主要有乐舞、百戏，其中后者又可分为歌舞戏、杂技、魔术、角觝、舞马、舞象犀等；其他文娱活动有：斗鸡、半花草、斗鹅、秋千、投壶、围棋、弹棋、击球、蹴鞠、抛球、拔河、樗蒲、双陆、握槊等。

4. 节日习俗

唐代的节日较多，传统节日有：元正（正月初一）、人日（正月七日）、上元（灯节）、中和（二月一日）、寒食、清明、上巳（三月三日）、端午、七夕、中元（盂兰盆节、鬼节，七月十五日）、中秋、重阳、除夕等节日。除此之外，唐朝从玄宗起，大都把皇帝的诞日作为全国性节日，放假1至3天。在唐代佛、道二教盛行，因此便有了佛诞节，官方确定在四月八日，放假一天，但民间有以二月八日、腊

鎏金伎乐纹八棱银杯

杯体为浇铸成型，杯身被錾出八个棱面，这八个区域内分别装饰着乐伎、侍者和舞蹈者。侍者均为胡人，手柄上有指垫，上饰高鼻深目的两个胡人头。

月八日浴佛的现象存在。道教有道诞节，以二月十五日为老子生日，届时也放假1天。

5. 休假旅游

唐人通常都在节假日外出旅游。唐代的休假比较多，有节假和旬休，每逢各种节日都要放假，同时规定每10日休假1日，称为旬休。不论官员还是学生，都可享受这一假日，届时官府还要举行宴会，同僚共欢。此外，还有田假与授衣假的规定，每年五月给田假15日，以便料理夏收；授衣假通常在每年九月，也是15天，也与农事有关，但官员们往往可以借机回乡探视亲朋。装束假和程假，前者指官员授任后所给的准备时间，后者是指官员上任时所给的路程期限。按照任所距京师的远近，分别给予不同的假期，通常都有数月之长。逢有婚丧和冠礼，规定也有假期，冠礼按关系亲疏，给假一至数日；婚礼也是如此，通常为一至数天；遇到丧事，其中父母丧通常要守孝3年，但实际上为27个月。对于五服之内亲属，则按血缘的亲疏确定长短不同的丧假，最长1月，最短则数日。

七、宫廷乐舞与游艺

1. 十部乐

唐朝的《十部乐》是：《燕乐》、《清商乐》、《西凉乐》、《天竺乐》、《高丽乐》、《龟兹乐》、《安国乐》、《疏勒乐》、《康国乐》、《高昌乐》。在这十部乐中，除了《燕乐》和《清商乐》为中原固有的之外，其余八部均是少数民族及外国乐舞。

2. 坐部伎与立部伎

所谓坐部伎与立部伎，就是根据表演需要，在殿上坐着演奏的叫坐部伎，在堂下站着演奏的叫立部伎。这种分工实际上是根据表演者的水平高低而划分的，所谓“太常阅坐部，不可教者隶立部，又不可教者，乃习雅乐。”（《新唐书·礼乐志一

三彩吹笙女坐俑

二》）坐部伎与立部伎的初具规模和形成体系是在唐高宗时期，至唐玄宗时期趋于完备。

3. 健舞与软舞

唐朝宫廷中表演的小型乐舞，是按照舞蹈风格特点划分的。健舞节奏明快，矫捷雄健，富有阳刚之美；软舞优美柔婉，节奏比较舒缓，抒情性较强。健舞与软舞只是对一些乐舞的泛称，其中的舞蹈节目并不固定，而是随着时代的发展而不断变化、创新。健舞和软舞的规模都不大，大部分都属于独舞或双人舞，因此艺术技巧和表演水平要求都非常高。这些舞蹈一部分是内地固有的，一部分则来自于域外。

4. 散乐

散乐，又称百戏，实际上是一种包括杂技、魔术、马戏在内的艺术形式。这种艺术形式本来在民间颇为流行，其中有些节目是中国固有的，有些节目则来自域外，颇受民间欢迎。正由于这些节目观赏性很强，因此宫廷中也不时进行此类表演，遂成为宫廷娱乐的一个组成部分。

5. 鸡坊与斗鸡风气

唐代流行斗鸡风气，宫廷中亦是如此，至唐玄宗时遂在宫中设置了鸡坊，由宦官充任鸡坊使，以培训斗鸡。斗鸡风气在中国出现很早，春秋时就已流行，不过在唐代更加兴盛罢了。不仅在宫廷中流行，民间也非常流行，甚至妇女中也不乏喜爱此道者。唐朝著名诗人李白、张籍、白居易等，都曾写过有关斗鸡的诗篇，可见风气之盛。

八、开放的社会风气

1. 繁荣的丝绸之路

丝绸之路东起长安，经河西走廊到达敦煌后，又分为南道与北道。所谓南道，从敦煌出发出阳关，经楼兰、于阗、莎车，越葱岭，到今阿富汗，再到阿拉伯半岛和地中海一带的大秦；北道从敦煌出玉门关，经西州、龟兹、疏勒，越葱岭，到康居，也可到达大秦。这两条道路都可以到达非洲和欧洲。此外，还有一条被称之为草原丝绸之路的国际贸易通道，从内地出长城到达今内蒙古的土默特平原，然后向西北可到达中亚、欧洲。隋唐时期这里为突厥所占据，来自中原的丝绸经其手，贩往东罗马和波斯。

2. 胡人与胡化风气

在唐代中国境内生活着大批的胡人，主要指粟特、突厥、天竺、波斯、阿拉伯、东罗马以及西域地区的少数民族之人。他们在唐朝或经商，或传教，或做官，或学习，非常活跃。他们除了在中外经济交流方面发挥着重要的作用外，还起到了传播和交流文化的作用。随着外来人口的增加，他们的生活习俗、服饰、化妆、饮食、乐舞等各个方面都对唐朝社会产生了很大的影响，以至于人们纷纷仿效其生活方式，穿胡服，吃胡食，表演胡乐，成为一时之风尚，尤其在长安、洛阳等大城市，这种倾向更加明显，被称之为胡化风气，实际上是中外文化交流繁荣的一种表现。

3. 蕃将与民族关系

唐朝实行开放政策，在官府及军队中有许多少数民族及外国人做官，担任各级将领，统称为蕃将。主要有突厥、吐蕃、回纥、契丹、铁勒、薛延陀、吐谷浑、于阗、龟兹、党项、鲜卑、靺鞨、奚、同罗等族人，外国人有高丽、百济、波斯、天竺、粟特等人。大量蕃将统率唐朝军队的现象，是唐朝与周边诸族关系密切的表现，也是唐朝民族和睦政策的一种体现。

4. 东亚汉文化圈的形成

这是日本学者提出的一个文化观念，指隋唐时期以中国为中心，包括日本、高丽、百济、新罗以及安南地区在内，所形成的以中国文化为核心的跨国文化圈。这是汉文化对周边各国影响的结果，其标志有三：其一，汉字使用与汉字教育的推广；其二，儒学教育与儒学思想的普及；除此之外，中国的法律体系和典章制度的效仿，也是一个重要的标志。

5. 道教的极盛

李唐皇室自称是老子李耳的后裔，对道教非常推崇，并采取措施扶持其发展，企图借助神权来巩固皇权。乾封元年 (666)，唐高宗下令尊老子为太上玄元皇帝。天宝二年 (743)，唐玄宗又下令尊老子为大圣祖玄元皇帝。除了封老子为帝外，唐玄宗还下令在两京及各州兴建玄元皇帝庙和崇玄学，招收学生，学习《老子》、《庄子》、《列子》、《文子》等。又在科举中增加了崇玄科，按照明经科的办法进行考试，及第者可以做官。为了抬高道教的地位，又封庄子为南华真人、文子为通玄真人、列子为冲虚真人等，以壮大道教的势力。此外，就是编撰《道藏》，共编集了 3 744 卷。祠部司本来是掌管佛、道二教事务及僧尼、道士之事的机构，开元二十五年 (737)，规定道教事务及道士、女观统统归宗正寺管理。宗正寺是管理皇家事务的机构，把道教事务划归其管理，一是拉近了道教与李唐皇室的关系，二是极大地提高了道教的地位。因此，有唐一代道教发展很快，可以说达到了一个极盛的时期。

6. 佛教的发展

佛教自东汉时期传入中国以来，经过魏晋南北朝时期的发展，至隋唐时期达到了繁荣的阶段，主要标志是：一、佛教经典的大量翻译；二、形成了许多佛教宗派，如天台宗、法相宗、华严宗、净土宗、律宗、密宗、禅宗等；三、佛教中国化的完成，主要标志便是禅宗越来越受到重视，发展越来越快，影响日益扩大。

7. 其他外来宗教

隋唐时期的外来宗教除了佛教之外，还有景教、摩尼教、火祆教、伊斯兰教等。唐朝对外来宗教实行兼容并蓄的政策，允许其在中国境内传教和建立寺院教堂。当时在长安、洛阳以及一些大城市中这些宗教都建立有教堂，并且有传教士主持传教和宗教活动。唐武宗会昌灭佛时，这些宗教也遭到禁断，受到了沉重的打击，除了摩尼教转入民间之外，景教和火祆教则基本在中国停止了活动，至于伊斯兰教的情况不得而知，有一点可以肯定，即在唐代已经传入了中国。

九、繁荣的文化事业

1. 诗歌与散文

唐代是我国古典诗歌发展的鼎盛时期，保留至今的唐诗近5万首，它不仅是我国优秀的文学遗产之一，也是全世界文学宝库中的一颗灿烂明珠。唐代著名的诗人很多，初唐有所谓“四杰”，即王勃、杨炯、卢照邻、骆宾王，此外还有陈子昂、沈佺期、宋之问等；盛唐时期则有李白、杜甫、孟浩然、王维等；中晚唐则有韩愈、柳宗元、张籍、李贺、白居易、元稹、刘禹锡、杜牧、李商隐、温庭筠、杜荀鹤等杰出诗人。唐诗风格多样，有现实主义、浪漫主义、田园派、边塞派等，体裁众多，有七律、七绝、五律、五绝、古风、乐府等。诗才辈出，作品繁多，题材广泛，形式多样，风格各异，可谓万紫千红，百花争艳。

唐代流行骈体文，尤其在官方更是如此。于是有人起而倡导古代散文，代表人物是陈子昂、韩愈、柳宗元等人，在当时及后世产生了极大的影响，宋代的散文运动便是受他们的影响而形成的。

2. 传奇与书法

唐代的传奇小说继魏晋志怪小说之后，成为我国古代文学史上的又一个奇葩。唐代传奇是中国古代小说发展的里程碑，至此小说正式形成了自己的规模和特点。由于唐代传奇能比较广泛反映社会生活，思想性达到了以前小说未能达到过的高度，在艺术上又具有惊人的概括力，塑造人物形象较为成功，语言简洁精美，揭开了中国现实主义小说的序幕，其中一些优秀作品，还往往兼具积极浪漫主义色彩，对后世产生了很大的影响。

唐代的书法发展很快，出现了一批书法大家，创作了许多有名的作品，取得了举世瞩目的成就。其成就和特点如下：一、在真、行、草、篆、隶各体都有了很大的发展，真（楷）书在唐代才真正成熟起来；二、重视书法教育，国子监办有书学，在科举考试中也有明书科，从而推动了书法的快速发展；三、在书法理论上颇有建树，并涌现了一大批各种书体的大家，对后世产生了深远的影响。

3. 绘画与雕塑

唐代绘画风格各异，除了继承传统画风外，还吸收了外来画法，从而极大地丰富了中国绘画理论及画法。唐代绘画的特点是：绘画已经分人物、屋宇、山水、鞍马、鬼神、花鸟等科，说明中国绘画独立分科已经形成；宫廷、衙署、寺观、墓室

唐三彩胡人骑马带犬狩猎俑

彩绘贴金白陶舞马

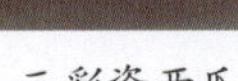

三彩瓷西瓜

三彩碗

的壁画作为主要的绘画形式占据了相当比重，石窟及寺观壁画较之南北朝有更大的发展，其规模之宏伟、技艺之精湛在历史上都是空前的；已经有了卷轴画，从而使画家的创作载体更为自由广阔，使当时名家的优秀作品得以流传后世。

唐代雕塑技艺更加成熟，在雕塑作品中出现了深刻的反映时代生活和精神面貌的作品；唐代雕塑艺术的成熟，还表现在写实能力提高，已获得了表现的自由，掌握了正确的人体比例及解剖的知识，用雕塑形象反映生活的范围更为扩大。在艺术风格上，理想的追求与手法的真实互相统一，简单朴素的规律化的处理和生动真实的表现相统一。所有这一切在龙门石窟和敦煌石窟的唐代作品中都有充分的体现，并达到了中国雕塑史上的顶峰。

4. 学校与教育

唐代的教育制度比较完善，在中央有国子监，下辖有国子学、太学、四门学、律学、书学、算书等以及弘文馆、崇文馆等类学校，此外，太医署有医博士、助教、按摩博士、助教以教授学生；太卜署置有博士，教授卜筮生；司天台置有各种博士，以教授天文生、历生和漏刻生。在地方置有州县学和医学，以教授学生。除了这些官办学校外，私学也比较发达，从而形成了比较完善的教育系统。

5. 自然科学成就

唐代的科技成就主要表现在天文学、地理学、医学、算学等方面。在天文学方面涌现了著名天文学家僧一行，他是世界上第一位测量子午线的科学家，并创制了

黄道游仪、水运浑天仪等大型天文观测仪器和演示仪器。在地理学方面，贾耽的手绘单幅全国地图《海内华夷图》，玄奘的传世之作《大唐西域记》记述了沿途的山川、地形、土壤、水利、交通、农产等，都是堪称举世无双的地理著作。在医学方面，有孙思邈的《千金要方》、《千金翼方》，王焘有《外台秘要》，苏敬等编纂了《新修本草》。在算学方面，有隋唐之际王孝通的《缉古算经》和李淳风的《周髀算经》等。在农业科技方面，出现了陆羽的《茶经》，这是世界上首部关于茶叶的专著。此外，在唐代还发明了火药，出现了雕版印刷术。所有这一切都是唐代科技发展水平的结晶。

隋大兴城和唐长安城

一、隋唐长安城的修造

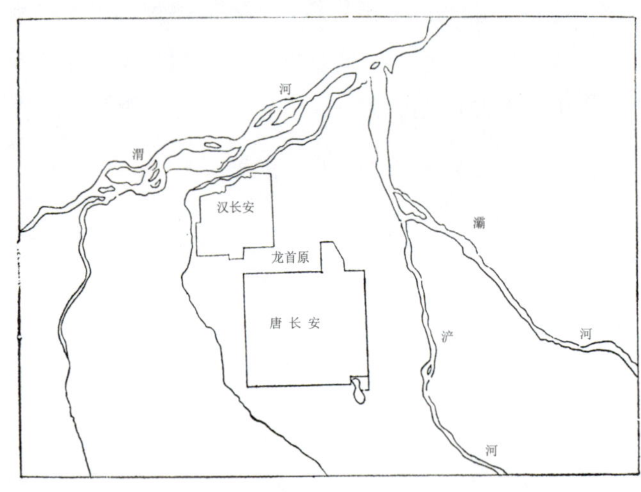

汉唐长安城位置示意图

西汉以后，长安的宫苑经历了三国魏晋南北朝的混乱时期，多所破坏，留下来的一些经过各个朝代的维修，但难以达到秦汉的规模。直到 581 年，隋朝建立，隋文帝于 589 年灭了南陈，一举统一中国，才又进入了中国城建史上的又一辉煌时期。隋朝定都长安，为长安建城史上的重要阶段。长安的宫苑建筑随之进入了一个新的时期。

直到隋朝建立，汉长安城已经历经 800 余年，12 个王朝，旧城迭遭破坏，已不能适应当时政治的需要，况且，汉长安城濒临渭水，水质已经变得咸苦，所以，隋文帝决定另建新都。

关于大兴城的兴建，据《隋书 · 文帝纪》及《册府元龟》卷十三所载，此城从汉以来，“凋残日久，屡为战场，旧经丧乱。今之宫室，事近权宜，又非谋筮从龟，瞻星揆日，不足建皇王之邑。”这是说汉长安城早已残破，宫室狭小，不够皇都条件。“而汉营此城，经今八百岁，水皆咸卤，不甚宜人。”这是说汉长安水土不好。“龙首山川原秀丽，卉物滋阜，卜食相土，宜建都邑，定鼎之基永固，无穷之业在斯。”这是说龙首山南自然环境优美，具有建立新都的条件。

汉长安城在龙首原北，太近渭水，城内潮湿，有被水淹的危险，而大兴城则在龙首原南，可以界隔渭河，且龙首原南地势开阔，平原面积较大，便于扩大新都范围，以适应当时大一统的新形势的需要。

营建新都开始于隋文帝开皇二年（582）。最先修的是大兴宫城，到隋炀帝大业

六年（613）三月动用10多万人，（《册府元龟》卷一三）修筑了外郭城，才算完成大兴城的工程。当时并开龙首渠、永安渠、清明渠，引浐水、交水、潏水入城。

隋营建新都时，总领其事的是左仆射高颎，创制规模的是太子左庶子宇文恺，还有将作大匠刘龙、营建新都大监李询、工部尚书贺楼子干、太傅少卿高龙义等。这些人似乎都不是徒领空名，宇文恺是隋代著名的建筑家，《隋书·宇文恺传》称其“好学，博览书记”，“有巧思”，营建新都虽然他是副监，但所有规划都是由他提出。隋大兴城规模既然由宇文恺创制，当然有其独到之处。

隋朝的大兴城北临渭水，东濒浐灞，南望终南，西接汉长安旧城。从开皇二年六月开始，“先筑宫城，次筑皇城，次筑外郭城。”（《长安志图》卷上）值得一提的是，隋朝大兴城的建设，可以说是上下动员，官民共建。先有成熟的规划图，然后分别营造，对于外郭城里的坊里，都分别划分给当地的百姓，叫他们按照规划，“分地版筑”。因此，这么一项浩大的工程，仅仅用了9个月时间，即到开皇三年三月，除了外郭城墙没有建成而外，其他工程包括龙首渠、清明渠、永安渠等引水渠道基本上已经建成，这在中国古代建筑史上都属奇迹。

隋唐大兴城的设计布局，充分体现了封建帝王的统治思想，它坐北朝南，北边是宫城，宫城南边是皇城，宫城、皇城居中，东西两边和南边均为布局整齐的坊里。宫城之北面直到渭水南岸，西接汉长安城，东接浐水均设置为大兴苑，即皇家宫苑。

唐长安城沿用隋大兴城的旧制，并不断修建，使之更加宏伟壮丽。首先是重修外郭城，《册府元龟》卷十二载：“十月（唐高宗永徽三年，652年），修筑京师罗城，和雇雍州四万一千人，三十日功毕。九门仍各施观，明德门至一门五观。”

“观”即城门楼。所谓“九门各施观”，是指在东、西、南三面，每面各有三门。北面是禁苑，故不在城门之列。《册府元龟》说“明德门至一门五观”。明德门是长安城南面正中通承天门大街的门，考古工作者已经正式发掘，证明是五个门洞（其余各门都是三个门洞）。那么所谓“五观”，可能是每个门洞上各有门楼。根据考古工作者的初步实测，长安外郭城东西宽9 500米，南北长8 470米，周长35.5公里，是当时世界上最大的城垣之一。每个城门上都树立巍峨的城楼，显得格外壮观。

主持扩修长安外郭城的工部尚书阎立德，唐书称其“机巧有思”。他父亲名阎毗，以工艺知名，早传家业，是富有建筑经验的大师。唐代初年的大建筑如终南山的翠微宫，宜君的玉华宫，以及礼泉的昭陵，都是阎立德设计营造的。

宫殿方面，唐代除沿用隋大兴宫（唐改名太极宫）外，又相继修建了大明宫和兴庆宫。这三大宫殿是唐长安城中的主要建筑群，现在分别介绍如下：

1. 太极宫：唐长安城以承天门大街为中轴分为东西两个部分，东部属万年县，西部属长安县。太极宫北靠龙首原，坐落在这条中轴线的最北部，显然带有皇帝“至高无上，南面称王”的意思，这可以说是当年宇文恺设计长安格局的中心思想。

宫城经实测东西有 2 820 米，南北 1 492 米。其中部是在太极宫所在地，有很多专供皇帝居住、办公、游乐的殿、台、楼、阁、长廊和池塘组成。宫城的东部为东宫，是皇太子居住办公的地方；西部为掖庭宫，是犯罪官僚家的妇女被没入宫廷劳动和学习技艺的地方。东宫、掖庭宫与太极宫之间都有高墙隔开。太极宫遗址今天已无迹可寻，只有东西长约一华里的宫城南墙基一段尚在，俗名西五台。

太极宫作为唐代的政治中心只有唐高祖李渊和唐太宗李世民时期的 30 多年，但在历史上却影响很大，如奠定唐王朝政治基础的“贞观之治”，就是在这里确定和推行的。

太极宫南面的正门叫承天门（位置当在今莲湖公园内），门外与皇城之间的东西横街宽三百余步，实际是一个广场。承天门是举行“外朝”的地方，每逢国家大典，如改元、大赦、元旦、冬至大朝会，以及阅兵、受俘等，皇帝都登承天门举行。太极宫的前殿名太极殿，是举行“中朝”的地方，皇帝日常在这里接见群臣。在太极殿围墙外的东西两侧分别设有门下省、弘文馆、史馆、中书省、舍人院等专供皇帝近臣以及备皇帝顾问、撰写文书和诏令的官吏办公的处所。太极殿北边的两仪殿，是举行“内朝”的地方，只有少数大臣可以在这里与皇帝商讨国家大事。内朝可以不拘朝仪，举止较为随便。两仪殿之北及两侧又有甘露殿、武德殿、承庆殿、紫云阁等大量的建筑群。太极宫北门名为玄武门，这里驻有保护皇宫的重兵。李世民和他哥哥李建成（皇太子）争夺皇位的战争就是在这里发生的。

唐代初期的知名宰相如房玄龄、杜如晦，知名将领李勣、尉迟敬德、程知节等都曾在太极宫活动。太极宫有凌烟阁，就是当时图画上述功臣相貌的建筑。这些图像据说是名画家阎立本所作，因而特别受人重视。现在陕西省麟游县文化馆，还存有宋代游师雄摹刻的唐凌烟阁功臣画像残石。

太极宫的位置在后来修建的大明宫西部，因而又称“西内”。

2. 大明宫：唐长安城内的宫城原来只有上述太极宫一处。贞观八年（634），李世民在宫城东北角禁苑内的龙首原上修永安宫，让他父亲李渊临时在那里“清暑”，

第二年改名大明宫，有名蓬莱宫。唐高宗李治龙朔二年（662）加以扩建，龙朔三年又征收陇、雍、同、华等十五州人民钱物，并减京官一月俸禄大加修建（《旧唐书高宗本纪》），同年，唐高宗由太极宫搬到大明宫来居住和处理朝政。从此以后，唐历代皇帝都住在大明宫。

唐大明宫遗址位于今西安火车站北一公里多的龙首原上，实测宫城西墙长 2 256 米，东墙长 2 614 米，略呈楔形。大明宫南墙就是京城北墙的一段，有五个门洞，中间的叫丹凤门。丹凤门街宽一百二十步，将原来的翔善、永昌二坊从中隔断，各成二坊。丹凤门与承天门相似，凡改元、大赦，皇帝都在丹凤门楼宣布。

大明宫的含元、宣政、紫宸三大殿同在一个中轴线上。含元殿是大明宫的前殿，修在四丈多高的龙首原上。殿前东西两侧有翔鸾、栖凤二阁和通往平地的龙尾道，南距丹凤门四百余步。唐李华《含元殿赋》描写说：“左翔鸾而右栖凤，翘两阙而为两翼，环阿阁以周楃，像龙行之曲直。”含元殿的作用和太极殿相似，但又是与丹凤门配合举行“外朝”的地方，所谓“九天阊阖开宫殿，万国衣冠拜冕旒”（王维《和贾舍人早朝大明宫之作》），说的就是在这里朝会的情况。

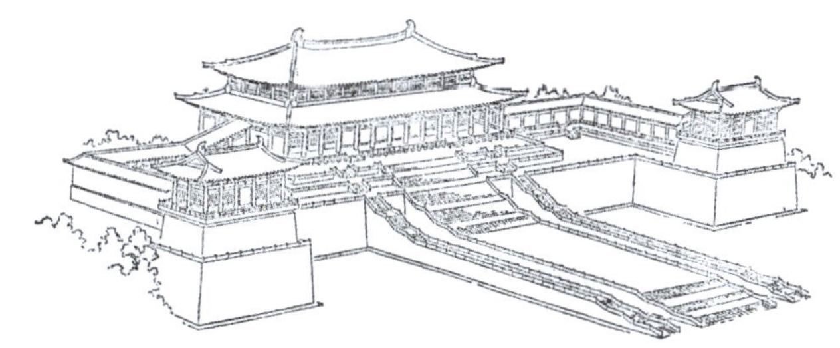

唐含元殿遗址复原图

唐含元殿遗址修复照片

含元殿是当时唐长安城内最宏伟的建筑。上述《含元殿赋》还说建筑木材是由江南山林中精选运来的，“择一干于千木”的“荆杨之材”。为了砍伐这些木料，“操斧执斤者万人”，然后“朝泛江汉，夕出河渭”，运至长安，“拥栋为山”。建筑工人都是能工巧匠，所以殿屋修得非常壮丽，站在含元殿前，终南山清晰可见，长安街道尽在眼前。现在建筑物已荡然无存，但在宫殿遗址上仍可体会到当日登高望远、视野开阔的情景。

实测，含元殿夯土台基高 3 米多，东西长 75.9 米，南北宽 42.3 米。在台基东西两旁各有一条廊道遗迹，分别伸向东边的翔鸾和西边的栖凤二阁。殿南有三条平行的斜坡，间有台阶的漫道遗迹，这就是当时所谓的龙尾道。

含元殿之北的宣政殿是举行“中朝”的地方，宣政殿围墙外两侧设史馆、弘文馆、门下省、中书省、御史台、命妇院等近臣、机要官署建筑。再向北的紫宸殿，则是举行“内朝”的地方。

有名的麟德殿大约建于唐高宗麟德年间，故以“麟德”命名。其位置在大明宫北部太液池之西的高地上。这里东临太液池风景区，西近大明宫西墙的九仙门，便于大臣出入，因而是皇帝召见贵族亲信，接见外国使臣和举行盛大宴会、寻欢作乐的地方。实测殿址南北长 130 多米，东西宽 70 余米。703 年，武则天曾在麟德殿接见并宴请日本执节大使粟田朝臣真人。

链接：《旧唐书·日本传》记载，长安三年（703），武则天即曾在此宴请日本遣唐使粟田朝臣真人。当时粟田“冠进德冠，其顶为花，分而四散，身服紫袍，以帛为腰带”。中国史书还说他好读经史、会作诗文、举止文雅等。

陕西省乾县发掘的章怀太子墓墓道东壁的壁画《客使图》，画面上的外国使节队列中，由南向北第二人所戴帽子和服饰，与《旧唐书·日本传》所记朝臣真人的服饰相近，这是一位日本使臣的形象应该是没有问题的。

客使图

大明宫位于太极宫之东，因而又称“东内”。唐高宗李治之后，政治中心转移到大明宫，太极宫失去了主要地位。但有些朝廷大典，如皇帝即位、葬礼、婚礼等，仍在太极宫举行。

3. 兴庆宫：兴庆宫位置在长安城内兴庆坊。这个地方原来是唐玄宗李隆基未作皇帝时期的旧居，唐玄宗开元二年（714）改成兴庆宫。原来本为离宫，后经几度扩建，成了皇帝起居听政的正式宫殿。从此，长安城中有了三个宫殿群。

大概因为原来是离宫性质，所以兴庆宫布局和太极宫、大明宫都不同：

第一，兴庆宫的正门兴庆门朝西开，而不像太极宫、大明宫的正门都朝南开。

第二，它里边的正殿只有一个兴庆殿，不像西内、东内有建筑在同一条中轴线上的外朝、中朝、内朝的区别。

第三，兴庆宫的建筑如兴庆殿、大同殿、南熏殿等都是楼房，而勤政务本楼、花萼相辉楼，则更标明是楼式建筑，可见兴庆宫的宫殿比西内、东内更加豪华。

第四，太极宫的承天门、大明宫的丹凤门都在宫殿南面的正中，为皇帝宣布大赦、改元、受降、接见群众（事实是皇帝坐在城楼上的帘子里，群众并看不见）之处。兴庆宫的勤政务本楼、花萼相辉楼也起同样的作用，但却建筑在宫城西南角上。二楼大约相连作拐尺形，南边紧靠春明门大街，题“勤政务本之楼”六字，向群众宣扬皇帝“勤于政治，关心民情”；西边隔街是胜业、安兴二坊，李隆基的几个兄弟住在此二坊内，因而题“花萼相辉之楼”六字，以彰显他们的兄弟“友爱”。

第五，兴庆宫内多种牡丹花，大概也是其他二宫所没有的。牡丹花原为野生植物，可能是唐代初年移植庭院，并由单层培养成为多层，被誉为“国色天香”的。唐玄宗后期穷奢极欲，荒废朝政，沉溺于声色犬马之中。相传 743 年春天，一次他带着杨贵妃在兴庆宫沉香亭观赏牡丹花，名歌唱家李龟年刚要演唱，李隆基说：“赏名花对妃子，焉用旧乐词为！”便命李白写新歌词，李白立即写了《清平调词》三首，其中一首是这样说的：

一枝红艳露凝香，云雨巫山枉断肠。

借问汉宫谁得似？可怜飞燕倚新妆。

诗歌完全是描写杨妃的美丽，但由于李白曾让大宦官高力士为他脱靴。高深以此事为耻，所以他在李白写了这首诗后，便挑拨杨妃说：“以飞燕（汉成帝宠信的皇后，古人说她使成帝刘骜‘无子而暴死’）指妃子，是贱之甚矣！”因而后来杨妃多次阻挠唐玄宗授给李白官职，而让他流落江南，直至死去。

第六，唐玄宗还顺外郭城东墙修了由兴庆宫通往大明宫和曲江池，专供皇家在内往来行走的夹城。所谓“人主自由潜行往返”（《旧唐书·地理志》），以及“六飞南幸芙蓉苑，十里飘香入夹城”（杜牧《长安杂题长句》六首其五），都说明了兴庆宫与夹城的关系和皇帝在其中往来的情况。

兴庆宫的日趋豪华，正表现了唐玄宗后期愈来愈加昏愦的一个方面。由于封建统治阶级的腐败，终于给国家和人民带来巨大灾难。唐玄宗天宝十四年（755）冬，范阳（河北涿县）节度使安禄山叛乱，第二年李隆基逃往四川。至德二年（757）九月郭子仪收复长安，次年春李隆基返回长安仍住兴庆宫，但不久就被他的儿子唐肃宗李亨强迫移往太极宫的甘露殿，直到死去。从此唐王朝开始走下坡路，兴庆宫也成为清闲处所，除几个太后外，皇帝很少去那里居住。

勘察表明：兴庆宫南北长 1 250 米，东西宽 1 080 米，正门兴庆门在西墙北部。宫城内以隔墙分为南北二部，北部是宫殿区，南部是园林区。四墙设门，正门兴庆门在西壁北部。在发掘过程中曾出土很多莲花瓦当，带年号的有“春明开元二十九五月官（瓦）”、“天宝二年五月官瓦”等。不带年号的有“春明官瓦”、“十王宅官瓦”、“十王宅内作官瓦”等。带字砖有“春明五月官砖”、“城东官砖”等。（《唐长安兴庆宫发掘记》，载《考古》1959 年第十期。）

兴庆宫位置在大明宫之南，因而当时又称“南内”。

如前所述，唐长安宫殿群的很多建筑材料都从南方运来，耗费了无数人力和财力。

唐长安城的布局是我国封建时代城市建设的总结，以唐长安城与汉长安城比较，主要有下列一些特点。

（1）宫城、皇城、市民居住区彼此区分得清清楚楚，不像汉长安城中那样互相混杂。

宫城位置在全城正中的北部。南面正中的承天门，向南穿过皇城的朱雀门，和外郭城南面正中的明德门相对。向北出玄武门入禁苑。

皇城也称子城，位置在宫城的南面，东西与宫城相等，南面正中的朱雀门，北面宫城的承天门，南和外郭的明德门相对，城内南北七街、东西五街，其间并列尚书省、太仆寺、御史台、鸿胪寺、都水监、左右千牛卫等专供百官办公之用的衙署。

市民居住区以承天门大街为中轴，分为东西相等的两部，城内南北 11 条大街，东西 14 条大街，其间列置坊市，专供人民居住和商贾之用。其坊市分布也完全相等，即皇城以南，由承天门大街中分，东西各 45 坊，皇城东西各 12 坊，合 114 坊，东西两市占有四坊，东南角因曲江池的两坊之地没有设坊，共有 108 坊（因后来修筑道路和兴庆宫改变的坊不计）。各坊的大小和坊门的开设都按一定设计，皇城南

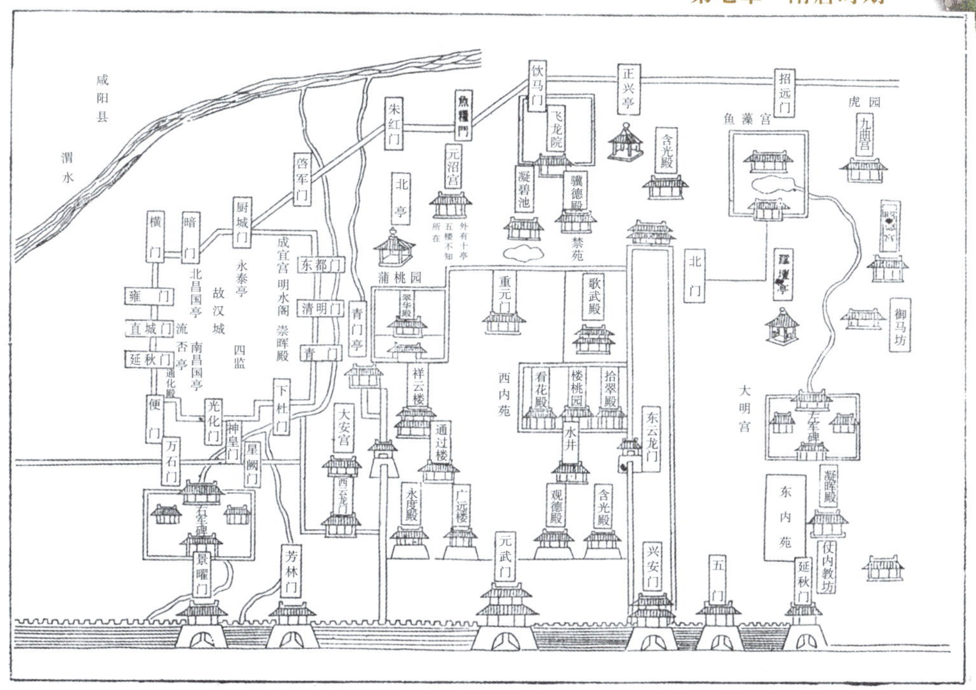

三苑图（《长安志图》）

面的 36 坊，各只设东西 2 门，其余各坊都设东西南北 4 门。

外郭城拱卫在宫城和皇城的东西南 3 面。南面 3 门：中明德门、东启夏门、西安化门。东面 3 门：北通化门、中春明门、南延兴门。西面 3 门：北开远门、中金光门、南延平门。北面城垣有宫城占据一部分，又是禁苑的南面，本来没有开辟城门的余地，但仍在宫城之西设有 3 门，以备 12 城门之数，其名称为：中景曜门、东芳林门、西光化门。

唐长安城的宫城约占全城总面积的 3.7%，皇城约占 6.3%，居民区 114 个坊约占 63.8%，其他面积为道路、河渠等设施所占。较之汉代宫殿等建筑面积占全城 2/3 以上的情况，有了很大的进步。

（2）布局异常整齐，街道宽阔平正，连路旁树木都是统一规划选定的。

从居民坊里说，在朱雀门大街的东西各 45 坊，都是南北长 325 步，但东西宽度不同：皇城正南的 36 坊中，靠近朱雀门大街称内 18 坊，东西各宽 350 步；外 18 坊东西各宽 450 步，其余各坊东西宽度均为 650 步。在皇城及宫城东西各 12 坊，东西宽都是 650 步，但南北长度不同：南 6 坊各长 550 步，北 6 坊各长 400 步。商业区东西市各占两坊地面。城内街道由北向南数，东西横列的共 14 条大街；由东向西数，南北纵列的共 11 条大街。这些街道宽阔笔直，南北纵列的 11 条大街和东通通化门、西通开远门的大街均宽 100 步。白居易《登观音台望城》诗："百千家似围棋局，十二街如种菜畦。"正反映了这种整齐划一的棋盘式格局。

城内的绿化工作也做得较好，大致在居民区的街道两旁多种槐树，白居易给张籍的诗中所谓"迢迢青槐街，相去八九坊"，就反映了这一情况。宫城、皇城内则多种梧桐，有故事说：司稼少卿梁孝仁建造蓬莱宫，事在高宗龙朔三年 (663)，在庭院以内尽植白杨。右骁卫大将军契苾何力入宫参观，孝仁指白杨说：此木易长，不过三年宫中可得荫映。何力不答，但诵古诗："白杨多悲风，萧萧愁杀人。"意指这是坟墓上栽的东西，孝仁立令拔去，更栽梧桐。但唐宫内柳树似乎也不少，唐诗有"千条弱柳垂青锁"诗句，就是描写大明宫内的垂柳。

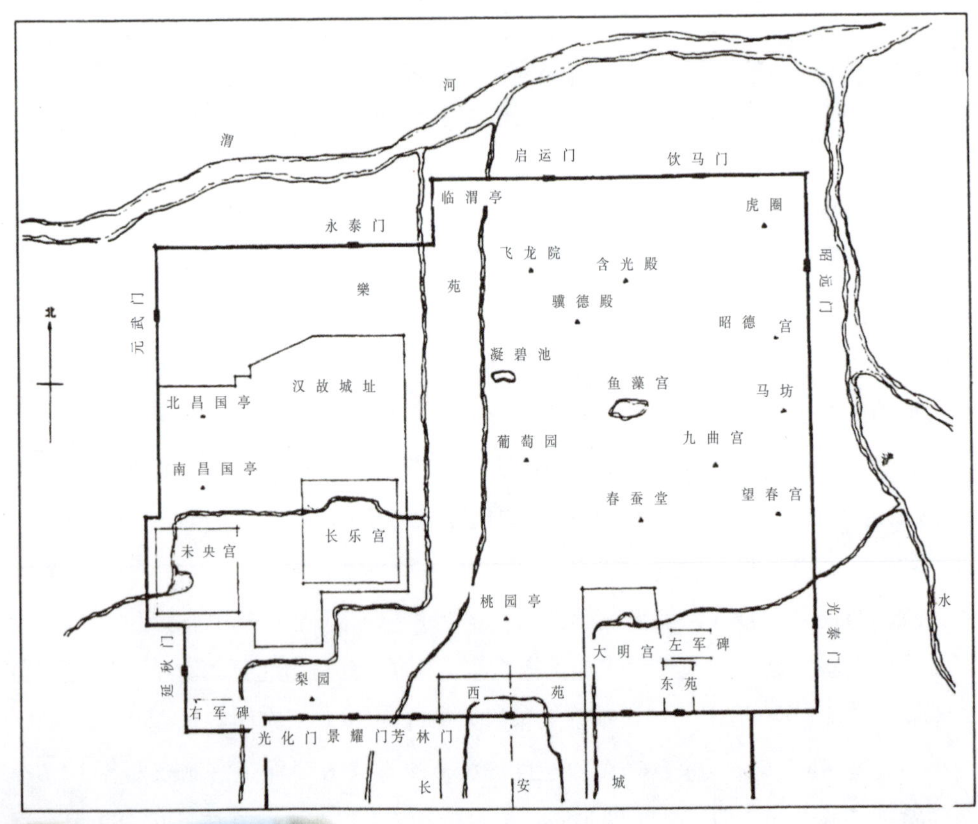

唐禁苑平面图

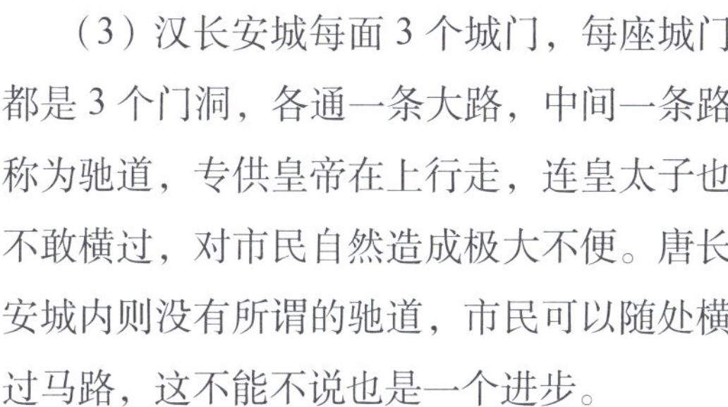

（3）汉长安城每面3个城门，每座城门都是3个门洞，各通一条大路，中间一条路称为驰道，专供皇帝在上行走，连皇太子也不敢横过，对市民自然造成极大不便。唐长安城内则没有所谓的驰道，市民可以随处横过马路，这不能不说也是一个进步。

唐彩绘兽面纹方砖

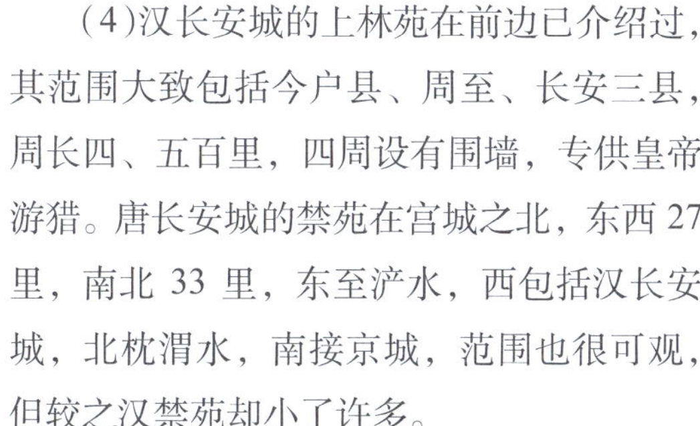

（4）汉长安城的上林苑在前边已介绍过，其范围大致包括今户县、周至、长安三县，周长四、五百里，四周设有围墙，专供皇帝游猎。唐长安城的禁苑在宫城之北，东西27里，南北33里，东至浐水，西包括汉长安城，北枕渭水，南接京城，范围也很可观，但较之汉禁苑却小了许多。

唐莲花纹瓦当

此外，唐长安城除前面说过隋时引入城内的龙首、永安、清明渠水外，唐玄宗天宝三年（742）又引潏水从城西壁金光门入城，在西市凿潭作贮运木材之用，谓之漕渠。大历元年（766）又将渠延长过光德坊、开化坊、务本坊，经皇城景风门、延喜门引入内苑。曲江池在长安城东南隅，原名隑洲，秦汉时代已很有名。据说隋文帝因为曲江名称不吉利，改名芙蓉园。唐玄宗时又加以扩大，并修凿黄渠引浐水流入，以增加水量，成为长安城内著名的风景区。兴庆宫通芙蓉苑的夹城南端所开之门名新开门，今西安南郊曲江池东南有一村名新开门，当即唐代该门地址。经考古工作者勘查，夹城全长7 975米，芙蓉园面积1 441 600平方米，曲江池面积70万平方米。

总之，唐长安城宏伟的规模，整齐的坊里，中心区的东、西两市，四通八达笔直的道路，以及遍布郭城、宫苑的水渠、池塘，都是中国城市建筑史上的一个伟大创举。宏伟壮丽的长安城本身，就是唐代封建经济、文化高度发展的重要标志之一。

链接：唐长安城与日本奈良市的平城京，以及京都市的平安京等古代京城遗址一样，是源远流长的中日友谊的象征。张鹏一《日人往来长安考》也说："中宗景龙三年（708），日本迁都奈良（即平城）仿唐长安

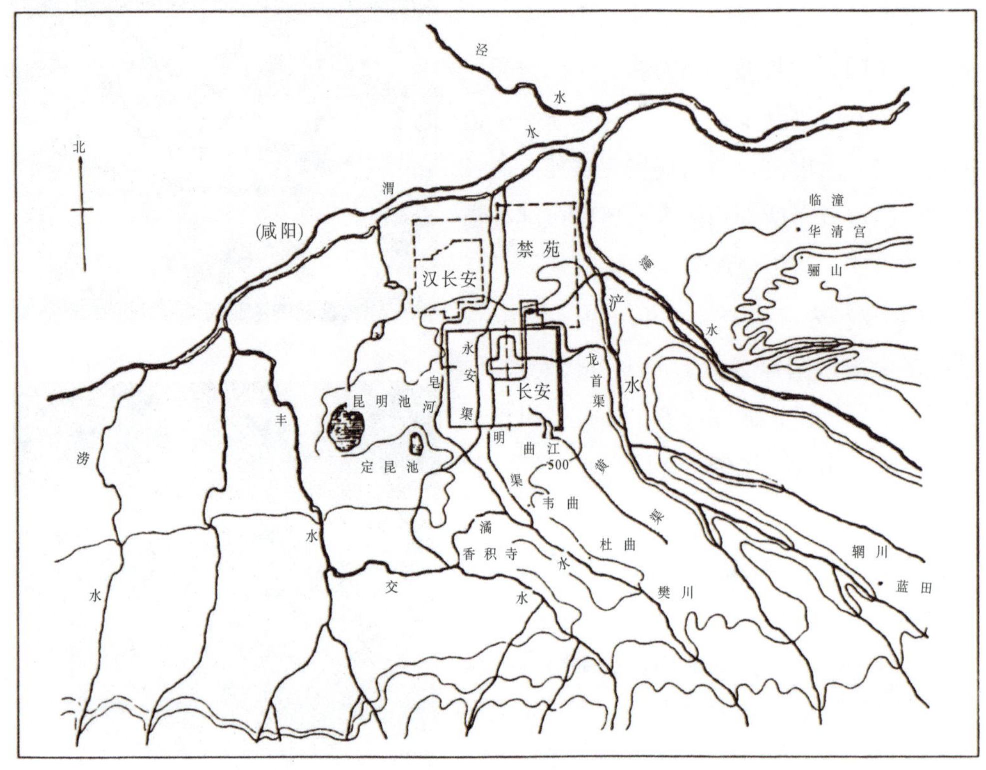

唐长安近郊平面图

京城，区分左右，定坊条，如长安之有宫城、京城、坊市之别。是为日本有正式京城之始。……此后七代七十余年，皆都此。至桓武延历十三年，当唐贞元十年（794）复迁都平安（今西京）。其京城宫城街衢宫殿，仍仿唐长安，街市自一条至九条，城内分四坊，坊分十六町。十四年，于朱雀门南罗生门之东西，建东寺西寺，仿长安朱雀门街东荐福、兴善寺，朱雀门街西之西名、总持寺，较之平城京城规模宏大矣。”

二、长安的人口和城市管理

唐长安城是唐代政治、经济、文化和军事的中心，是唐王朝的心脏地区。据《大慈恩寺三藏法师传》卷九所载，显庆元年（656）四月，长安士女观看玄奘迎接唐高宗给慈恩寺制的慈恩寺碑典礼的有百余万人。另据《韩昌黎全集·论今年权停选举状》：“今京师之人，不啻百万。”所说长安城内人口数字，与上述材料相差无几。唐诗中吟咏长安的篇章中也有涉及到人口数字的。如《韩昌黎全集·出门》“长

安百万家，出门无所之。”元稹《遣兴十首》有“城中百万家，冤哀杂丝管”等诗句，也说明长安城内有百万余人。

玄奘是唐代前期人，韩愈、元稹是中期人，所说数字相去不远，因此认为长安城内有一百多万人口，大概是不错的。这么大的城市，管理是非常重要的。为此，唐朝政府在这里设有种种行政性和军事性的机构，采取各种严密的管理措施，保证整个京城的正常运转。

1. **设置京兆府、京兆尹：**京兆府是管理长安城的行政和军事机构，京兆府的主官叫京兆尹，为从三品官，下设少尹二人为属官，从四品。长安城以朱雀门大街为界，东归万年县管辖，西归长安县管辖，这两个京县的县令为正六品官。城内的基层单位叫坊（居民区），每坊置里司（又名里正、坊正）一人，管理各坊，对居民实行严密的控制。京兆尹的权力很大，在街上遇见京兆尹仪仗要回避，不下马回避的要被关押，甚至被当场打死。另有左右街使，分掌六街巡查；左右街功德使，管理僧尼；都市署管理东西市的财贸交易、度量器物；河渠署、都水监掌管水利，“凡京畿诸水，因灌溉盗费者有禁，水入内之余，则均王公百官。”

2. **保持常驻军队：**在宫城里驻有左右龙武军、左右神武军、左右神策军，称为六军，加上左右羽林军、左右神威军，亦称左右十军。玄宗李隆基开元天宝年间，其人数约为10万，这些都是皇帝的禁军，待遇特别优厚。在皇城里驻有十六卫，即左右卫、左右骁卫、左右武卫、左右威卫、左右领军卫、左右金吾卫、左右监门卫、左右千牛卫等。各卫设有大将军、将军等官员，统领宫廷警卫、宫中及京城昼夜巡警、宫殿侍卫、皇城四面守卫、稽查宫门出入。特别是皇帝上朝时，这些人都穿着各色服饰，执行警卫戒备，所有上朝官僚都受他们的监督指挥。

3. **出入门禁制度：**在城门、城角设武侯铺，由士兵把守，大城门100人，小城门20人，大铺30人，小铺5人。有城门郎，掌管京城、宫城、皇城各门启闭。设有门仆800人分番上下掌送钥匙，城门如非时启闭，须向内阁复奏。各门的开关，有严格的规定，开的时候，先外而后内，闭的时候，先内而后外。除明德门为5个门洞外，其余各门为3个门洞，入由左，出由右。在直通12个城门的大街上设有街鼓，天将明时，擂鼓三千声，坊市门启；日暮时，鼓八百声而门闭。每到夜晚街鼓鸣后，所有的行人都必须回到坊内，关闭坊门，即所谓“六街鼓歇行人绝，九衢茫茫空有月”。夜里有街使骑卒巡行叫呼，有武侯铺武士巡警暗探。对于犯夜禁的人处分极严，宪宗李纯元和三年（808）四月癸丑，中使郭里旻酒醉犯夜禁，被杖杀，执金吾薛伾、巡检使韦纁都遭贬逐。每年只有正月十四、十五、十六三天夜晚，可以开坊市门，在街上点灯游行，即所谓的“金吾不禁夜行人”。除了这三天外，等于夜夜禁街，人民的生活行动受到很大限制。

4. **严格规划，保持绿化：** 玄宗开元十九年（731）六月规定“京洛两都，是惟帝宅，街衢坊市，固须修筑，城内不得穿掘为窟，烧造砖瓦，其有公私修造，不得于街巷穿坑取土。”尽管街道宽而无用，仍禁止侵街打造墙舍。代宗李豫大历二年（767）五月命令：“诸坊市街曲，有侵街打墙，接檐造舍等，先处分一切不许，并令拆毁。宜委李勉常加勾当，如有犯者，科委敕罪，兼须重罚。”

唐朝长安城非常注意保持环境整洁。为了防止一些负荷量较大的路面如由宰相等大官僚的私邸到皇宫门口的主要大街，保持干净畅通，就在其上铺垫沙土，以减少灰尘飞扬和天雨泥泞，称为沙堤。白居易的《官牛诗》，说的就是运浐河沙子铺路的事情。同时也很注意街道两旁树木的栽植。德宗李适贞元十二年（796），“官街树缺，所司植榆以补之。京兆尹吴奏曰：榆非九衢之玩，亟命易之以槐。”文宗李昂大和九年（835）八月，敕：“诸街添补树，并委左右街使栽种。价折领于京兆府，仍限八月栽毕。”（《唐会要·街巷》）

5. **给水排水问题：** 清明渠、永安渠、黄渠从唐长安城南墙穿过，龙首渠从东墙穿过，漕渠从西墙穿过。这些渠水引入城内后，萦回曲折，汇为许多池沼，对于调节气候，便利引用，当然有很多好处；但由于防洪宣泄未能认真解决，往往泛滥成灾，长安周围地势东南高，西北低，呈簸箕形，入城之水向北宣泄，本该顺利。但北部既有皇城、宫城、又有禁苑包围，这些地区一般行政机构都不能过问，渠水流入这些地区汇为蓬莱、鱼藻等池后，是如何排泄的，从未见于记载。宫城位于龙首原一带，地势较高，因而皇家贵族不关心排水的问题，这应该是每遇暴雨即形成水灾的主要原因。据《旧唐书·五行志》记载，永淳元年（682）六月，连日大雨，长安城内平地水深四尺以上，国中大饥。开元五年（717）六月二十一日夜，暴雨，……京城兴道坊一夜陷为池，一坊五百余家具失。乾元三年（760）闰四月，大雨月余，人相食，殍骸蔽地。元和十二年（817）六月，京师大雨，街市水深三尺，坏庐舍两千家，含元殿一柱陷。城内道路虽然宽广整齐，但一遇天雨也泥泞难行。《三藏法师传》所记，显庆元年（656），玄奘迎接大慈恩寺碑时，即因雨延迟六、七日之久。

6. **食粮供应：** 《新唐书·食货志》：“唐都长安，而关中号称沃野，然其土地狭，

所出不足以给京师、备水旱，故常转漕东南之粟。”文中所载长安食粮不足是事实，但把其原因单纯归之于关中土地狭窄，就掩盖了一个很重要的事实。这就是庞大的官僚、军事集团需要日益增多，加上外来流动人口和常住人口日益增加对粮食的需求大幅增长。这个问题在汉朝时期已经出现，因而才有了渭河漕运和漕渠的开通。唐朝时期，问题更加突出，而且连年递增，还常常出现粮荒。武则天以后，皇帝常常去洛阳“就食”正是反映了这个问题的严重程度。在唐高祖、唐太宗时期，漕运粮食一年不超过20万石，玄宗开元二十一年至二十三年（733—735）三年之间，即漕运700万石，平均每年230多万石。开元二十九年（741）漕运山东粟米达到400万石。漕运异常困难，尤其是三门峡一段经常出事。这样运来的粮食，价钱自然很高，因而民间有“用斗钱运斗米”的怨言。一遇天灾，价格暴涨，城内即有饿死人的情况，如“上元（唐高宗年号，674—675）初，京师旱，斗米值数千，死者甚多。”（《旧唐书·李皋传》）“永淳元年（682）六月，关中初雨，麦苗涝损，后旱，京兆岐陇螟蝗食苗并尽……京师人相食。”（《旧唐书·高宗本纪》）《新唐书·食货志》记载：唐德宗贞元（785—804）初年，“官辅宿兵，斗米千钱，太仓供天子六宫之膳，不及十日，禁中不能酿酒。以飞龙驼负永丰仓米给禁军，陆运牛死殆尽。”皇家用粮都这么紧张，民间困难，自不待言。

7. **社会秩序问题：**长安的社会秩序随着各个阶段而有其不同的表现。政治清明，治安则好；社会稳定，则百姓安定。当然由于城市本就是滋生腐败、堕落等许多严重的弊病的土壤，如抢劫、暗杀、卖淫、流氓、欺诈等等事件必然层出不穷。王建《羽林行》：“长安恶少出名字，楼下劫商楼上醉。天明下直明光宫，散入五陵松柏中。百回杀人身合死，赦书尚有收城功。九衢一日消息定，乡吏籍中量改姓。出来依旧属羽林，立在殿前射飞禽。”说的就是这种情况。加上官商勾结、官吏横行，时不时地出现抢夺人财物的情况。杜甫的《卖炭翁》以及韩愈《顺宗实录》卷二所记：“贞元（唐德宗年号）末，以宦者为使，抑买人物，……其论价之高下者，率用百钱物买人直数千钱物，……名为宫市，而实夺之。”更是对人民的公开抢掠。官僚机构烂了，老百姓就没有好日子过了。自古皆然。

安史乱后，唐帝国逐渐走下坡路，宦官专权，藩镇割据，统治阶级内部争权夺利、互相火并，更加激化了长安城内的各种矛盾，造成了新的混乱。

元和十年（815）六月，镇州节度使王承宗，遣人于靖安坊刺杀宰相武元衡，又遣入于开化坊刺伤御史中丞裴度。开成三年（838）正月，宦官派人在亲仁里行刺宰相李石，硬把他逼下台去。这些暗杀事件，使长安城内顿时一片恐怖，朝官潜窜，人人自危。(《旧唐书·宪宗本纪》、《旧唐书·文宗本纪》)

由此可见，任何再好的城市管理措施，并不能解决城市中的各种尖锐、复杂的矛盾。一些事件都有后台，连京兆尹亦束手无策。因而唐长安也和汉长安一样，京兆尹的官很难久任，正如白居易在《赠友诗》中针对这种现象说的："如何尹京者，迭次不逡巡，请君逐指数，十年十五人。"

三、唐长安的繁荣

中国封建社会经济和文化的发展，在唐代达到了新的高峰，首都长安为其集中表现之处。这里有高度发展的手工业；有繁荣兴盛的商业贸易；有四通八达的交通线；有百花盛开的科技文艺；有从四面八方聚集长安的少数民族；有千里迢迢、长途跋涉、跨洋过海而来的各国使者和商人。长安城不仅是唐代政治、经济和文化的中心，也是一个国际化的大城市。

1. 高度发展的手工业

古代手工业是一个国家或地区，在一个时期文化发展的结晶。唐代手工业工人继承并超过了前人的成就。这里仅就丝绸纺织、金银器、瓷器、三彩器、铜镜等方面作扼要介绍。

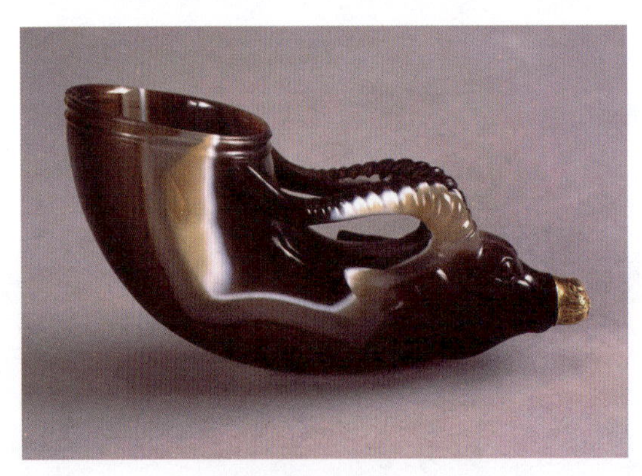

兽首玛瑙杯

(1) 丝绸纺织和印染：唐代丝绸品种繁多，印染技术有新的创造和提高。《太平广记·杂录类》记载："西京怀德坊南门之东，有富商邹凤炽，常谒见高宗，请市终南山中树，说一树估绢一匹，山中树虽尽，臣绢不竭。"可见其家丝绸之多。西北地区以及西方各国商人不断到长安交换丝绸。

长安成为丝绸之路的起点，唐代文化以丝绸为代表而远播异域。

唐长安城中不但由全国各地运来大量丝绸，皇宫内和一些官僚豪贵之家，为了自己的需要，还役使工匠进行制造。皇宫内的这些工匠都是经过训练选择的，故能做成各种高级丝织品。《资治通鉴》中宗景龙二年条："安乐（公主）有织成裙，值

钱一亿，花卉鸟兽，皆如粟粒，正视旁视，日中影中，各位一色。”《新唐书·李石传》记唐文宗对李石说：“吾闻禁中有金乌锦袍二，昔玄宗幸温泉，与杨贵妃衣之。今富人家时时有之。”唐文宗是唐中叶后期的人，说唐玄宗时的轶闻，可能实有其事。锦是一种杂色丝绸，以厚缯为地，别以五彩线织之。如素地曰素锦，朱地曰朱锦。织这种丝绸很费工，因此锦特别名贵。盛唐时皇宫内也是很少有的东西，到唐中叶后，长安一般富人家也有了，这只能说是丝绸织造的进步。

鎏金舞马衔杯银壶

丝绸花纹，隋唐以前主要有织花和绣花，到唐代增加了印染工艺。这种工艺名采缬。

（2）金银作工：金银作工是唐代重要的手工业部门，1949 年以后，在西安附近曾有多次重要发现。其中尤以 1970 年 10 月，在西安南郊何家村发现的两瓮唐代窖藏金银器最为重要。这两瓮窖藏文物共计 1 000 多件。其中金银器 270 件，数量之大，制作之精大大超过了以前的发现，代表了唐代金银器制作发展的高度水平。就出土地点看，可能是唐玄宗堂兄李守礼家的东西。器物的种类有环柄八曲杯、环柄八棱杯、羽觞、高足杯、提梁壶、提梁罐等。器物的成型以钣金和浇铸为主。制作工艺采用切削、抛光、焊接、铆、镀、刻凿等。这是反映唐代科技发展的实物材料。

鎏金双狮纹银碗

（3）瓷器：唐代的瓷器手工业，已发展成为一个独立的生产部门。在瓷土的选择、釉色种类、使用匣钵等方面都有新的发展。其釉色的不同，大致可分为两种类型：①白瓷。烧制白瓷的地方据文献和现在的调查得知，有河北省的邢窑、曲阳窑，河南省的巩县窑等。②青瓷。有

秘色瓷

三彩三花马

所谓三花马是指马鬃经精心修剪后形成三绺堞垛（dié duò 即城墙上像齿状的矮墙）状的鬃毛。用“三花”来装饰马，是唐代宫廷和贵族间流行的时尚，也是良马和等级的体现。唐太宗陵前的“昭陵六骏”，马鬃都被修饰成三花的样子。唐代绘画和雕塑中，三花马也屡见不鲜。

越州、鼎州、婺州、岳州、寿州、洪州等窑。其中以越窑的青瓷烧制水平最高。

唐代耀州黄堡窑亦出青瓷。西安市东郊韩森寨的唐天宝年间宋氏墓和高楼村的唐天宝年间墓出土的瓷碗，都与黄堡窑瓷类似，证明了唐长安城内的人们所用的瓷器，当有不少是本地产品。

（4）三彩器：1949 年以后，在西安地区的唐墓中出土了为数众多、琳琅满目的三彩器。唐三彩属于低温釉陶，是在高岭土胎（个别的在陶胎上）上施以黄、绿、赭三种颜色的釉彩，故称三彩。唐三彩是唐代盛期陶瓷手工业的新品种，特别以色彩绚丽引人注目，堪称唐代手工业工人智慧和才能的结晶。《唐会要・葬》：“王公百官，竞为厚葬，偶人象马，雕饰如生。”三彩器可能是盛唐时期伴随厚葬之风而盛行起来的。但三彩器除用作随葬品外，亦有碗、碟等生活用具。

三彩器不仅在国内风行一时，而且在国外许多地方也有发现。9 至 10 世纪日本就开始仿造唐三彩，日本还发现有三彩实物残片。

三彩器形有不少是仿造金银器的，如胡瓶、凤首壶、牛首杯、象首杯和瀫鵜酒卮等。很多是中亚、西亚一带的器形，反映了中外文化的交流。

（5）铜镜：铜镜制作，在我国古代有悠久的历史。因为它是梳妆的用具，所以在制作上，从来就讲求精美。唐代铜镜制作更有了新的发展，形制丰富多彩，纹饰瑰丽绚烂。1949 年以后，在西安地区发掘的唐墓中不断出土精美的铜镜。

铜镜的发展演变，大致是在隋到初唐时期盛行四兽镜、十二辰镜、团花镜，其形制多为圆形或方形；唐高宗以后盛行葡萄镜、禽兽镜、宝相镜、盘龙镜，形制多为圆形或方形；开元天宝时期，铜镜的工艺技术可以说是百花齐放，除了以前流行的圆形、方形镜外，还有八曲镜、八棱镜、菱花形镜。

铜镜制作工艺也有新的发展，采用了平脱、螺钿、鎏金、鎏银、捶金、捶银、以及镶嵌绿松石等工艺；纹饰有葡萄、禽兽、宝相、盘龙、传说故事和缠枝花等。

2. 繁荣兴盛的商业贸易

唐代长安是当时全国人口最多的城市，各种货物也都要向这里集中。

海兽葡萄镜

（1）东西市：长安城内的东市和西市，一属万年县，一属长安县，各占两个坊的面积，是商品荟萃集中之处。政府设有东西市局、平准局进行管理。西市有衣肆、坟典肆、药材肆、波斯邸、鞧辔行、绢行、秤行、麸行、帛行、张家楼、窦家店、寄附铺等各种行业，商业活动比东市繁盛。外国商人亦多在西市活动。因为商业繁盛，有以专卖穿钱绳为生的人。《原化记》记载："贺知章西京宣平坊有宅，对门有小板门，是西市卖钱贯卫老。"西市还有柜坊，是专门为大商人存放钱币之处，有似今之银行，不同之处是存钱不但不能生息，还得付存放费。

以东西市为中心而进行活动的商人，不少都是巨富，如前边说过的邹凤炽，《太平广记》还说他："其家巨富，金宝不可胜计，常与朝贵游，邸店园宅，遍满海内，四方货物尽为所收。"王仁裕《开元天宝遗事》、尉迟偓《中朝故事》等书中说到长安巨富还有刘子逸、李明、卫旷、王元宝、杨崇义、郭万金、王酒胡、窦义等等。上边说的窦家店，就是窦义开设的。西市的波斯邸，大概是专供波斯人居住或存放货物之处。寄附铺即寄卖所。

在唐朝，商人们的政治地位虽然不高，但是他们实际对唐朝的政治生活有相当大的影响，从邹凤炽"常与朝贵游"一句，即可想见一些情况。

（2）作坊、房舍：东西市之外，在一些坊里中，也有不少小商贩、手工作坊和出租供人居住的房舍和小吃小店。如崇仁坊的王家店和春明门的高家店，颁政坊有馄饨曲，长兴坊有毕罗店，胜业坊有推小车卖饼的。静恭坊有毡曲，当是造毡作坊集中之地。曲是坊里中的小巷。长乐坊出美酒，崇仁坊多乐器店，以南北二赵家的最好，延寿坊多琢玉家。白居易《寄胡饼与杨万州》诗："胡麻饼样学京都，面脆油香新出炉，寄与饥馋杨大使，尝看得似辅兴无？"长安的有名小吃有"萧家馄饨，漉去汤可以煮茶；庾家粽子，白莹如玉；韩约能做樱桃毕罗，其色不变。"还有名酒，西市的叫西市腔，虾蟆陵的叫郎官清。通化门近关东大道，造车工匠多聚居此处。

（3）茶叶：茶叶是农业生产中新发展起来的一种经济作物。唐代中叶，饮茶风盛行起来。唐陆羽著有《茶经》，专讲饮茶，长安不少坊中都有茶肆。当时茶叶成为长安城中的重要商品，每当茶叶上市，江南各地官员争先恐后地把茶叶向长安输送，有的甚至封山断道，禁先发货。唐封演《封氏闻见记》说：茶叶从江淮运来，“舟车相继，所在山积，色额甚多”，相传其名称有“紫笋”、“顾渚”等。唐姚合《姚少监诗集》有《乞新茶》一首，诗中有“嫩绿微黄碧涧春，采时闻道断荤辛”二句。“碧涧春”亦是一种名茶，采时要素食。当时西北各地少数民族，都驱马载货到长安来换茶叶。中国茶叶在国际市场出现，也是从唐中叶开始的。

（4）飞钱：唐代一般使用铜钱，携带很不方便，因此在唐宪宗时，长安出现一种“飞钱”（亦称便换）的汇钱法。《新唐书·食货志》：商人在长安把钱交给诸道进奏院（驻京办事处），或诸军、诸吏、富家，自己轻装出京，到目的地凭卷取钱，购买货物。这种简易方便的汇钱法，有利于商业的发展，也是唐代中叶后，长安商业进一步发展后出现的新办法。

3. 四通八达的交通线

长安城有四通八达的交通线。陆路交通可分为四路：东路自长安经洛阳至汴（今河南开封）、宋（今河南商丘）；西路自长安经岐州（今陕西凤翔）至成都；南路自长安至荆（今湖北江陵）、襄（今湖北襄樊），再经长沙、广西到交州；北路自长安渡河至太原，出娘子关至范阳（今河北大兴县），或沿黄河向东转北，即沿今京广线达范阳。据《唐六典·驾部郎中员外郎》所载，全国有官驿 1 639 所，其中水驿 260 所，陆驿 1 299 所，水陆相兼驿 86 所。四通八达的交通线，完备的驿站，把长安城和全国各地紧紧地联系起来，这是造成长安经济和文化繁荣的重要条件之一。

四、长安郊区的园林和山庄别墅

所谓长安郊区，应包括京兆府所辖的 20 个县，即万年、长安、咸阳、兴平、云阳、泾阳、三原、渭南、诏应、高陵、同官、富平、蓝田、户县、奉天、好畤、武功、礼泉、华原、美原等。这里要介绍的，则主要是长安、万年两县所属的庄园。

唐长安郊区的庄园来源主要有三：一是皇帝赐予，二是强行霸占，三是贱价收买。地主庄园的名称有庄、别庄、墅、别墅、别业、山池、山庄、园林等。

但是，在长安近郊，皇族和一些权要官僚占有的土地恐怕要更多些。唐高宗的女儿太平公主“田园遍近甸，皆上腴”。（《新唐书·诸公主列传》）汾阳王郭子仪“前后赐良田美器，名园甲馆，声色珍玩，堆积羡溢，不可胜纪。”（《旧唐书·郭子仪传》）元载“城南膏腴别墅，连疆接畛，凡数千所。”（《旧唐书·元载传》）这些都是明显的例子。朝廷设有庄宅使和内庄宅使，庄宅使管理官府掌握的庄田、磨房、菜园，内庄宅使管理皇家的庄产。

长安近郊的庄园，从其性质说，大概有五种类型：（1）供游赏宴乐的池林园亭；（2）供个人优游逸居的山庄别墅；（3）作为一个家族的产业而置备的庄田；（4）寺院的庄田；（5）坟墓的下帐或洒扫田。

属于第一类的，首先集中在长安东郊。由于这里和大明宫、兴庆宫接近，浐、灞两河流域的大片地面，多被皇族和权要的山池园林所占据，成为少数人春秋游赏、夏日纳凉的非生产性的宴乐地区。唐高宗的女儿太平公主，唐中宗的女儿长宁公主，唐玄宗时薛王李业、宁王李宪、驸马崔惠童、权相李林甫等，都在城东有花木繁盛、台榭辉映、曲折幽邃、面积很大的别业。沈佺期有《陪幸太平公主南庄》诗：“主第山门起灞川，宸游风景入初年。凤凰楼下交天仗，乌鹊桥边敞御宴。往往花开逢绿石，时时竹里见红泉。今朝扈毕平阳馆，不羡乘龙云汉边。”（《全唐诗》卷九六）韩愈亦有《游太平公主山庄》诗：“公主当年欲占春，故将台榭押城闉。欲知前面花多少，直到南山不属人。”（《韩昌黎全集》卷一〇）《旧唐书·玄宗本纪》记载：开元十八年四月丁卯，“侍臣以下宴于春明门外宁王宪之园池。上御花萼楼邀其回骑，便令坐宴，递起为舞。”《册府元龟》卷三一九《宰辅部褒宠门》：“李林甫为相后，天宝中任遇大重，……城东有薛王别业，林治幽邃，当时第一，特以赐之。”由于长安东郊灞、浐之间实际成为皇家贵族奢侈豪华的游览区，因而这里遂有“三辅圣地”（唐高宗李治麟德元年《何刚墓志》）之称。然而东郊的这些庄园，主要以一时的政治势力为背景，因而有忽起忽灭的现象。如太平公主城东的园池固然盛极一时，皇帝也曾去游览，但旋即失败而被没收，“赐宁、申、薛、岐四王，都人岁祓禊其地。”（《新唐书·诸公主列传》）

唐长安城郊的另一个庄园集中的地区，是南郊出产最丰富、风景最优美的樊川。这一广大地区的庄园性质，和东郊基本相同，但也有某些区别。首先这一带是

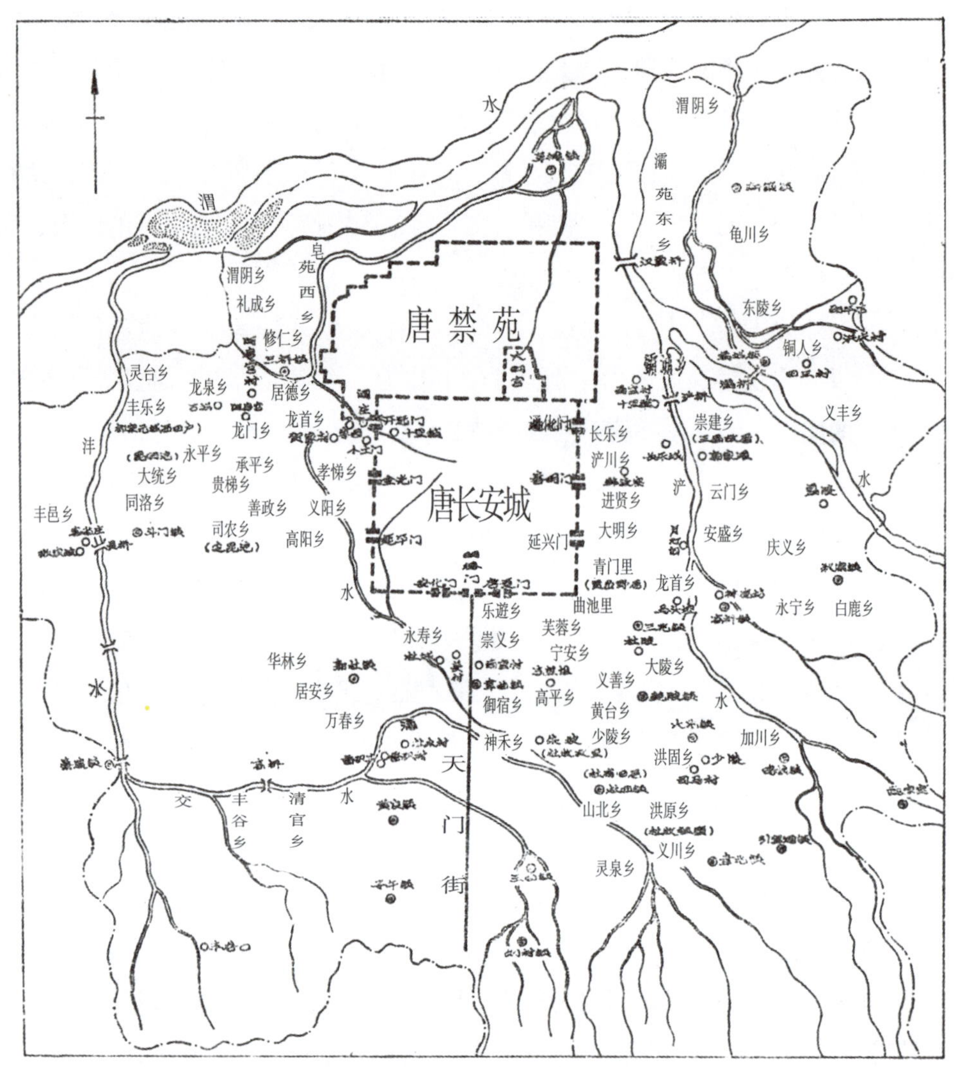

唐长安县、万年县乡里位置示意图

唐代韦、杜两姓世代贵族聚居之处，依靠封建门第传统势力保护，比较稳定。其次，这一地区的庄园似乎主要是属于第二类的，即主要是供个人优游逸居的山庄别墅。此类庄园持续的时间久，和士大夫知识分子接触得多，因而更多见于唐代诗文的吟咏记述。如何将军山林、郑驸马池台、牛僧孺樊乡郊居、杜佑城南别墅等都是。这些庄园内部布置都很精美，据《旧唐书·杜佑传》：“佑城南樊川有佳林亭，卉木幽邃，佑每与公卿宴集其间，广陈伎乐”，“杜城有别墅，亭馆林池，为城南之最”。其位置在今朱坡一带，到其孙诗人杜牧时又曾加以修治，有“九曲池”、“玉钓亭”等建筑。

此外，据唐人诗集知，岑参、郎士元、韩愈、郑谷、权得舆、元稹、员半千等都在樊川有此类庄园。韩愈的城南庄到宋代还存在，宋张礼《游城南记》说：“韩店，即韩昌黎城南杂题及送子符读书之地。今为里人杨氏所有，凿洞架阁，引泉为

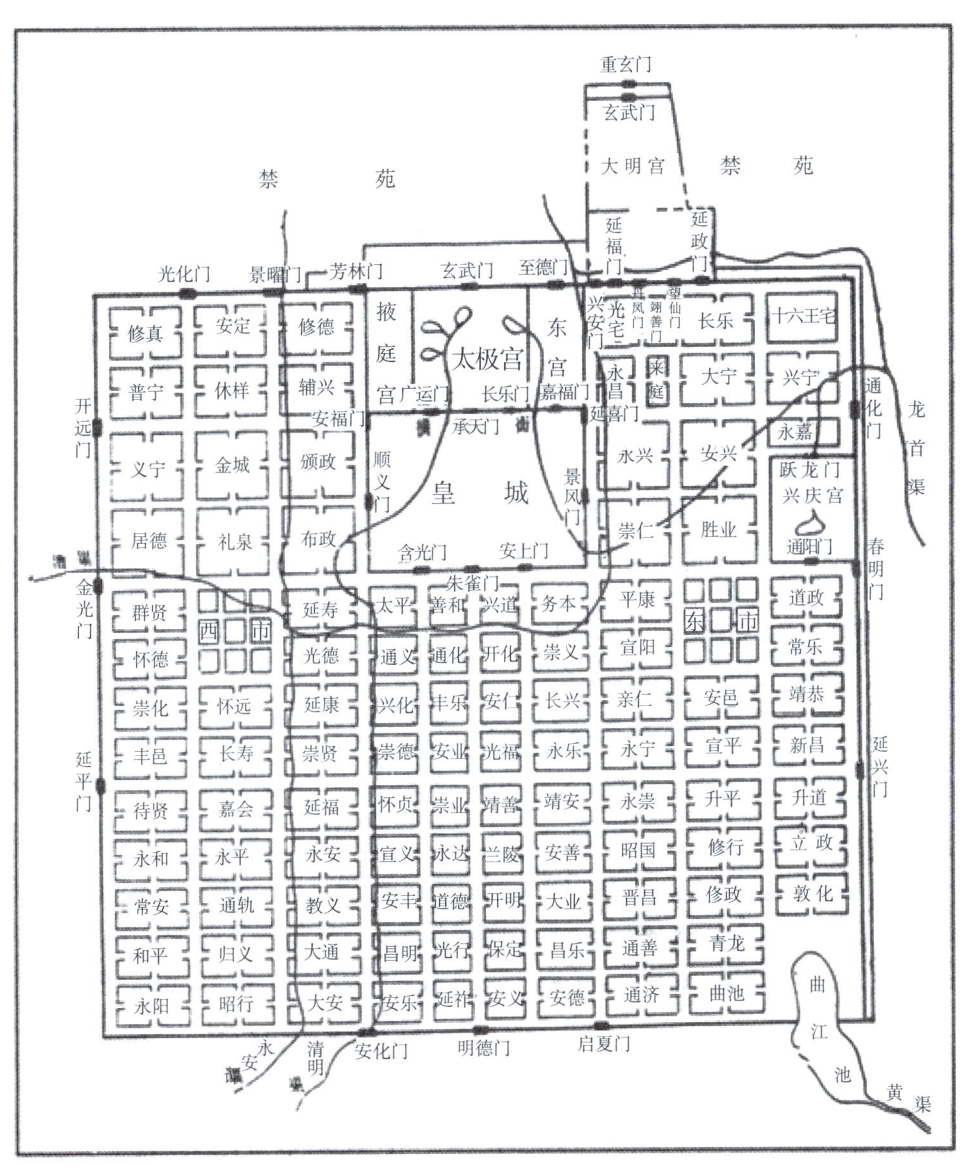

唐代长安城示意图

池。”集中在长安附近蓝田辋川的王维、裴迪、崔兴宗的庄园，亦属此类。王维此庄，原为宋之问所有，傍山近水。杜甫也曾到过辋川，他有诗题《九日蓝田崔氏庄》，说的是崔兴宗的庄。总之，唐代士大夫多在长安附近占据土地，竞治别墅。

属于第三类，即作为一个家族的产业而置备的庄或别业，在唐长安近郊，以至京兆府所属各县，真是星罗棋布，无法列举。不同的物质需要，要求有不同性质的庄。如柴庄、马庄、花园等。但最重要的还是生产粮食的庄。长安近郊和眉县的良田多为权贵及神策军霸占。泾河流域郑、白两渠灌区，也是这类庄园的集中地区。《旧唐书·李晟传》说，唐德宗赏赐李晟的除延平门之林园外，还有“泾阳上田”。

寺院庄园经济和墓园经济也是唐朝郊区经济的重要组成部分。据《旧唐书·王缙传》记载，“凡京畿之丰田美利，多归于寺观。”陕西省博物馆碑林存有柳公权书的《大达法师玄秘塔碑》，碑阴刻有庄宅使牒，说安国寺在万年县浐川乡陈村置庄一所，有房舍39间，杂树49根。安国寺在长安城内的长乐坊，而在城外浐川乡置庄，可以想见城内的其他寺院也是如此了。

在唐长安近郊和咸阳原上，多是重要的墓葬区。这里丘垄累累，有大片墓群。《旧唐书·玄宗本纪》开元二年条：“且墓为贞宅，自有便房，今乃别造田园，名为下帐。”下账不知何义，但既造田园，当然具有庄园性质。坟墓也成为地主阶级发展庄园的一个方面。

五、长安城的格局

1. 外郭城与坊市

唐长安的外郭城周长36.7公里，面积为84平方公里，从北向南依次是宫城、皇城、坊市。外郭城是官僚及百姓的住宅区，也是长安的商业区。外郭城的形制，东西较长，南北略窄。城内南北有11条大街，东西有14条大街，其间列置诸坊，以朱雀大街为中轴线，将长安城分为东西两部分，街东归万年县管辖，街西归长安县管辖，两县各领55坊之地，其中各有1个市，即东、西市，各占两坊之地。万年县辖曲江池占有两坊之地。故有108坊，坊的四周有高大的坊墙，四面有门，官民住宅及寺观都修建在坊内。市亦有墙与门，每天定期启闭，商业交易都在市内进行。

唐朝初期，唐高祖李渊继承了隋朝的宫殿格局，主要在太极宫听朝理政。玄武门之变后，唐高祖李渊退位，李世民接位，也就是唐太宗，改元贞观。贞观八年，由于太上皇李渊身体欠佳，忍受不了太极宫的暑热，太宗才决定修建大明宫，以备太上皇“清暑”，但还没建成，高祖就于贞观九年五月病死。大明宫的建设虽没有停止，进展却缓慢。直到唐高宗李治在位时，由于太极宫地势地下，阴沉潮湿，而高宗又得了风湿病，所以才大规模营建大明宫，终于在龙朔三年（663），基本上修成使用。从此以后，大明宫便成为一处新建的宫殿区，唐朝的政治中心开始由太极宫向大明宫转移。高宗从此以后直到武则天统治时期，皇帝在长安时都在这里理政。玄宗、肃宗、代宗、德宗、顺宗、宪宗、穆宗、敬宗、文宗、武宗、宣宗、懿宗、僖宗、昭宗都多在此处办公。

大明宫位于外郭城城郭东北处龙首原，在禁苑之南，南接都城之北，西接宫城的东北隅。大明宫的南面有五个门：中为丹凤门，东有望仙门和延政门，西有建福门和兴安门。丹凤门以北直进去便是含元殿、宣政殿、紫宸殿，是皇帝处理日常政务的地方。

建福门和望仙门分别在丹凤门之西、东两边，是百官早朝入宫之门。

大明宫的南垣与坊里相接。

兴庆宫位于长安外郭城东春明门内偏北，原是隆庆坊。武则天人足元年（701），临淄王李隆基跟随武则天回到长安，因为表现优秀，武则天特别嘉奖他及其兄弟宁王宪、申王撝、歧王范、薛王业，并赐给他们宅院，正在隆庆坊里，号称“五王子宅”。李隆基当了皇上以后，诸王兄弟一合计，就将他们的宅子一并奉献出来，玄宗就在此大兴土木，修成了兴庆宫。

兴庆宫西、南、北三面，共开七门，东面无门。

西面二门：北部是兴庆门，南是金明门。

南面二门：东是明义门，西是通阳门。

北面三门：中为跃龙门，东为芳苑门，西为丽苑门。

这三面皆面临长安城之坊里。

南内兴庆宫主要是唐玄宗开元天宝时期政治活动的中心。

2. “东贵西富，北禁南寒” 的格局

唐朝初期，王公大臣的住宅还分布在宫城和皇城的周围，其富贵状态和坊里布局尚不十分明朗，“缘近北诸坊，便于朝谒，百官第宅，布列其中，其间杂以居民，栋宇悉皆连接。”（《唐会要·百官家庙》）根据离上朝的方便与否选择自己的宅第。但是，随着大明宫、兴庆宫的建成，唐朝政治中枢神经系统在长安城中的居中平衡

体系被打破，从而真正形成了偏重于东北区域，因此，王公贵族、达官显宦才在选择宅第的时候，精心考虑选址，有些是私家购买有些是皇帝赐赏，但重要人物多选在东部偏北诸坊。“城东北地区，因靠近三内，官僚第宅密集。”（《唐都长安》张永禄语）王府集中在十六王宅和胜业坊，十六王宅有玄宗的十六王子分院居住，号称十六王宅；胜业坊有薛王业宅、宁王宪山池等；公主第宅集中在崇仁坊，坊内有太宗女东阳公主宅、中宗女长宁公主宅、玄宗女太华公主宅、德宗女义阳公主宅和宪宗女岐阳公主宅等；安仁坊多是亲王外家，如宁王宪外祖父刘延景宅、薛王业舅父王昕宅。翊善坊和来庭坊，因为离大明宫近，有很多宦官的宅第。兴宁坊是十六王宅紧南边的一个坊，有开府仪同三司姚元崇宅、太平公主宅等。

长安的坊里，贵族、平民杂居，没有专门的贵族区，有些坊里设有邸店，也就是旅舍。也有许多寺院、道观。

长安坊里之中，在朱雀大街以东的万年县，达官显宦的住宅远多于朱雀街以西的长安县。“由于最初只有一个太极宫城，位于长安、万年两县的北部正中，当时的朱雀门街起分界作用，对两县人的居住，无甚影响；后来唐高宗李治、唐玄宗李隆基先后修筑了大明宫和兴庆宫，都在万年县境内，影响了长安人的居住状况。一些人为了上朝便利，都争取在万年县立宅，长安县成了闲散清闲处所。”（《古城集》武伯纶语）

以著名诗人白居易为例。白居易在元和十五年（820）回到长安以后，任主客郎中知制诰，相当于皇帝的秘书，这时才在万年县东南的新昌坊里找了一处住所，这样，仍然有同僚们笑话他，不愿到他家里作客，当时，他写了一首《新昌新居书事四十韵因寄元郎中张博士》的诗，其中说：“省吏嫌坊远，豪家笑地偏。敢劳宾客访，或望子孙传”，几乎是恳求别人到他家作客。由此可见，当时的长安选择宅第的风气是以靠近皇宫的东北部为首选。否则，想交结朋友都很难，更不用说结交权贵豪客了。

唐长安城以朱雀大街为中轴线，东归万年县管辖，西归长安县管辖，本是平衡的一种格局，但是，由于地缘政治对住宅成分结构的影响，在唐朝相当长的时期里，逐渐形成了“公卿以下居止，多在朱雀街东，第宅所占勋贵。由是商贾所凑，多归西市。”（《长安志·东市》）东市和西市分别占两坊之地，位于长安城皇城以南东西隔两坊之地。均属长安的物贸中心。由于唐朝政府推行贱市的指导思想，禁止五品以上官员入市购买东西，“禁五品以上过市”（《新唐书·太宗纪》），“五品以上，不得入市”（《唐会要·市》）。所以，东市虽然也很繁荣，但多是供应达官贵显的奢侈品，“四方珍奇，皆所积集”。很多大商人都在西市设置店铺，在长安县置宅立第，西市较东市要繁荣得多，西市是长安城主要工商业区和经济活动中心，因此又被称之为“金市”。（《唐朝长安》张永禄语）在西市周围的坊里，居住着长安著名的富商窦义（崇贤里）、邹凤炽，又号邹骆驼（怀德坊），刘子逸、李明、郭万金、王酒胡等等。

此外，来自西域和波斯等国的商人，多从事珠玉、丝绸买卖，积累大量财富，他们多侨居于西市或西市附近的坊里。西域胡人自西方来，为了方便，多住长安县境，西市有波斯邸，应该是专门接待波斯人或由波斯人设立的旅店。西域人在唐代长安，能够保留他们的信仰，因此，在长安城里的布政坊、醴泉坊、义宁坊、普宁坊、靖恭坊、崇化坊等处都设有胡寺（祆寺、景教寺、摩尼寺等），这些多在长安县境内。

长安城的南部总体来说比较荒凉，从隋文帝建立都城开始，觉得此处空旷，曾“令其诸子蜀王秀宅归义坊、汉王谅宅昌明坊、秦王浩宅道德坊、蔡王智及宅敦化坊，用以控制和充实城南以带。”（《唐两京城坊考》）但是直到唐朝，“自兴善寺以南四坊，东西尽郭，率无第宅，虽时有居者，烟火不接，耕垦种植，阡陌相连。”（宋敏求《长安志》）唐朝政府曾规定，不许在长安城里兴建百官家庙，唐武宗时，行礼南郊祭天，看到天街（朱雀大街）左右诸坊，有家人私庙，当时就要下令禁止。这时，中书省给他上了一道奏章，其中说：“自威远军向南三坊，俗称‘围外’，地至闲僻，于此置庙，无所妨碍，从之。”（宋敏求《长安志》）所谓“围外”，是当地百姓形容此地偏僻，街鼓之声都难以达到的地方。针对打猎时“围内”而言，相比争名逐利的官场，形容这里是远离官场的所在。所以皇帝批准在安善坊（威远军驻地）以南大业、昌乐、安德三坊设建家庙。“围外”的范围是由兴善寺所在的靖善坊以南的兰陵、开明、保宁、宁义四坊以南到南城墙，东到东城墙，西到西城墙，共 40 个坊，约占长安城三分之一的广大面积。“在此范围内，很少有将相等达官贵人的住宅，多是寺院、道观、家庙、园林和农民的种植地及少数爱好清闲的知识分子的住宅。”（《古城集》武伯纶语）

长安城北部直到渭河南岸，西至汉旧宫遗址，东至浐灞河，属于禁苑的范围，百官和百姓未经许可禁止入内。

综上所述，我们可以得出这样的结论：唐代的长安城里，根据居住者身份地位的不同和居地的环境状况可以说：东贵西富，北禁南寒。

3. 皇家游乐园：曲江池与芙蓉园

曲江池位于长安城的东南角，是著名的风景名胜区。早在秦汉时期，这里就是风景区，在唐代经过重新整修，引渠入池，使其水面面积大大地扩展了。在其两岸，宫殿连绵，楼阁起伏，垂柳如云，花色人影，景色绮丽。每年春季，全城士女前来踏春，热闹非凡。科举考试结束后，也在这里举行有名的曲江宴。

芙蓉园是建在曲江地区的一座皇家御苑，园中以芙蓉池为核心，其面积约为 70 万平方米，占整个芙蓉园面积的三分之一强。在其四周建有各种建筑物，重要的有紫云楼、彩霞亭、水殿、山楼、青阁、凉堂、临水亭、蓬莱山等，与池水、林木、花草等高低错落有致，搭配自然，使得芙蓉园美景如画。

六、唐长安城的毁灭和保存至今的遗迹

1. 黄巢起义军进长安

安史之乱后，唐代中央集权遭到严重削弱，地方割据势力逐渐强大，土地兼并日益严重。“富者有连阡之田，贫者无立锥之地。”（《旧唐书·懿宗本纪》）贫苦农民被迫离乡背井，四出逃亡，农民生活在水深火热之中。

唐懿宗时翰林学士刘允章给皇帝的《直谏书》中说：

“今天下苍生，凡有八苦，陛下知之乎？官吏苛刻，一苦也；私债征夺，二苦也；赋税繁多，三苦也；所由乞敛，四苦也；替逃人差科，五苦也；冤不得理，屈不得伸，六苦也；冻无衣，饥无食，七苦也；病不得医，死不得葬，八苦也。”（《全唐文》卷八〇四）

哪里有压迫，那里就有反抗。咸通十四年（873），河南、河北、山东和淮北地区遭受大旱灾，人们以蓬子和槐树叶充饥，当时在曹州（今山东曹县北）流行着“金色虾蟆争怒眼，翻却曹州天下反”的歌谣。875 年夏天，黄巢、黄揆兄弟八人率领数千农民，在冤句（今山东菏泽县西南）举起造反的大旗，一个多月，这支农民起义队伍就发展到数万人。

黄巢农民起义军经过五年的浴血奋战，足迹踏遍了黄河两岸和大江南北。他们攻洛阳，克潼关，在广明元年十二月五日（881 年 1 月 8 日）攻入长安。唐僖宗李儇自长安城的开远门仓惶逃命，唐朝的金吾大将军（神策军高级将领）张直方带领

来不及逃走的文武官员数十人在灞上向起义军投降，黄巢实现了他起义前所写《赋菊》诗中的“待到秋来九月八，我花开后百花杀。冲天香阵透长安，满城尽带黄金甲”（《全唐诗》卷七三三）的壮志。

当农民起义军攻克长安的时候，黄巢乘金装肩舆进入长安，起义军战士“皆被发约以红缯，衣锦绣，执兵以从，甲骑如流，重辎塞涂，千里络绎不绝”。长安城内的老百姓夹道欢迎，连太极宫数千宫女也“迎拜称黄王”。起义军将领尚让庄严宣告：“黄王起兵，本为百姓，非如李氏不爱汝曹，汝但安居毋恐。”（《资治通鉴》卷二五四，《新唐书·黄巢传》）并且施赠财物给贫困百姓。

广明元年十二月十三日（881 年 1 月 16 日），黄巢在长安城大明宫内的含元殿即皇帝位，登上丹凤门楼，正式宣布国号为“大齐”，年号“金统”。以尚让为太尉兼中书令，赵璋兼侍中，崔璆、杨希古并同平章事，唐末著名诗人皮日休任翰林学士，王璠任京兆尹等。宣布唐朝三品以上的官员一律停职，四品以下的照旧录用。

农民起义军占据长安城以后，对长安城内宫殿等建筑都保护较好。历史文献记载，“初，黄巢据京师，九衢三内，宫室宛然。及诸道兵破贼，争货相攻，纵火焚剽，宫室居市闾里，十焚六七。”（《旧唐书·僖宗本纪下》）

“诸道兵破贼”，即唐王朝的政府军攻破黄巢领导的农民起义军·收复长安以后。黄巢义军占领长安以后，各地的“勤王之师”联络各种平叛大军迅速集结在长安周围，形成对长安的包围，使起义军所能控制的地区，东不出同州（今陕西大荔县）、华州（今陕西华县），西不过兴平（今陕西兴平县），占地既小，粮源不足。就在这种紧急关头，黄巢部将朱温见“巢兵势日蹙”，于中和二年（882），在同州叛变降唐。紧接着，883 年 5 月 18 日，沙陀贵族李克用带兵进入长安，黄巢率领 15 万起义军撤出长安，经由蓝田七盘路（在蓝田东南），向河南退却。884 年 7 月，黄巢在山东莱芜县东南的狼虎谷壮烈牺牲。轰轰烈烈的农民大起义终于失败了。

起义军攻占长安期间，“华轩绣毂皆销散，甲第朱门无一半”，“内库烧为锦绣灰，天街踏尽公卿骨。”（韦庄《秦妇吟》）长安城遭到极大的毁坏。

黄巢农民大起义失败后，军阀混战日甚一日。盘踞凤翔的军阀李茂贞，盘踞太原的军阀李克用，以及盘踞在开封的叛徒军阀朱全忠（即朱温，降唐后赐名全忠）等割据势力，你争我夺，互相火并。天佑元年（904），当时的宰相崔胤为了达到诛杀宦官的目的，勾结朱全忠入关，朱全忠以便其把持朝政，逼迫昭宗迁都洛阳，并对长安城进行了毁灭性的破坏。据《旧唐书·昭宗本纪》记载：“全忠率师屯河中，遣牙将寇彦卿奉表请车驾迁都洛阳。全忠令长安居人按籍迁居，彻屋木，自渭浮河而下，连甍号哭，月余不息。秦人大骂于路曰：'国贼崔胤，召朱温倾覆社稷，俾我及此，天乎！天乎！'"这段记载虽然很简单，但可以想见当时用武力强迫人民按门挨户拆毁房屋、迁移他乡的悲惨情况。经此历史上一大浩劫，长安城顿成废墟。

此后不久，诗人韦庄写了《长安旧里》一诗："满目墙匡春草深，伤时伤事更伤心。车轮马迹今何在，十二玉楼无处寻。"子兰在《悲长安》诗中也写道："何事天时祸未回，生灵愁悴苦寒灰。岂知万顷繁华地，强半今为瓦砾堆。"这二首诗反映了经过朱温破坏后，房屋皆被拆毁，长安城已面目全非，到处是墙壁、瓦砾堆，长安都城的辉煌历史已告结束。

2. 唐长安城遗址遗迹

唐长安城的时代比汉城距现在为近，规模比汉长安城大，但实物遗址保留到现在的反比汉长安城为少。现将一些主要的地面遗迹粗略介绍如下：

（1）城垣遗址

西五台：是唐长安城址比较显著的遗址，是当时宫城南墙的一部分。位于今玉祥门内路南。

明德门遗址：在今西安市南郊杨家村村南，明德门共五个门道，东西两端的门道发现有车辙的痕迹，是通车的门道；其次两门是出入行人的门道；当中一门，可能是专供皇帝通行之用，门道宽 5 米，进深 18.5 米。

明德门遗址

唐城墙遗址：近几年来，大面积的发掘出唐长安城墙，分别予以保护。西安高新区的唐城墙遗址公园是保护面积最大的遗址公园。位于西安高新区唐延路与沣惠南路间的带形绿地内，南北全长 3.7 公里，东西宽约 120 米。此处原是隋唐长安城西城墙的南段。历史上，这一段唐城墙内有延平门一座城门，由北向南经历了七个里坊，分别是崇化、丰邑、待贤、永和、常安、和平和永阳。此外在曲江也有唐城墙遗址保护地开辟为公园，南北宽 100 米，东西长 3600 米，是长安南城墙遗址公园。

含光门遗址

含光门遗址：位于今西安城墙的含光门，经过考古发掘，表面是明城墙遗迹，实际上是在唐城墙城门的基础上修建的。现在的含光门实际上是唐朝的皇城含光门城门。现在已经开辟为含光门遗址博物馆，内有唐代长安皇城城墙遗址。唐含光门遗址门址呈长方形，长 37.4 米、宽 19.6 米，以纯净黄土版筑而成。是唐代门址历次发掘中保存最好的一处。

（2）宫殿遗址

大明宫遗址：位于西安市自强东路以北、玄武路以南范围内，大明宫平面略呈梯形，范围很大，东西 1.5 千米，南北 2.5 千米，面积约 3.2 平方公里。始建于 634 年，是太宗李世民在位时期为其父李渊修建的。663 年，高宗帝将其扩建，是唐代帝王最为显赫壮丽的建筑。宫墙周长约 7.6 公里，四面共有 11 座门，目前探明的有麟德殿、含元殿、三清殿等殿堂遗址和重玄门、玄武门等宫门遗址等殿、台、楼、亭基址 40 余处。大明宫遗址保存比较完整，埋藏丰富，是唐代建筑研究的珍贵实物资料。1961 年被国务院首批公布为全国重点文物保护单位。现在已经建成了大明宫国家遗址公园。

（3）寺院遗址

唐朝的寺院遗址保留到现在的比较多，仅选择几个比较重要而且与研究唐长安城最有关系的，略加叙述。

慈恩寺：在今城南，唐时建在长安城内晋昌坊，北与大明宫遥遥相对。这是唐高宗李治为太子时，为追念他的母亲文德皇后，于唐太宗贞观二十二年（648）建立的，故以“慈恩”为名。玄奘的译经事业，主要在这里进行。寺内的塔名雁塔，唐高宗永徽三年（652）由玄奘设计创建，用于储藏其由印度带回的佛经。长安元年（701），武则天又和当时的王公贵族施钱重建。塔现高 7 层，共 64 米。四面门楣上有唐刻建筑图和佛经，正面两龛内有褚遂良书《大唐三藏圣教序》和《圣教序记》，都具有高度艺术价值。

雁塔初修时为5层，武则天重修时增高至10层，后经兵火，只存7层。

荐福寺：在今西安城南，唐时建在长安城内开化坊。原为襄城公主住宅，中宗李哲文明元年（684）立为献福寺，武后天授元年（690）改称荐福寺。唐僧义净曾在这里翻译他从印度带回来的佛经。文宗开成六年（841），日本求法僧圆仁又曾来访此寺。

荐福寺的塔因比雁塔小，故称小雁塔。中宗景龙元年（707），于长安城内安仁坊西北隅建塔，共15级，最上两级已颓倒，现余13级，高45米。小雁塔采用密檐式建筑，秀丽玲珑，别具风格，与大雁塔的雄壮气概，互相辉映。明清时期，陕西连遭大地震，塔身被震裂，顶上两层被震塌。塔下层南北入口的弓形门楣上，有石刻蔓草花纹和天人供养图像，雕刻精美。

链接：关于雁塔名称来由，据《三藏法师传》载，此塔是玄奘请求皇帝按印度佛塔形式建造的。印度佛教分大乘、小乘两大派，大乘不吃肉，小乘吃肉。玄奘是信仰大乘佛教的。传说他在印度时住在一大乘佛寺内。一天，附近一个小乘寺内做饭的僧人因没有寻到肉，仰天兴叹，适逢有一群雁从天上飞过，一只大雁断翅折翎坠落地上，意思是让吃它的肉。于是全寺大惊，认为是“菩萨显圣”，随改信大乘，并在雁坠落的地方修起了塔，名雁塔，以纪念此事。这故事虽带有浓厚的宗教迷信色彩，但引出了雁塔名称的由来。

在大雁塔初修起后，雁塔之名并不盛行，一些唐人诗中只作慈恩浮图（塔）而不名雁塔。唐中叶后考中进士的人在慈恩寺题名表示得意，名“雁塔题名”。因此雁塔之名遂盛行起来。到明代考中举人的也仿照唐朝进士在雁塔题名，而考中武举的人在荐福寺题名，也叫雁塔题名。为表示区别，故有大、小雁塔之称。

兴善寺：在今西安城南，是唐长安城内靖善坊的所在。隋文帝杨坚迁都时最先建置此寺，规模很大，光这一个寺就占完靖善坊一坊之地。据文献记载，此寺建于隋大兴城的靖善坊内，合二名为大兴善寺。（《长安志·唐京城》）在隋、唐时期与慈恩、荐福两寺同为长安城内翻译佛经的主要场所，而兴善寺更为印度佛僧的重要居住地。隋文帝开皇年间（589—600），那连提黎耶舍、阇那崛多和达摩笈多先后由印度来华，住兴善寺。由耶舍主译佛经15部80卷，由崛多主译37部176卷，由笈多主译经论7部22卷。于唐玄宗李隆基开元年间来到长安，翻译很多佛教密宗经典的不空三藏亦住兴善寺。因此兴善寺成为中国佛教密宗的起源地，也是中印文化交流史上一个值得纪念的地方。1956 年西安市人民政府予以整修，已扩建为兴善寺公园。

青龙寺：在唐长安城的新昌坊，遗址位于今西安郊区铁炉庙村北高地上。隋文帝开皇二年（582）建，原名灵感寺，唐睿宗景云二年（711）改名青龙寺。9 世纪初至中叶（日本平安朝），日本派遣大批学问僧、请益僧入唐求法，最著名的八人称为“入唐八家”，其中的六家到长安后，都曾在青龙寺“受法”，空海也是其中的一个。空海由此寺把佛教密宗传入了日本，成为中日友好往来历史上非常重要的一页。

唐代朱庆余《题青龙寺》诗：

> 寺好因岗势，登临值夕阳。青山当佛阁，红叶满僧廊。
> 竹色连平地，虫声在上方。最怜东面静，为近楚城墙。

道德寺：道德寺原名慈和寺，在唐长安城内休祥坊。唐高宗李治永徽元年（650）废崇德坊之道德寺，将寺额并尼姑迁移此寺。道德寺碑已于 1950 年在今玉祥门外的梁家庄发现（现存陕西省博物馆），碑刻于唐高宗李治显庆三年（658），额书“大唐京师道德寺故大禅师大法师之碑”，是十善律师为尼姑善慧禅师和玄懿法师所立。由此可证今梁家庄即唐长安城休祥坊的所在。

庄严寺：庄严寺亦名木塔寺，在今西安城西南丈八沟附近，木塔寨村北即当其地。寺建于隋文帝仁寿三年（603），在唐长安城西南角的永阳坊内。宇文恺因为长安城西有昆明池，地势低下，特于此寺造木塔高 330 尺，因此亦名木塔寺。今此寺塔已荡然无存。

（4）陵墓

唐代 19 个皇帝，除昭宗陵在河南外，其余 18 陵都排列在渭河以北的今乾县、礼泉、三原、泾阳、富平、蒲城六县：

李渊墓：即唐高祖献陵，在今三原县东北 21.5 公里的荆原上唐朱村。

李世民墓：即唐太宗昭陵，在今礼泉县东北 25 公里的九嵕山。

李治和武则天合葬墓：即唐高宗和则天皇帝乾陵，在今乾县西北 2.5 公里的梁山。

李哲墓：即唐中宗定陵，在今富平县西北 7.5 公里的龙泉山。

李旦墓：即唐睿宗桥陵，在今蒲城县西北 15 公里的丰山。

李隆基墓：即唐玄宗泰陵，在今蒲城县东北 15 公里的金粟山。

李亨墓：即唐肃宗建陵，在今礼泉县东北 9 公里的武将山。

李豫墓：即唐代宗元陵，在今富平县西北 15 公里的檀山。

李适墓：即唐德宗崇陵，在今泾阳县西北 20 公里的嵯峨山。

李诵墓：即唐顺宗丰陵，在今富平县东北 16.5 公里的金瓮山。

李纯墓：即唐宪宗景陵，在今蒲城县东北 15 公里的金炽山。

李恒墓：即唐穆宗光陵，在今蒲城北 10 公里的尧山。

李湛墓：即唐敬宗庄陵，在今三原县东北 15 公里的太平乡胡村

李昂墓：即唐文宗章陵，在今富平县西北 10 公里的天乳山。

李瀍墓：即唐武宗端陵，在今三原县东北 15 公里的神泉乡腾张村。

李忱墓：即唐宣宗贞陵，在今泾阳县西北 30 公里的仲山。

李漼墓：即唐懿宗简陵，在今富平县西北 20 公里的紫金山。

李俨墓：即唐僖宗靖陵，在今乾县东北 7.5 公里的岭阳乡鸡子堆。

唐代帝王陵墓，从唐太宗李世民葬九嵕山开始，除唐武宗端陵和唐僖宗靖陵外，都构筑在山上，“依山为陵”。这一方面是为了显示气势雄伟，另一方面也可能是为了防盗。但由于随葬物多，随着封建王朝的覆灭，它们大多已被盗掘。据《旧五代史・温韬传》载，军阀温韬为耀州节度使时，“唐诸陵在内者，悉发之，取所藏金宝”，就是一例。

唐代帝王陵墓前有庞大的石刻群，按其性质的不同，大致可分为五大类：

(1) 守卫类：石狮、鸵鸟、石人（直阁将军或内谒者监）。

(2) 仪仗类：石牵马人、石马、中外王宾像。

(3) 神话传说类：翼马等。

(4) 标明陵墓位置类：华表。

(5) 碑石类。

石刻群的组合，从乾陵开始，有固定的制度，以后各帝王陵大多沿袭乾陵而来。

这些石刻群，特别是乾陵石刻题材丰富，技法生动，气势磅礴，是我国古代雕刻艺术弥足珍贵的瑰宝，可以称之为唐代雕刻艺术的宝库。

第八章　唐以后的长安

一、长安的地位

唐代以后，长安虽然没有再作为首都。但就其地位说，它仍然是统治者心目中最重要的一座西北重镇。

清代的地理学家顾祖禹在他的有名著作《读史方舆纪要·陕西方舆记序言》开头说："陕西据天下之上游，制天下之命者也。是故以陕西而发难，虽微必大，虽弱必强，虽不能为天下雄，亦必浸淫横决，酿成天下之大祸。"事实上，在中国历史上的很长时期里，人们都是这样认识的。统治者的长安情节左右了他们的诸多重大决策。他们认为谁占有了长安谁就可以在全国发生重大作用。即使不在长安建都的王朝，也都非常注重长安的地位。

东汉建都洛阳，但东汉的皇帝除灵帝刘弘外，都曾巡幸长安。光武帝刘秀曾到过长安七次（《后汉书·光武帝纪》）；西晋亦建都洛阳，但晋武帝司马炎曾作石函，规定非亲亲不得都督关中（《晋书》卷五九《河间王显传》；北宋建都开封，太祖赵匡胤曾欲都洛阳，未能实现，因而发愿说："迁河南未已，终当居长安耳。"（《续资治通鉴》卷八《宋纪》）；元代建都燕京（今北京），明代初年建都南京（后迁今北京），但这两个王朝的开国皇帝，都是把仅次于皇太子的儿子封王关中。

在元代，西安是元世祖忽必烈之子忙哥剌的安西王府所在地，在明代，朱元璋特封他的次子朱樉为秦王。到明代末年，李自成所领导的农民起义军，先下西安，以关中地为根本，平定西北，再取燕京，灭亡明朝。清朝初年向西南进军平定三藩叛乱，便是以西安为后方的重要基地。

陕西正式作为行政区划的名称，始于宋代。宋置陕西路，元置陕西等处行中书省，明置陕西布政使司，清朝改置陕西省。其范围在明清两代，大致包括今陕、甘、宁、青四省区，西安是行政中心所在。

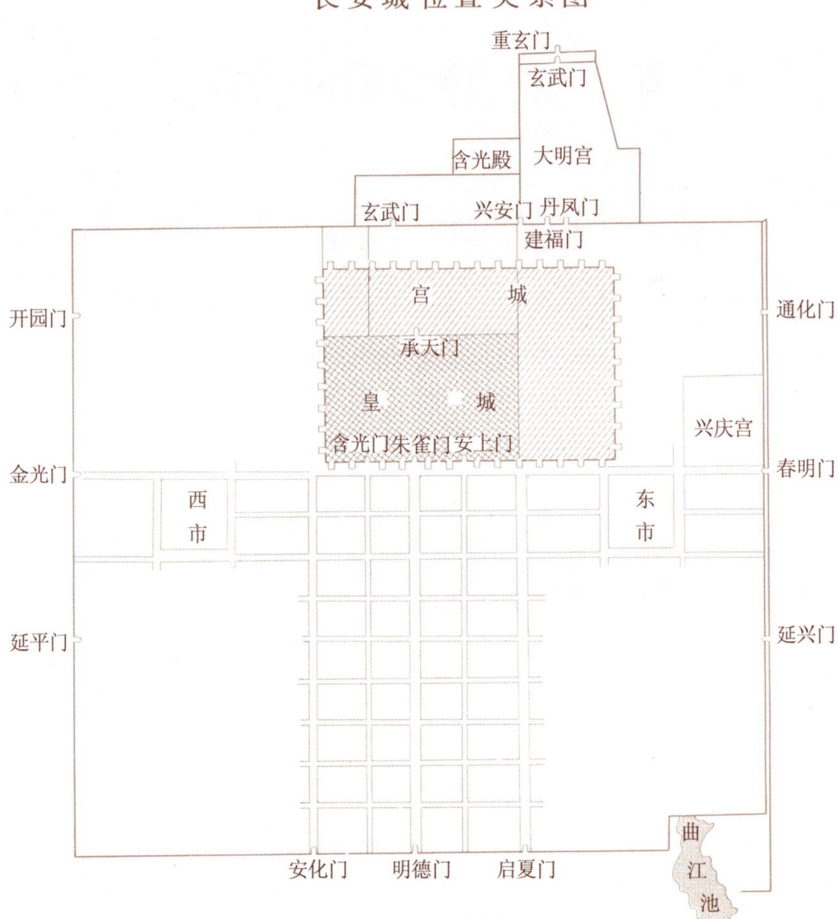

二、长安城的改筑和维修

唐朝末年，朱温不但拆毁了城内的建筑，还逼散、迁走了城内的居民。元李好文《长安志图》说：

新城，唐天佑元年（904），佑国军节度使韩建筑。时朱全忠迁昭宗于洛，毁长安宫室百司及民庐舍，长安遂墟。建遂去宫城，又去外郭城，重修子城（原注：即皇城也）。南闭雀门，又闭延禧、安福门，北开元武门，是为新城

（原注：即今奉元路府治也）。城之制：内外二重，四门，门各三重。今存者惟二重，内重其阯尚在。东（按：此字下应有“西”字）又有小城二，以为长安、咸宁县治所。

唐朝末年，佑国军节度使韩建驻守长安，可能是因为城大人少，不易防守，因此放弃了外郭城和宫城，只把唐代的皇城加以改修，封闭了朱雀、安福、延禧三门，以便防守。因为城的范围缩小，所以长安、咸宁两县都留在了城外。此后，历经五代的后唐、后晋、后汉、后周到宋、元两代，城内的建置似乎变换很多，但城垣规模迄无改变。

李好文把韩建改筑的这个城称为新城。其实它的正名在宋代应该称永兴军城，在元代应该称奉元城，明代后就称西安府城了。而在宋、元两代民间似乎还称京兆府城。这个城既然是唐代皇城的改筑，为便于说明问题，有必要再简单回顾唐代皇城的建置情况。

据《新唐书·地理志》、宋敏求《长安志》等文献记载，唐代的皇城，亦称子城，东西长五里一百一十五步，南北宽三里一百四十步；周围十七里一百五十步。南面三门，正南曰朱雀门，东曰安上门，西曰含光门；东面二门，南曰景风门，北曰延禧门；西面二门，南曰顺义门，北曰安福门。唐、宋文献关于唐皇城城垣的记载，大致如此。韩建重修时，南面封闭朱雀门，保留安上、含光门；东面封闭延禧门，保留景风门；西面封闭安福门，保留顺义门；北面新开玄武门。到宋哲宗元祐元年（1086），张礼在《游城南记》中说到，出安上门，入含光门。可知在北宋末年，城的南面还是两个门，且仍保持唐代的名称。但到元代，在李好文所画《奉元城图》上，南面只有一门，依位置看，应该是安上门，不见含光门了。这个门的封闭，可能在南宋时期。又前引李好文《长安志图》文中有“城之制，内外二重”一句。元奉元城正是内外两重城墙，说明唐代的皇城原来就是两道城墙。在这两道城中间，可能驻有士兵以保护皇城的安全。但这种制度在其他文献资料中没有提到过，因此这一句话很重要。由此还可以联想到，唐代的宫城大约亦是两重。

在元奉元城东北，亦即今西安城东北约 3 公里处，另有元代修的一个城，当地居民称为达王殿，或叫斡尔朵，即元代安西王府所在。斡尔朵为蒙古、土耳其语宫殿、郭城或营帐、行宫之意。这个城的规模，文献记载不多。这个王宫城的遗址，已由中国科学院考古研究所作过钻探，探知东、西城基长 603 米，南城基 542 米，北城基较南墙略短，长 534 米，周围 2 282 米，约合 4 华里多。这个城的范围既然不大，说明它是适应游牧民族原野生活习惯的居住区，一般行政主要还是在奉元城内进行。以上是由五代到宋元两代长安城的情况，可以看出这一时期它基本上还是保持着唐代皇城的面貌。

明代是唐以后的长安城的历史上一个重要的时期。保留到现在的著名西安城墙，乃至很多县市城墙，多半都是明代修的。

明太祖朱元璋洪武二年（1369）改元奉元路为西安府，这是西安名称的起源。由于它是西北的重镇，地位重要，所以城垣也修得特别宏伟。《洪武实录》记，洪武三年（1370），朱元璋决定封他的次子朱樉为秦王，同时开始作创立王府官制、经费、礼仪等准备工作。西安城的修筑，当亦始于这一年。（《洪武实录》卷八四）在洪武十一年（1378），朱樉就藩西安，西安城应该是已经修成了。明代的西安城“周四十里，高三丈，门四，东曰长乐，西曰安定，南曰永宁，北曰安远，四隅角楼四，敌楼九十八座。”现在西安城的四门，还保有这四个名称。朱元璋曾制定王府的城门名，南曰端礼，北曰广智，东曰体仁，西曰遵义。西安城门的名称，想来也必是朱元璋所制定。城上角楼、敌楼早已毁坏，但遗迹尚存。至于说是“周四十里”，显然太大。据清光绪十九年舆地馆实测，“城周四千三百九十丈，为二十四里三分零；东西距一千三百七十丈零，为七里六分零；南北距八百二十五丈，为四里五分零”，比元奉元城约大四分之一。说“高三丈”，又似乎不够。据清乾隆四十九年（1784）陕西巡抚毕沅给清朝皇帝的报告，说是“城身高三丈六尺五寸，而雉堞不与焉。下广六丈二尺，上广四丈七尺。”（《修城记碑》）高度、厚度大概也超过奉元城很多。这是唐代以后西北地区规模最大的城垣建筑。

明西安城和元奉元城，和唐皇城的关系问题。《明实录》所记耿炳文等为修西安城给朱元璋的请求，全文如下：

> 陕西城池已没，军士开拓东大城五百三十二丈，南接旧城四百三十六丈。今又再拓北大城一千一百五十七丈七尺，而军力不足，西安之民耕获已毕，乞令助筑为便。中书省以闻。上命俟来年农隙兴筑，仍命中书省考形势，规划为图以示之，使按图增筑，无令过制，以劳人力。

元奉元城由唐代皇城改筑而成，皇城东西长五里一百一十五步。唐以三百六十步为里（360×5＋115＝1915步。二步为丈，1915÷2＝957.5丈），加上所接的四百三十六丈，为一千三百九十三丈五尺，与舆地馆实测东西距一千三百七十丈仅差二十三丈五尺，这是第二点。再次是前边研究元奉元城时，附带说到该城东北的斡尔朵城。这个城的建筑，“四角均向外突出。突出部分的平面近半圆形。”（中国科学院考古研究所《西安元代安西王府勘察记》，载《考古》1960年第五期）现在的西安城，东南、东北和西北三角都是直角，只有西南角是突出的圆角，其结构形状和斡尔朵城完全相同，这是极可注意的现象。斡尔朵城建筑在后，可能是仿照元奉元城。奉元城可能四角都是突出的圆角。明代初年重修时，北面、东面都是新拓的，西、南两面主要利用的是旧城，故西南角保留了原来的形状。而这种制度还可以追溯到唐代。就是说唐代的皇城原来就是四角突出的圆角。

由以上的考察，似乎可以得出这样的结论，明代初年修西安城时，是在元奉元城的基础上进行的，特别是西、南两面大部分利用的是奉元旧城。《陕西通志》的作者说“明洪武初，都督濮英增修”。“增修”两字用的是有分寸的。因此，西安城不但保存着元奉元城的制度，还可以进一步说是保存有唐皇城的制度，尤其是西、南城角部分。又西、南面因为是利用的旧城，所以很不坚固，现在西安城有时塌裂，都在这个范围。

元代的安西王府斡尔朵城，可能在元末明初被破坏。在明代，另在西安城内修了秦王府城，简称王城，讹传为皇城，就是现在陕西省人民政府所在的新城。修筑的时间，大致和西安城同时。

总之，在明代初，朱元璋为巩固其在西北的统治，府城、王城同时并筑，既修高大的城垣，又修巍峨的城楼，人力劳费，可以想见。但这时的城还是土墙。明世宗嘉靖五年（1526），巡抚王荩重修城楼；明穆宗隆庆二年（1568），巡抚张祉给城墙外面砌了一层青砖；明思宗崇祯末年（1642左右），巡抚孙传庭修了四关城（均见《西安府志》）。这就大体上固定了西安城的规模和外貌。清代以后，仅对西安城作了一些维修和加固工作，主要的有以下各次：

顺治六年（1649），由钟楼沿今北大街的东边到北门，再由钟楼沿今东大街的南边到东门，另修城墙，把约占城内四分之一多的这个区域，划作驻防城，通称满城。把明秦王府城包括在内，作为满族官军跑马演武的校场（《咸宁县志》）。顺治十三年（1656）、康熙元年（1662）、乾隆二年（1737）、乾隆二十八年（1763）也修过几次。最重要的一次是乾隆四十六年（1781），由于甘肃回民田五起义，清朝皇帝特令兰州修城。陕西巡抚毕沅亦援例陈请，并大规模地修补四周城墙及四门城楼。现在城基砌的石跺，城外和城上重叠砌铺的青砖，以及城里面的砖砌水槽等，都是这次整修增加上的。这次整修不但规模大，计划亦比较周密，是自从明代初年增修以来，在西安城的历史上关系较大的一次。此后，由于城防的需要，咸丰七年（1857），巡抚曾望颜补修垛口、角楼、敌楼；同治二年（1863），将军穆腾阿奏挖护城河濠池；同治四年（1865），督办西征粮台学士袁保恒补修；同治八年（1869），拓筑东郭城，把小庄、永宁庄两个农村并入东关城内；光绪二十一年（1895），修补四关城（《咸宁长安两县续志》）。

历代统治者对城垣修筑保护工作都极重视，特别在清代，对“直省城垣所在修理之事，责之督抚州县官吏。倾圮者有罚，修葺者有奖。”（见《续修陕西省通志稿》）保修城垣是地方官吏的一项主要任务。他们的目的主要是把城垣作为统治据点，维护其统治。虽然如此，但是，规模宏大、功能齐全的古城西安不仅传承了我国历史上最伟大的城防工程，而且作为世界上现存保存最为完好的最大的古代城垣，已于1961年由国务院宣布为国家级重点文物保护单位。

跋：假若这些宫殿今天还存在

何正璜

建筑是综合性艺术，是科学和艺术的结合体。除了科学的建筑学基础外，它还以音乐为旋律，色彩为装饰。一组建筑群不仅是天才的某一名技师的设计，而且是悠久的文化传统和多方面文化素养所凝聚而成的。中国是有丰富的建筑实践的国家，中国建筑是亚洲三大建筑系统之一，而且建筑格式还影响了许多邻近的国家。历代宏伟瑰丽的宫殿是中国每个历史时期建筑艺术风格和水平的最高体现者。

原始社会无阶级，也没有统治者的宫殿建筑。在长安，从西周说起吧。

从岐山周原近年来清理出的占地 1 500 平方米的居室遗址结构整齐的情况看来，人多疑为先周的宫殿基址。地下残存有陶管排水道，还出土有金箔和大量刻有微型甲骨文的甲骨残片。《诗经》上说当时修建有“皋门”和“应门”代表宫室内外的门。这些都说明那片遗址可能曾是先周的一组完整的宫室建筑。

至于文王、武王在长安奠定了王业，修建在沣水两岸的丰京和镐京，则因汉武帝穿凿庞大的昆明池而将遗址（几乎）毁埋于水底，也就未能获得建筑方面的具体资料，只在同时期的《诗经》中有“如翚斯飞”、“作庙翼翼”等描写，可见周代的建筑已是颇具规模的了。

何正璜在秦阿房宫遗址北朝石刻残像前留影　摄于1945年

在中国古文献中，春秋战国时期各国的先公先王都是追求宫室美轮美奂的人物。当时落后的秦国，自秦孝公迁都咸阳后（前 350 年）也即修建起了咸阳宫。秦自用商鞅变法日益强盛后，国都咸阳已成为人口近百万的大城市。今咸阳东约 10 公里的窑店镇一带，尚遗有咸阳宫建筑群中的高台建筑遗址，虽然建筑物已不存在，但从残存在地面上的秦代原铺砖看来，其美丽豪华是惊人的。花砖的图案可清晰得见。

这些铺地面的砖配合上白色或红色的墙面，黑白二色组成菱形图案的墙裙，真是绮丽!

还有一小部分原存的台阶，其轮廓之分明，砖质之光细，令人不辨是如何制造的。俗谓“窥一斑而见全豹”，仅此所见，也就使人对秦代咸阳宫的建造水平可以想见一斑了。

及至秦始皇在兼并六国的过程中，连年取得胜利，专制者的权欲和胜利者的气势，使他在宫殿建筑方面更作出了空前甚至绝后的事。据记载：秦始皇每破一诸侯国，就命人按这个国家的宫殿图样描绘了下来，然后在咸阳仿造出一座同样的新宫殿，宫内盛纳由该国俘掠来的重器、珍宝和美女。据说从咸阳的雍门之西沿渭水北岸直至泾水两岸的 200 余里范围以内，就建筑了 270 座宫殿。这真是古今仅见的事。想象那些来自燕齐海滨、江淮楚地以及韩、魏、赵等六国的琳宫华苑，都曾在这里仿建重造，那怕只是粗具规模，仅有外表，那所耗费的人力物力，也是大可惊人的。对秦始皇说是尽情暴露了他希求夸耀于当时和垂誉于后世的占有狂的心理，对宫殿建筑来说，这 200 里内宫苑林立，各具风格，实是一个空前的、难得的全国宫殿建筑大检阅、大展览。

在前 212 年，秦始皇感到咸阳人口太多，原有的宫殿不敷居用，决定在渭水南岸的皇家园林中开始修建著名的“阿房宫”。因阿房宫的修建计划非常庞大，非短期所能建成，因此第一步先修前殿，秦始皇在生前也只看到过这个前殿。据记载：前殿东西五百步，南北五十丈，殿上设置有可容一万人的座位，殿下的高度还可竖起五丈高的旗帜，四周筑有阁道（即有顶的走廊），以及许多离宫别馆，南达终南山，西跨渭水达咸阳，其营建规模是惊人的。所有需用的巨木良材，都远采自四川、湖北。在那种交通情况下，仅备料都是不可想象的巨大工程。唐诗人杜牧在著名的《阿房宫赋》中所描写的咸阳一带离宫别馆的情况，虽有不实之处，但也绝非虚构的夸张。替秦始皇遗憾的是：铸了十二金人以销天下兵器也没能挡住农民起义军用愤怒的赤拳掀起的风暴；派了那么多的童男童女到海上寻仙山采不死之药的徐福一直也没有回来；瑰丽锦绣的咸阳宫殿，包括终秦之世也未建成的阿房宫，都只落得“野风吹作楚人灰”了。

秦亡汉兴，《大风歌》唱起了西汉王朝兴起的序曲。

公元前 2 世纪，西汉王朝伴着隆隆雷声崛起于世界东方的亚洲大陆上。

本来，春秋战国以来蓬勃发展的经济积聚和文化结晶，应该在秦时迸发光大，但秦祚短，还来不及结出硕果便已灰飞烟灭。这些优势条件再加上秦代统一天下的政治局面，都给陶铸一个空前强大的西汉王朝奠定了雄厚的基础。

长安，这两个金色大字，伴着汉唐盛世而载入了史册。中国历史上第一座规模最大的国都汉长安城，在关中平原上出现了。

长安城内面积，很大部分被长乐宫和未央宫占据，还有桂宫、北宫、明光宫等小宫。长乐、未央、建章三大宫殿群是西汉著名的宫室建筑物。

长乐宫本是秦的离宫，原名兴乐宫。汉初一切创始，高祖刘邦便于公元前 202 年对它加以修整，共有 14 座宫殿台阁，便就在此内接见群臣、诸侯们。刘邦初登帝位，朝谒奏对都尚无定制，人多散漫。叔孙通就忙于制定朝仪，使进退对答均有一定的礼仪，喜得由僻村小吏登上帝王宝座的刘邦不禁飘飘然起来，说他今天才知道作皇帝的尊贵了。刘邦时期的重要政治活动都在长乐宫。刘邦死后，皇帝都移居未央宫，这里就成了皇太后的居处了，称东宫。

吕后骗杀为汉朝出生入死打天下的大将韩信，就在长乐宫的钟室里。后来，吕雉死后，太尉周勃等人大杀诸吕，也是围绕长乐宫进行的。

未央宫是西汉王朝历史节目演出的主要舞台。在汉长安城内西南部，高踞在龙首原的高地上，形势极佳。东面开宫墙侧门，通向相距约一里的长乐宫。未央宫体制庞大，著名宫殿计有承明殿、宣室殿、金华殿、昭阳殿、清凉殿等 40 多处。它的主体建筑为前殿，是皇帝临朝听政所在。它殿基高耸，殿前阶陛层层，气势雍容而威严，特别显出天子居、君临天下的尊贵气派。未央宫周长达 11 公里，宫殿的宏伟豪华、威严壮丽都是空前的。刘邦由前方回到长安，初见这金铺玉户，也认为奢侈太过，他责备萧何说：天下匈匈，劳苦数岁，成败未可知，何治宫室之过也。萧何解释说，天子以四海为家，非壮丽无以盛威德，且令后世无以加。刘邦就又高兴了。可见这是君臣同在故作姿态。

接班的皇帝们，更不尚节约。武帝时因国库丰盈，对未央宫曾精心增修。汉成帝更尚豪奢，不仅用香木更换了梁柱，而且台阶都换用玉石装砌，室内更选用最名贵的珠玉金翠作为装饰。嫔妃们住的寝殿，有的还以椒泥涂壁，气味芬芳，还兼可驱虫。宫中还设有温室和凌室，不畏寒暑侵袭，冬日则举火，夏日则储冰，帝王家已有了办法在室内保持恒温作舒适享受。

未央宫既是西汉时期的历史舞台，因而在此处表演过多少在史册上有关记载的事件。张骞辞别未央宫直去西域，为国家开通商路；坚贞的苏武困于匈奴19年终于生还未央宫；王昭君自请和番，远嫁异国，临行在未央宫辞别汉元帝；霍去病、卫青驱敌得胜，总是捷书先奏未央宫；萧何、霍光、贾谊都曾把未央宫作了短暂留驻的逆旅；司马迁、刘向、董仲舒，也都曾在未央宫前留下了文章的令名。

未央宫在排演了西汉盛世的逸事后，先有王莽在未央宫的渐台被杀，开启了未央宫走向衰败的门阀。东汉末年，董卓迫迁汉献帝到西安，所勉强住下的未央宫，已是荆棘遍地的荒宫空殿了。不久王允杀死董卓，董卓的部下们又来长安报仇，纵兵混战掠杀，致使显赫一时的名城华宫沦为了废墟。虽然后来西晋、前赵、前秦、后秦、西魏、北周等地方性小朝廷，曾先后建都于汉长安城，修缮了残破的未央宫以理朝政，但已是高潮后的尾声了。

除了长乐、未央二大宫群外，好大喜功的汉武帝继位后见长安城内除二大宫外，桂宫等三小宫也已建成，便在汉长安的西城外，大兴土木地又构筑起更巍峨的建章宫群。建章宫以高层建筑见称，宫门内的高阙和对峙的井干楼，都高达五十丈。宫内有方圆十里的太液池，池中有象征仙山的四座岛。在池东有高耸的承露台，台上铸有铜人高擎铜盘，每日取聚黎明前的露水供武帝服用，称甘露，谓可长生成仙。武帝富贵功业，均已至极，所希求的就是长生不老，以冀能永远享受人间特权。建章宫中的参天建筑都是他这种心理的体现。

在各高层建筑间，建章宫与城内的未央宫之间，还建有飞阁、覆道，这都是可以行车的空中走廊。皇帝来往各处都不需在平地行走，而从空中通过，既安全又多少有些仙意。这也说明了汉时我国的建筑水平之高。

星辰转换，西汉王朝覆灭后，经过了500余年，隋唐王朝在长安兴起。驰名中外的唐长安城像一座辉灿的东方灯塔，向当时的世界投射出了文明的光辉。

能说明唐王朝的隆盛和建筑成就的有太极宫（西内）、大明宫（东内）和兴庆宫（南内）三组宫殿群。

唐长安城是在隋大兴城的基础上扩建而成。设计并监修大兴城的总工程师是太子左庶子宇文恺。他首先把隋宫放在长安城北的正中，那是全城最高处，也是全城中轴线的起点。皇位置此能特别显得崇高尊贵。

唐代隋，虽将大兴宫改名太极宫，但李渊和李世民都钦佩宇文恺的设计，居太

极宫处理政事30多年。因此，太极宫曾是推行“贞观之治”的司令部，唐初名臣、名将如房玄龄、杜如晦、李靖、尉迟敬德、程知节等都在太极宫活动来往。特别是贤臣魏征多次直言进谏也都在此。著称于美术史的阎立本绘的凌烟阁二十四功臣像，也是原绘在太极宫内的壁上。

李世民选长安城北高敞处，另建了一座大明宫，原只为了备李渊度夏用，但宫未成而李渊死，故未用。等到高宗李治即位，他正苦于风湿病，便对大明宫大加修葺，使之形成为一座正式的皇宫，并迁去居住和处理国事。从此，除玄宗外，唐代其他各帝都在大明宫上朝了。不过有些朝廷大典，如新帝即位、葬礼、婚礼，仍在太极宫进行。

含元殿是大明宫前殿，是唐长安城内最宏伟的建筑物，是举行“外朝”之处。当时唐王朝正当盛期，被外邦异国称颂为“天可汗”的宝座就设在这里。据说“每朝会，禁军御仗宿于殿庭，金甲葆戈，杂以绮绣，罗列文武，缨佩序立，仰观玉座，若在霄汉。”其雍盛威武，不仅仪天下，而更是享誉万国的。所谓“九天阊阖开宫殿，万国衣冠拜冕旒”，就是出现在这阶陛上，可想见当时大明宫大朝会的盛况。这是中国史上使人浮一大白的日月！

唐玄宗李隆基即皇帝位，他例外没有到大明宫去住和处理政务，而是把他即位前兴庆坊的旧居改名兴庆宫，称南内。因为这里本来不是正式宫殿，因此在格局上与太极宫、大明宫均不相同，它不像正式宫殿那样整肃、庄严地以中轴线把殿阁平面分开，形成一种能显示大一统威势的对称美，而是没有中轴线，且殿堂多为楼房的建筑。靠街的“勤政务本楼”高耸出宫墙，让百姓都能看到勤政务本之楼的匾牌，知道这是皇帝处理政务的所在。紧紧相连的“花萼相辉楼”’则是李隆基炫耀他与其兄弟亲密无间友谊笃好之处。若说大明宫是中国自古以来就形成了定型的庄严皇宫的模式，那么兴庆宫就是一座完全打破了宫室格局，仅具有宫廷职能的庞大园林。

兴庆宫内有大同殿，传说名画家吴道子一日就飞笔画成的三百里嘉陵江山水图和名画家李思训用三月之功画出的青绿山水，被称为各臻其妙的壁画，原来都在大同殿里。

兴庆宫内有兴庆池（后改名龙池），水波荡漾，景色绮丽。王维诗：“渭水自萦秦塞曲，黄山旧绕汉宫斜，銮舆回出千门柳，阁道回看上苑花。”沈佺期诗：“汉家城阙疑天上，秦地山川似镜中，向浦回舟萍已绿，分林蔽殿槿初红。”都是描写当时兴庆池的景色，说明玄宗常邀诗人们到兴庆宫中游乐吟咏。

全部以沉香木筑成的“沉香亭”，是兴庆宫中的著名建筑。《松窗录》：“开元中，禁中初种木芍药，得四本，上因移于兴庆池东沉香亭前。”《唐诗纪事》：“禁中木芍药开，上赏之，妃子从。帝曰：赏名花，对妃子，焉用旧乐词为!命李龟年持金花笺赐白，为清平词三章。梨园子弟抚丝竹，李龟年歌之。上亲调玉笛以倚曲，每曲遍将换，则迟其声以媚之。太真以玻璃七宝杯酌西凉葡萄酒笑饮。”

李白当即挥笔写了《清平调》词三首，其中一首是：

一枝红艳露凝香，云雨巫山枉断肠。

借问汉宫谁得似，可怜飞燕倚新妆。

这是一段被艳称的往事，但也是唐王朝盛期的高潮。在此之后，不但李白不幸因诗受谗，潦倒终身，即那“昭阳殿里第一人”的杨贵妃，也终在“渔阳鼙鼓动地来”中，被“惊破霓裳羽衣曲”而丧生了，那位早年英明、晚年昏聩的风流天子也只落得奔蜀归来抑郁而死。那次被艳称的会晤，竟是以悲剧告终!

今天，兴庆宫旧址已辟为兴庆宫公园，沉香亭周遍植了牡丹，仲春盛开时，游人往来如织。虽然不能得见贵妃在“沉香亭北倚栏干”，甚或“含笑入帘来”，但能在兴庆宫旧址、沉香亭畔观赏牡丹，情趣总是大不一般吧。

三千年过去了，周、秦、汉、唐的琼宫瑶殿都已荡然无存，只剩下断壁残垣，供后人凭吊而已。

那么多庄严巍峨的建筑，观其记载是那么的动人。但因中国宫殿建筑一般多是土木结构，不耐久远，而改朝换代的列祖列宗们，又总是要把前朝宫室付之一炬，致使华美的殿宇，都不可能在地平线上存在了。

试想想，假若今天这些宫殿还存在，对研究建筑学、建筑艺术该能获得多少有益的资料。

试想想，假若这些咸阳宫、阿房宫、六国宫殿、未央宫、长乐宫、建章宫、太极宫、大明宫、兴庆宫等今天都能存在，西安作为一个开放城市，那该是会成为怎样出色超群的、有极其吸引力的旅游胜地。

（节选自1988年西安市政府主持的大型画册和电视专题片《古都西安》何正璜所作解说词）

参考书目

《关中胜迹图志》清·毕沅撰，张沛校点，三秦出版社出版。

《唐两京城坊考》清·徐松撰，张穆校补，李健超校注，三秦出版社出版。

《隋唐两京丛考》辛德勇著，三秦出版社出版。

《关中佚志辑注》汉·王褒等撰，陈晓捷辑注，三秦出版社出版。

《类编长安志》元·骆天骧撰，黄永年点校，三秦出版社出版。

《两京新记》晋·葛洪撰，周天游校注，三秦出版社出版。

《游城南记校注》宋·张礼撰，史念海、曹尔琴校注，三秦出版社出版。

《三辅决录·三辅故事·三辅旧事》汉·赵岐等撰，清·张澍辑，陈晓捷注，三秦出版社出版。

《南山谷口考校注》清·毛凤枝撰，李之勤校注，三秦出版社出版。

《两京新记辑校·大业杂记辑校》唐·韦述、杜宝撰，辛德勇辑校，三秦出版社出版。

《三辅黄图校注》汉魏·佚名撰，何清谷校注，三秦出版社出版。

《三秦记辑注·关中记辑注》刘庆柱辑注，三秦出版社出版。

《史记》《汉书》《后汉书》《晋书》《魏书》《北史》《南史》《隋书》《新唐书》《旧唐书》《资治通鉴》等，中华书局出版。

《唐代园林别业考录》李浩著，上海古籍出版社出版。

《西安历史地图集》史念海主编，西安地图出版社出版。

《古城集》武伯伦著，三秦出版社出版。

《唐都长安》张永禄著，三秦出版社出版。

《陕西园林史》周云庵著，三秦出版社出版。

《古都西安——长安韦杜家族》吕卓民著，西安出版社出版。

《文史集林》史念海主编，人文杂志丛刊第四期，陕西省在我国历史上的战略地位（史念海）；《水经注》中长安附近的川原风貌（曹尔琴）。

《文史集林》史念海主编，三秦出版社出版，关中的军事历史地理（史念海）。

《唐代游艺》王永平著，西北大学出版社出版。

《唐代体育》潘孝伟著，西北大学出版社出版。

《隋唐建筑艺术》萧默著，西北大学出版社出版。

《隋唐时期的运河和漕运》潘镛著，三秦出版社出版。

本书参考的主要作品有

《长安学丛书·武伯纶卷》，武复兴主编，三秦出版社出版。(《西安历史述略》武伯纶著、《西安史话》武伯纶，武复兴著）。

《秦都咸阳》王学理著，陕西人民出版社出版。

《咸阳帝都记》王学理著，三秦出版社出版。

《汉都长安城建史》王学理著，陕西人民出版社出版。

《陕西建都王朝简史》黄留珠，杜文玉著，原稿。

中国社会科学院考古所、陕西省考古研究院丰镐考古队的“丰镐遗址范围及地下遗存分布状况勘察报告”的有关材料等专著以及翦伯赞先生的《中国史纲要》等书。